KLAUS J. BRACKER

VEDA UND LEBENDIGER LOGOS

*Anthroposophie und Integraler
Yoga im Dialog*

Diese Publikation konnte realisiert werden dank der Unterstützung durch die
GLS-Treuhand e.V., Bochum

Zitate aus dem Werk Sri Aurobindos mit freundlicher Genehmigung des
Sri Aurobindo Ashram Trust, Pondicherry, India

Zitate aus dem Werk Rudolf Steiners mit freundlicher Genehmigung des
Rudolf Steiner Verlages, Basel, Schweiz

Bibliographische Information der Deutschen Bibliothek
Die Deutsche Bibliothek verzeichnet diese Publikation in der Deutschen
Nationalbibliographie; detaillierte bibliographische Daten sind im Internet über
http://dnb.ddb.de abrufbar

ISBN 978-3-95779-001-9

© 2014 Info3-Verlagsgesellschaft Brüll & Heisterkamp KG,
Frankfurt am Main
Einband: Frank Schubert, Frankfurt am Main
Satz: Franz Fassbender, PRISMA, Auroville, Indien
Druck und Bindung: Verlag Lindemann, Offenbach am Main

2. Auflage, Juli 2014

KLAUS J. BRACKER

VEDA UND LEBENDIGER LOGOS

*Dem Andenken
an Hermann Beckh
(1875-1937)*

Inhalt

GELEITWORT

Eine der wichtigsten Aufgaben in der heutigen Zeit ist das Bemühen, fremde Kulturen und auch deren Spiritualität zu verstehen. Wer eine Reise in ein anderes Land unternimmt, kann bemerken, dass gerade, wenn man darauf aus ist, das „Fremde" zu verstehen, ein tieferes Verständnis für das „Eigene" wachsen kann. Was vor allem im Jugendalter so selbstverständlich zu sein scheint, das Eigene im Spiegel des Fremden zu erkennen und zu verstehen, bedarf beim Erwachsenen eines bewussten Bemühens. Je älter Menschen werden, umso größer ist allerdings bei vielen die Tendenz, den eigenen Standpunkt nicht nur zu gewinnen, sondern ihn unverrückbar festzuschreiben.

Das vorliegende Buch macht hier eine heilsame Ausnahme. Der Autor, Klaus J. Bracker, selbst seit den späten 1970er Jahren mit der Anthroposophie verbunden, hat nach vielen Jahren des Studiums die Ansätze und Gedankengänge zweier Geistesgrößen, Rudolf Steiner (1861-1925) und Sri Aurobindo (1872-1950), einander gegenübergestellt und miteinander ins Gespräch gebracht. Dass die Betrachtung der indischen Strömung einen größeren Raum einnimmt, ist für den westlichen Leser gewiss eine Hilfe. Für ihn ist es auch besonders wichtig, gerade das Fremde – in diesem Fall das Östliche – tiefer zu verstehen.

Sowohl für Rudolf Steiner als auch für Sri Aurobindo steht der Begriff „Evolution" an zentraler Stelle. Die Evolution des menschlichen Bewusstseins ist für beide Grund, zu dem gedanklichen Weg auch einen Willensweg aufzuzeigen und zu beschreiten. Das letzte Kapitel über den Gottesbegriff der beiden lässt ahnen, um welche Höhen es Sri Aurobindo zu tun war und in welchen Dimensionen Rudolf Steiner zu schauen in der Lage war. Die Differenzierung der geistigen Wesen war gerade für ihn von herausragender Bedeutung.

Anand Mandaiker
Berlin, 29. August 2013

Sri Aurobindo (1872-1950) um 1915   Rudolf Steiner (1861-1925) um 1900

Einführung

Im späten 20. und im 21. Jahrhundert erwacht im Zuge der ökonomischen, technologischen und kommunikativen Globalisierung ein planetarisches Bewusstsein, das über die enorme Weite und Ausdehnung sich neu erschließender Horizonte hinaus auch auf die notwendige Perspektive der Tiefe ausgerichtet ist. Die großen Denker der spirituell-integralen Sichtweise, die in diesem Buch einander begegnen – Rudolf Steiner und Aurobindo Ghose –, haben dies in bahnbrechenden Entwürfen vorzubereiten geholfen. Es handelt sich dabei um nichts Geringeres als das Anliegen und den groß angelegten Versuch, die äußeren, materiellen Prozesse des weltweiten Zusammenwachsens nicht sich selbst zu überlassen. Ist heute doch an vielen Orten das existenzielle Bedürfnis erkennbar, mit jener äußeren Entwicklung die Dimensionen der Innerlichkeit und der Transzendenz zu verbinden – innere Dimensionen, die alle bedeutenden spirituellen Tiefen- und Höhenerfahrungen umfassen.

Hier geht es auch um diejenigen Erfahrungen, die mit der Frage nach der absoluten Wahrheit, der absoluten Wirklichkeit und den Gesichtern Gottes verbunden sind.[1]

Als einer der wichtigsten Schlüssel zum Verstehen dieses geistigen Gegenwartsgeschehens erweist sich das Konzept einer evolutiven Spiritualität. Gemeint ist selbstredend eine Spiritualität, die das Ganze der Welt – geistig und physisch – grundlegend als in Entwicklung befindlich interpretiert, zudem aber eine solche, die sich selbstreflexiv als eine Spiritualität, als eine Ordnung geistigen Erkennens und geistiger Verwirklichungen begreift, welche sich ihrerseits beständig und stufenweise weiter entwickelt. Damit stellt sie sich in das fortschreitende Werden der menschheitlichen Geistigkeit – durch die Jahrtausende – vollbewusst hinein. Und so entsteht das Bild eines durch die Zeitalter hindurch wachsenden und sich entwickelnden Organismus der Weisheitstraditionen der Welt, innerhalb dessen – seit dem 20. Jahrhundert zunehmend – ein menschheitlich spirituelles Selbstbewusstsein von solcher Intensität aufleuchtet, wie dies den Teilhabern an den verschiedenen Traditionen zu keiner Zeit zuvor zugänglich war.

Im Sinne der evolutiven Spiritualität ist zu erwarten, dass ein solcher, sich entwickelnder Organismus in naher Zukunft immer konkreter erkennbar wird, indem die einzelnen, über die Erde hin aufgetretenen Traditionen – in ihrer Ausrichtung auf das Wahre, Schöne und Gute –, immer deutlicher in ihren speziellen, gleichsam „organischen", Funktionen für das Ganze fasslich werden. Man kann in dieser Hinsicht von sich sinnvoll ergänzenden und aufeinander aufbauenden Beiträgen der Traditionen zu dem Ganzen der menschheitlichen Weisheit sprechen, wie sie sich in dieser Art integral immer weitgehender aufschließen werden. Ihre wechselseitige Bezogenheit ist zwar seit jeher schon latent vorhanden, da die einzelnen Traditionen Resultate der einen, wirklichen Menschheitsentwicklung in ihrer Gesamtheit sind. Neu ist aber das planetarische Erwachen für die zusehends aufscheinenden, tiefer liegenden Verbindungen und gemeinsamen Wurzeln.

Indem materielle und spirituelle Entwicklung keineswegs kongruent verlaufen, sondern sehr unterschiedliche Dynamiken aufweisen, wird einem das künftige Zusammenfinden großer spiritueller Traditionen zu einer tatsächlich menschheitlichen, evolutiven Spiritualität als eine Zielvorgabe von existenzieller Bedeutung erscheinen. Denn, wird sie verfehlt, drohen die diversen Stränge der beschleunigten Globalisierung – unter der bisherigen einseitig technokratischen Dominanz – authentische Formen geistigen Lebens zu verdrängen und die geistige Freiheit des Menschen überhaupt, im schlimmsten Fall, zu verunmöglichen.

Die angestrebte planetarische Spiritualität wird auch und gerade bei günstigem Verlauf niemals eine Art von Einheitsdoktrin ausbilden können; vielmehr wird sie ihre evolutionäre und integrale Legitimität vornehmlich daraus beziehen, dass in ihrer Sphäre die Begegnung verschiedener geistiger Strömungen im Sinne pluraler, polyzentrischer und subsidiärer Strukturen vor sich geht. Konstruktive Kritik und individuelle, weiterführende Fragestellungen werden die Begegnungen prägen und nicht das Bestreben, die Sichtweisen „der Anderen" zu Gunsten der stationären „eigenen" zu unterdrücken. Im Zuge dieser vielfältigen Begegnungen wird es außerdem notwendig sein, dass wechselseitig auch die diversen Terminologien einfühlsam erlernt werden – als die jeweiligen „Sprachen", in denen die einzelnen Traditionen ihren Erfahrungsgehalt zum Ausdruck bringen und zwischen denen künftig in erheblichem Umfang Übersetzungsarbeit zu leisten ist. Dies verweist auf einen Prozess, der selbstverständlich viel Zeit beansprucht und große Beharrlichkeit verlangt. Langfristig aber werden die engagierten Teilnehmer an dem Prozess der weltweiten Spiritualisierung, lassen sie sich auf solche Übersetzungsarbeit ein, es immerhin vermeiden, dass sie gemeinsame Berührungsflächen im Essenziellen nur deswegen übersehen und verkennen, weil diese bislang – je hier oder dort – so unterschiedlich benannt wurden.

Die Offenheit für die unterschiedlichen Sprachen, in denen geistige Erfahrungen ausgedrückt werden, impliziert insbesondere auch die Offenheit für die unterschiedlichen Aspekte der einen, umfassenden geistigen Wirklichkeit, zu welcher die distinkten Empirien den Zugang eröffnen. Dies ist von großer Bedeutung und führt zu der Forderung, dass sich in der Begegnung mit einer anderen Tradition stets zuvor nicht absehbare und inhaltlich, essenziell neuartige Erfahrungen einstellen werden, ermöglicht durch die Inspirationsfähigkeit jedes ernsthaft Beteiligten.

Das damit angedeutete Vorhaben ist für jeden, der sich in dieser Richtung engagieren möchte, mit der Mühe verbunden, die Wahrheiten, um die es geht, immer aufs Neue und gewissenhaft zu prüfen. Es geht keineswegs darum, einen breiten Weg zu bahnen und zu beschreiten, der es zuließe, dass Licht und Schatten, Förderliches und Unzuträgliches nivelliert würden. Verzerrungen und Entstellungen der Wahrheit sowie ein stets und überall mögliches Einsickern unguter, egoistischer Motive in das komplexe dialogische Gefüge der neuen plantarischen Spiritualität sind vielmehr an jeder Wegscheide als ungeeignet zu erkennen und zurückzuweisen. Dazu wird künftig eine grundlegende erkenntnismethodische Selbstbesinnung[2] nötig sein, die es erlaubt, die Vielzahl der Erfahrungen sowie die ideelle Form, in der diese jeweils begrifflich gefasst werden, auf eine fruchtbare Erkenntniswirklichkeit hin auszubalancieren. Auf derselben Grundlage werden auch ernstlich geprüfte, individuelle und neue Erkenntnisse der spirituellen Wirklichkeit kontextuell verortet werden können. Die vorliegende Arbeit, die sich als Versuch versteht, den diesbezüglichen Dialog überhaupt anzuregen und mit auf den Weg zu bringen, kann solche methodische Besinnung allerdings noch nicht umfänglich leisten. Diese Einschränkung soll durch die möglichste Transparenz und Konsistenz in der Gedankenführung ausgeglichen werden.

Konzentriert sich die Fragestellung vor dem aufgezeigten Hintergrund auf die Anthroposophie Rudolf Steiners und den Integralen Yoga Aurobindo Ghoses, bzw. Sri Aurobindos,[3] so ist nichts anderes zu erwarten, als dass es sich dabei um eine nicht geringe Herausforderung handelt. Die Schwierigkeiten, die sich an dieser Stelle auftun, liegen in erster Linie darin begründet, dass man es auch bei solchen noch jungen Formen menschheitlicher Spiritualität zum einen zwar mit kraftvollen Erneuerungsimpulsen von großer geistiger Lebendigkeit zu tun hat, zum andern aber ebenso mit relativ fest gefügten Systemen des Verständnisses und der eingeübten Interpretation. Denn beide Schulen spirituellen Denkens werden durch mehr oder weniger klar erkennbar organisierte Gemeinschaften von Lehrern und Schülern getragen, die jeweils die Anthroposophie oder aber den Integralen Yoga ganz in das Zentrum ihres Interesses stellen. Die nur sukzessive zu durchdringende Vielschichtigkeit, die ausdifferenzierte Terminologie sowie der gewaltige Umfang des in jeder der beiden Schulen vermittelten Weisheitsfundus machen solche Fokussierung des Interesses auch fraglos erforderlich. Demgegenüber eröffnet sich allerdings die kritische Perspektive, dass diejenigen spirituellen Schulen, denen es von heute an nicht gelingt, aus ihren selbstdefinierten Kontexten und einem bloß internen Diskurs herauszutreten, umso weniger Aussicht haben, dauerhaft an dem Prozess der sich abzeichnenden planetarischen Spiritualisierung teilzuhaben. Wiederum bringen gerade die Anthroposophie wie auch der Integrale Yoga nahezu ideale Voraussetzungen zu solcher aktiven Teilhabe mit, da beide Schulen außerordentlich starke synthetische Potenzen bereit halten, beide von ihrer Entstehung her relativ gegenwartsnah sind, beide eine sehr hoch entwickelte Bewusstseinsstufe repräsentieren und aufgrund all dessen beide dazu berufen erscheinen, in der künftigen Entwicklung menschheitlicher Spiritualität eine besonders wichtige, womöglich richtungweisende Rolle zu spielen.

Integraler Yoga und Anthroposophie kommen für eine dialogische Begegnung nach Ansicht des Verfassers auch deswegen in Betracht, weil Rudolf Steiner und Sri Aurobindo – jeder auf ganz eigene Weise – in ihren Beiträgen zur Philosophia perennis[4] es grandios verstanden haben, den geistigen, kulturellen und religiösen Hintergrund, vor dem sie auftraten – den indischen Orient und den mitteleuropäischen Okzident – synthetisch zusammenzufassen und spirituell neu zu erschließen. Dies ist insbesondere mit Blick auf die Christlichkeit der Anthroposophie und die Verwurzelung des Integralen Yoga im Sanatana Dharma[5][6] zu berücksichtigen – in beidem zeigen sich jedoch keineswegs eindimensional-lineare Verbindungen. Denn Sri Aurobindo formulierte den Integralen Yoga vor dem Hintergrund seiner in England erworbenen exzellenten Kenntnis der europäischen Kultur und Rudolf Steiner entfaltete die Anthroposophie angesichts des reichen östlichen Weisheitsschatzes, der nicht zuletzt auch durch die theosophische Bewegung in die westliche Kultur eingedrungen war. Noch wichtiger, es gilt für Sri Aurobindo wie auch für Rudolf Steiner, dass ihre geistigen Lehren und Verwirklichungswege über die diversen konfessionellen und Kult-gebundenen Ausprägungen von Religion entschieden hinausgehen, indem beide die künftige menschheitliche oder planetarische Spiritualität vor Augen haben. Die geistesgeschichtliche Vergewisserung wird das

Zukunftsweisende beider Lehren umso deutlicher aufzeigen.[7] Je differenzierter und dynamischer nämlich zurückliegende Entwicklungen geschaut und verstanden werden, umso präziser kann beschrieben werden, was sich dem Sinn für Künftiges erschließen will.[8] Die vorgelegte vergleichende Studie soll, im Rahmen des oben skizzierten Vorhabens und durch die erhoffte Öffnung der Horizonte, dazu beitragen, in jedem, der alldem Wert beimessen kann, diesen Sinn für das Künftige sowie das mit diesem verbundene individuelle Inspirationspotenzial anzuregen.

Bedenkt man den Gang der geistig-kulturellen Entwicklung der Menschheit durch die Jahrtausende bis heute, dann kann der Versuch einer Zusammenschau von Integralem Yoga und Anthroposophie auch deshalb umso plausibler erscheinen, weil indischer Orient und europäischer Okzident, den beide jeweils repräsentieren, seit einer weit zurückreichenden Vergangenheit schon wie durch eine gewachsene Achse miteinander verbunden sind. – Gewiss bestehen auch andere, ähnliche verbindende Strukturen über die Erde hin und durch die Zeiten. Indem hier nun Anthroposophie und Integraler Yoga in den Blick genommen werden, ist damit zugleich ausgedrückt, dass angesichts der immensen Aufgabe immer wieder die realistische Selbstbeschränkung angezeigt ist. Der Verfasser glaubt auch nicht, eine endgültige Metaebene betreten zu sollen, von der aus die integrale Übersicht über die Gesamtheit aller Traditionen vermittelt werden könnte.

Anthroposophie wird durch Rudolf Steiner, ihren Begründer, charakterisiert als ein „[…] Erkenntnisweg, der das Geistige im Menschenwesen zum Geistigen im Weltenall führen möchte."[9] Das Geistige im Weltenall ist dabei nicht zuletzt auch als das Göttliche zu verstehen, aus dessen uranfänglicher Offenbarung Welt und Mensch hervorgegangen sind. Zum einen stellt Anthroposophie in einer Fülle von geisteswissenschaftlichen Mitteilungen Erkenntnisse zur Verfügung, die den Aufbau und die Entwicklung des Menschen und des Universums – nach deren physischen, lebendigen, seelischen und geistigen Qualitäten – ausleuchten, gemäß den umfassenden Forschungen Rudolf Steiners. Zum anderen gibt sie detailliert Auskunft über die Wege und Mittel, mit deren Hilfe der Einzelne seine individuelle Entwicklung im Sinne eines spirituellen Erwachens zunehmend selbst in die Hand nehmen kann, um selbst ein Erkennender auf den höheren Stufen des Daseins zu werden. Rudolf Steiner versteht die Anthroposophie als eine menschheitliche Notwendigkeit, weil die gegenwärtige Zivilisation ohne die Spiritualisierung der Lebensverhältnisse, wie sie bei energischem Einsatz aus

Anthroposophie heraus möglich ist, Gefahr läuft, die höhere Bestimmung von Mensch und Erde zu verfehlen.

Sri Aurobindo sagt über den von ihm entwickelten Integralen Yoga: „Es ist das Ziel des Yoga, das menschliche Wesen aus dem Bewusstsein des gewöhnlichen Mentals in das Bewusstsein des Geistes zu erheben."[10] — Gemeint ist das geistige Bewusstsein als das „unseres göttlichen unsterblichen Wesens". Und: „Ziel unseres Yoga und besonders seiner dynamischen Seite ist es, Gott zu realisieren und Gott zum Ausdruck zu bringen."[11] Weil der Integrale Yoga entschieden vom wachen mentalen Bewusstsein ansetzt, ist die ihm entsprechende Praxis — wie die Anthroposophie — abgestützt auf umfangreiche Darstellungen des gestuften Aufbaus des menschlichen und des kosmischen Seins: physisch, vital, mental, psychisch und spirituell. Sri Aurobindo zeigt auf, wie sich in diesem Gefüge der Einzelne zu Gott und Gott zum Einzelnen verhalten. Die Wege der Werke, des erleuchteten Wissens, der Hingabe an das Göttliche — und deren Integration — soll der Aspirant in Freiheit und individuell begehen; die Vorgaben der Schulen des Hatha Yoga, Raja Yoga oder Tantra Yoga sind für den Integralen Yoga nicht maßgeblich. Das Ziel, Gott zu realisieren und zum Ausdruck zu bringen — in der Herabkunft des Supramentalen — hat überdies nicht wie jene älteren Formen des Yoga nur den Einzelnen vor Augen; vielmehr richtet es sich in menschheitlicher Perspektive auf die Umwandlung des Erd-Bewusstseins.

Schon im Titel dieser Arbeit begegnen sich der indische Veda und der abendländische Logos. Es geht dabei auf östlicher Seite nicht nur, im engeren Sinne, um die Samhita des Rig Veda.[12] Vielmehr umfasst „Veda" wie üblich auch hier die Tradition, die an ihn anschließt. Dem Verfasser hat sich zudem ergeben, dass das Vedische im Integralen Yoga genuin wieder aufleben kann. „Veda" sollte vom Leser in diesem weiteren Sinne verstanden werden. Der nach beiden Seiten vorgenommene Rückgriff auf die so bezeichneten grundlegenden Größen der reichhaltigen Traditionen, auf denen Integraler Yoga einerseits und Anthroposophie andererseits aufbauen, soll deshalb die Folie liefern, vor der sich die bedeutenden Zukunftsperspektiven, die jede der beiden spirituellen Schulen vertritt, umso klarer darstellen lassen. Der Veda wie auch der Logos sollen sich dabei — über jedes bloß ideengeschichtliche Verständnis hinaus — als auch heute und künftig lebendige, geistige Wirklichkeiten erweisen.

Dieses Buch soll — notabene — schrittweise verdeutlichen, warum der Blick auf den Integralen Yoga und die Anthroposophie, wie auch auf das Motiv des von ihnen her möglichen Brückenschlages zwischen Ost und West, in keiner

Weise als ein exklusiver Ansatz zu werten ist, sondern dass vielmehr, dialogoffen, ein Beitrag von vielen gegeben werden soll – zu der seit dem letzten Jahrhundert emergierenden, den Planeten in Vielfalt einenden Spiritualität. Wenn diese Arbeit an verschiedenen Orten ein erstes Interesse allein schon an dem gemeinten Brückenschlag wecken kann, wird sie ihre Aufgabe nicht verfehlt haben. Deutlich ist aber, dass die eigentliche Arbeit dann erst beginnt.

Hier sei eine Episode aus dem mittleren Abschnitt des 20. Jahrhunderts als Beispiel für ein frühes, schicksalhaft anmutendes Zusammenwirken von Impulsen aus anthroposophischer und integral-yogischer Richtung eingefügt, spielend zwischen Deutschland und Jerusalem. In Stuttgart war in den 1930er Jahren Sophie Kratt-Düvel als anthroposophische Lehrerin tätig. Sie hatte ihre Schülerin Ruth Bender, die jüdischer Herkunft war, schon bald nach dem Heraufziehen der zwölfjährigen Naziherrschaft gewarnt, dass es für sie lebensgefährlich werden könnte in Deutschland zu verbleiben. Daraufhin wanderte diese später – doch rechtzeitig – nach Palästina aus. Ihrer Lehrerin, Sophie Kratt-Düvel, deren Warnung sie als lebensrettend empfand, blieb sie in Dankbarkeit verbunden. Ruth Bender lernte nun in Jerusalem den protestantischen Geistlichen und Theologen Heinz Kappes kennen, der im badischen Karlsruhe wegen sozialistischer Ansichten mit einem Berufsverbot belegt worden war, bald darauf Deutschland verlassen hatte und in der Folge in Jerusalem im Kreis um Martin Buber als Vortragender zum Thema der mystischen Strömungen der Menschheit hervorgetreten war. Als Heinz Kappes in einem Antiquariat in Jerusalem „zufällig" auf Sri Aurobindos Hauptwerk *The Life Divine* stieß, hatte dies für ihn eine tief einschneidende Bedeutung. Für den Rest seines Lebens war er nun mit dem Integralen Yoga verbunden und von seiner Hand erschienen später die Übersetzungen sämtlicher Hauptwerke Sri Aurobindos ins Deutsche. Von Jerusalem aus waren allerdings schon in den ersten Nachkriegsjahren kleine Hefte aus der Schreibwerkstatt Heinz Kappes', mit Texten Sri Aurobindos, durch Ruth Bender nach Stuttgart zu Sophie Kratt-Düvel gelangt. Und durch diese Hefte war Eckhard Karnasch, ein Neffe der Anthroposophin, auf den Integralen Yoga aufmerksam geworden, damals ein junger Mann, der einmal bekundete, dass er Heinz Kappes viel verdankte, mit ihm gemeinsam 1959 erstmals Pondicherry und den ‚Sri Aurobindo Ashram' besuchte und später die Übersetzungstätigkeit des badischen Theologen großzügig fördern sollte.

Die Freunde und die Sadhakas[13] des Integralen Yoga mögen es dem Verfasser der vorliegenden Studie nachsehen, wenn diese an manchen Stellen die größere Vertrautheit mit der Anthroposophie bezeugt. Die eigenen kulturellen und spirituellen Wurzeln kann und will er auch nicht negieren. Er ist zuversichtlich, dass künftige Arbeiten anderer seine Sichtweisen ergänzen und erweitern werden. Die Freunde der Anthroposophie können durch die Lektüre, so die Hoffnung, zu einer neuen Sicht auf die authentische indische Spiritualität vordringen und sich veranlasst finden, schrittweise jene Vorbehalte neu und kritisch zu hinterfragen, die insbesondere im Umfeld der Anthroposophie – über viele Jahrzehnte – zu einem weit verbreiteten Desinteresse Indien gegenüber geführt haben. Und sie mögen es, in mehr technischer Hinsicht, zulassen, dass der Schreiber dieser Zeilen nicht aus einer Art von lexikographischem Ansinnen jeden begegnenden Terminus des Integralen Yoga sogleich in einen anthroposophischen „übersetzt" – die weiter oben angedeutete, erforderliche Übersetzungsarbeit ist ja ohnehin eine eher kontextuelle. Vielmehr sollen die spezifischen Begriffe durch den Gang der erzählend gehaltenen Darstellung – wie in Schleifenbildungen – sich schrittweise gegenseitig erhellen und selbst verdeutlichen, indem sie mehrfach, unter je neuem Aspekt, thematisiert werden.[14] Selbstredend gilt dies auch vice versa.[15] Aus tiefem Respekt vor dem östlichen Gesprächspartner hat der Verfasser sich in seinen Charakterisierungen des Integralen Yoga sowie in der Auswahl der Zitate aus den Schriften Sri Aurobindos um größtmögliche Sorgfalt bemüht, was wiederum ebenso für den Umgang mit dem Werk Rudolf Steiners zutrifft. Das muss ohnedies als Mindestanforderung an jeden Versuch gelten, wie in dieser Arbeit, einen Beitrag zu einer künftigen Begegnungskultur zwischen den großen Schulen menschheitlicher Spiritualität zu liefern.

Einen besonderen Dank möchte ich an dieser Stelle richten an meine Schwester Christine Böhm, die aus ihrer tiefen Verwurzelung in der Anthroposophie Rudolf Steiners das Entstehen des Manuskriptes begleitete, sowie an Wilfried Huchzermeyer, Nishtha Müller, Marianne Sörensen und Wolfgang Schmidt-Reinecke, die mich bei der Arbeit an dem vorliegenden Buch als ausgewiesene Kenner des Integralen Yogas Sri Aurobindos überaus versiert berieten und freundschaftlich kritisch unterstützten. – Mein Dank gilt außerdem den Verantwortlichen des ‚Sri Aurobindo Ashram Trusts' in Pondicherry (Indien) und des ‚Rudolf Steiner Verlages' in Basel (Schweiz) für die freundliche Erlaubnis, an zahlreichen Stellen und umfangreich aus den Werken Sri Aurobindos wie auch aus den Werken Rudolf Steiners zitieren zu dürfen.

KAPITEL I

INDIEN IN DER VEDISCHEN FRÜHZEIT –

GESCHICHTLICH UND SPIRITUELL

Anthroposophie und Integraler Yoga blicken gleichermaßen zurück auf ein vedisches Zeitalter der alten Rishis in Indien, das der großen Linie nach Jahrtausende früher anzusetzen ist als beispielsweise die Kulturen des Zweistromlandes. Im Werk Rudolf Steiners gibt es zahlreiche Stellen, in denen von einer ersten Kultur nach der großen Flut die Rede ist, „die viele Jahrtausende alt ist, von der äußere Dokumente kaum etwas vermelden." Und weiter: „Das, was diese sagen, liegt Jahrtausende später. In jenen bedeutsamen Sammlungen von Weisheit, die wir bezeichnen als die Sammlungen des Veda, in den alten Veden haben wir nur die letzten Nachklänge von dem, was geblieben ist von einer sehr frühen indischen Kultur, die von überirdischen Wesen geleitet wurde und begründet wurde von den heiligen Rishis."[1] [2] – Der Begründer der Anthroposophie greift hinsichtlich dieser Kultur mitunter zu sehr feierlichen Formulierungen, etwa, wenn er spricht über: „die uralte indische Kultur [...], die vorvedische, wunderbare, Schauer der Ehrfurcht weckende Kultur, die in den Veden ihren letzten Niederschlag gefunden hat."[3] – Sri Aurobindo hat hinsichtlich der Ursprünge des vedischen Indien ebenso ein Zeitalter vor Augen, demgegenüber auch die ältesten Hymnen des *Rig Veda* als eine späte, „gleichsam moderne Entwicklung oder Version eines älteren lyrischen Evangeliums" erscheinen. Und über die große Fülle der vedischen „Litaneien" bringt Sri Aurobindo diese Einschätzung vor: „So ist sie vielleicht nur das letzte Vermächtnis der Zeitalter der Intuition, der strahlenden Morgendämmerungen der Vorväter, an ihre Abkömmlinge, an eine menschliche Rasse, die sich im Geist bereits den niedrigeren Ebenen [...] des physischen Lebens, des Intellekts und der logischen Vernunft zuwendet."[4] – Es soll sich im weiteren Verlauf der Untersuchung zeigen, dass sich von dem jeweiligen Bild des frühen vedischen Indien her entscheidende Einsichten Sri Aurobindos wie auch Rudolf Steiners tiefer verstehen lassen, die umfassend die menschheitliche Spiritualität in ihrem Werden betreffen.

Auskünfte beider Geisteslehrer wie die obigen – bei Sri Aurobindo vorsichtiger –, in denen sich maßgeblich ihre Grundansichten spiegeln, stehen jedoch – so mag es zunächst scheinen – in nicht geringem Widerspruch zu dem, was in üblichem Sinne über das frühe Indien zu erfahren ist.

Die ersten Anfänge der vedischen Kultur liegen für die heutige Wissenschaft trotz gut zweihundert Jahren indologischer Forschung noch stets weitgehend im Dunkel. Dass die Veden und hier vor allem der älteste von ihnen, der *Rig Veda*, in der seit ungefähr drei Jahrtausenden unverändert überlieferten Fassung[5] seiner Entstehung nach noch um Einiges weiter in die Vergangenheit zurückdatiert, gilt zwar allgemein als ausgemacht. Die schulwissenschaftliche Indologie setzt aber allenfalls weitere eintausend Jahre an, um jenen Zeitraum zu umschreiben, in welchem sich alles das zugetragen haben soll, wovon der *Rig Veda* handelt, und in welchem die Seher und Dichter, die Rishis, jene mehr als eintausend Hymnen schufen, die die zehn rig-vedischen Liederkreise, die Mandalas, ausmachen. Demnach hätte sich das vedische Zeitalter der Saptarishis, der „sieben heiligen Rishis" – auf der Seite der Gottheiten das Zeitalter Indras, Agnis, Mitras, Varunas, der Maruts usw. – im 2. vorchristlichen Jahrtausend abgespielt – jedoch nicht früher.

Die gängige westliche Lehrmeinung geht davon aus, dass sich in diesem Zeitraum (1800-1500 v. Chr.) zunächst nomadisierende Stämme indoeuropäischen Sprach- und Kulturtyps aus dem nordwestlichen Asien, einem Gebiet, das bis nach Südrussland gereicht haben soll, sowie aus den Weiten der zentralasiatischen Steppen aufmachten und in großen Trecks nach Süden zogen. Mit ihren Viehherden, Ochsenkarren, Pferdegespannen, mit Bronzegerät und Waffen ausgestattet, seien sie nach und nach über die Gegend des heutigen Afghanistan in das Gebiet des Punjab eingedrungen. Dieses „Land der fünf großen Flüsse" mit dem Sindhu, dem heutigen Indus, als dem mächtigsten Strom habe ihnen mit den jahreszeitlich anschwellenden Wassern aus dem westlichen Himalaya die weiträumigen, fruchtbaren Weidegründe geboten, die sie für ihre Herden benötigten. Gegen die überwiegend sesshafte Bevölkerung Nordwestindiens, auf die sie trafen – durch verschiedene Umwelteinflüsse womöglich zuvor schon geschwächt –, seien diese Indoeuropäer vielfach kämpferisch und räuberisch vorgegangen, was im Laufe von Jahrhunderten zu deren Zurückdrängung in weiter südlich und weiter östlich gelegene Gebiete oder zu deren Unterwerfung geführt habe. Indem sich in späteren Jahrhunderten die Lebensweisen von Einwanderern und Ursprungsbevölkerung zunehmend durchdrangen, wurden erstere ebenfalls sesshaft und übernahmen von letzterer einzelne kulturelle Muster und sprachliche Elemente (als Lehnwörter nachweisbar), um sie in die eigene Lebensart, Sprache und Weltsicht zu integrieren. Gesellschaftlich hätte sich all dies schon in frühen vedischen Zeiten so dargestellt, dass Brahmanen und Kshatriyas – als die herrschenden Varnas oder Stände der Priester und Opferkundigen sowie der Fürsten und Feldherren – der eher hellhäutigen indoeuropäischen Bevölkerung angehörten, die Vaishyas und Shudras hingegen – als die Bauern und Händler zum einen, die Dienenden zum anderen – der Urbevölkerung, den Adivasi, bzw. der dravidischen Bevölkerung, die jeweils von dunklerer Hautfarbe waren.[6] Dies markiere eine bis heute erkennbare Zweiteilung, die auch die jeweilige Sprachenzugehörigkeit betrifft. Während mit dem vedischen Sanskrit und heutigen indischen Sprachen wie Hindi und Bengali als den indoeuropäischen Sprachen der Nachkommen der Einwanderer aus dem Nordwesten z. B. auch das Alt-Iranische verwandt ist, sind die Sprachen der dravidischen Sprachengruppe, zu der u. a. das heutige Tamilische, Telugu und Malayalam zu zählen sind, insgesamt den mehr südlich angesiedelten Völkern und Stämmen eigen.

Die rig-vedischen Rishis, den Varnas der Brahmanen oder der Kshatriyas zugehörig, hätten in den Hymnen der ältesten Sammlungen ihre Kult-tragende Verehrung von machtvollen Naturgewalten zum Ausdruck gebracht, von denen das einfache Leben der in Nordwestindien siedelnden Indoeuropäer abhing. Usha, Surya, Aditi, Indra, Agni, Saraswati und Varuna beispielsweise stehen demnach als Gottheiten für die Morgenröte des beginnenden Tages, die aufsteigende, junge Sonne, den weithin sich erstreckenden Raum, für das unter Blitz und Donner heraufziehende Wetter, das den ersehnten Regen bringt, für das Feuer, für das Fruchtbarkeit spendende Wasser der Flüsse und für die kosmische Ordnung von Himmel, Luftraum und Erde, umschlossen von dem Weltenozean. In der heute gängigen Lesart wird auch der im *Rig Veda* vielfach besungene Soma, den die Brahmanen den Gottheiten opferten, in naturalistischer Lesart nur in Verbindung mit diversen berauschenden Kräutern und Trünken gesehen, durch welche die Opfer-Haltenden sich in veränderte Bewusstseinszustände versetzten, um ihren Naturgottheiten näher zu sein.

Die im letzten Jahrhundert durch Ausgrabungen bekannt gewordene Indus-Kultur (Kultur von Harappa und Mohenjo-Daro), die zur Zeit der angenommenen indoeuropäischen Invasion – also um das Jahr 1800 v. Chr. – als eine Zivilisation mit urbanen Strukturen schon über ein volles Jahrtausend hin bestanden hatte, wird in der jüngeren Indologie klar als vor-vedisch bezeichnet und im Sinne des allgemein angenommenen ethnischen Dualismus zumeist als dravidischen Ursprungs gedeutet. Ihr Kernland umfasste zu ihrer Blütezeit einen geographischen Bereich von mehr als der dreifachen Größe Deutschlands.[7] Siedlungen der Harappa- und Mohenjo-Daro-Zivilisation finden sich jedoch in einem ungleich größeren Gebiet, das sich grob umrissen von der Südküste des heutigen Iran im Westen zum nördlichen Gangestal im Osten, vom nordafghanischen Grenzfluss Amudarja im Norden bis zum Flusslauf der Godavari im Süden erstreckte. Dies entspricht einer Fläche von 1,5 bis 2 Millionen Quadratkilometern.[8] Vorläuferkulturen mit rechteckigen Lehmziegelbauten und Ackeranbau verschiedener Getreidesorten lassen sich in Belutschistan (das Gebiet südwestlich des Punjab) bereits für das 6. vorchristliche Jahrtausend archäologisch nachweisen.[9] Ergebnisse dieser Art, unterstützt durch sprachwissenschaftliche Untersuchungen, führen für die vorherrschende Lehrmeinung zu dem Schluss, dass das Vedische bzw. das Leben der vedischen Kultur keinesfalls die frühen Stadien kultureller Entwicklung auf dem südasiatischen Subkontinent umfasst. Das Vedische als Sprach- und Kulturtyp sei rein indoeuropäischen Ursprungs und habe allenfalls vereinzelt ältere, vorgefundene kulturelle Muster assimiliert. Indem der Veda jedoch unstrittig die Grundlage der größten Teile der späteren religiösen Literaturen bildet, auf welcher sich der Sanatana Dharma, der Hinduismus, entfaltete, ist mit der Festschreibung dieser kulturhistorischen Zweiteilung – nach dravidischer und anderweitiger indigener Entwicklung vor 1800 v. Chr. und indoeuropäisch dominierter Entwicklung seit dieser Zeit – zugleich ausgesagt, dass der Sanatana Dharma sich auf indischem Boden letztlich nur als die fremde Frucht außerindischer Einflüsse ausbilden konnte.

Nicht nur in Indien wird vermutet, dass diese Sicht auf die Entstehung der indischen Kultur eine charakteristisch westliche Sicht ist, die sich bis in die jüngste Zeit nicht von den Einflüssen kolonialistischen oder gar kulturimperialistischen Denkens befreit hat. Die moderne Indologie formulierte ihre Theorien und Lehrmeinungen im Gefolge von Größen wie William Jones, Charles Wilkens, Wilhelm von Humboldt, Friedrich und August Wilhelm Schlegel, Friedrich Rückert und Max Müller, letzterer jung von Deutschland nach England übergesiedelt. Im Laufe des 19. Jahrhunderts durchsetzten insbesondere von der angelsächsischen Seite her zunehmend „arisch" ausgerichtete Hypothesen das Feld der indologischen Forschung. Diesen zufolge meinte man, alle damals bekannten Hochkulturen seien „arischen" oder, wie es später hieß, indoarischen Ursprungs. Die Nähe des vedischen Sanskrit zum Proto-Indo-Iranischen, aus dem z. B. das Avestische sich entwickelte,[10] wurde in dieser Blickrichtung zum Argument für den indoeuropäischen Einfluss, der von

Nordwesten her das neue Zivilisationsprinzip mit sich brachte und auf dem Subkontinent implantierte. Heute zeigt sich gerade in der fortgesetzten Diskussion um die adäquate Einordnung der Indus- oder Harappa-Kultur in den geschichtlichen Gesamtverlauf vielfach, wie einerseits zwar das Konzept eines solchen indoeuropäischen Primäreinflusses auf die zurückliegenden dreieinhalb Jahrtausende indischer Entwicklung an Boden verliert, seine Gültigkeit andererseits aber – im Sinne eines Schlusses „a forteriori" – umso passionierter verteidigt wird.

Kritik am Konzept der indoarischen Invasion

Im deutschen Sprachraum scheint die betreffende international geführte Debatte um die ‚Indoaryan Invasion' bisher nur an vereinzelten Orten das nötige Problembewusstsein geweckt zu haben. Hier ist nur eine geringfügige Bewegung auszumachen, so etwa, wenn neuerdings statt von „Invasion" vermehrt von „Einwanderung" in aufeinander folgenden Wellen gesprochen wird. In der angelsächsischen Welt hingegen stellt es sich anders dar; hier wird die Kritik wohl gehört. Oftmals jedoch heißt es von westlicher Seite zugleich, eher nonchalant, es seien vorwiegend indische Patrioten und Nationalisten, die die gängige, oben knapp nachgezeichnete Theorie von der indoeuropäischen Invasion in das Nordwestindien des 2. vorchristlichen Jahrtausends, kritisch hinterfragen bzw. als unzutreffend zurückweisen. Es erscheint daher umso mehr geboten, im Interesse eines ausgewogenen Bildes der früh- oder proto-vedischen Kultur insbesondere auch auf die kontroversen Stimmen zu hören, die entgegen dem westlichen Mainstream für die Kontinuität des kulturellen Prozesses im frühen Indien plädieren und außerindische, indoeuropäische Fremdeinflüsse – als Folge der besagten Invasion – in dem behaupteten Umfang nicht gelten lassen wollen. Erhöhte Aufmerksamkeit ist hier auch deswegen ratsam, weil nur solche Klärungen dazu beitragen können, die Grundaussagen Sri Aurobindos und Rudolf Steiners mit Blick auf die früheste vedische Kultur gegenüber allgemein gängigen Theorien sinnvoll einzuordnen.

Eines der größten Probleme hinsichtlich möglicher Verbindungen der Indus-Harappa-Zivilisation mit den kulturellen Entstehungsgründen der Hymnen des *Rig Veda* – als ältestem literarischen Denkmal Indiens – bereitet der Forschung der Umstand, dass bei allem archäologischen Reichtum, der sich Funden in Zentren wie Harappa und Mohenjo-Daro verdankt, die dazugehörigen Bilderschrift-Siegel bis heute nicht entziffert werden konnten, zumindest allgemein als bisher unentschlüsselt gelten. Indus-Archäologie und vedische

Literatur stehen sich somit unvermittelt gegenüber. Immerhin verschaffen sich inzwischen vereinzelt Forscher Gehör, die geltend machen, dass die Entzifferung der Indus-Siegel so lange nicht gelingen wird, bis die Prämisse fallen gelassen wird, dass es zwischen Harappa und Mohenjo-Daro einerseits und der proto-vedischen Kultur andererseits kaum Berührungen gegeben habe. Vielmehr müsse man die Siegel gerade von den Hymnen des *Rig Veda* her zu deuten versuchen. In diese Richtung gehen die Arbeiten des religionsphilosophischen Autors Egbert Richter-Ushanas, der seit Jahrzehnten an der Entzifferung dieser Siegel arbeitet. Er verweist darauf, einige hundert der etwa 3200 Indus-Bildsiegel und Tafeln unter Zuhilfenahme rig-vedischer Entsprechungen entschlüsselt zu haben, und spricht in diesem Zusammenhang von einem „Fünften Veda", „[…] der nach der indischen Tradition als verloren gilt, aber den vier Vedas vorausgehen soll, die uns heute bekannt sind."[11] Vor diesem Hintergrund spricht er sich klar für eine Kontinuität aus, die – Richter-Ushanas zufolge – die Kulturen der Harappa-Leute und der vedischen Aryas zu einer Einheit verbindet.

Hier ist eine Zwischenbemerkung nötig: Zur Selbstbezeichnung der proto-vedischen Edlen, der Brahmanen und Kshatriyas,[12] diente das Wort ‚Aryas'. Ein ‚aryanischer' Edler war derjenige, der die Sitten und Opferbräuche in der richtigen Ordnung und dem Wohl der Gemeinschaft angemessen einzuhalten verstand. Das dazugehörige Wissen und Können war es, was ihn adelte. Sri Aurobindo gibt den Ausdruck ‚Arya' meist wieder mit „Strebender" oder „Sucher nach Vollkommenheit". Die ‚Aryas' waren die, die den Menschen ihrer Zeit die Richtung wiesen und Vorbild waren. Die Ausdrücke ‚Arya' (Sg.), ‚Aryas' (Pl.) oder ‚aryanisch' hatten also ursprünglich keinerlei rassischen oder ethnischen Bezug.[13] Namentlich, um die führende Gruppe innerhalb der proto-vedischen Kultur zu kennzeichnen, wird in dieser Arbeit weiter unten in der Regel von den Aryas gesprochen. – Andererseits verwenden die Vertreter der Invasions-Theorie auch heute noch den Terminus ‚Indoaryans' bzw. Indo-Aryas, um diejenigen indoeuropäischen Ethnien zu benennen, die im 2. Jahrtausend in Nordwestindien eingewandert sein sollen.[14]

Es sind nun in jüngerer Zeit Konzepte vorgestellt worden, die noch weiter gehen als das von Richter-Ushanas vertretene und die landläufige Theorie der aryanisch geführten Invasion geradezu umkehren. So umreißt der belgische Sinologe und Indologe Koenraad Elst seine Alternative zur Invasions-Theorie mit den Worten: „Im 6. Jahrtausend v. Chr. lebten die Proto-Indoeuropäer in der Gegend des heutigen Punjab, Haryana und des westlichen Uttar Pradesh. Sie sprachen verschiedene untereinander verständliche Dialekte, hüteten Vieh und betrieben auch Ackerbau. In der Folge von Bevölkerungswachstum, Stammeskonflikten und wirtschaftlichen Problemen wanderten manche von ihnen über den Khyber-Pass in die Gegend von Margiana und Baktrien aus, die für Jahrtausende das Grenzgebiet der indischen Kultur bleiben sollte."[15] – Elst spricht davon, wie andere Gruppen in die Richtung des Kaspischen Meeres zogen oder noch weiter östlich. Sie wurden später als die Tocharer geschichtlich namhaft. In diesen zentralasiatischen Regionen übernahmen sie von den Völkern, die sie dort antrafen, nicht nur z. B. den Hirseanbau, sondern vor allem auch die Pferdezucht, die sie später wiederum in ihr indisches Mutterland zurückbrachten. Das oftmals zur Stützung der Invasions-Theorie vorgebrachte Argument, dass in vor-aryanischen Zeiten, im dravidisch dominierten Indien, Pferde nicht bekannt waren und deshalb als während der indo-aryanischen Einwanderung importiert gelten müssen, wird durch diesen Ansatz Elsts nachhaltig relativiert.

Einer der wichtigsten Beweisgründe für eine kulturelle Kontinuität oder gar Identität, die die Zeiten vor dem Niedergang der Harappa-Indus-Zivilisation und das vedische Zeitalter miteinander verbindet, dürfte mit dem Hinweis auf den Saraswati-Strom verknüpft sein. – Weitaus die meisten Ausgrabungsorte, an denen Zeugnisse der Harappa-Indus-Kultur ans Licht befördert wurden, liegen nicht westlich oder entlang des Indus sondern östlich von ihm. Vergleiche mit Satellitenaufnahmen haben gezeigt, dass es im Punjab und in Rajasthan einen vor- bzw. frühgeschichtlichen Flusslauf von gewaltigen Ausmaßen gegeben hat, an dessen ehemaligen Ufern sich – anders als erwartet – die größte Häufung von archäologischen Stätten findet. Viel spricht dafür, dass es sich hierbei um den ausgetrockneten Saraswati-Strom gehandelt haben dürfte, der nach dem *Rig Veda* als der Hauptstrom in der Lebenswelt der frühen Aryas gilt, weswegen manche auch von der Indus-Saraswati-Kultur sprechen. Der in Südindien lebende US-Amerikaner David H. Osborn schreibt: „Hoch auflösende Satellitenbilder haben die rig-vedischen Beschreibungen des alten Saraswati-Stroms in seinem Verlauf von den Quellen im Himalaya hin zum Arabischen Meer bestätigt. ‚Rein in ihrem Lauf von den Bergen zur See, einzig unter den Strömen, hat Saraswati gelauscht.' (*Rig Veda* 7,95.1.1-2) Der mächtige Saraswati-Strom und seine Kulturen werden im *Rig Veda* mehr als fünfzigmal erwähnt, was beweist, dass das Austrocknen des Saraswati-Stroms zeitlich auf die Entstehung des *Rig Veda* gefolgt sein muss. Damit ist dieses Datum weiter in die Vorzeit zurückzuverlegen, was die Zweifel an der imaginären Tatsache einer so genannten aryanischen Invasion nur vermehren kann."[16]

Das Vorwort zu Osborns zitierter Arbeit *Science of the Sacred* schrieb der US-Amerikaner David Frawley, der im Westen zu den profiliertesten Kritikern der Invasions-Theorie und ihrer Implikationen zählt. Aufgrund intensiver vergleichender Studien der *Veden*, der *Brahmanas, Puranas* usw. – im Sanskrit-Original – erstellte er genealogische Listen der früh-, mittel- und spätvedischen Könige, die aus der Zusammenschau mit dem allgemein angenommenen Austrocknen des Saraswati-Stromes und mit den archäologischen Befunden eine Zeitlinie hervortreten lassen, die er den Auffassungen der landläufigen Indologie pointiert entgegenstellt. Eine für Indien in seiner Frühzeit mit archäologischem Fokus gezeichnete Zeitlinie stellt sich bei Frawley, in seiner Arbeit über den *Rig Veda* und die indische Geschichte, wie folgt dar:

7000-4500 v. Chr. Frühe Ackerbau-Phase. – In dieser Zeit existieren große Siedlungen wie Mergarh, mit bis zu zehntausend Bewohnern. Man könnte sie kleine Städte nennen. Vermutlich bilden Gruppen solcher Siedlungen kleine Königreiche aus und haben einen herrschenden Clan-Chef oder König.
4500-3300 v. Chr. Prä-urbane Phase. – Größere Ortschaften entstehen, was eine urbane Zivilisation einleitet, gekennzeichnet durch anspruchsvollere Techniken in Ackerbau und Handwerk.
3300-2500 v. Chr. Frühe urbane Phase. – Die urbane Phase der Harappa- (Saraswati-) Kultur wird bisher auf das Jahr 3000 v. Chr. zurückdatiert (Dholavira und Rakhigarhi) und ist womöglich noch um einiges älter. Sie stellt einen Höhepunkt früher Zivilisation im alten Indien dar.
2500-1900 v. Chr. – Späte urbane Phase. – In dieser Periode verliert der Saraswati-Strom fortgesetzt an Stärke und es beginnen Migrationsbewegungen, die aus seinem Gebiet hinausführen.
1900-1300 v. Chr. – Post-urbane Phase. Verlagerung des kulturellen Schwerpunkts. – Die Saraswatas (Harappanier) verlassen ihre Heimatgegenden mit Zielen in neuen Gebieten vor allem östlich, jedoch auch südlich bzw. nordwestlich.[17]

Frawley bringt die von ihm erstellte puranische Liste von Königen mit einer anderen indischen Königsliste in Verbindung, auf die sich im Abendland schon der Grieche Megasthenes (etwa 350-290 v. Chr.) bezog. Aus seinen Besuchen in Indien, im diplomatischen Dienst, wusste Megasthenes zu berichten, dass die indischen Könige von ihrem ersten König – Dionysos, wie er ihn nach dem Muster der mediterranen Antike nannte – bis zum Eintreffen Alexanders des Großen in Nordwestindien auf eine Reihe von 153 Königen zurückblickten, deren gesamte Regierungszeit 6451 Jahre umspannt haben soll. Für Dionysos, jenen ersten König der Inder, würde die Zeitlinie damit zurückgeführt in das Jahr 6776 v. Chr.. Den Zeiten dieses ersten Königtums lässt Frawley das „mythische Zeitalter Manus" noch vorangehen, wobei der Manu jener ist, der – gemäß der Überlieferung – sich und eine kleine Schar Getreuer über die verheerende Flut hinweg rettete, die die alte Welt heimgesucht hatte.[18] Diese große Flut selbst, von der auch der biblische Noah-Mythos berichtet, kann in Begriffen der jüngsten Erdgeschichte mit den gewaltigen Schmelzwassern gegen Ende der letzten Eiszeit, der Weichsel-Kaltzeit, vor ungefähr zehn- bis zwölftausend Jahren in Zusammenhang gesehen werden.[19] Entsprechend der archäologisch gestützten Aufstellung Frawleys fällt die Zeit Manus also in die Anfangszeit der von ihm so bezeichneten frühen Ackerbau-Periode der altindischen Kultur.[20]

Spirituelle Zugänge zur vedischen Welt

Gegenüber den Auskünften der heutigen Indologie und Kulturgeschichte und nach deren Prämissen haben die Ausführungen ihrer Kritiker – wie Richter-Ushanas, Elst, Osborn oder Frawley – vielleicht nur bedingt beweisende Kraft. Man darf sie aber vor dem Hintergrund der spirituellen Schau des proto-vedischen Zeitraums, wie sie eingangs in Zitaten von Rudolf Steiner und Sri Aurobindo angedeutet wurde, dennoch als wegweisend einstufen. Eine erkenntnismethodische Besinnung kann helfen dies einzusehen.

Die akademisch anerkannte Altertumsforschung ist ein weites Feld, auf dem Ergebnisse einer Vielzahl von Einzelwissenschaften zusammenlaufen. Geologie, Paläontologie, Archäologie, Anthropologie, Ethnologie, Sprachwissenschaften, Philologie, Religions- und Philosophiegeschichte u. a. steuern ihre Beiträge bei, um ein möglichst umfassendes Gesamtbild erstellen zu können. Einzelbefunde wie auch deren Zusammenfassung liefern fraglos immer wieder auch beeindruckende, ja mitunter faszinierende Einsichten in längst versunkene Lebenswelten. Ein solches Gesamtbild kann allerdings stets nur eine Annäherung darstellen, denn es bleibt mit Blick auf die tatsächlich vorliegenden, materiellen Befunde ein erhebliches Zufallsmoment bestehen. Es hat beispielsweise nicht notwendig dazu kommen müssen, dass man in den Jahren 1872 und 1922 auf die heute pakistanischen Fundorte Harappa und Mohenjo-Daro stieß.[21] Die dort gemachten archäologischen Entdeckungen führten ja zu dem seitdem etablierten Bild von der Harappa- und Indus-Zivilisation. Wie grundverschieden aber würde sich das Konzept der Zeit des 6. bis 3. vorchristlichen Jahrtausends im Nordwesten des südasiatischen Subkontinents darstellen – ohne diese Funde?

Abgesehen von einem solchen Zufallsmoment, kann auch bei der größten Datenfülle die Zusammenschau von nach historischer Methode gewonnenen Ergebnissen stets nur eine äußerliche Rekonstruktion dessen bieten, wie es „wirklich gewesen ist" und was „wirklich geschah". Das vorliegende Problem lässt sich mit Blick auf die einzelne Biographie einer konkreten Person in der Situation vergleichen, dass dieser Person das Gedächtnis gänzlich verloren ging und dass sie nun – ansonsten mit allen intellektuellen Fähigkeiten ausgestattet – anhand äußerer Zeugnisse und in mühsamer Rekonstruktion ihr gelebtes Leben, bzw. ein Bild desselben, wiedererringen muss. Was sie so erlangt, wie vielfältig und umfangreich das äußerlich Zusammengetragene auch sein mag, kann doch stets nur sehr unvollkommener Ersatz bleiben. Die fehlende Dimension der eigenen Erinnerung kann, es liegt auf der Hand, durch das mittels äußerer Daten rekonstruierte Bild des zurückliegenden Lebens niemals authentisch ausgefüllt werden. Erinnerung und Gedächtnis repräsentieren die verloren gegangene innere, seelisch-geistige Dimension der Vergangenheit. Da diese nun von eher subjektivem Charakter ist, die äußere Dimension von eher objektivem, heißt dies für den Wirklichkeitsgehalt des Vergangenheitsbildes, dass beide Dimensionen sich im günstigsten, gesunden Fall ergänzen und dass Subjektivität und Objektivität vollkommen zusammenstimmen werden.

Wendet sich die Analogie zurück zur kultur- und geistesgeschichtlichen Vergangenheit der Menschheit, so kann sich die Frage auftun, ob nicht prinzipiell auch dieser gegenüber eine seelisch-geistige Erfahrungsdimension möglich ist, die der inneren Dimension von Gedächtnis und Erinnerung in der Einzelbiographie entspräche. Käme in weltgeschichtlicher Perspektive zu den äußeren, „objektiven", aber doch immer beschränkten Befunden der vorherrschenden Wissenschaft eine innere, „subjektive", aber selbst-identische und von daher authentische Erfahrungsdimension hinzu, erschlossen durch spirituelle Schau, echte Geisteswissenschaft oder höhere yogische Erkenntnis, so könnten künftig einmal auch in dieser Perspektive „Objektivität" und „Subjektivität" zu einem größeren Ganzen verschmelzen.

Durchgreifende spirituelle Erkenntnis, wie sie durch Anthroposophie und Integralen Yoga ins Spiel kommt, weist über die aufgezeigten Beschränkungen der äußerlichen Rekonstruktion von Vergangenheit hinaus – und spricht in der Tat von einem umfassenden Weltgedächtnis – nach buddhistischer Terminologie das *alaya vijnana* oder Speicherbewusstsein –, das sich erkenntnismäßig auffinden lässt und in das man bewusst eintreten kann. Wer dies tut, versetzt sich in die Lage, zurückliegende Geschehnisse zu schauen, zudem die zugrunde liegende Logik der Abläufe zu verstehen sowie deren bleibenden, dauernden

Wert zu erkennen – jenseits von Entstehen und Vergehen. Dieses Weltgedächtnis stützt sich nach Auskünften Rudolf Steiners wie auch Sri Aurobindos auf ein höheres geistig-ätherisches Substrat, das im Sinne der indischen Tradition als der Akasha bezeichnet wird. Der indische Geisteslehrer spricht im Zusammenhang mit der „supramentalen Zeitschau" von dem Lesen in der Akasha Lipi, der Akasha-Schrift.

> Von überallher kann [das psychische Selbst] alle Arten von Mitteilungen über Geschehnisse der Vergangenheit, Gegenwart und Zukunft sammeln. Es vermag schließlich die ätherische Schrift, *akasha lipi*, in sich aufzunehmen, die alle vergangenen Dinge registriert, alles, was in der Gegenwart vorgeht, überträgt und die Zukunft aufzeichnet.[22] [23]

Sri Aurobindo hat sich in seinen Werken, obwohl bei diesen Worten offenkundig eigene Erfahrungen im Hintergrund stehen,[24] kaum mit dem Lesen der Akasha Lipi und dessen Erträgnissen befasst. Ganz anders Rudolf Steiner, der in seinen Arbeiten der geistigen Erforschung von kosmischer und menschheitlicher Vergangenheit große Bedeutung eingeräumt hat. In der Anfangszeit seines theosophischen bzw. anthroposophischen Wirkens, 1904, äußert er sich erstmals in einer Artikelserie über Einzelheiten aus der Akasha-Forschung. Den Ansatz zu dieser Forschung (das Lesen in der Akasha-Chronik) kennzeichnet er, indem er ihren Gegenstand die „unvergängliche Geschichte" nennt, den der äußeren Wissenschaft hingegen die „vergängliche Geschichte", dem Werden und Vergehen unterworfen.

> Wer sich die Fähigkeit errungen hat, in der geistigen Welt wahrzunehmen, der erkennt da die verflossenen Vorgänge in ihrem ewigen Charakter. Sie stehen vor ihm nicht wie die toten Zeugnisse der Geschichte, sondern in vollem *Leben*. Es spielt sich vor ihm in einer gewissen Weise ab, was geschehen ist. – Die in das Lesen solcher lebenden Schrift eingeweiht sind, können in eine weit fernere Vergangenheit zurückblicken als in diejenige, welche die äußere Geschichte darstellt [...].[25] [26]

Diese „lebende Schrift" bzw. das Weltgedächtnis lassen sich leichter erfassen, wenn man dem Akasha weiter nachspürt. Rudolf Steiner spricht von der Sphäre des Akasha als dem Übergangsbereich zwischen der geformten oder formtragenden geistigen Welt und der formlosen geistigen Welt (zwischen dem unteren und dem oberen Devachan). Das geistig-ätherische Akasha-Substrat, das hier eine Mittelstellung einnimmt, zeichnet sich dadurch aus, dass es von beiden Seiten her Einprägungen empfangen kann – von der Seite der höheren, formlosen Geistwelt wie auch von der Seite des Geformten und Geschaffenen. Damit ist es zugleich in dem Grenzbereich zwischen zeitlichen Verläufen und dem Ewigen angesiedelt. Akasha spielt eine wesentliche Rolle bei allen Schöpfungsakten, in denen kosmisch-geistige Gestaltungsimpulse – zunächst noch wie in Keimpunkten konzentriert – durch die formtragende Geistwelt und sodann durch die Seelenwelt zur Entfaltung und Manifestation in der physischen Welt drängen.[27] – In umgekehrter Richtung jedoch empfängt die Akasha-Sphäre ebenso Einprägungen aus den Vorgängen in den niederen Welten, Einprägungen, die das geistig Dauernde dieser Vorgänge ausmachen. So entstehen in der Akasha-Sphäre diejenigen Spuren, denen entlang der geistig Erwachte schließlich zum Lesen in der Akasha-Chronik kommt. Und auch in diesem Fall ist – vergleichbar mit den obigen „Keimpunkten" – an eine geistig-punktuelle Qualität zu denken, an etwas, das nicht mehr in den Ordnungen von Raum und Zeit auszudrücken ist. Der Schauende muss sich in dem ewigen Teil seines Wesens, dem wahren Selbst, erfasst haben und den geistigen Erkenntnismodus der reinen Intuition verwirklicht haben, um dorthin zu gelangen.[28]

Vor dem Hintergrund der für das geistige Indien höchsten Dreiheit von Sein, Bewusstsein und Seligkeit – dem berühmten Sat-Chit-Ananda, *sachchidananda*, des Sanatana Dharma – spricht Sri Aurobindo, ähnlich wie Rudolf Steiner, dem Selbst seine tiefgründige Verbundenheit mit dem Akasha zu, und zwar Akasha in seiner Ananda- oder Seligkeitsnatur. Über den supramentalen Zentral-Sinn, das Organ einer höchsten Erkenntnisverwirklichung, schreibt er:

> Sein Wirken erfolgt aus der Ausdehnung und Vibration des Seins und Bewusstseins in einem supra-ätherischen Äther von Licht, Macht und Seligkeit, dem *ananda akasha* der *Upanishaden*. Das ist Grundsubstanz und Inhalt, durch die sich das Selbst universal ausdrückt [...] und durch die es seine wahre Erfahrung vermittelt.[29] [30]

Zu dieser Erfahrung gehört u. a. auch das Lesen in der Akasha Lipi.

Die oben erwähnte Erforschung der menschheitlichen Vergangenheit, die Rudolf Steiner betrieb, brachte ihn dazu, aus der Akasha-Chronik eine Überfülle an Gesichtspunkten zu den zurückliegenden Geschichtsepochen, Erdzeitaltern, ja, zu der Evolution des Planeten Erde – aus geistigen Vorstufen bis heute – darzustellen. Die Schau, auf der dies beruhte, ermöglichte es ihm zugleich, auch künftige Entwicklungszustände zu skizzieren. Wenn er in seiner

Hauptschrift *Die Geheimwissenschaft im Umriss* von den Planetenzuständen Saturn, Sonne, Mond, Erde, Jupiter, Venus und Vulkan spricht, so ist damit das Panorama des Werdens des gesamten Kosmos gemeint – von seinen frühesten Anfängen über die jetzige „Verkörperung" des Planeten Erde in eine fernste Zukunft erhabener Entwicklungsziele.[31] – Als Rudolf Steiner einmal innerhalb der ‚Theosophischen Gesellschaft' die proto-vedischen sieben „heiligen Rishis" behandelt, stellt er die Verbindung her zwischen ihrer Ordnung und ihrem Zusammenhang mit dem Manu (Manu Vaivashvata) und der Siebenheit der angedeuteten Planetenzustände und ihrer Widerspiegelung in den sieben Planeten.[32] Diese Ausführungen geben ein sprechendes Beispiel für seine Erkenntnisgewinnung aus der Akasha-Chronik.

Der Manu und die sieben Rishis verkörperten, so Rudolf Steiner, das umfassende Wissen, die umfassende Schau des tragenden geistigen Grundes der Welt. Schon in den Zeiten vor der großen Flut waren sie, in früheren Inkarnationen, für die Erdenmenschheit führende Vertreter der Geistigkeit des sich entwickelnden Kosmos. Während der Manu diese Geistigkeit in ihrer Gänze umspannte, verwirklichten, den Ausführungen Rudolf Steiners zufolge, die sieben Rishis („der Chor der sieben Rishis") jeweils einen Aspekt von deren siebenfältiger Offenbarung – sie standen mit je einem der sieben Planeten in besonderer Verbindung:

> Das was die Planeten als Kräfte bewahrten, das war dasjenige, was in den Geheimnissen der sieben Rishis verborgen war. Und so wirkte dieser Chor der sieben Rishis zusammen, in vollster Einheit mit dem Manu, in der wunderbaren Weisheit, die den Schülern von ihnen vermittelt wurde. Wenn wir das charakterisieren wollten, so müssten wir sagen: Diese Urlehre enthielt ungefähr dasjenige, was wir heute kennen lernen als die Evolution der Menschheit durch die planetarischen Zustände von Saturn, Sonne, Mond, Erde, Jupiter, Venus, Vulkan. Die Geheimnisse der Evolution waren hineingeheimnisst in die sieben Glieder der Loge, von denen ein jedes eine Stufe im Fortschritt der Menschheit bedeutete.[33]

Durch ihre Verwurzelung in dem geistigen Grund der Welt hatten die Rishis, so weiter, dieselbe Erkenntnishöhe wie diejenige, die oben als erforderlich für das vollbewusste Lesen in der Akasha-Chronik beschrieben wurde. Sie schauten den astralen Plan, das untere wie das obere Devachan. Und so lag der tiefe Sinn irdisch-menschlicher Existenz offen vor ihnen. Sie drangen in das Geheimnis des „Wortes" ein, die vedische Vak, das „Urwort der Schöpfung", das zugleich den innersten Kern des Veda selbst ausmacht.[34] [35] Und dieses fällt wiederum zusammen mit der Erfahrung des *brahman*, in dem beschlossen der Rishi das geistige Urbild des Menschen und seines Ich erblickte.

Dabei ist es charakteristisch, dass die spirituell fortgeschrittensten der alten Inder die Ich-Erfahrung auf solcher geistigen Höhe machten. Denn zur Erfahrung des irdischen Ich, die niedriger anzusetzen ist, kamen sie vergleichsweise spät – lange nachdem sie in der Verbindung mit den Devas ihr sonstiges seelisches (ätherisches und astrales) Gefüge schon sehr weit entwickelt hatten. Als Jahrtausende später z. B. die Völker Europas zu ihrem Ich erwachten, waren sie seelisch noch in einem viel roheren, gröberen Zustand. Die frühen Inder wiederum waren seelisch, moralisch und spirituell schon sehr weit entwickelt, als sie dazu kamen das eigene Ich auch in der irdischen Verkörperung zu erfahren. Dies war eine Voraussetzung dafür, dass sie für lange Zeiten – wenn auch mit nur dumpfem Ich-Bewusstsein – das eigene Seelische und die Geistigkeit der Welt als eins erfuhren und unter dem Eindruck lebten, dass individueller *atman* und universelles *brahman* in Wahrheit identisch sind. Mit solcher spirituellen Höhe, so Rudolf Steiner in Vorträgen des Jahres 1910, hängt es zudem zusammen, dass sie mit großer Leichtigkeit zum Lesen in der Akasha-Chronik gelangen konnten und dass sie mit Geistwesen von sehr hohem Rang verkehrten, den Geistern der Bewegung und den Geistern der Weisheit (wie in der Geisteswissenschaft die Dynameis und die Kyriotetes der westlichen Hierarchienlehre genannt werden). Die Geistigkeit anderer Kulturen reichte da nicht heran. Über die reifsten der frühen Inder – hier ist auch an die oben genannten Aryas zu denken – heißt es:

> Sie erwachten, als ihre Seele mit einem ungeheuren Reifegrade bereits behaftet war; sie erwachten so, dass die Fortgeschrittensten dasjenige, was früher mit der Menschheitsentwickelung geschehen war, durch eine leichte Entwickelung bereits in der Akasha-Chronik wieder lesen konnten, so dass sie hinausblickten in die Umgebung, in die Welt und dass sie dadurch in der Akasha-Chronik lesen konnten, was in der geistigen Welt vorging [...].[36]

Es ist in diesem Zusammenhang noch davon die Rede, dass dem anfänglichen Verstehen der eigenen Ichheit bei den frühen Indern jene geistigen Gipfelerfahrungen zugrunde lagen, die im Verkehr mit den genannten Kyriotetes und Dynameis bestanden. Die Rishis und Aryas wiederum, so Rudolf Steiner, fassten dieselben spirituellen Wirklichkeiten unter den Bezeichnungen Maha-Purusha und Mula-Prakriti. Die Frage nach deren geistigem Stellenwert wie auch die nach dem spät erwachenden Ich des ansonsten spirituell weit entwickelten indischen Menschen sollen in einem späteren Kapitel wieder aufgegriffen werden.[37]

Sri Aurobindo betonte in der philosophischen Darlegung des Integralen Yoga weniger die kosmisch-geistigen Werdestufen der Evolution, vergleicht man es mit der Anthroposophie Rudolf Steiners, in der das Mitwirken hierarchischer Wesenheiten an der kosmischen Evolution in größter Detailfülle und in gewissem Sinne systematisch behandelt wird. Vor dem Tableau der zurückliegenden wie auch der künftigen Entwicklung von Erde und Menschheit richtet sich Sri Aurobindos Interesse vermehrt auf den spirituellen Fortschritt des einzelnen Sadhaka – auch im Vollzug des „kollektiven Yoga". Die Welt der Veden will Sri Aurobindo in ihrer Bedeutung für das individuelle Fortkommen erschließen. Die vedische Erfahrung bildet für ihn nicht bloß etwas Vergangenes, Gewesenes, sondern gleichsam den Horizont, der die Aussicht auf die spirituelle Zukunft des Menschen eröffnet. Dieser Ansatz kann in anthroposophischer Perspektive einleuchten, wenn man berücksichtigt, dass die siebente der sieben Kulturepochen, die auf die große Flut folgen, in einer bestimmten Weise die erste dieser Kulturepochen, eben die urindische, proto-vedische Kultur, spiegeln und auf einer ganz neuen Stufe wieder aufleben lassen wird.[38] [39]

Auch Sri Aurobindo hat klar die Siebenheit der – neben anderen – wichtigsten Rishis vor Augen, so im Aufblick zu den sieben Sternen des Großen Wagens. Sie erfüllen und harmonisieren ihm zufolge – in ihrem göttlichen Aspekt – das Bewusstsein in jedem seiner sieben Prinzipien und stehen so der „Evolution der Welt" vor.[40] Bei Sri Aurobindo befinden sich zudem – in ihrem menschlichen Aspekt – die sieben Rishis, gemäß der Tradition auch die Angirasa Rishis genannt, in der siebenfachen Strömung, die sich aus dem Göttlich-Geistigen in die Menschenwelt ergießt. Er führt aus: „Die Angirasa Rishis werden gewöhnlich als sieben an der Zahl beschrieben: Sie sind *sapta viprāh*, die sieben Weisen, die uns in der puranischen Tradition überliefert wurden und von der indischen Astronomie in der Konstellation des Großen Bären eingesetzt sind."[41] – Und über den Angirasa, d. h. den zur Gruppe der Sieben zählenden Rishi schlechthin, heißt es, dass er eine Macht ist oder zumindest die Macht besitzt: „[...] von Brihaspati, dem wahrheitsdenkenden und siebenstrahligen, dessen sieben Strahlen des Lichts jene Wahrheit halten, die er denkt (*ritadhītim*), und deren sieben Münder das Wort wiederholen, das die Wahrheit ausdrückt [...]".[42] [43]

Zu der siebenfachen Strömung aber, die für Sri Aurobindo primär eine solare Strahlung ist, bzw. zu jenen vedischen „sieben Flüssen", die ganz aus der Mitte der vedischen Bildsprache entspringen, äußert sich Sri Aurobindo in dem nachfolgenden Zitat. Dieses gibt ein eindrückliches Beispiel für seine differenzierte Art, die alten Bilder für ihre spirituelle Dimension aufzuschließen.

Die sieben Flüsse des Veda, die Wasser, *āpah*, werden gewöhnlich in der bildhaften vedischen Sprache als die sieben Mütter oder die sieben nährenden Kühe, *sapta dhenavah*, bezeichnet. Das Wort *āpah* selbst trägt verdeckt eine doppelte Bedeutung; denn die Wurzel *ap* bedeutete ursprünglich nicht nur sich bewegen, wovon aller Wahrscheinlichkeit nach der Sinn von Wassern abgeleitet ist, sondern auch Sein oder ins Dasein bringen, wie in *apatya*, Kind, und dem südindischen *appā*, Vater. Die sieben Wasser sind die Wasser des Seienden. Sie sind die Mütter, aus denen alle Formen des Seins geboren werden. Aber wir treffen auch auf einen anderen Ausdruck, *sapta gāvah*, die sieben Kühe oder die sieben Lichter, und den Beinamen *saptagu*, das, was sieben Strahlen hat. *Gu (gvah)* und *go (gāvah)* haben überall in den vedischen Hymnen diese doppelte Bedeutung von Kühen und Strahlen. Im alten indischen Gedankenkonzept waren Seiendes und Bewusstsein Aspekte voneinander, und Aditi, das unendliche Sein, aus dem die Götter geboren werden, beschrieben als die *Mutter* mit ihren sieben Namen und sieben Sitzen *(dhāmāni)*, wird auch als das unendliche Bewusstsein begriffen, als die *Kuh*, das Urlicht, das in den sieben Strahlen, *sapta gāvah*, offenbar ist. Das siebenfache Prinzip des Seins wird daher unter dem einen Gesichtspunkt verbildlicht in der Form der Flüsse, die vom Ozean aufsteigen, *sapta dhenavah*, unter dem anderen Gesichtspunkt in der Form der Strahlen des allerschaffenden Vaters, Surya Savitri, *sapta gāvah*.[44]

In diesen sieben Strahlen stehen die sieben Rishis. Ähnlich wie Rudolf Steiner stellt auch Sri Aurobindo die Verbindung der sieben Wasser oder sieben Strahlen mit Vak, dem Urwort her, so, wenn es heißt: „Sie führen zur *Wahrheit*, sie sind selbst die Quelle der Wahrheit, sie fließen in der unbehinderten und uferlosen Unermesslichkeit ebenso wie hier auf Erden." – Und etwas weiter: „Sie […] werden *sapta vānih* genannt, die sieben Worte der schöpferischen Göttin Vak, – Sprache, die Ausdruckskraft der Aditi, der höchsten Prakriti […]."[45] [46]

Die Unterschiede in der Terminologie sollten nicht einen Schleier des Unverständnisses vor die Tatsache legen, wie sehr sich hier die Ergebnisse bei Sri Aurobindo und Rudolf Steiner in der Essenz berühren. Es soll sich vielmehr in dieser Arbeit zeigen, dass sich vergleichbare Übereinstimmungen zwischen Integralem Yoga und Anthroposophie immer aufs Neue auffinden lassen, wie unterschiedlich die Methoden der Erkenntnisgewinnung und der Sprachgebrauch bei den beiden großen Geisteslehrern Indiens und Mitteleuropas auch sein mögen.

Wenn es in späteren Kapiteln dieses Buches fortgesetzt um die Spiritualität des Veda und ihre gegenwärtige wie künftige Aktualisierung geht, wie sie im Integralen Yoga und auch in der Anthroposophie zum Ausdruck kommen, so geschieht dies in der Blickrichtung, dass zur Beurteilung nicht zuletzt auch der Geschichtlichkeit dieser Spiritualität die Ergebnisse der höheren Erkenntnis, wie sie bei Rudolf Steiner und Sri Aurobindo vorliegen, stets als zielführend einbezogen werden müssen. Die obigen Ausführungen über die Akasha-Chronik und die sieben Rishis sollten zunächst bloß exemplarisch zeigen, wie fruchtbar solches Vorgehen sein kann. Im zweiten Kapitel soll nunmehr – in einigen ausgewählten, wichtigen Linien – Sri Aurobindo als Mensch und großer Yogi Indiens vorgestellt werden,[47] während im deutschsprachigen Raum, was das Leben und Werk Rudolf Steiners[48] anbelangt, hinreichende Kenntnisse vorausgesetzt werden können.

KAPITEL II

SRI AUROBINDO –
LEBENSLINIEN EINES GROSSEN YOGI

Aravinda Acroyd Ghose[1] erblickt am 15. August 1872 als drittes von fünf Kindern eines westlich aufgeklärten bengalischen Arztes in Kalkutta das Licht der Welt. Er hat zwei ältere Brüder und als jüngere Geschwister eine Schwester und einen weiteren Bruder.[2] Der Vater orientiert sich entschieden britisch – man spricht in seinem Haus nicht das angestammte Bengalisch, sondern vor allem Englisch und im Umgang mit den Bediensteten Hindustani. Den akademischen Titel hatte Dr. Ghose, gut ein Jahr vor Aravindas Geburt, während eines medizinischen Studienjahres in Großbritannien erworben, und zwar in Aberdeen, Schottland, wo er sich auch intensiv mit dem aufkommenden Darwinismus auseinandersetzte. Der Vater gibt die drei älteren Knaben 1877 zunächst in die Obhut irischer Nonnen im nordwestbengalischen, im Himalaya gelegenen Darjeeling, später aber, 1879, in eine englische Pflegefamilie, damit sie europäische Bildung und Kultur genießen können. Aravinda zählt nun gerade sieben Jahre. Bald nachdem ihre Söhne in England untergebracht sind, erkrankt die Mutter, Swarnalotta, sehr schwer – ein unheilbar scheinendes seelisches Leiden, das sich bereits jahrelang angekündigt hatte – und der Vater trennt sich von ihr. Aravinda lebt während der Zeit von Schule und klassischen Studien nacheinander in Manchester, London und Cambridge. Ist er in seiner Pflegefamilie auch fortwährend von einem streng puritanisch gelebten Christentum umgeben, so wird er dasselbe trotz seines großen Interesses an der westlichen Kultur im Allgemeinen für sich doch nicht annehmen. Die christlichen Grundbegriffe sind ihm deshalb aber auch nicht fremd. Einundzwanzigjährig kehrt er schließlich als junger Gelehrter mit glänzenden Abschlüssen in sein Heimatland – nach Indien – zurück. Er beherrscht neben einem exzellenten, literarischen Englisch das Altgriechische, Latein und Französisch, auch hat er sich einige Kenntnisse in Italienisch und Deutsch erworben. Kurz vor der Landung seines Schiffes in Bombay stirbt auf dem indischen Festland sein Vater an Herzversagen – tra-

gisch ausgelöst durch die Falschmeldung, das Schiff, welches ihm seinen geliebten Sohn Aravinda heim bringen soll, wäre verunglückt.

Voll bewusst betritt Aravinda A. Ghose nunmehr – im Februar 1893 – erstmalig indischen Boden, waren ihm doch die sieben Kindheitsjahre im Nordosten Indiens eher wie ein Traum. Er ist nach vierzehn Jahren in Großbritannien vollkommen anglisiert. Seine kranke Mutter sieht er erstmalig 1894
in Bengalen wieder; sie glaubt zuerst nicht, dass es wirklich Aravinda ist, weil
sie ihn als kleinen Jungen in Erinnerung hat. Nur eine Narbe aus seiner Kindheit hilft ihr schließlich, den Sohn doch wiederzuerkennen. Der Biograph
Peter Heehs bemerkt, dass Aravinda bei der Rückkehr in seine Heimat „[...]
eigentlich ein Waise" ist.[3] Die Fremdheit gegenüber der eigenen Kultur geht
so weit, dass er seine nordostindische Muttersprache, das Bengalische, nicht
beherrscht, sondern nun erst erlernen wird. Auch ein Sanskrit-Studium, „[...]
ganz in eigener Regie",[4] sowie die Lektüre der alten heiligen Schriften sollen
sich daran anschließen. Von demselben Moment an jedoch, da er seinen Fuß
auf indische Erde setzt, hat er machtvolle geistige Erfahrungen,[5] die ihm in
der Folge schrittweise einen originären Zugang zu dem traditionellen Sanatana
Dharma[6] eröffnen. Nach einer Zeit als Privatsekretär des Maharaja des nordwestindischen Fürstentums Baroda, in die mit dem Jahr 1901 auch die Heirat
mit der Bengalin Mrinalini Bose fällt, sowie als Hochschullehrer am Baroda
College, wechselt er 1906 in seine Heimat Bengalen über, wo er einen Lehrauf-
trag für englische Literatur am National College von Kalkutta annimmt. Die
Jahre bis 1908 sind neben den Vorlesungen vor allem anderen gekennzeichnet
durch seine energischen politischen Anstrengungen im Sinne der bengalischen
Bewegung zur Erreichung von Svaraj, der staatlichen Unabhängig von der britischen Krone.[7] Anders als einige Zeit darauf Mahatma Gandhi (1869-1948)
im nordwestindischen Gujarat[8] befürwortet Aurobindo Ghose, wie er sich nun
nennt, zu jener Zeit noch den Einsatz von Waffen. Entscheidend durch das
Sprachrohr der in Kalkutta erscheinenden Wochenschrift „Bande Mataram"[9]
wird er nunmehr zum brillanten und deswegen von den Briten umso mehr ge-
fürchteten Wortführer der radikalen bengalischen Unabhängigkeitsbewegung.

Der politische Kampf Aurobindo Ghoses für „Bharata" oder „Bhavani"
– die „Mutter Indien" – ist zwar durchaus stark religiös motiviert, gleichwohl
ordnet er die individuelle Spiritualität und vorbereitende Yogaübungen (vor
allem Pranayama, seit 1904) zunächst noch eindeutig seinen politischen Zielen
unter. Auch als er Ende 1907, Anfang 1908 in Baroda für einige wenige Tage
yogische Unterweisung durch den traditionell ausgerichteten Guru Vishnu
Bhaskar Lele nimmt, tut er dies zunächst in der vordergründigen Absicht und

zu dem Zweck, durch den damit erhofften Fähigkeitenzuwachs besser für die politische Aktion gerüstet zu sein.

Dieses Experiment mit Guru Lele nimmt jedoch einen gänzlich unerwarteten Verlauf. Denn innerhalb von drei Tagen erlangt Sri Aurobindo – durch das Zurückweisen aller von außen an ihn herandringenden Gedanken[10] und in der so eingetretenen Geistesstille – die Realisation dessen, was er später selbst als das Nirvana bezeichnen soll. Es setzt etwas ein, das allmählich zur Umgewichtung nicht zuletzt auch der Prioritäten von Politik oder Spiritualität führen wird.

Das Nirvana zu erreichen, das war also das erste radikale Ergebnis meines eigenen Yoga. Es warf mich plötzlich in einen Zustand oberhalb aller und ohne alle Gedanken, unbefleckt durch irgendeine mentale oder vitale Bewegung. Da war kein Ich, keine reale Welt. Nur wenn ich durch die unbeweglichen Sinne hindurchschaute, dann war da eine Welt leerer Formen, materialisierter Schatten ohne Substanz wahrzunehmen, hingelagert über die völlige Stille. Da war nicht das Eine oder gar das Viele, nur eben absolut Das, eigenschaftslos, beziehungslos, völlig, unbeschreiblich, undenkbar, absolut, gleichwohl zuhöchst real und allein real.[11]

Der Yogalehrer, Guru Lele, ist durchaus verstört wegen der Radikalität von Aurobindos Durchbruch, zumal er selbst nicht dem advaitischen Monismus folgt, dem – wenn nicht gar dem Buddha Dharma – Aurobindos Erfahrung allem Anschein nach am ehesten entspricht. Er resigniert und sagt zu seinem erstaunlichen Schüler, von nun an solle er einzig und ohne zu zögern „dem Führer im eigenen Inneren" folgen. Für Sri Aurobindo selbst wiederum bleibt es nicht bei dieser Erfahrung des Nirvana. Vielmehr stellt sich in der Folge eine weitere spirituelle Verwirklichung ein, in der das Nirvana als solches geradezu transzendiert werden soll.

Inzwischen aber fügte sich Realisation zu Realisation und verschmolz mit der ursprünglichen Erfahrung. Zu einem frühen Zeitpunkt wich der Aspekt einer illusorischen Welt einem anderen, in dem Illusion nur ein geringes Oberflächenphänomen ist, mit einer immensen göttlichen Realität dahinter und einer höchsten göttlichen Realität darüber und einer intensiven göttlichen Realität im Herzen eines jeden Dinges, das zuerst nur als kinomatische Form oder Schatten erschienen war. Und dies war keine neue Einkerkerung der Sinne, keine Verkleinerung, kein Fall von der Höhe einer höchsten Erfahrung. All dies kam vielmehr als ein ständiges Sichüberhöhen und Ausweiten der Wahrheit. Es war nun der Geist, der die Objekte sah, nicht die Sinne, und der Friede, die Stille, die unendliche Freiheit verblieben in der Welt oder allen Welten, und sie waren nichts als ein ständiges Ereignis in der zeitlosen Ewigkeit Gottes.[12] [13]

Sri Aurobindo setzt danach seine äußeren Aktivitäten dennoch unvermindert fort, allein, der überhöhte Bewusstseinszustand bleibt weiter, Monate lang und darüber hinaus, bestehen. Es ist die Erfahrung des Eintretens einer höheren Instanz, die das ganze Geschehen nun lenkt.

Ich hielt Reden und redigierte eine Zeitung, all das aber tat sich von selbst, ohne dass überhaupt ein Gedanke in meinen Geist eintrat oder dass die Stille auch nur im Geringsten gestört oder vermindert wurde. Ich „machte" das alles nicht, es „geschah".[14]

Es scheint hier partiell etwas Ähnliches vorzuliegen wie dasjenige, was Rudolf Steiner hinsichtlich der eigenen Initiation – wenn auch von einer anderen Warte aus – charakterisierte, als er sich darüber äußerte, dass es bei der Erweckung zu einer Umkehr der Verhältnisse von Denken und Wollen kommt, indem das Denken aktiv, das Wollen passiv wird.[15] Es sind bei beiden offenkundig zwei Arten zutiefst Verwandtes auszudrücken. Wenn Sri Aurobindo sagt, er habe all das „nicht gemacht", so bedeutet dies nichts als aus einem empfangenden Willen gehandelt zu haben.

Über ein „Transzendieren" des Nirvana kann – notabene – nicht leichthin gesprochen werden. Dem im Buddha Dharma geschulten Leser dürfte eine solche Ausdrucksweise sogar als gänzlich unangemessen erscheinen, bedeutet der buddhistische Begriff „Nirvana" doch „Verlöschen" oder auch „Verwehen". Gemeint ist die vollkommene Auflösung aller Bindungen an die kontingente, empirische Welt – seien es Gedankenformen, Erinnerungen und Bestrebungen, seien es karmische Konditionierungen, die *samskaras*: das Bewusstsein wird im Nirvana von all diesen Leid-verursachenden Faktoren befreit und es erwacht zu der Wahren Wirklichkeit von *shunyata*, der Leerheit alles Seins – leer von sämtlichen Verstrickungen. In dem sui generis nicht-metaphysischen Buddha Dharma kann es kein eigentliches „Dahinter" oder „Darüber" geben – keine Transzendenz. Für den Schüler des Buddha Dharma wäre dies bloß der Quell neuerlicher, nicht erstrebenswerter *samskaras*, wie subtil-spirituell sie auch geartet sein mögen. – Wenn Sri Aurobindo aber mitteilt, dass er dennoch dieselbe Erfahrung gemacht hat, so berührt er damit durchaus tiefe Differenzen zwischen dem Buddha Dharma und dem Sanatana Dharma, dem er sich von nun an immer tiefer verbunden fühlt.[16]

Alipur

Mit den Verwirklichungen, die sich an seine Begegnung mit Guru Lele anschließen, wird für Sri Aurobindo eine Wende eingeleitet, hinter die er – wenn auch anfänglich unsicher über den weiteren Fortgang – nicht mehr zurücktreten wird. Er erfährt, was er nun tut, als zunehmend vom Göttlichen geführt. Äußerlich verändern sich die Dinge ebenfalls, und zwar – paradox genug – scheinbar sehr zu Ungunsten Aurobindos. Vor dem Hintergrund eines u. a. ihm als Rädelsführer angelasteten Attentats, das zwei Engländerinnen auf offener Straße tödlich trifft, wird er von der britisch-indischen Obrigkeit am 4. Mai 1908 festgenommen und inhaftiert. Nach einer kurzen Zeit in der Polizeistation Lal Bazar Hajat wird er – nahe Kalkutta – in das Staatsgefängnis von Alipur verbracht, wo zwei Wochen nach der Verhaftung der fast ein Jahr währende Prozess gegen ihn und die Mitangeklagten eröffnet werden soll.

Mit dem Freispruch ein Jahr später, am 6. Mai 1909, verlässt ein gründlich verwandelter Aurobindo die Gefängnismauern.[17] Was hatte sich zugetragen?

Drei Wochen nach seiner Freilassung spricht Sri Aurobindo anlässlich der Jahresversammlung der ‚Gesellschaft zum Schutz der Religion',[18] zu der er eingeladen ist und zu der ungefähr sechshundert Menschen zusammen gekommen sind. Statt einer politischen Rede, die die Versammelten von ihm erwarten, hören sie nun in einem stellenweise äußerst intimen Bericht, was sich für Sri Aurobindo während der Zeit im Gefängnis begeben und was zu jenem Wandel geführt hat, ein Bericht, gehalten wie in Zwiesprache mit dem persönlich begegnenden Göttlichen, dem er seit dem yogischen Durchbruch immer näher gekommen war – mit Shri Krishna. Diese bekannte „Uttarpara Rede" Sri Aurobindos soll die einzige Gelegenheit bleiben, da er in voller Öffentlichkeit über seine geistigen Erfahrungen spricht. Sie ist bezüglich seiner spirituellen Entwicklung – vom Freiheitskämpfer zum berufenen Yogi – aber auch derartig eindrücklich und aufschlussreich, dass sie hier in einigen längeren Auszügen wiedergegeben und zusammengefasst werden soll.

Als ich festgenommen und überstürzt in den Lal Bazar Hajat verbracht worden war, erschütterte all dies zuerst mein Vertrauen, denn ich hatte keine Einsicht in Seine Vorhaben. Deswegen zauderte ich für einen Moment und rief von Herzen zu Ihm: „Was geschieht mit mir? Ich glaubte, die Mission zu haben, für die Menschen meines Landes zu wirken, und, dass ich unter Deinem Schutz stehe, bis die Mission erfüllt wäre. Ich sollte Deinen Schutz haben. Warum bin ich dann hier, unter dieser Anklage?" Es vergingen ein Tag, ein zweiter und ein dritter, bis ich eine Stimme aus dem Inneren vernahm. „Warte ab und siehe."[19]

Sri Aurobindo wird nun vollkommen ruhig – es erfolgt die Überführung in die Einzelhaft im Gefängnis von Alipur – und er wartet ab, was Gott – Shri Krishna, wie sich zeigen soll – ihm zu sagen hat.[20] [21]

In der Abgeschiedenheit kam die früheste Verwirklichung, der erste Unterricht über mich. Ich erinnerte mich nun, dass einen Monat oder noch früher vor meiner Inhaftierung ein Ruf an mich kam, alle Aktivität aufzugeben, in die Einsamkeit und in mich zu gehen, um mit Ihm in eine innigere Vereinigung eintreten zu können. Ich aber war schwach und konnte dem Ruf nicht folgen. Denn meine Arbeit stand so klar vor mir und in meinem Stolz glaubte ich, dass sie, wenn ich nicht zur Stelle wäre, Schaden nehmen oder fehlschlagen würde oder ganz aufgegeben werden müsste. Deshalb wollte ich sie nicht loslassen. Da war es mir, als würde Er erneut zu mir sprechen: „Die Fesseln, die du nicht die Kraft hattest zu brechen, ich habe sie für dich zersprengt. Denn es ist nicht mein Wille noch war es je meine Absicht, dass du dies fortsetzen solltest. Ich habe anderes für dich zu tun und dazu brachte ich dich hierher, um dich zu lehren, was du von dir aus nicht lernen konntest, und um dich für mein Werk vorzubereiten." Dann gab Er mir die Gita in die Hand. Seine Kraft trat in mich ein und ich war nun in der Lage, das Sadhana der Gita aufzunehmen. Das war nicht bloß intellektuelles Verstehen sondern ich realisierte, was Shri Krishna wirklich von Arjuna gefordert hatte und was Er von jenen erwartet, die danach streben Sein Werk zu tun: frei zu sein von Widerwillen und Verlangen, Sein Werk zu vollbringen ohne nach dessen Früchten zu trachten, allen Eigenwillen aufzugeben und ein passives und gläubiges Instrument in Seinen Händen zu werden, gleichmütig zu werden gegenüber Hoch und Niedrig, Freund oder Feind, Erfolg oder Fehlschlag und Seine Arbeit niemals zu vernachlässigen.[22]

Shri Krishna greift dann, so Sri Aurobindo, auch in die äußeren Haftbedingungen ein. Die strenge Isolation des Einzelhäftlings wird gelockert und er darf sich nun täglich zumindest zweimal für eine halbe Stunde im Gefängnishof bewegen. Während eines dieser Gänge tritt erneut die Kraft Shri Krishnas in ihn ein und er gewahrt – in Übereinstimmung mit dem Sanatana Dharma –, dass der Höchste allen Wesen und Dingen innewohnt.

> Ich sah dieses Gefängnis, das mich von den Menschen abtrennte, aber es waren nicht länger dessen hohe Mauern, die mich umschlossen; nein, es war Vasudeva, der mich umgab. Ich lief unter den Zweigen des Baumes vor meiner Zelle entlang, aber es war nicht mehr dieser Baum, ich erkannte, dass es Vasudeva, dass es Krishna war, den ich da stehen sah und der seinen Schatten über mich breitete. Ich sah auf die Gitterstäbe meiner Zelle und das Gitter, das als Tür diente, und wieder erblickte ich Vasudeva. Es war Narayana,[23] der vor mir Wache stand. Oder als ich auf der groben Decke lag, die mir für meine Pritsche gegeben worden war, da fühlte ich, wie die Arme Shri Krishnas mich umfingen, die Arme meines Freundes und Geliebten.[24]

Zunächst ist Sri Aurobindo gleichwohl noch immer selbst mit der Formulierung von Instruktionen zu seiner Verteidigung befasst – er bleibt fürs erste also noch „politisch" oder zumindest „juristisch" aktiv. Doch auch auf dieses Feld soll sich alsbald die „göttliche Intervention" erstrecken. Unerwartet tritt ein neuer, ihm aber keineswegs unbekannter Anwalt auf.

> Ihr alle kennt den Namen des Mannes, der alle anderen Gedanken zur Seite schob, seine Anwaltspraxis komplett im Stich ließ, Tag für Tag und Monat um Monat bis tief in die Nacht arbeitete und seine Gesundheit ruinierte, nur um mich zu retten – Shrijut Chittaranjan Das. Als ich ihn sah, war ich sehr beruhigt. Doch immer noch dachte ich, es wäre nötig Instruktionen zu schreiben. Daraufhin wurde all das von mir genommen und ich hörte von innen her die Botschaft: „Dies ist der Mann, der dich aus der Schlinge, die dir um die Füße gelegt ist, befreien wird. Lege diese Papiere zur Seite. Nicht du wirst ihn instruieren. Ich werde es tun!"[25]

Ab jetzt überlässt Sri Aurobindo sich gänzlich dem göttlichen Freund – mit dem bekannten Ergebnis des Freispruchs. Und wieder vernimmt er die innere Stimme:

> „Ich führe, deshalb fürchte dich nicht. Wende du dich nun deiner Arbeit zu, für die ich dich ins Gefängnis brachte. Und wenn du herauskommst, dann denke daran: nie dich fürchten, niemals zaudern! Sei dir immer bewusst, dass ich es bin, der all dies tut, nicht du, und niemand sonst.

Also, welche dunklen Wolken auch aufziehen mögen, welche Gefahren und Leiden, welche Schwierigkeiten und Unmöglichkeiten auch immer sich einstellen werden: nichts ist unmöglich, nichts ist schwer. Ich bin in dieser ganzen Nation und ihrer Erhebung und ich bin Vasudeva, ich bin Narayana, und, was ich will, das wird sein, nicht das, was andere wollen. Was ich dazu ausersehe, dass es geschehe, das kann durch keine menschliche Kraft aufgehalten werden."[26]

Sri Aurobindo weiß allerdings noch nicht, was im Einzelnen zu tun auf ihn zukommt. Er versichert Shri Krishna eindringlich, dass er mit dem Yoga – der nunmehr als erweiterte Praxis, mindestens nach dem vollen Umfang der *Bhagavad Gita*, zu verstehen ist – nicht nach Mukti, nach der Erlösung, verlange, sondern der spirituellen Erhebung Indiens dienen wolle. Um klarer zu sehen, was denn zu tun sei, fragt er nach Adesha, nach einem eindeutigen spirituellen Auftrag aus Krishnas Mund.[27] Als Antwort empfängt er zweierlei Botschaften.

„Ich habe dir eine Arbeit aufgetragen, und zwar dieses Land aufzurichten. Nicht mehr lange und du wirst aus dem Gefängnis entlassen. Denn es ist nicht mein Wille, dass du für schuldig befunden wirst, noch, dass du die Zeit, wie andere es sollen, damit zubringst, für dein Land zu leiden. Dich habe ich zur Arbeit gerufen und das ist mein Adesha, den du erbeten hast. Ich gebe dir Adesha, hinauszugehen und mein Werk zu verrichten."[28]

Dies ist die erste Botschaft und die zweite lautet:

„In diesem Jahr der Abgeschiedenheit wurde dir etwas gezeigt, demgegenüber du zuerst deine Zweifel hegtest, und das ist die Wahrheit der Hindu-Religion. Es ist diese Religion, die ich vor der Welt aufrichte, die ich entwickelt und vollendet habe durch die Rishis, die Heiligen und Avatare und die jetzt anhebt mein Werk unter den Völkern zu vollbringen. Ich richte dieses Volk auf, damit mein Wort hinausgehe. Dies ist der Sanatana Dharma, die ewige Religion, die du zuerst nicht wirklich gekannt hast, die ich dir nun aber enthüllt habe. Der Agnostiker und Skeptiker in dir hat jetzt seine Antwort erhalten, denn ich habe dir innere und äußere Beweise gegeben, physische und subjektive, die dir genügt haben. Wenn du also hinausgehst, dann sprich zu den Menschen deines Landes stets dieses Wort: dass es für den Sanatana Dharma ist, wenn sie aufgerichtet werden. Es ist für die Welt, wenn sie erhoben werden."[29]

Peter Heehs, Biograph Sri Aurobindos, hat die großen Wirkungen der Uttarpara Rede nachgezeichnet, die wegen eines vermeintlichen Nationalismus im politisch linken Lager heftig kritisiert wurde, insbesondere, weil Sri Aurobindo durch sie den nationalistischen Partikularismus in Indien befördert haben soll, und die – kein Deut besser – von den Rechten nachgerade zur Rechtfertigung ihres nationalistischen Hinduismus ausgeschlachtet wurde, indem ohne Rücksicht auf den Kontext aus ihr zitierte Wortlaute phrasenhaft und demagogisch eingesetzt wurden. Heehs hebt demgegenüber hervor, dass es Sri Aurobindo bei jenem Sanatana Dharma stets nur um die ewige Religion zu tun ist, die zeitlos hinter allen zufälligen Erscheinungsformen der verschiedenen Kulte und Konfessionen steht und die als Kern auch nicht-hinduistischen heiligen Schriften wie der Bibel oder dem Koran innewohnt. Er zitiert eine im Juni 1909 in der Wochenschrift „Karmayogin" wiedergegebene Bemerkung Aurobindos über den von ihm gemeinten Sanatana Dharma, nach der „[…] dessen am meisten reales, maßgeblichstes Dokument in dem Herzen [eines jeden einzelnen] ist, in dem das Ewige einwohnt".[30] Und Heehs fügt mit Blick auf Sri Aurobindo hinzu:

> Der wahre Sanatana Dharma war nicht Gegenstand des Glaubens, sondern der spirituellen Erfahrung und der inneren Kommunion mit dem Göttlichen.[31]

Sri Aurobindo ist nun also freigesprochen, die britische Obrigkeit lässt ihn aber dennoch weiterhin andauernd observieren und ist gewillt, ihn bei nächster Gelegenheit erneut in Gewahrsam zu nehmen und vor Gericht zu bringen. Aufgrund eines deutlichen inneren Rufes – ein neuerlicher Adesha – verabschiedet er sich im Jahr 1910 von der Arbeit in der bengalischen Unabhängigkeitsbewegung und nach einer Zwischenstation in Französisch-Chandernagore bringt ihn ein Schiff, die „Dupleix", schließlich im April 1910 nach dem damals ebenfalls französischen Pondicherry, wo er bis zu seinem Tod im Jahr 1950 leben wird. Schon seit der Inhaftierung im Mai 1908 lebt Sri Aurobindo übrigens in Trennung von seiner Frau Mrinalini, die unter dem Eindruck der rabiaten Polizeiaktion unverzüglich in das Haus ihres Vaters zurückgekehrt war. Bis 1915 gibt es von Bengalen aus unablässig Versuche, Sri Aurobindo mit mehr oder weniger vornehmen Mitteln zur Rückkehr nach Britisch-Indien zu bewegen, was er aber konsequent zurückweist. Gänzlich geben die Briten das Ansinnen, ihn in den indischen Nordosten zurückzuholen, erst gut zwei Jahrzehnte später auf. Verschiedene alte Freunde aus der Befreiungsbewegung bemühen sich anfänglich ebenfalls noch um seine weitere Mitarbeit, bis er schließlich in der in Madras erscheinenden Zeitschrift *Hindu* ein Zeichen setzt und sein endgültiges Ausscheiden aus der Politik bekannt gibt.[32]

Pondicherry – Mirra, *The Arya* und der Ashram

Gegenüber dem meisten, was davor lag, erhält das Leben in Pondicherry eine neue, unbedingt spirituelle Ausrichtung. Aurobindo soll später, rückblickend, seine Biographie einteilen in die Zeit in Pondicherry und die Zeit davor, bis zu seiner Ankunft dort am 4. April 1910. Was nun gemeinsam mit zuerst zwei, später vier Getreuen und Schülern, die aus Bengalen mitgekommen und nachgezogen sind, in äußerst ärmlichen Verhältnissen begonnen wird,[33] birgt in sich die Kraft, sich – allein schon der äußeren Form nach – zu einem der größten spirituellen Ashrams im modernen Indien auszuwachsen. Hatte Sri Aurobindo anfänglich noch gemeint, der Aufenthalt in Pondicherry solle nur vorübergehend sein, so ändert sich in der Folge die Sichtweise nicht nur wegen der erneuten politischen Verfolgung in Britisch-Indien.[34] Vielmehr gerät auch die Bedeutung seiner künftigen Aufgabe immer klarer in den Blick. Ein Vierteljahrhundert später beschreibt er diese Situation so, dass ihm nun „das Ausmaß des spirituellen Werkes aufging, das er auf sich genommen hatte, und dass er erkannte, dass dieses eine ausschließliche Konzentration all seiner Kräfte benötigte".[35] – Sri Aurobindo arbeitet seit jener Zeit, indem er die kleine Gruppe von Sadhakas in einer gänzlich unkonventionellen Art unterweist, den neuen, zukünftigen Yoga aus. Es gibt kaum äußerlich geregelte Abläufe im Zusammenleben, alles Tun ist einzig auf den Yoga ausgerichtet. Der yogische Unterricht der Jüngeren erfolgt in der ersten Zeit allein in der Art und Weise des Zusammenlebens sowie durch zwanglose Abendgespräche. Dennoch bleibt die yogische Arbeit von der Außenwelt nicht unbemerkt. In der näheren, tamilischen Umgebung von Pondicherry wird der Spross einer Familie von Großgrundbesitzern, K. V. Rangaswami Iyengar, auf Sri Aurobindo aufmerksam. Sein Großvater, Herr über Latifundien in der Gegend des Kaveri-Deltas, unterhielt einen Haus-Guru, Shri Vasudeva, der gegen 1880 verstarb. Kurz vor seinem Tod befragt, wie die Söhne der Familie wieder zu einem Guru finden könnten, soll Shri Vasudeva geantwortet haben, dreißig Jahre später werde aus dem Norden ein Yogi als Flüchtling kommen und einen Purna Yoga – das ist einen integralen Yoga – praktizieren. Dies sei das Zeichen, dass Indien seiner Befreiung entgegen gehe. K. V. Rangaswami Iyengar ist, als er von Sri Aurobindos Ankunft in Pondicherry erfährt, sogleich überzeugt, dieser müsse der

Uttara Yogi, der Yogi aus dem Norden sein, und nimmt in der Folge durch einen Freund Verbindung zu ihm auf.[36] Bereits im April 1910 findet sich in Pondicherry, im Hause des Gönners Shankara Chettiar, in dem Sri Aurobindo zuerst untergekommen ist, ein Franzose ein, der Indiens Süden zwar zunächst in politischen Absichten besucht, der sich aber zugleich sehr für dessen Geistigkeit interessiert – Paul Richard. Dieser ist schon von der ersten Begegnung und den ertragreichen Gesprächen mit Sri Aurobindo derartig tief beeindruckt, dass er – zurückgekehrt nach Frankreich – seiner Ehefrau Mirra Alfassa Richard sogleich lebensvoll und detailliert davon berichtet. Es ergibt sich bald ein reger Briefwechsel zwischen Paris und der französischen Enklave im tamilischen Südindien. In Pondicherry selbst sollen allerdings, sogleich in den ersten Jahren nach Sri Aurobindos Übersiedelung dorthin, regelrechte Pilgerströme aus ganz Indien einsetzen von solchen, die hoffen, allein schon von einem Blick auf sein Antlitz Mukti, die Befreiung, zu erlangen, Menschenansammlungen, durch die Sri Aurobindo sich gleichwohl bedrängt und regelrecht belagert fühlt.

Mirra Alfassa (1878-1973), die Frau des Franzosen Paul Richard, war eine künstlerisch begabte und in vielen Varianten der Esoterik und des Okkultismus gründlich bewanderte Frau, die schon von Kindheit und Jugend auf geistige Erfahrungen gemacht hatte. Sie war von türkisch-ägyptischer Abstammung und verwandt mit der jüdischen Familie der Alfassa. Im Paris des Fin de siècle war sie Gastgeberin etwa der späteren Tibetreisenden Alexandra David-Néel[37] und spiritueller Lehrer wie Abdu'l Baha Abbas oder Hazrat Inayat Khan, der, letzterer, in der westlichen Welt den Sufismus bekannt machen sollte. In den Jahren 1906 und 1907 war sie zweimal für einige Monate als Schülerin bei dem zwar wenig bekannten, dafür aber umso einflussreicheren Okkultisten Aia Aziz in Tlemcen, Algerien, zu Gast, um von ihm persönlichen Unterricht zu erhalten. Aziz (1848-1927), der einer jüdischen Familie entstammte und sich selbst Max Théon nannte, war bereits im Knabenalter kabbalistisch eingeweiht worden und soll in den 1870er Jahren, als junger Mitt-Zwanziger, maßgeblich an der Begründung der legendären ‚Hermetic Brotherhood of Luxor' beteiligt gewesen sein, die ihrerseits bei der Entstehung der ‚Theosophical Society' unter H. P. Blavatsky und Henry Steel Olcott Pate gestanden hatte.[38] Der okkulte Hintergrund, der damit angedeutet ist, und die entsprechenden Geheimlehren, wie sie dann auch in die Theosophie Blavatskys Eingang gefunden hatten, waren somit auch Mirra Alfassa durch und durch geläufig. Es wäre aber nicht zutreffend, sie als Anhängerin der theosophischen Bewegung zu bezeichnen.

Mirra Alfassa wird bei dem Bericht ihres Mannes über sein Treffen mit Sri Aurobindo hellwach und sie weiß sogleich, dass auch sie ihm notwendig begegnen wird. Die gemeinsame Reise nach Pondicherry treten die beiden Richards dann Anfang 1914 an und Ende März soll Mirra Alfassa, in Pondicherry später die ‚Mutter' genannt, Sri Aurobindo erstmals treffen. Diese Begegnung zeitigt für beide und für den Integralen Yoga insgesamt bleibende Wirkungen.

Seit den Jahren ihrer Jugend hat Mirra „nächtliche Zusammenkünfte" mit verschiedenen geistigen Führergestalten, die sie unterweisen, während sie – äußerlich – im Schlaf liegt. Mit sechsundzwanzig Jahren, 1904, hat sie vor diesem Hintergrund im Traum auch die Vision einer dunkelhäutigen asiatischen Gestalt, die sie von nun an auf ihren „inneren Reisen" führt und welcher sie spontan den Namen „Krishna" beilegt. Im Wachzustand ist sie nunmehr überzeugt und erhofft sie, dass sie jemals auch in der Tatsachenwelt vor ihm stehen wird. Über das besagte erste Treffen mit Sri Aurobindo, am 29. März 1914 in Pondicherry, notiert sie später denn auch:

Genau meine Vision! Auf die gleiche Weise gekleidet, in der gleichen Haltung, im Profil, sein Kopf aufrecht. Er wandte mir sein Gesicht zu und ich sah in seinen Augen, dass Er es war!

Und:

Sobald ich Sri Aurobindo sah, erkannte ich in ihm das wohlbekannte Wesen, das ich Krishna nannte […].[39]

Paul und Mirra Richard bleiben für fast elf Monate in Pondicherry und regen Sri Aurobindo schon im Mai 1914 an, eine philosophische Monatsschrift zu begründen, durch die er der interessierten Öffentlichkeit seine Einsichten und die Grundlagen seiner yogischen Arbeiten vermitteln kann. *The Arya* erscheint mit der ersten Nummer zu Sri Aurobindos Geburtstag, am 15. August 1914.[40] Gleichzeitig mit der englischen Ausgabe wird auch eine französische unter dem Titel *Revue de la Grande Synthèse* herausgegeben. Jedes Monatsheft ist 64 Druckseiten stark und enthält weitestgehend Artikel aus der Feder Sri Aurobindos. Es handelt sich um ausgreifende Aufsatzreihen in Fortsetzung, die später in Buchform – zum Teil überarbeitet und erweitert – als die bedeutendsten theoretischen Werke des Integralen Yoga bekannt werden sollen: *Das Göttliche Leben, Das Ideal einer geeinten Menschheit, Zyklus der menschlichen Entwicklung, Essays über die Gita, Die Synthese des Yoga, Das Geheimnis des Veda, Die Grundlagen der indischen Kul-*

tur, um nur die wichtigsten Titel zu nennen.[41] [42] In diesen Büchern wird das spirituell Denkbare in einer höchst konzentrierten Diktion ausgemessen und entfaltet. Umso erstaunlicher ist es zu bemerken, dass stets mehrere der genannten umfangreichen Schriften, kapitelweise in Lieferungen, und zahlreiche weitere, kleinere Arbeiten parallel, also fast gleichzeitig, abgefasst werden.[43] Allein schon die *Synthese des Yoga* ist ein gewaltiges Unterfangen. Denn in diesem Werk geht es um nichts Geringeres als das Zusammenführen dreier Hauptzweige des indischen Yoga, deren höhere Einheit längst auseinandergefallen war und die während der letzten eineinhalb Jahrtausende unverbunden nebeneinander her tradiert wurden. Dies sind Karma Yoga (der Yoga der Werke), Jnana Yoga (der Yoga des Wissens oder der Erkenntnis) und Bhakti Yoga (der Yoga der liebevollen Hingabe an das Göttliche). Zusammengefasst werden diese in der neuen Synthese, die Sri Aurobindo liefert, in seinem Purna Yoga, bzw. dem integralen Yoga der Selbst-Vollendung.[44]

Mirra Richard, die später berichtet, dass Sri Aurobindo beim Schreiben stets aus einem vollkommen beruhigten und stillen Geist ansetzt, hilft ihm energisch bei der Umsetzung. Ihr obliegen nun verschiedene redaktionelle Aufgaben, vor allem die Übersetzung der Artikel ins Französische. Diese Zusammenarbeit vor Ort muss allerdings bereits Ende Februar 1915 wieder beendet werden, da Paul Richard wegen des Kriegsausbruchs in Europa nach Frankreich zurückkehren muss. Seine Frau geht mit ihm – später folgt sie ihm auch nach Japan (1916-1920). In dem nunmehr wieder aufgenommenen Briefwechsel geht es unter anderem um die spirituelle Begleitung der beiden Richards[45] sowie um Erfahrungen und Schwierigkeiten in Verbindung mit ihrem nun durch Sri Aurobindo angeleiteten yogischen Prozess. – Die Zeitschrift *The Arya* erscheint weiterhin. Nicht zuletzt wird das Projekt auch wirtschaftlich zunehmend erfolgreich, was sehr dazu beiträgt, der kleinen yogischen Gemeinschaft in Pondicherry die Existenz zu sichern. Die große Schreibaktivität Sri Aurobindos für den *Arya* kann einem erscheinen wie die Schaffung eines geistigen Gegengewichtes zu dem gleichzeitig in Europa tobenden Ersten Weltkrieg – still und in großer Abgeschiedenheit in einem fernen Winkel der Welt geleistet. Im Januar 1921, acht Monate nach der bleibenden Rückkehr Mirra Alfassas, wird dann die Herausgabe von *The Arya* ganz eingestellt, nachdem in sechseinhalb Jahren mehr als nur ein beeindruckender spiritueller Ideenorganismus erstellt worden ist.

Wichtig ist noch zu ergänzen, dass gut zwei Jahre vorher, im Dezember 1918, in Kalkutta die getrennt lebende Ehefrau, Mrinalini Ghose, die stets gehofft hatte, Aurobindo würde nach Bengalen zurückkehren, als Opfer einer schweren Grippe-Pandemie, die in weiten Teilen Asiens wütete, verstorben war. – Mirra Alfassa übrigens erkrankte im Januar 1919 in Tokio offenkundig an derselben Krankheit, wies sie aber in einer inneren Kraftanstrengung zurück und genas.[46] Die Richards haben Japan schließlich im März 1920 per Schiff wieder verlassen – mit Kurs auf Sri Lanka bzw. Indien. Mirra Alfassa kehrt also in Begleitung Pauls mit einwöchigem Zwischenaufenthalt in Colombo nach Südindien zurück – am 24. April 1920 legen sie in Pondicherry an. Über die letzten Meilen auf See berichtet sie in ihren Gesprächen:

> Ich war auf dem Schiff, auf See, ohne etwas zu erwarten (gewiss, ich war mit dem inneren Leben befasst, physisch aber lebte ich auf dem Schiff), als auf einmal, ganz abrupt, etwa zwei Seemeilen vor Pondicherry die Qualität, ich möchte sogar sagen, die physische Qualität der Atmosphäre, der Luft, sich so stark veränderte, dass ich wusste: wir waren dabei in die Aura Sri Aurobindos einzutreten.[47]

Von jetzt an soll ein gemeinsames Wirken zwischen Sri Aurobindo und Mirra beginnen, in dem in yogischer und spiritueller Hinsicht ein höchstes Maß an Übereinstimmung vorherrscht und in dem auch – nach außen hin – die fortgesetzte Entwicklung der kleinen yogischen Gemeinschaft in Pondicherry begründet ist, welche seitdem stetig wächst und, entsprechend den Bedürfnissen der Sadhakas, strukturiert und organisiert wird. Paul Richard allerdings fühlt sich zunehmend entfremdet, er zieht sich nach etwa einem Jahr von seiner Frau zurück und geht als Sannyasin nach Nordindien. Später lässt er sich von ihr scheiden. Die weitere Ausformung der Gemeinschaft liegt nun vor allem bei Mirra Alfassa, während Sri Aurobindo sich mehr in den Innenraum seiner Arbeit zurückzieht, gänzlich auf das Sadhana konzentriert. Aus der Zeit von 1921 bis 1926, seit Einstellung des *Arya*, ist denn auch so gut wie nichts Schriftliches von ihm erhalten. Dazu heißt es bei Peter Heehs:

> 1926, gegen das Ende seines sechsjährigen Urlaubs vom Schreiben, äußerte Aurobindo, dass es ihm, wenn er die Herausgabe des *Arya* fortgesetzt hätte, nicht möglich gewesen wäre, in dem Maße in dem Sadhana voranzukommen, wie er es in diesen Jahren tat.[48]

Über dieselben Jahre der Konsolidierung der yogischen Gemeinschaft, aus der in der Folge der Ashram hervorgehen soll, bemerkt Sri Aurobindo, mit Blick auf Mirra Alfassa, die später beständig als die ‚Mutter' angesprochen wird:

Erst einige Zeit, nachdem die Mutter aus Japan gekommen war, nahm unsere Gemeinschaft die Form eines Ashrams an. Und das entsprang mehr dem Wunsch der Sadhakas, die ihr ganzes inneres und äußeres Leben der Mutter anvertrauen wollten, nicht aber einer Absicht oder einem Plan auf ihrer oder Sri Aurobindos Seite.[49]

Als Gründungsjahr des ‚Sri Aurobindo Ashrams' in Pondicherry wird offiziell das Jahr 1926 angegeben. Gegen Ende dieses Jahres zählt die Gemeinschaft zwar erst 24 Mitglieder, untergebracht in zwei Häusern, drei Jahre später aber, 1929, sollen es schon 85 Menschen sein, die nun in siebzehn zum Ashram gehörenden Häusern leben. Als Sri Aurobindo Ende 1950 stirbt, sind es um die 800 Mitglieder. – Die äußere wie die innere, spirituelle Begleitung der Sadhakas und die Leitung des Ashrams sind seit 1926 ausdrücklich der ‚Mutter', Mirra Alfassa, anvertraut. Das Sadhana, die spirituelle Übung der Ashramiten ist dabei so freilassend angelegt, dass es weder verpflichtende Rituale und Meditationen gibt noch systematische Unterweisungen in besonderen Arten von Yoga. Der Sadhaka ist aufgefordert, aus Selbsterkenntnis, eigenständig zu derjenigen spirituellen Praxis zu finden, die seiner individuellen Natur am ehesten entspricht. Allerdings gilt für alle das eine Prinzip, dass der Schüler des neuen Yoga eine andauernde Aspiration auf das Göttliche hin entwickeln und sich öffnen soll für das Einströmen göttlich-geistiger Kräfte, auf dass sie in ihm fortschreitend die Transformation im Sinne des Supramentalen[50] bewirken können. In späteren Jahren werden in zahlreichen Erfahrungsberichten Sadhakas gleichwohl auf die hilfreiche innere Führung zurückblicken, die sie der ‚Mutter' verdanken.

Doch gerade auch die eindrucksvolle äußere Aufbauarbeit, die Mirra Alfassa seit den 1920er Jahren leistet, lässt als grundlegenden Zug des Yogas Sri Aurobindos die entschiedene Ausrichtung auf die hiesige Welt mit all ihren Erfordernissen klar hervortreten. Von Anfang an sind die Ashramiten gehalten, den in Freiheit befolgten inneren Weg mit produktiver äußerer Arbeit zu verbinden, und im Laufe der Jahrzehnte entstehen so, unter Zuspruch und Aufsicht von Mirra Alfassa, zahlreiche ‚Departments' des Ashrams: landwirtschaftliche Betriebe und Gärten, Bäckereien, verschiedene Manufakturen und Fabriken, eine große Gemeinschaftsküche mit Speisesaal, Gästehäuser, Sportstätten, medizinische Einrichtungen, später eine Bibliothek mit heute 80.000 Bänden in 25 Sprachen, Druckereien, Fotolabors sowie eine Kunstgalerie. Musikalische Darbietungen – gegeben werden indische und westliche Musik gleichermaßen – und Theateraufführungen sind schon früh fester Bestandteil des kulturellen Lebens. Die Ashram-Schule, das ‚International Centre of Edu-

cation', führt Schüler und Studenten vom Kindergartenalter bis zur Hochschul-
reife mit College-Abschluss, sie wird 1952, zwei Jahre nach Sri Aurobindos Tod
begründet.[51]

Das Übermentale

Das Jahr 1926 ist für die Aspiranten des Integralen Yoga nicht zuletzt wegen
eines nachhaltigen spirituellen Geschehens von Bedeutung, das sich durch, mit
und an Sri Aurobindo vollziehen soll und eine neue Stufe seiner Verwirklichung
selbst darstellt.

Aus der ersten Zeit in Pondicherry hat sich die Gewohnheit entwickelt,
dass die yogische Gemeinschaft sich gegen Abend auf der Veranda zur stillen
Meditation und zu Gesprächen mit Sri Aurobindo versammelt. Reguläre Kurse
oder Vortragsreihen zu Fragen des Integralen Yoga hat er immer als zu wenig
flexibel für die Erfordernisse des Sadhana abgelehnt. Zunächst will er auch die
Rolle eines Guru nicht übernehmen, da er meint, dass es seinem Yoga ange-
messener sei, dass dieser sich in der Gemeinschaft der Sadhakas in freier Evolution entfaltet. Gleichwohl nimmt er diese Aufgabe im Jahr 1923 an, als sich
zeigt, dass sich unter einigen Schülern willkürliche Umdeutungen des neuen
Yoga auszubreiten beginnen.[52] Im Verlauf von jenen abendlichen Zusammen-
künften hat Sri Aurobindo Gelegenheit, die Linien der yogischen Entwicklung
seiner Schüler gleichermaßen still und subtil, intensiv und nachhaltig zu begleiten. Die Gespräche sind nicht immer das Wichtigste. Bei aller Nähe wahrt er
den Sadhakas gegenüber stets eine gewisse Distanz. So beschreibt Ambalal B.
Purani, ein bedeutender Sadhaka, der sich der Gemeinschaft im Jahr 1923 anschloss, Zusammenkünfte, während welcher Sri Aurobindo dreiviertel der Zeit
in vollkommener Ruhe verstreichen lässt, „ohne dass er äußerlich etwas sagte,
oder es gab nur ein kurzes Ja oder Nein auf alle Versuche, ihn ins Gespräch zu
ziehen". Weiter heißt es:

> Und selbst, wenn er an einem Gespräch teilnahm, hatte man das Gefühl,
> dass seine Stimme die eines Menschen war, der nicht sein ganzes Wesen
> in seine Worte einströmen lässt; es gab eine Zurückhaltung, und was
> ungesagt blieb, war vielleicht mehr als das, was gesprochen wurde.[53] [54]

Andererseits gibt es auch die Abende, an denen Sri Aurobindo Wesentliches
über den Yoga mitteilt und überdies von Einzelheiten spricht, die sich auf seine
eigenen yogischen Fortschritte beziehen.

Hierbei geht es dann vor allem um dasjenige, was er seit jener Zeit über das so genannte Übermentale (Overmind) ausführt. Ambalal B. Purani schildert, dass Sri Aurobindo gegen das Jahr 1926 und während desselben in den Abendgesprächen vermehrt über die Notwendigkeit spricht, diejenige Sphäre der geistigen Welt stärker in die yogische Arbeit, das Sadhana, einzubeziehen, die vermittelnd zwischen der Welt des Höchsten, des *sachchidananda*[55] und des Supramentalen einerseits und der niederen, geschaffenen Welt des Mentalen, Vitalen und Physischen andererseits besteht. Während die obere Sphäre, die alle Wesen und Schöpfungen als deren Wahrheiten in einem potenziellen, rein geistigen Keimzustand enthält, bei ihm das Supramentale heißt, nennt Sri Aurobindo die andere, vermittelnde Sphäre, seit 1927 auch in schriftlichen Ausarbeitungen, das Übermentale. Er spricht sie u. a. an als die Sphäre der Maya, da das mentale Bewusstsein in ihr ungünstigenfalls Täuschung und Verwirrung erfahren kann. Während im Supramentalen, in Sein—Bewusstsein—Seligkeit und in dem Höchsten vollkommene Einheit und Harmonie aller göttlichen Wirklichkeit herrscht, kommt es in der Welt der „ursprünglichen kosmischen Maya", im Übermentalen, zu ersten Ausgestaltungen von zunächst keimhaften Bildungsimpulsen, die vom Supramentalen ausgehen. Dementsprechend findet sich in dieser übermentalen Maya eine unendliche Fülle von geistigen Bildungen, die jede für sich das Potenzial in sich bergen, im fortgesetzten Abstieg in niedere Bereiche der Schöpfung – ins Mentale, Vitale und Physische – eigene Welten aus sich hervorgehen zu lassen. In seinem wesentlichen Aspekt ist das Übermentale somit als die „gestaltende Maya" zu verstehen. Sri Aurobindo spricht, notabene, von „Maya" stets in klarer Abgrenzung gegen das nihilistische oder illusionistische Verständnis dieses Konzepts, wie es z. B. im Advaita Vedanta und in vielen Schulen des Buddha Dharma verbreitet ist. Die ursprüngliche Maya spielt für ihn vielmehr eine wichtige Rolle bei der Erschaffung des realen, konkreten Universums.[56] Das so angedeutete „kosmische Spiel", Lila, entspringt vor allem diesem Übermentalen, jenem Übergangsbereich zwischen der oberen und der unteren Hemisphäre des umfassenden Seins.

Das Übermentale nimmt die ganze Wahrheit in sich auf, die vom Supramentalen zu ihm herabkommt, stellt aber jede Wahrheit als gesonderte Kraft und Idee heraus, die mit den anderen in Widerstreit geraten wie auch mit ihnen zusammenwirken kann. Jedes übermentale Wesen hat seine eigene Welt, jede Kraft hat ihre eigene Wirkungsweise und tritt hervor, um in dem kosmischen Spiel die eigene Erfüllung zu finden. Alles ist möglich; und aus diesem sondernden Bereich von widerstreitenden und sogar gegenseitig sich ausschließenden Möglichkeiten ergibt sich dann auch, sobald Mentales, Leben und Materie auf den Plan gerufen werden, die Möglichkeit zu Unwissenheit, Unbewusstheit, Unwahrheit, Tod und Leiden.[57]

Die „übermentalen Wesen", von denen hier die Rede ist, sind nach Sri Aurobindo durchaus als konkrete geistige Wesen zu verstehen. Ihr Sondersein geht in der Sphäre der „ursprünglichen kosmischen Maya" allerdings nicht so weit, wie es bei den Wesen der physischen, materiellen Welt der Fall ist. Die übermentalen Wesen, im Sanatana Dharma als die Devas bekannt – die Himmlischen, die Leuchtenden –, sind vielmehr in ganz anderem Maße durchlässig füreinander wie auch für die höheren Wahrheiten. Dies erklärt gerade mit Blick auf die indische Religion und Spiritualität eine seltsame Eigenart der überirdischen, übermentalen Wesenheiten: Viele von ihnen können, folgt man den alten Schriften, als Devas auftreten, die insbesondere und in erster Linie das höchste, transzendente Göttliche, *parabrahman*, repräsentieren, während sie andernorts als untergeordnete Halbgötter erscheinen.[58] Nicht zuletzt diese Eigenart ist es auch, die dem westlich geschulten Leser das hinduistische Pantheon so verwirrend komplex erscheinen lassen kann.[59] – Bevor auf das erwähnte besondere Geschehen des Jahres 1926 konkret eingegangen werden kann, ist es notwendig weiter auszuholen und das Übermentale noch etwas eingehender zu charakterisieren.

Sri Aurobindo nähert sich diesem zunächst überbewussten Bereich geleitet von der Fragestellung, wie es dem Menschen möglich sei, im evolutionären Prozess der Entfaltung von in ihm schlummernden göttlichen Qualitäten, die ursprünglich supramentaler Natur, vorerst jedoch verborgen sind, die bewusste Verbindung zu denselben supramentalen Ursprüngen – zu dem Wahrheits-Bewusstsein, zu der göttlichen Gnosis – herzustellen. Besteht doch, seiner Erfahrung nach, in der Sphäre des Übermentalen mit all den Elementen, die sowohl erleuchten als auch Irrtum und Verwirrung hervorrufen können, ein fast übermächtiges Hindernis für jegliches Streben nach bewusster Einigung mit dem Supramentalen. Sie kann sich tatsächlich gleichermaßen als Hindernis und als vermittelndes Medium erweisen.

Dass überhaupt eine Verbindung zu den höheren geistigen Welten möglich ist, so Sri Aurobindo, das verbürgt dem Sadhaka die Tatsache und Erfahrung der Intuition. Dies gilt auch, wenn die Intuition zunächst nur aufblitzt, um dann sogleich von „nachahmenden" „mentalen Bewegungen" umhüllt und auf die Stufe des gewöhnlichen Tagesbewusstseins herunter versetzt zu werden.

Durch das bewusste Sadhana aber kann die Wirklichkeit der Intuition und dessen, was sie offenbart, immer umfassender und vollständiger erfahren werden. Das bewusste Sadhana vollzieht sich mit diesem Ziel prinzipiell auf zwei sich ergänzenden Wegen: zum einen durch die Konzentration auf das innere Wesen, das hinter der äußeren Persönlichkeit verborgen ruht, zuerst in der Herzgegend anzutreffen ist und eine eher fühlende Verbindung mit den kosmischen Qualitäten ermöglicht, welche hinter Form, Leben und mentalem Bewusstsein wirksam sind; zum anderen durch ein bewusstes Sich-Öffnen für die oberhalb des Mentalen angesiedelten Wirklichkeiten. Hier können die Sadhakas ein „unermesslich weites statisches, schweigendes Selbst" entdecken, „das wir als unser wirkliches oder fundamentales Sein empfinden, als die Grundlage all dessen, was wir sind".[60] Diese Erfahrung kann nun wiederum leicht in die des Nirvana übergehen und dazu führen, in diesem Zustand verharren zu wollen bzw. ihn immer aufs Neue anzustreben. Sri Aurobindo stellt – als Antwort auf diese Gefahr – eine „weniger negative Linie" demjenigen in Aussicht, der sich fortgesetzt offen hält für größere Wirklichkeiten, welche überaus dynamisch in jenes schweigende Selbst herabkommen: Licht, Erkenntnis, Macht, Seligkeit. Denn in dieses entgegen rückende Herabkommen hinein ist ein vierstufiger Aufstieg möglich, der den Sadhaka schließlich zum „Ursprung der Intuition" gelangen lässt,[61] zu einem kosmischen Mentalen, „das in direktem Kontakt mit dem supramentalen Wahrheits-Bewusstsein steht", und „bestimmend wirkt auf alle Bewegungen unterhalb von ihr und alle mentalen Energien".[62] Es ist das Übermentale, das „wie mit den weiten Schwingen einer schöpferischen Überseele diese ganze niedere Hemisphäre von Wissen-Unwissenheit bedeckt und sie mit jenem größeren Wahrheits-Bewusstsein verbindet".[63] Diese Schwingen sind ihm zugleich *hiranmayena patrena*, das „goldene Lid" der *Isha Upanishad*,[64] welches es zu öffnen gilt, weil es – ungeöffnet – die Schau des supramentalen Wahrheits-Bewusstseins verdeckt.

Im absteigenden Übergang von Vijnana, dem Supramentalen, in die ursprüngliche Maya, das Übermentale, wird das eine Sein, das eine Bewusstsein in eine Vielzahl unabhängiger geistiger Formen und Kräfte zerteilt, von denen jede „ihre eigene Wahrheits-Linie" verfolgt.

Die einzige totale und vielseitige Real-Idee wird in ihre vielen Seiten aufgespalten. Jede wird zu einer unabhängigen Ideen-Kraft mit der Macht, sich selbst zu realisieren. So wird die eine Bewusstseins-Kraft freigesetzt in ihre Millionen Kräfte. Jede dieser Kräfte hat das Recht, sich zur Erfüllung zu bringen oder notfalls auch eine Führung zu übernehmen und die anderen Kräfte für die eigenen Zwecke in sich aufzunehmen. Ebenso steht es mit der Seins-Seligkeit: Aus ihr werden alle Arten von Wonnen ausgelöst [...]. Das Übermental verleiht so dem Einen Sein-Bewusstsein-Seligkeit den Charakter einer brodelnden Masse unendlicher Möglichkeiten, die in eine Menge von Welten entfaltet oder in eine einzige Welt zusammengeworfen werden können, in der das endlos variable Ergebnis ihres Kräftespiels der bestimmende Faktor der Schöpfung, ihres Prozesses, Ablaufs und dessen Konsequenz ist.[65] [66]

Im Übermentalen gibt es durchaus widerstreitende Wirklichkeiten. Diese erscheinen aber nur dem gewöhnlichen Mentalen als sich ausschließende Gegensätze. Für eine übermentale Intelligenz handelt es sich dabei um Sich-Ergänzendes bzw. „koexistente Korrelate". Die Kräfte und Wirklichkeiten in der Welt der ursprünglichen Maya sind, wie bereits erwähnt, konkrete geistige Wesen, sie sind nichts anderes als die Devas, die Gottheiten, die in den Religionen der Menschheit in zahllosen Kulten gefeiert werden. Und so heißt es denn bei Sri Aurobindo über diese übermentalen Gottheiten:

Jeder Gott kennt alle Götter und ihren Platz im Dasein. Jede Idee lässt alle anderen Ideen und ihr Existenzrecht zu. Jede Kraft gesteht allen anderen Kräften, ihrer Wahrheit und ihren Konsequenzen den ihnen entsprechenden Ort zu. Keine Seligkeit eines gesondert erfüllten Daseins oder einer getrennten Erfahrung bestreitet oder verurteilt die Seligkeit eines anderen Daseins, einer anderen Erfahrung. Das Übermental ist ein Prinzip kosmischer Wahrheit. Unermessliche und grenzenlose Katholizität ist sein eigentlicher Geist.[67] [68]

Ergänzend muss jedoch angefügt werden, dass die Gottheiten im Übermentalen manifestiert sind, dass ihnen zugleich aber noch höhere, nämlich supramentale Existenzweisen eigen sind. So heißt es an anderer Stelle:

Die Götter sind in ihrer höchsten geheimen Wesensart Mächte dieses Supramentals, aus ihm geboren, in ihm thronend als in ihrem eigentlichen Heim, in ihrem Wissen „Wahrheits-bewusst" und bei ihrem Handeln im Besitz des „Seher-Willens".[69]

Wenn nun die Wirklinien der im Übermentalen manifestierten Wesenheiten in die Welt des gewöhnlichen Mentalen eindringen, führt dies unvermeidlich dazu, dass die in ihm vorhandenen Unterschiede und Differenzierungen zu abgetrennten, nur widergespiegelten, oft sogar zu miteinander unvereinbar erscheinenden Einzelideen werden, die jegliche verbindende, einende Geistigkeit entbehren. Das Übermentale wird so, aufgrund dieser in ihm liegenden Tendenz, zum Hindernis auf dem Weg zur Erfahrung des supramentalen Vijnana. Sri Aurobindos Anliegen ist es hingegen, seit dem Jahr 1926 zunehmend, das Übermentale auszuleuchten und erfahrbar zu machen, um dann das oben erwähnte „goldene Lid" zu der Schau des Vijnana zu eröffnen. Charakteristisch für seinen Yoga ist es, dass er nie einen einseitigen Aufstieg zur Schau anstrebt, sondern jeden Aufstieg, auch den höchsten, bloß als Vorbereitung zur Herabkunft der angestrebten Wirklichkeit ansieht – Abstieg in die irdische Lebenswirklichkeit.

In den Abendgesprächen des Jahres 1926 geht es von daher immer häufiger um die Frage einer konkreten Herabkunft des Übermentalen. Nach den Schilderungen Ambalal B. Puranis wird unter den Sadhakas die Erwartung immer größer, dass sich bald etwas Außerordentliches ereignen werde. Immer später erscheint Sri Aurobindo zu den Abendgesprächen, was unter den Sadhakas so gedeutet wird, dass er für die yogische Arbeit immer größere Anstrengungen unternimmt.

Dann schließlich, am 24. November 1926, lässt Mirra Alfassa gegen Sonnenuntergang alle Ashramiten zur Zusammenkunft rufen. Ambalal B. Purani fällt an der Rückwand der Veranda ein chinesischer Behang aus schwarzer Seide mit goldener Borte auf, der mit drei Drachen bestickt ist, die im Kreis angeordnet sind und sich jeweils in den Schwanz beißen. Er bringt dies später, rückblickend, mit einer Prophezeiung in Verbindung, nach der sich die Wahrheit auf Erden manifestieren wird, wenn die drei Welten – Bhur, Bhuvar, Svar[70] – zusammenfinden. Die Sadhakas verspüren etwas wie den Druck einer bevorstehenden Manifestation, die von oben kommt, und eine energetische Aufgeladenheit der Atmosphäre. Viele sehen eine „ozeanische Lichtflut" von oben herabkommen und es herrscht, sobald Sri Aurobindo mit Mirra Alfassa erscheint, eine anhaltende, lebendige, erfüllte Stille, in welcher eine Meditation von einer dreiviertel Stunde erfolgt. Später ziehen die Ashramiten an der ‚Mutter', wie sie von nun an stets genannt wird, und an Sri Aurobindo vorüber, verbeugen sich in Devotion und erfahren den Segen – von beiden gespendet.

Nachdem Sri Aurobindo und die ‚Mutter' sich zurückgezogen haben, wird Datta,[71] eine westliche Ashramitin, zu dem Ausruf inspiriert: „Heute ist der Herr ins Physische herabgekommen!"[72]

Mit „der Herr" ist dabei Shri Krishna gemeint, Vasudeva, Narayana, der Sri Aurobindo im Gefängnis von Alipur Adesha erteilt hatte, den Mirra Alfassa schon in jungen Jahren als ihren spirituellen Führer ansah, Krishna in Gestalt einer übermentalen Wesenheit. So versteht es im Ashram jeder. Sri Aurobindo seinerseits wird den Ausruf Dattas Jahre später bestätigen:

24. [November 1926] war das Herabkommen Krishnas in das Physische. Krishna ist nicht das supramentale Licht. Die Herabkunft Krishnas soll heißen: die Herabkunft der übermentalen Gottheit, um – ohne dieselben selbst zu sein – die Herabkunft des Supramentalen und des Ananda vorzubereiten. Krishna ist der Anandamaya; er unterstützt die Evolution durch das Übermentale, indem er sie zum Ananda hinführt.[73]

Was an dieser Schilderung nachdenklich stimmen kann, ist der ausgeprägte Habitus der verehrenden Hingabe an Sri Aurobindo und auch bereits an die ‚Mutter'. Wie schon bemerkt, wollte Sri Aurobindo ursprünglich nicht für andere der Guru sein. Der Blick zurück, in die ersten zehn Jahre in Pondicherry, bis Mirra Alfassa aus Japan eintraf, zeigt vielmehr den Yogi, der mit einigen anderen Sadhakas eine lose yogische Gemeinschaft bildet, in der er als der weitaus Erfahrenste den Mitstreitern freundschaftliches Geleit gibt. Wie freilassend später auch das Sadhana für die Ashramiten gehalten ist – aus der Sicht der zeitgemäßen Spiritualität westlicher Prägung ist *guru shishya*, die traditionelle Lehrer-Schüler-Bindung im Sanatana Dharma, wegen der Gefahr nicht durchschauter subtiler Abhängigkeiten zu hinterfragen. Dass Sri Aurobindo sie akzeptiert, lässt sich nur zum Teil mit der hinduistisch geprägten Erwartungshaltung der vorwiegend indischen Mitglieder der wachsenden Ashram-Gemeinschaft erklären. Eine nicht unbedeutende Rolle dürfte dabei zum anderen auch Mirra Alfassa, die ‚Mutter', gespielt haben.[74]

Dass sich ein höheres Prinzip in einer absteigenden Bewegung – oder Herabkunft – mit dem spirituell Strebenden in einer einweihenden Erfahrung wesenhaft vereinen kann, ist wiederum auch in der christlich-abendländischen Spiritualität nicht unbekannt. Rudolf Steiner weist darauf hin, dass dieser bedeutsame Vorgang innerhalb der zeitgemäßen Mysterien des Grals als die „Wiedergeburt" angesprochen wird.[75] Dass dies zudem insbesondere mit Shri Krishna bzw. mit der unschuldigen Jesus-Seele in Zusammenhang steht und im Hinblick auf Rudolf Steiners spirituellen Werdegang von großer Wichtigkeit ist, wurde andernorts ausführlich dargelegt.[76]

Vijnana – Ausblick auf das Supramentale

Mit dem 24. November 1926, später der ‚Siddhi Day' geheißen, ist außer der einzigartigen Manifestation auch eine einschneidende Neuerung der Verhältnisse im Ashram verbunden, indem Sri Aurobindo sich nunmehr von der aktiven Teilnahme am Gemeinschaftsleben völlig zurückzieht. Die kommenden vierundzwanzig Jahre wird er im ersten Stockwerk des Ashramgebäudes in der Rue de la Marine verbringen; Zutritt haben nur die ‚Mutter' und später einzelne ausgewählte Schüler. Mit ihren Fragen haben die Sadhakas sich generell an die ‚Mutter' zu wenden. Es ist Sri Aurobindo bei diesem Rückzug um die Intensivierung seines Sadhana zu tun.

Ein aufschlussreiches Nachspiel hat die Manifestation am 24. November insofern, als Mirra Alfassa und die Sadhakas ihre Meditationen in den ersten Zeiten danach an dem Vorbild von Sri Aurobindos Verwirklichung des Übermentalen auszurichten beginnen. Es kommt unter den Ashramiten in diesen Wochen und Monaten zu zahlreichen Manifestationen von Lichtgestalten höherer Herkunft, was als Zeichen für den Anbruch einer neuen Phase in dem Sadhana gewertet wird. Bezeichnend ist, wie Sri Aurobindo dies kommentiert, als Mirra ihm enthusiastisch davon berichtet. Jahrzehnte später berichtet sie von dieser Gesprächsbegegnung, von Wilfried Huchzermeyer in seiner Biographie nachgezeichnet:

> [Er] blickte sie an und sagte, es sei eine Schöpfung des Übermentals, interessant und effektiv, die Mutter werde damit berühmt werden und sie könne die Ereignisse in der Welt auf den Kopf stellen. Aber, „es ist nicht Erfolg, was wir wollen; wir wollen das Supramental auf Erden begründen. Man muss verstehen, auf unmittelbaren Erfolg zu verzichten [...]".[77]

Daraufhin veranlasst Mirra Alfassa, dass alle Anstrengungen, die in Richtung solcher Manifestationen gezielt haben, eingestellt werden.

Erst ab den frühen 1930er Jahren werden die Ashramiten ermutigt, Sri Aurobindo Botschaften und Fragen brieflich vorzulegen, was zu einer mächtig anschwellenden Korrespondenz führt, ein Pensum, das Sri Aurobindo überwiegend in den Nachtstunden absolviert. Die Briefe werden bald aus ganz Indien wie auch aus Europa und Amerika eintreffen – das später edierte Briefwerk ist von beträchtlichem Umfang.[78] Sri Aurobindo nimmt die Überarbeitung der Aufsatzserien aus dem *Arya* auf, um sie eines Tages in Buchform veröffentlichen zu können und die unablässige dichterische Arbeit an seinem poetischen Hauptwerk, *Savitri*,[79] soll die folgenden zwanzig Jahre ausfüllen. Die größte und härteste Arbeit leistet er jedoch im Unsichtbaren: auf die Herabkunft des Übermentalen soll die Herabkunft des Supramentalen folgen. Sri Aurobindo strebt damit, nach seinen Worten, nichts für sich selbst an – die Arbeit erfolgt vielmehr für das Erdbewusstsein, das er bei allem intellektuellen, kulturellen und technologischen Glanz der Moderne als hoffnungslos verdunkelt erlebt. In einem intim gehaltenen Brief aus dem Jahr 1935 heißt es dazu:

> Ich ringe darum, ein Prinzip der inneren Wahrheit, des Lichts, der Harmonie, des Friedens in das Erdbewusstsein herabzubringen; ich sehe es oben und weiß, was es ist – ich fühle, wie es ständig von oben auf mein Bewusstsein herabstrahlt, und suche es ihm zu ermöglichen, das ganze Wesen in seine ureigene Kraft aufzunehmen, anstatt dass die Natur des Menschen weiterhin im Halblicht, im Halbdunkel bleibt. Ich glaube, es ist der letztliche Sinn der Erdevolution, dass die Herabkunft dieser Wahrheit den Weg einer Entwicklung von göttlichem Bewusstsein hier öffnet.[80] [81]

Im Umfeld wurde diese Arbeit im Unsichtbaren oftmals nicht gesehen, geschweige denn verstanden. Auf die briefliche Frage, welches denn sein Sadhana sei, ob er sich stets in höheren Bereichen bewege, antwortete er: „Nein, nicht mit dem Himmlischen bin ich beschäftigt – ich wünschte, ich wäre es. Eher mit dem anderen Ende der Dinge: in den Abgrund muss ich eintauchen, um eine Brücke zwischen den beiden zu errichten.“[82] Und als ihn sein vertrauter Schüler Nirodbaran fragt, mit wem er bei seinem Aufstieg das Supramentale jemals genießen könnte, wenn doch alle Sadhakas straucheln würden, gibt er zur Antwort: „Ich steige nicht höher und höher hinauf – ich grabe und grabe!“[83] In diesem Zusammenhang sei eine bestimmte Praxis erwähnt, die Sri Aurobindo schon lange Zeit vor 1920 aufgenommen hat: das Gehen. Zu bestimmten Zeiten war es ein achtstündiges Auf- und Abgehen, welches sogar in dem Bodenbelag aus gelöschtem Kalk Spuren hinterließ, zu anderen Zeiten waren es sechs Stunden täglich, in den 1930er Jahren mögen es weniger gewesen sein.[84] Dieses „Graben“, von dem Sri Aurobindo spricht, bedeutet ein fortgesetztes Hineinarbeiten in den physischen Körper, ins Unbewusste, um die höheren Qualitäten des Übermentalen, des Supramentalen zur Transformation der irdischen Existenz herunter zu bringen. Dies ist ein Thema, das Jahrzehnte später auch Mirra Alfassa in ihrer Praxis wieder aufgreifen wird. Es belegt die unzweideutige Ausrichtung des Integralen Yoga als eines Yogas der Herabkunft.

Die äußere Bewegung auf ohnehin engem Raum, dreimal im Jahr zu den so genannten Darshans sparsam erweitert, wenn Sri Aurobindo sich zusammen mit der ‚Mutter‘ den Ashramiten und Gästen des Ashrams zeigt, ist seit 1938 noch eingeschränkter, nachdem er sich bei einem Unfall einen komplizierten Oberschenkelbruch zugezogen hat. Dies ereignet sich am Vorabend des Darshan des 24. November, also genau zwölf Jahre nach der Herabkunft des Übermentalen. Die strenge Zurückgezogenheit ist von nun an vorbei, da Sri Aurobindo seitdem auf eine Anzahl von Helfern angewiesen ist. Darunter befindet sich der schon erwähnte Nirodbaran, Arzt und persönlicher Sekretär Sri Aurobindos. Er wird den großen Yogi die verbleibenden zwölf Jahre[85] seines Lebens begleiten.[86]

Seit Ausbruch des Zweiten Weltkrieges nimmt Sri Aurobindo auch in der Korrespondenz wieder stärkeren Anteil an der Weltpolitik, er spricht von den Gefahren, die vom deutschen Nationalsozialismus ausgehen, und stimmt dafür, England und die Alliierten zu unterstützen. Ebenfalls intensiv begleitet er die innenpolitischen Bewegungen der letzten Jahre vor Erlangung der indischen Unabhängigkeit. Mit schwacher Hoffnung sieht er Möglichkeiten für eine Einigung, die das Auseinanderbrechen Indiens und Pakistans vermeidbar machen könnte. Der Gang der Geschichte wird dann jedoch durch die von Gandhi geführte Kongress-Partei anders entschieden.[87]

Der Tag der Unabhängigkeit Indiens vom britischen Empire, das Ziel, für das er einst in Bengalen politisch gekämpft hat, fällt auf den Geburtstag Sri Aurobindos, an dem er sein 75. Lebensjahr vollendet: den 15. August 1947. Auf Bitten von *All India Radio* lässt Sri Aurobindo eine Botschaft verbreiten, die am Vorabend des großen Tages ausgesendet wird. Sie beginnt mit diesen Worten:

Der fünfzehnte August 1947 ist der Geburtstag des freien Indien. Er markiert für das Land das Ende der alten Ära, den Beginn eines neuen Zeitalters. Aber wir können ihn auch durch unser Leben und Handeln als freie Nation zu einem wichtigen Datum in einem neuen Zeitalter machen, das sich für die ganze Welt eröffnet, für die politische, gesellschaftliche, kulturelle und spirituelle Zukunft der Menschheit. – Der 15. August ist mein eigener Geburtstag, und es ist natürlich erfreulich für mich, dass er diese weite Bedeutung angenommen hat. Ich nehme diese Koinzidenz nicht als Zufall, sondern als Bestätigung und Siegel der göttlichen Kraft, die meine Schritte bei meinem Werk lenkt, mit dem ich mein Leben begann, als den Anfang seiner vollen Reifung. Tatsächlich kann ich an diesem Tag beobachten, wie fast alle Weltbewegungen, die ich zu Lebenszeiten erfüllt zu sehen hoffte, obgleich sie damals wie unerfüllbare Träume erschienen, ihrer Reifung entgegensehen oder auf dem Weg zum Ziel sind. In allen diesen Bewegungen kann das freie Indien eine große Rolle spielen und eine führende Rolle einnehmen.[88]

Hinter den hier wiedergegebenen Worten Sri Aurobindos steht immer die Idee, die er seit der bewussten Aufnahme seines Sadhana verfolgt und die er Ende 1948 nochmals in neuer Weise fasst, als er die Entwicklung hin zur supramentalen Verwirklichung mit besonders starkem Akzent hinsichtlich der Transformation gerade auch der physischen Körperlichkeit versieht. Dieser umfangreiche Essay ist das letzte Stück, das Sri Aurobindo schriftlich niederlegt, er erscheint knapp zwei Jahre, bevor er am 5. Dezember 1950 in den Räumen des Ashrams seinen physischen Körper verlässt. Und die vorliegende Skizze zu Sri Aurobindos Lebenslinien soll mit Worten aus demselben Essay abgeschlossen werden, die die menschheitliche Tragweite seiner Vision charakterisieren.

Eine neue Menschheit wäre [...] eine Gattung mentaler Wesen auf Erden und in irdischen Körpern, jedoch so weit von den Bedingungen befreit, denen sie unter der Herrschaft der kosmischen Unwissenheit gegenwärtig unterworfen ist, dass sie von einem vollkommenen Mentalen erfüllt wäre, einem Lichtmentalen, das sogar eine untergeordnete Wirkung des Supramentalen oder des Wahrheitsbewusstseins sein könnte, und – auf jeden Fall aller Möglichkeiten des Mentalen mächtig – als Empfänger dieser Wahrheit dienen und sich ihr zumindest im Denken und im Leben unterordnen würde. Dies könnte sogar ein Teil dessen sein, was als göttliches Leben auf Erden bezeichnet werden könnte und wenigstens der Anfang einer Entwicklung im Wissen wäre und sich nicht länger gänzlich oder zumindest hauptsächlich im Nichtwissen abspielte. Wie weit das ginge, ob es im Laufe der Zeit eventuell die ganze Menschheit erfassen würde oder nur einen fortgeschrittenen Teil derselben, hinge von der Absicht der Evolution selbst ab, von der grundsätzlichen Absicht des kosmischen oder transzendenten Willens, der die Entfaltung des Universums leitet. Wir haben nicht nur die Herabkunft des Supramentalen auf die Erde als gegeben angenommen, sondern seine Verkörperung in einer supramentalen Gattung mit all ihren natürlichen Folgen und einer neuen, umfassenden Wirksamkeit, in der sich die neue Menschheit vollkommen entfalten und ihren sicheren Platz in der neuen Weltordnung finden würde.[89]

Kapitel III

Schöpferisches Wort

Seit 1901, seit Rudolf Steiner unterstützt durch Marie von Sivers, seine spätere Ehefrau Marie Steiner, die abendländische Ausrichtung seiner Geisteswissenschaft formuliert und voranbringt, ist beider Verbindung zu dem elsässischen Dichter und Mysterienforscher Edouard Schuré von nicht zu unterschätzender Bedeutung. Dessen Mysterienspiele *Das Heilige Drama von Eleusis*[1] und *Die Kinder des Lucifer*[2] werden von Rudolf Steiner und Marie von Sivers aus dem Französischen ins Deutsche übertragen und in dieser Fassung, in den Zusammenhängen der ‚Theosophischen Gesellschaft', 1907 bzw. 1909 erstmals zur Aufführung gebracht. Dies kann neben anderem als maßgebliche Vorbereitung zur Abfassung und Inszenierung der vier *Mysteriendramen*[3] von Rudolf Steiners eigener Hand angesehen werden, welche meditative Inhalte[4] und Seelenvorgänge in szenischen Bildern bieten. Rudolf Steiner entwickelt zudem, nicht zuletzt aus dieser Arbeit mit dem Franzosen und in enger Zusammenarbeit mit Marie von Sivers, einen neuen Ansatz zu einer geistgemäßen, künstlerischen Gestaltung der Sprache, oder: des lebendigen, beseelten und Geist tragenden Wortes. Schuré, der als der Ältere Schüler des Jüngeren wird, ist überdies Verfasser der viel gelesenen Schrift *Die großen Eingeweihten*[5], von der Rudolf Steiner noch in den Kriegsjahren meint: „Sicher aber gehört der Inhalt von Schurés Buch zu jenen allgemein-menschlichen Geisteswerten, die über dem stehen, was Völker trennt."[6]

Zu den „großen Eingeweihten", gleichwohl als eine göttliche Inkarnation, rechnet Schuré (1841-1929) Shri Krishna, die achte Avatar-Manifestation Vishnus.[7] In seinem großen Überblick über die Geheimlehren der Religionen, die in nachatlantischer Zeit entstehen – ausgehend von Indien, über Persien[8] und Ägypten bis herüber in die Welt der hellenischen Antike – und schließlich in Palästina in Leben, Leiden, Tod und Auerstehung des Christus Jesus gipfeln, räumt Schuré Shri Krishna eine herausragende Stellung ein. Er versteht ihn gemäß den puranischen Quellen als Inkarnation des „Sonnenwortes" und spricht von dessen mächtiger Ausstrahlung, die später „in den Tempeln Asiens, Afrikas und Europas" auszumachen ist. – „In Persien ist es Mithras, der Versöhner des leuchtenden Ormuzd und des dunklen Ahriman; in Ägypten ist es Horus, der Sohn des Osiris und der Isis; in Griechenland ist es Apollo, der Gott der Sonne und Lyra; es ist Dionysos, der Wiedererwecker der Seelen. Überall ist der Sonnengott ein Vermittler, und das Licht ist auch das Wort des Lebens."[9] – In Schurés Motiv des Sonnenwortes kann wie in einer Zusammenfassung vieles von dem aufleuchten, worum es in der vorliegenden Arbeit geht. Man kann wiederum mit Rudolf Steiner auch und gerade Shri Krishna erfahren als die Inkarnation, die die Geistigkeit des alten Indiens, die Geistigkeit früherer, lichterer Zeitalter – vor Eintritt des Kali Yuga –, in größter Strahlkraft zusammenfasst.[10] Dieselbe von Krishna ausgehende Strahlkraft meint Edouard Schuré, wenn er davon spricht, dass sie Asien, Afrika und Europa durchdrungen habe.

Gemäß dem *Vishnu Purana*, auf das sich Schuré in *Die großen Eingeweihten* bezieht, eröffnet sich der Blick auf Krishna als den Träger des Sonnenwortes in besonders poetischer Weise, wenn dort in Buch V die jungfräuliche Königstochter Devaki auftritt, die – vor der Verfolgung durch ihren finsteren Bruder, den König Kamsa, in einem heiligen Brahmanen-Hain Sicherheit findend – aus der geistigen Berührung durch die höchste Sonnengottheit das Wesen Krishnas empfängt und mit ihm schwanger wird. Die betreffende Passage kann – bei allem Überschwang der puranischen Sprache – zeigen, wie die in früheren Kapiteln schon angedeutete Spiritualität des Veda in Krishna und auch bereits in seiner jungfräulichen Mutter Devaki gebündelt wiedererscheint. Es heißt da, niemand in ihrer Nähe habe, seit sie empfangen habe, das strahlende Licht ertragen können, das sie umgab. Und seitdem hätten die unsichtbaren Gottheiten ihren fortwährenden Lobpreis angestimmt:

„Du", sprachen die Gottheiten, „bist jene unendliche und feinste Prakriti, die zuvor Brahma in ihrem Schoß barg. Dann warst du die Göttin der Sprache als die Kraft des Schöpfers des Universums und die Mutter der Veden. Du ewiges Wesen, die du in deiner Substanz die Essenz aller geschaffenen Dinge vereinst, du warst eins mit der Schöpfung. Du warst die Mutter des dreifachen Opfers, so wurdest du zur Saat aller Dinge. Du bist das Opfer, aus dem alle Früchte hervorgehen. Du bist das Holz, dessen Reibung das Feuer erzeugt. Als Aditi bist du die Mutter der Götter, als Diti bist du die Mutter der Daityas, Mutter von deren Feinden. Du bist das Licht, aus dem der Tag erzeugt ist. Du bist die Demut, Mutter der Weisheit. […] O Mutter des Universums! Die ganze Erde, geschmückt mit Ozeanen, Flüssen, Kontinenten, Städten und Dörfern

[…]; all die Feuer, Wasser und Winde; all die Sterne, Sternbilder und Planeten; der Luftraum, bevölkert mit den bunten Wagen der Götter, und der Äther, der allen Substanzen Raum bietet; die verschiedenen Sphären der Erde, des Luftraums und des Himmels, der Heiligen, Weisen und Asketen, ja Brahmas; das ganze Ei Brahmas mit seiner ganzen Bevölkerung von Göttern, Dämonen, Geistern, […] mit Menschen und Tieren, ja allen Geschöpfen, die Leben haben – enthalten in ihm, ihrem ewigen Herrn –; Gegenstand jeglicher Fassungskraft, dessen wirkliche Form, Natur, Name und Ausmaße durch menschliches Verstehen nicht zu fassen sind: dies alles ist jetzt mit diesem Vishnu in dir! […] Du bist Weisheit, Ambrosia, Licht und Himmel. Du bist zum Heil der Welt auf die Erde herabgekommen. Erbarme dich unser, o Göttin, und wirke Gutes in der Welt. Stolz trägst du die Gottheit, durch die das Universum erhalten wird."[11]

Vishnu, dem Erhalter, als dem Maha-Purusha, steht in Devaki hier die Aditi als die umfassende Mula-Prakriti[12] gegenüber, deren Kind er selbst wird – in seiner Inkarnation als Krishna. Das väterliche Element entspricht somit dem ewigen, wechsellosen höchsten Selbst, das mütterliche Element der allerfeinsten, immer keimfähigen Ursubstanz des Universums. Sprache im ursprünglichen vedischen Konzept, das „Sonnenwort", wie das Purana es hier mit den Worten von der „Göttin der Sprache als [der] Kraft des Schöpfers des Universums" in der Spannung zwischen Purusha und Prakriti und vor dem Hintergrund der geheimnisvollen Aditi umschreibt, ist zugleich die vermittelnde Instanz zwischen ewigem Selbst und Menschenselbst. Sie soll weiter unten aus dem Blickwinkel der Anthroposophie Rudolf Steiners und dem der yogischen Philosophie Sri Aurobindos eingehender ausgeleuchtet werden.

OM – der *pranava*

Eines der bedeutsamsten Mantrams des Sanatana Dharma stammt aus dem *Rig Veda* und wird bis heute in ganz Indien heilig gehalten – vornehmlich bei Sonnenaufgang und Sonnenuntergang gechantet.[13] Es ist die berühmte Gayatri, das Gayatri Mantra aus dem dritten Mandala des *Rig Veda* – zugeschrieben wird es dem Rishi Vishvamitra, dessen Name heißt: „der Freund aller":

tat savitur varenyam
bhargo devasya dhimahi
dhiyo yo nah pracodayat[14]

In der Gayatri ruft der Rishi im hymnischen Wort als „Savitar" Surya an, das göttliche Wesen in der Sonne. Indem die Gayatri sich – in ihrem eigenen Versmaß – an Savitar wendet und ihn zugleich offenbart, besteht in der Linie der vorliegenden Betrachtungen Aussicht, dass dieses „Sonnen-Mantram" Hinweise enthält, was im vedischen Kontext „Sonnenwort" bedeuten kann. Diese Spur ist nicht zuletzt auch geisteswissenschaftlich weiter zu verfolgen. Der anthroposophische Indologe und spätere Priester der ‚Bewegung für religiöse Erneuerung' Hermann Beckh übersetzt den betreffenden rig-vedischen Vers, das „Sonnen-Mantram", so:

> Das liebeweckende Licht des belebenden Sonnenwesens, des göttlichen, wollen wir in uns aufnehmen, auf dass es unserem Denken einen Anstoß gebe nach vorwärts.[15]

Beckh hat herausgearbeitet, dass dem Menschen hier aus der Sphäre der Christus-nahen Geistigkeit der Sonne durch das Wort der Anstoß oder der Impuls gegeben wird, die spirituellen Wahrheiten mehr und mehr durch die eigene, individuelle Denkkraft zu ergreifen. Er merkt dazu an, dass dieser an sich zukunftsweisende, frühvedische Impuls sich im späteren Indien nicht behaupten konnte und nur ganz vereinzelt yogische Schulen in ihrer Praxis diesen Ansatz weiter pflegten. Es handelt sich hier um den selten eingeschlagenen Weg, angeregt durch Vak, das „Sonnenwort", hin zum individuellen Denken des Übenden. Als sich seit dem Zeitalter der *Upanishaden* Wort und Denken voneinander lösten, so Beckh, verlegten sich viele yogische Schulen Indiens auf die Praxis der Atem-gestützten Meditation.[16] – Diese bedeutende Thematik soll im nachfolgenden Abschnitt wieder aufgegriffen werden. Zunächst jedoch geht es hier um das grundlegende vedische Verständnis des Wortes.

Verwendet man die Gayatri als einzelnes Mantram, so wird ihr in der Regel die Anrufung der drei Welten vorangestellt: OM – *bhur – bhuvah – svah*. Dies ist *vyahriti*, die große Rede, das große Wort. Bhur steht darin für die Erde, die materielle, sinnenfällige Welt, Bhuvar für den Luftraum oder die elementarische Welt bzw. den Astralplan, Svar schließlich für die weite Sonnenwelt, den Himmel im Sinne des unteren Devachan. Durch alle diese Welten der unteren Hemisphäre – die Welten der geschöpflichen und kosmischen Wesen – soll die Anrufung ertönen. Das eröffnende OM jedoch, oder AUM,[17] ist der *pranava*, der uranfängliche Laut,[18] der alle Plane und Welten durchdringt bis in die Sphäre des *turiya*, des unsagbaren Vierten, das die drei unteren Welten vollkommen übersteigt.

Der Rishi und der Brahmane erzeugen durch ihre mantrische Praxis eine solcherart enge Verbindung der höchsten spirituellen Welten mit der hiesigen, wie die menschliche Seinsweise es überhaupt nur zulässt. Dies gründet auf der in allem vedischen Vollzug stets zu verzeichnenden Wechselseitigkeit dieser Praxis. Die eine Richtung, in der sie ihre Wirksamkeit entfaltet, ist selbstverständlich die der Anrufung, in der – aufsteigend – die menschliche Stimme, das vom Menschen intonierte vedische Wort, dem ewigen Geist zugetragen wird. Die andere Richtung – absteigend – ist die der herabkommenden Offenbarung des Höchsten: in der Fülle seiner Gestaltungen, durch welche er sich dem menschlichen Geist zu zeigen gewillt ist. Diese immerwährende Wechselseitigkeit macht den hohen Grad an Dichte des Gewebes vedischer Wirklichkeit aus. Die göttliche Offenbarung des hymnischen Veda-Wortes – Vak – setzt den Brahmanen zuerst instand, sein Wort im Opfer Gott entgegenzutragen, was dann wiederum einzelne Gottheiten mit der Kraft zur fortgesetzten Manifestation ausstattet. Das so entstehende dichte vedische Gewebe aus Opfer und Offenbarung erweist sich als das „Leben" in höherem Sinne. So erschließt sich gerade das Gayatri-Mantram, das Sonnenwort, zugleich als „Wort des Lebens", von dem auch bei Schuré die Rede ist. Denn der Name des in der Gayatri besungenen „Savitar" bedeutet im vedischen Kontext: der, der einen Impuls gibt, der aufweckt, der belebt. Er ist der große Anreger: wie des individuellen Denkens, so auch des universellen Lebens. In ihm sind diese beiden in höherer Einheit eins. Jenes geistig lebendige Gewebe der Wechselseitigkeit zeitigt nun auch – und nicht zuletzt – jene unvergleichliche Beständigkeit der umfassenden, komplexen Wortgestalt der Hymnen, deren ungebrochene Tradition in aller Welt bewundert wird. Aussprache, Rhythmus, Tonhöhen und Sprachmelos sind durch drei Jahrtausende mündlicher Überlieferung hindurch weitgehend gleich geblieben – aus Ehrfurcht des frommen Inders vor der Heiligkeit des Veda.[19] – Der heilige *pranava* aber – OM – birgt in sich die feinste Essenz des besagten beidseitigen vedischen Prozesses, birgt in sich das innerste Lebensprinzip der vedischen Überlieferung, *rik*, wie es die *Chhandogya Upanishad* andeutet:

All dieser Geschöpfe Essenz ist die Erde.
Der Erde Essenz ist das Wasser.
Des Wassers Essenz ist die Pflanzenwelt.
Der Pflanzen Essenz ist der Mensch.
Des Menschen Essenz ist die Sprache – vak.
Der vak Essenz ist der Vers des Veda – rik.
Des rik Essenz ist das Chanten des Verses – saman.
Des saman Essenz ist udgitha – das OM.[20] [21]

„Vedanta" heißt: das Ende der Veden. Im klassischen Sinne bilden zwar nur die *Upanishaden*, die gegen das Ende der vedischen Zeit entstanden und sie im Sinne einer spirituellen und mystischen Philosophie essenziell zusammenfassen, den Textkorpus des Vedanta. In späteren Jahrhunderten wird jedoch ebenfalls die *Bhagavad Gita*, das kostbare innere Kleinod des gewaltigen *Mahabharata*-Epos, zu dem Vedanta gezählt, denn gerade sie bietet in brillanter Weise einen spirituellen Extrakt der vedischen Wahrheit. In der *Bhagavad Gita* zielt Krishna auf jene Wirklichkeit der immer feineren Essenzen des vedischen Sonnenwortes, wie auch die *Upanishad* es tut, etwa, wenn er im „Yoga der Offenbarung" über sich selbst zum einen aussagt: „Unter den Adityas bin ich Vishnu. Unter den Lichtern und allem Strahlenden bin ich die leuchtende Sonne"; und zum anderen: „Ich bin [...] die Gayatri unter den Versmaßen" – oder kurz zuvor dies: „Ich bin die heilige Silbe OM unter den Worten."[22]

ॐ – OM – A·U·M – der *pranava* wird in der kurz gehaltenen *Mandukya Upanishad* in seinem viergliedrigen Aufbau erklärt. Wie sich soeben zeigte, ist er die Essenz der Essenzen: „Die Vergangenheit, die Gegenwart, die Zukunft, alles, was war, alles, was ist, alles, was sein wird, ist OM. Ebenso ist alles sonst, was jenseits der Grenzen der Zeit bestehen mag, OM."[23] Das Vierte ist das, was die drei Modi der Zeit in die Ewigkeit transzendiert. In derselben *Upanishad* geht es sodann um die vier Bewusstseinsstufen, die der Übende mit dem A·U·M in einer solchen Weise zu durchdringen und sich anzueignen gehalten ist, dass er sich darin stets vollkommen wach erhält. Dies sind das gewöhnliche, sinnesgestützte Tagesbewusstsein, der Traumzustand, der Tiefschlafzustand sowie das so genannte Trance-Bewusstsein. Die erste Stufe ist die allgemein menschliche; die zweite teilt der Mensch auch mit den höheren Tieren; die dritte mit den Pflanzen; die vierte darüber hinaus mit den Mineralien. Das „A" korrespondiert – auf der ersten Stufe – mit dem wachen Ich-Bewusstsein des Gegenwartsmenschen; das „U" – auf der zweiten Stufe – mit dem Kama-Prinzip als dem Träger des Traumzustandes, der Seelenleiblichkeit der Tiere; das „M" – auf der dritten Stufe – ist mit dem Prana-Prinzip als dem Träger des Tiefschlafbewusstseins verbunden, der Lebensleiblichkeit der Pflanzen; das vierte Element des A·U·M schließlich, in welchem es als das vollkommene OM immer anwesend ist, sein Verklingen im Unendlichen, seine Unausgesprochenheit und Unhörbarkeit jenseits aller Erscheinungen, vermag auch die leblose Physis des Mineralischen unwiderstehlich mit seinem Bewusstseinslicht und seiner Bewusstseinsmacht zu durchdringen.[24] Es ist dies *turiya*, das vierte Prinzip, das – identisch mit dem *brahman* – die endlichen Welten des Zeitlichen transzendiert. Das vollkommen verwirklichte OM oder A·U·M bringt folglich die Erlangung der von Rudolf Steiner so bezeichneten „Kontinuität des Bewusstseins"[25] [26] [27] mit sich, das ist zugleich die Meisterung aller Notwendigkeiten, die sich beim Erkenntnisaufstieg bis in die höchsten Bereiche des oberen Devachan auftun. Dies ist nach Sri Aurobindo der Weg zum Erwachen im supramentalen Atman-Bewusstsein, Vijnana, das in jene Sphären des Absoluten einzutreten vermag, die immerwährend nicht-manifest sind (*tat*) und die alle Macht zur Manifestation umfassen (*sat*).[28] – Menschliches Ichbewusstsein im gegenwärtigen Sinne verwirklicht sich auf der irdischen Ebene oder auf dem physischen Plan; das eigentliche – einem Ich vergleichbare – Bewusstseinszentrum der Arten und Gruppen von Tierwesen ist auf dem Astralplan angesiedelt; dasjenige der Pflanzenwesen in der Welt des unteren Devachan; das Bewusstseinszentrum der Mineralien jedoch west im oberen Devachan.[29] Der Mensch trägt in seiner physischen Organisation das mineralische Element in sich, in seiner Lebens- oder Ätherorganisation das gleichsam pflanzliche Element, in seiner Seelenleiblichkeit oder Astralorganisation das gleichsam tierische Element und allein in seiner Ich-Organisation erweist er sich als Mensch im engeren Sinne. Alle vier Wesensebenen seines individuellen Seins in voller Bewusstheit zu durchdringen, ist für den Aspiranten von daher gleichbedeutend mit dem Erwachen in den drei genannten höheren Welten. Es bedeutet zugleich die vollkommene Verwirklichung oder die Meisterschaft des Selbst.

Als Rudolf Steiner innerhalb der ‚Esoterischen Schule' das A·U·M behandelt, hebt auch er dessen Bezüge zu den drei Zeiten hervor. Dabei geht es ihm um einen Zugang durch die Phänomenologie der im ॐ enthaltenen Laute:

A	ist die Vergangenheit, klingt bestimmt und klar.
U	ist ein dumpfer Vokal und stellt die Gegenwart dar. Es ist von der Klarheit der Vergangenheit und von der Freiheit der Gegenwart zum Handeln darin.
M	ist das Unbestimmte der Zukunft, zu dem sich noch jeder Vokal, diese oder jene Handlung fügen kann.[30]

Rudolf Steiner bringt die drei ersten Elemente des ॐ zudem mit einem dreifachen Logoswirken in Verbindung, das sich in der Evolution von Erde und Mensch von der fernsten Vergangenheit über die gegenwärtige Erdenepoche bis in fernste Zukünfte erstreckt.[31] Hier ist ein wichtiges Motiv der späteren Entfaltung der Anthroposophie vorgebildet, das verstehen lässt, wie sich dem Menschen in seinem Inneren, in seinem Seelisch-Geistigen, der Schlüssel zum

Verstehen der gesamten Weltentwicklung bereithält. Denn die drei Zeiten sind in einer ganz bestimmten Art zugleich auch die Konstituenten des seelischen Lebens des Menschen, gegliedert nach Denken, Fühlen und Wollen. Das Denken, genauer: das auf das Nerven-Sinnes-System gestützte Vorstellen, ist Ausdruck der Vergangenheitskräfte, das Wollen bezieht sich auf das Kommende, die Zukunft, und im Fühlen erlebt sich der Mensch seelisch im intensivsten Sinne als gegenwärtig. Dies stimmt präzis mit den erwähnten Bewusstseinszuständen zusammen, von denen die *Mandukya Upanishad* spricht, ist doch zunächst volle Wachheit gebunden an das vorstellende Denken, das Fühlen mit dem Träumen verwandt und das Wollen von demselben Bewusstseinsgrad, wie er im Tiefschlaf besteht.[32] Das wahre Ich des Menschen – in seinem Ewigkeitsbezug – transzendiert diese drei Stufen und entspricht seiner Natur nach in letzter Konsequenz dem *turiya*.

Indem das OM in seiner inneren Dynamik den Weg des Erwachens durch sämtliche vier Stufen vorzeichnet, repräsentiert es diese fehllose Verwirklichung des höheren Selbst. – Die *Mandukya Upanishad* sagt denn auch über das A·U·M und seine vier Glieder: sie sind nichts als die vier Glieder des Atman, des Selbst.

> Dieses Selbst ist – in der Welt des unvergänglichen Wortes – das OM; und unter den Buchstaben sind die Glieder des Selbst dessen Buchstaben und die Buchstaben sind die Glieder des Selbst – nämlich A, U, M.

Und:

> Ohne Buchstaben und Laut ist das Vierte, unaussprechlich, das Ende der Phänomene: das Gute, das Eine ohne ein anderes. Solches ist das OM. Der das weiß, er ist das Selbst und er taucht sein Selbst ein in das SELBST, der solches weiß, der solches weiß.[33]

Hier bleibt die Einheit dessen, was oben über Wort und Denken und beider getrennte Wege angedeutet wurde, vollkommen gewahrt. Gerade am *pranava*, dem Wort der Worte, und der in ihm möglichen intensiven Verinnerlichung des Bewusstseins zeigt sich, dass beide in der vedischen Welt essenziell eins sind.

Vak – das Wort der Rishis

Als im Großen die Entwicklung von Wort und Denken – oder: Vak und Manas – auseinanderstrebte, lag dies so im Fortschreiten der Menschheit begründet, es war aber nicht unproblematisch sondern es handelte sich im Wortsinn um eine kritische Entwicklung. Im *Shatapatha Brahmana* kommt eine Erzählung vor, nach der Manas und Wort um den jeweils beanspruchten Vorrang stritten. Manas machte geltend, dass das Wort nur äußern könne, was es selbst zuvor gedacht habe; das Wort hielt dagegen, es sei allein schon deshalb besser als Manas, weil es bekannt machte und mitteilte, was Manas bloß dachte. Da sie aber keine Einigung erzielen konnten, wandten sie sich an Prajapati, den Herrn der Geschöpfe, eine Erscheinungsform des Allerschaffers und Allvollenders Vishvakarman. Dieser gab dem Wort eine klare Antwort: „Gewiss ist Manas besser, denn du ahmst nur nach und folgst nur dem, was Manas vollbringt."[34] Schon in diesen frühen Text, der enger gefasst noch zum vedischen Kanon zählt, wird also die Scheidung von Wort und Denken kommentiert. Die Antwort zeigt allerdings auch, dass das Wort hier nur mehr als das Wort des Menschen verstanden wird – sei er Rishi oder Brahmane. Vak, die Sprache der Rishis und Sprache des Höchsten, wird nicht mehr in ihrer universal schöpferischen Dimension gesehen. Diese Scheidung war indessen notwendig, um innerhalb der Menschheit das Freiheitsprinzip des individuellen Denkens erstarken zu lassen, so Rudolf Steiner.

Die anthroposophische Geisteswissenschaft kennt zwei machtvolle Gruppen von geistigen Wesenheiten, die die Evolution von Mensch und Erde nachhaltig gefährden: die ahrimanischen, die das menschliche Bewusstsein im Irdischen und Materiellen festzuhalten bestrebt sind und verhindern wollen, dass es frei zum Licht des Geistes findet; sowie die luziferischen, die das menschliche Bewusstsein von den irdischen Aufgaben und Notwendigkeiten ablenken und ihm eine körperlose und scheingeistige[35] Daseinsform schmackhaft machen wollen. Luziferische und ahrimanische Geister[36] wirken in verschiedenen Bereichen auf unterschiedliche Art in der Richtung ihrer jeweiligen Interessen. Rudolf Steiner schildert nun in Vorträgen des Jahres 1915, wie die vedischen Rishis in ihrer Arbeit auf den Feldern von Sprache und Denken in eine gefahrvolle Auseinandersetzung mit bestimmten luziferischen Geistern gerieten. Es ging den letzteren dabei um eine Entwicklung dahin, das Denken frühzeitig von der Sprache abzulösen und in den Dienst einer weisheitsvollen, aber gänzlich abstrakten Dogmatik zu stellen, die die ganze Erde umspannen sollte. Rudolf Steiner spricht von einem dazumal drohenden, fanatisch verfochtenen „luziferischen Monismus".[37] Die vedischen Rishis standen in der Gefahr, dieser Tendenz zu verfallen und von jenen luziferischen Wesenheiten gleichsam „besessen" zu werden. Ihre spirituelle Kraft war jedoch größer und sie rangen und trotzten den luziferischen Wesen eine Entwicklung ab, die schließlich den Zielen der Evolution doch entsprach. So zeigt Rudolf Steiner in später gehaltenen Betrachtungen, November 1919, auf, dass die Rishis sich von jenen weisheitsvollen luziferischen Wesen wohl immerhin gleichsam belehren ließen, denn deren spirituelle und kosmische Wahrheiten waren ursprünglich keine anderen als diejenigen, die der Evolution ihre Ziele vorgezeichnet haben. Der Unterschied lag in der Intention, wie mit den Weisheiten umzugehen sei. Die luziferischen Wesen beabsichtigten die Erdenmenschen von ihren diesseitigen Aufgaben abzuhalten, die Rishis hingegen waren bestrebt, sich dieselben Weisheiten anzueignen, um sie in den irdischen Verhältnissen zur fruchtbaren Anwendung zu bringen. Auf die Frage, was denn die Rishis der frühvedischen Zeit in dieser Auseinandersetzung zur Beförderung der allgemeinen Menschheitsevolution erstritten haben, antwortet Rudolf Steiner, dies sei „[...] alles dasjenige, was die Menschen aufgebracht haben seit ihrer Entwickelung an Fähigkeit des Sprechens und an Fähigkeit des Denkens".[38] Und er fügt den Gesichtspunkt an, dass, wie das luziferische Element mit der Vereinheitlichung im Denken zu tun habe, das ahrimanische Element in der Differenzierung und Zersplitterung unter den Sprachen wirksam sei. Und heilsam sei es in der Gegenwart vor allem, ausgehend von einem spirituellen Denken die Zersplitterungstendenz in den verschiedenen Sprachen aufzufangen, um Denken wie Sprache in eine zukunftsweisende Entwicklungsrichtung zu lenken.[39] [40] Es ist charakteristisch, wie Rudolf Steiner hier die widersetzlichen geistig-kosmischen Kräfte nicht kategorisch verdammt, sondern Wege aufzeigt, wie deren Dynamik in eine positive umzuwandeln wäre. Der Schauplatz nun, auf dem die Rishis jene Arbeit leisteten oder: jenen Kampf ausfochten, ist derjenige der Sprache, und zwar der Sprache, in welcher sie ihre Hymnen sangen: das vedische Sanskrit.

Über das klassische Sanskrit schreibt Sri Aurobindo, es sei vielleicht das vollendetste und geeignetste Instrument den Gedanken auszudrücken, es vermittele äußerste Klarheit und höchste Präzision und sei dabei immer dicht und knapp in der Formulierung betreffender Phrasen. Dies führe jedoch nie zu einem Verlust an Tiefe sondern zu größerer Bedeutungsfülle. Ausgestattet sei das Sanskrit mit großem Reichtum und großer Schönheit – in der ihm eigenen Hoheit von Wohlklang und Ausdruck, wie sie seit frühen Zeiten überliefert ist.[41] Dem stellt er an anderem Ort jedoch das alte vedische Sanskrit der Rishis gegenüber:

Das vedische Sanskrit repräsentiert ein noch früheres Stadium in der Entwicklung der Sprache. Selbst in seinen äußeren Merkmalen ist es weniger festgelegt als jede andere klassische Sprache. Es hat eine Vielfalt von Formen und Abwandlungen. Es ist fließend und vage und doch sehr subtil im Gebrauch von Fällen und Zeiten. In psychologischer Hinsicht hat es sich noch nicht kristallisiert, ist es noch nicht vollständig verhärtet zu den starren Formen intellektueller Präzision. Das Wort ist für den vedischen Rishi noch etwas Lebendiges, Krafterfülltes, kreativ und formgebend. Es ist noch nicht ein konventionelles Symbol für einen Gedanken, sondern selbst der Vater und Gestalter von Gedanken. Es trägt in sich die Erinnerung an seine Wurzel, ist sich noch seiner eigenen Geschichte bewusst. – Der Sprachgebrauch der Rishis wurde von dieser alten Psychologie des Wortes regiert.[42] [43]

Der hier zutage tretende Gegensatz zwischen dem lebendigen Wort der Rishis und dem späteren, intellektualisierten Sanskrit der spätvedischen Philosophen Indiens ist unmittelbarer Ausdruck der oben erwähnten Unterordnung der Vak unter Manas, die sich in der Zeit der *Upanishaden* ereignete und Vedanta, das Ende der Veden, einleitete. Das in die Welt ausstrahlende Wort wurde abstrakt und theoretisch, das Denken wurde intellektuell oder hatte in Samadhi aufzuhören. Der Verlust an Lebenskraft und die damit verbundene Ablösung der spirituellen Übung von der irdischen Lebenswelt sollten nun vermehrt durch die yogischen Atemtechniken ausgeglichen werden.

Rudolf Steiner hat gleichwohl eine ähnlich hohe Auffassung vom Sanskrit wie Sri Aurobindo und er spricht ausgiebig über die geistigen Quellen, aus denen diese einzigartige Sprache der Rishis hervorgegangen ist. Dabei knüpft er an seine vielfältigen Darstellungen über die nachatlantischen Kulturepochen an, an deren Morgen sich die uralt-indische Kultur erhob,[44] es geht ihm also fraglos um das frühe vedische Sanskrit. Wie Sri Aurobindo es in anderem Zusammenhang tut, spricht auch Rudolf Steiner von so genannten Volksseelen oder Volksgeistern, geistigen Wesenheiten, die in den temperamentmäßigen und gemüthaften Eigenschaften einzelner Völker in einer Weise inspirierend wirksam sind, dass aus den damit berührten Qualitäten ein zusammenhängendes seelisch-geistiges Milieu erwachsen kann. Mit diesen Volksseelen wirken andere geistige Wesen zusammen, die in der Ausformung der Sprache eines Volkes, ja bis hinein in die Ausgestaltung der sprachlichen Werkzeuge in Kehlkopf und Artikulationsorganen, geistig wirksam werden. Schließlich charakterisiert er Wesenheiten, die in der Ausbildung der Denkungsart eines Volkes inspirativ wirken. Diese drei Gruppen seien hier Volksseelen, Sprachgeister und Denkgeister genannt, insgesamt der dritten Hierarchie geistiger Wesenheiten zugehörig. Im Wandel der Zeiten, das am Rande, geht es immer und in jedem

Kulturkreis um ein ausgewogenes Verhältnis zwischen geistigem Einfluss seitens höherer Mächte und der Freiheit, der der Mensch zu seiner individuellen Entwicklung bedarf. In weit zurückliegenden Zeiten jedoch war zweifellos der Einfluss geistiger Wesen ungleich stärker als in der gegenwärtigen Epoche, heute tritt zunehmend der Freiheitsimpuls hervor.

Mit Blick auf die uralte indische Kultur führt nun Rudolf Steiner aus, dass es einmal im Verlauf der kulturellen Entwicklung der Menschheit dazu kam, dass sich Volksseele, Sprachgeist und Denkgeist für ein bestimmtes Volk, eine ganz bestimmte Kultur zu einer größtmöglichen Harmonie ihrer gemeinsamen Einflüsse zusammenfanden. Und es heißt: „Das ist das indische Volk, das Volk, das in der ersten nachatlantischen Zeit die nachatlantische Kultur einleitete." Weiter in Rudolf Steiners Darlegungen:

> Während dieser indischen Kultur trat jene Konstellation ein, wo jene drei Wesenheiten am harmonischsten zusammenwirkten. Die Folge davon ist alles dasjenige, was wir als die historische Rolle dieses indischen Volkes bezeichnen können. [...] Dies war der Grund, warum mit einer solchen Gewalt die alte heilige Sprache der Inder wirkte und jene gewaltigen historischen Kulturwirkungen hatte, warum sie noch so gewaltig in der Folgezeit wirken konnte. [...] Und wiederum beruht darauf die eigenartige indische Philosophie, die als Philosophie, als vom Innern des Menschen heraus schaffendes Denken noch nicht erreicht ist von irgendeinem andern Volke der Welt; darauf beruht die innere Geschlossenheit des Denkens der indischen Kultur. Bei allen andern Gebieten haben wir andere Verhältnisse zu beobachten. In ihr allein trat dazumal das zutage, was jetzt charakterisiert worden ist.[45]

Man wird nach allem Bisherigen sagen können, dass dieses harmonische Zusammenwirken im frühen Indien wesentlich zur Vermittlung des „Sonnenwortes" beigetragen haben mag, so dass Rishis und Brahmanen die Gottheit dieses Wortes – Vak – erfahren und die Fülle ihrer Inspiration tief in sich aufnehmen konnten.

Sri Aurobindo stellt mit Blick auf die Sprache der Dichtung die Frage, was denn Sprache konstituiere und ihr „all ihr Leben, ihren Reiz und ihre Bedeutung" verleihe, welche subtile Kraft den „Körper des Tones" ausfülle und „dessen Seele" sei. Und er spricht von einer überbewussten Kraft, die im Menschen, von oben her ansetzend, unterbewusste Bereiche als ihr „Material" ergreife und sich von dort ins menschliche Bewusstsein erhebe, was sich grundlegend und zugleich vielfältig in seiner ganzheitlichen Entwicklung ausdrücke. Sri Aurobindo fasst diesen letzteren, inneren Aufstieg, der dem vorherigen Abstieg einer göttlichen Inspiration folgt, genauer ins Auge und erwähnt in diesem Zusammenhang auch die tantrische[46] Lehre vom Wort:

> Es ist diese Kraft, diese *shakti*, der die alten vedischen Denker den Namen Vak gaben, die Göttin schöpferischer Sprache, und die tantrischen Psychisten nahmen an, dass diese Kraft in uns [...] auf immer höheren Ebenen [...] wirkt und dass so das Wort eine Abstufung seiner Ausdruckskräfte der Wahrheit und Schau hat. Man kann diesen Gedanken verschiedener Stufen der Kraft der Sprache [...] als einen Schlüssel von großem Nutzen akzeptieren und einen der Grade der tantrischen Klassifikation, *pashyanti*, das sehende Wort, als Beschreibung jener Stufe von Kraft erkennen, zu der der dichterische Geist sich erheben soll und welche für seine Art des Ausdrucks ursprünglich und natürlich ist.[47]

Von jenem „sehenden Wort" her erscheint die häufige Übersetzung für den „Rishi" als den „Dichterseher" umso einleuchtender. Die hier von Sri Aurobindo ins Spiel gebrachte *pashyanti* der Tantriker entspricht dem dritten Rang innerhalb einer vierfachen, aufsteigenden Reihe, nach der die Höhen- bzw. Tiefendimension des spirituell erfahrenen Wortes ausgedrückt wird: *para vak*, das höchste Wort, gehört – auf der Stufe des nondualen *turiya* – dem Höchsten an; *pashyanti*, das sehende Wort, offenbart sich dem inspirativ-imaginativen Bewusstsein; um es zu erreichen, muss der Rishi sein Bewusstsein in seinem Kausalleib konzentrieren können; *madhyama*, das vermittelnde Wort, wirkt im Bereich der ätherischen Bildekräfte und ist so gesehen auf dem Weg zur Verleiblichung im Menschen;[48] *vaikhari*, das körperliche Wort, ist schließlich dasjenige, durch das die Menschen sich gewöhnlich verständigen, der am meisten äußerliche Ausdruck der Vak.[49] – Dieses vierstufige Modell des Wortes, das auf die oben dargelegten vier Stufen des *pranava* OM übertragbar ist, wird hier deshalb angeführt, weil es offenkundig auf tief dringende rig-vedische Reflexionen zurückgeht. Die entsprechende Quelle findet sich im ersten Mandala des Rig Veda:

> chatvari vak parimita padani / tani vidur brahmana ye manishinah
> guha trini nihita nengayanti / turiyam vaco manushya vadanti

Eine jüngere Übersetzung dieses Verses, durch den deutschstämmigen Sadakh des Integralen Yoga, Nishtha Müller, lautet:

Das Wort wurde auf vier Ebenen ausgeformt. Die Sänger des Seelen-Wortes, die den intuitiven Gedanken besitzen, wissen um sie. Drei sind in der geheimen Höhle verborgen und geben (im Außen) kein Zeichen von sich. Die vierte (materielle) Ebene des Wortes sprechen die Menschen.[50]

Damit soll die Betrachtung wieder zu Sri Aurobindo zurückkehren. In einem später folgenden Passus des oben genannten Essays knüpft er erneut an den Gedankengang um geistige Herkunft, inspirativen Abstieg und menschliche Aufnahme der Vak an:

> Das inspirierte Wort kommt, wie einst die vedischen Seher sagten, vom Heim der Wahrheit, *sadanad ritasya*, der hohen und angeborenen Ebene eines höheren Selbstes, das das Licht einer Wirklichkeit hält, die durch die geringere Wahrheit des normalen Sinns und der normalen Intelligenz verborgen wird.[51]

Und:

> Das Wort kommt verborgen von oberhalb des mentalen Geistes, aber es wird zuerst in unsere intuitiven Tiefen getaucht und tritt unvollkommen hervor, um durch das poetische Gefühl und die poetische Intelligenz geformt zu werden, *hrida tashtam manisha*. Ein intuitives Selbst in der Tiefe jedes Teils unseres Wesens, verborgen in Sinn, Leben, Herz, Geist, ist das übertragende Medium, eine unterschwellige Kraft, verborgen in einer geheimen Höhle im Inneren, von der die verhangenen und kristallinen Tore nur gelegentliche und partielle Transparenzen enthüllen oder manchmal halb offen oder weit offen sind, *nihitam guhayam guhahitam gahvareshtham*.[52]

Ist das Ich für dieses zunächst verborgene Geschehen wach, so wird das geäußerte Wort umso mehr erleuchtet und intuitiv sein, ist hingegen das Ich dem Vorgang innerlich fern, so wird das Wort umso mehr geprägt sein von niederem Vital und bloßem Intellekt.

Es kann staunen machen, wie sehr diese Beschreibung mit Ausführungen Rudolf Steiners in ergänzender Art korrespondiert, die er machte, als er aus geisteswissenschaftlicher Sicht schilderte, wie es im alten Indien zur Inspiration der vedischen Seherdichter kam. Rudolf Steiner hebt in diesem Zusammenhang die Bedeutung des vedischen Soma-Kultes besonders hervor und charakterisiert – komplementär zur Beschreibung Sri Aurobindos – gleichsam von unten her die Öffnung der tieferen Wesensschichten, in denen das Willensprinzip wirksam ist, für die Geistigkeit des Kosmos. In diesem – nicht zuletzt auch Stoffwechsel-gebundenen – Willenswesen, auf das Rudolf Steiner hier abhebt, spiegelt sich zweifellos das von Sri Aurobindo erwähnte „intuitive Selbst", „verborgen in Sinn, Leben, Herz, Geist". Der Begründer der Anthroposophie:

> Sehen Sie, da weise ich Sie hin auf das innerliche seelisch-leiblich-physische Erleben der Menschen älterer Zeiten, die gerade dadurch, dass sie so seelisch-leiblich-physisch erlebten, kosmisch erlebten, die gerade darinnen ihr kosmisch-übersinnliches Schauen hatten. Und wenn dann im Orient die Menschen den Somatrank tranken, dann wussten sie, was der Geist der Höhe ist. Dieser Somatrank, der durchsetzte und durchwühlte und durchwob ihr Inneres, der durchlebte ihr Blut. Und wenn sie dann einschliefen und dasjenige, was als Ich und astralischer Leib im Blute gewoben hatte, mitnahm die Formen, die entstanden waren durch das Verdauen des Somatrankes, dann dehnte sich ihr Wesen aus in Raumesweiten und sie fühlten die Geistigkeiten des Kosmos nach in ihrem nächtlichen Erleben.[53]

Die Wirkungen des Soma bis in das Blut des Dichtersehers[54] korrespondieren sichtlich mit denjenigen Wirkungen der Vak, die der Sprache – so Sri Aurobindo in den oben wiedergegebenen Worten – „all ihr Leben, ihren Reiz und ihre Bedeutung" verleihen. Und wieder Rudolf Steiner an anderer Stelle, als es ebenfalls um die vedischen Rishis geht:

> Und wenn sie nicht ausdrücken wollten, was sie auf der Erde erlebten, sondern wenn sie durch die Sprache dasjenige ausdrücken wollten, was die Seele erlebte, welche sich von der Erde in den Kosmos hinaus entrückt fühlte, dann wurde die Sprache zu dem, was in der alten Zeit die Dichtung war.[55]

Eine Äußerung Sri Aurobindos wiederum, nun mehr zu dem himmlischen Soma, soll diese Folge von Zitaten abrunden, in der treffend der Zusammenhang des Soma mit dem „schöpferischen Wort" bestätigt wird. Sri Aurobindo behandelt eine an die Gottheit Soma gerichtete Hymne des *Rig Veda*, in der von dem Seihtuch und dem Krug für den Somatrank die Rede ist; das fein gewobene Seihtuch sei das Denken, der Krug aber, in den der Soma ergossen wird, „das menschliche System". In dieser Hymne wird Soma als die vedische Gottheit Brahmanaspati bezeichnet. Dazu merkt er an:

> Soma wird hier als Brahmanaspati angesprochen, ein Wort, das manchmal für andere Götter verwandt wird, aber gewöhnlich für Brihaspati, den Meister des schöpferischen Wortes, reserviert ist.[56] [57]

Sri Aurobindo und Rudolf Steiner treffen sich darin – von je unterschiedlichen Seiten ansetzend –, dass Vak, das Wort des Veda, den Menschen vollständig durchdringt. Dass Rudolf Steiner den Aufstieg der Seele stärker betont, Sri Aurobindo mehr den absteigenden Aspekt der Manifestation des schöpferischen Wortes im Menschen und durch ihn, soll nicht irritieren. Dies scheint bloß Ausdruck der Wechselseitigkeit des vedischen Prozesses zu sein, von welcher im vorigen Abschnitt bereits die Rede war. Jedenfalls lassen sich gerade die zuletzt zitierten Worte Sri Aurobindos so verstehen, dass es gemäß dem Veda für den Schüler darum geht, durch sein Verhältnis zur Vak in allen Schichten des eigenen Wesens die Meisterschaft des schöpferischen Wortes zu erlangen. Die darin zu erkennende starke Ich-Qualität[58] wird im nächsten Kapitel dieser Schrift näher behandelt.

Der indische Geisteslehrer lässt das Werden des Wortes, des Mantra, durch die Ganzheit auch der heutigen menschlichen Wesenheit in der Verbindung des Herzens mit dem Mentalen kulminieren. Mit den eindringlichen Worten des betreffenden Passus aus *Das Geheimnis des Veda* soll dieser Abschnitt abgeschlossen werden:

> Das *mantra* ist, obgleich es Denken im Mental ausdrückt, in seinem wesentlichen Teil nicht Schöpfung des Intellekts. Um das geheiligte und wirksame Wort zu sein, muss es als Inspiration von der supramentalen Ebene, die im Veda *ritam*, die Wahrheit genannt wird, gekommen und im oberflächlichen Bewusstsein entweder durch das Herz oder durch die erleuchtete Intelligenz, *manisha*, empfangen worden sein. In der vedischen Psychologie ist das Herz nicht darauf beschränkt, Sitz der Emotionen zu sein. Es schließt jenes weite Feld spontaner Mentalität ein, das dem Unterbewussten in uns am nächsten steht, woraus die Empfindungen, Emotionen, Instinkte, Impulse und alle jene Intuitionen und Inspirationen entstehen, die durch diese Mittlerkräfte reisen, bevor sie in der Intelligenz zur Form gelangen. Dies ist das ‚Herz' des Veda und Vedanta, *hridaya*, *hrid* oder *brahman*. Dort soll im gegenwärtigen Zustand der Menschheit der Purusha seine zentrale Wohnstätte haben.[59]

Vak – das Wort des Höchsten

Das *brahman* als im Inneren des Menschen verborgen, als verbunden mit dem menschlichen Herzen, entspricht, so Sri Aurobindo, dem ursprünglichen vedischen Verständnis dieses Begriffes. Erst später nahm *brahman* die einseitig abstrakte Bedeutung des ewigen Absoluten an. Indem sich die Betrachtung dem Wort als göttlich-geistiger Schöpferkraft zuwendet, kann eben dieses Motiv des *brahman* im Herzen zum Schlüssel werden, um tiefere Einsicht in das innige vedische Ineinander-Wirken von menschlichem und göttlichem Wort zu gewinnen. Denn so heißt es beispielsweise in einem vedischen Opferritual, das in den *Brahmanas* überliefert ist:

> Möge das Feuer (*Agni*) meiner Rede (*Vak*) innewohnen, meine Rede dem Herzen (*hrdaya*), das Herz mir (*mayi*), das Ich (*aham*) dem Unsterblichen (*amrtam*), das Unsterbliche dem Brahman.[60]

Die göttliche Vak, durch die das Universum ins Werden kam, spricht durch die Seherin Vag-Ambhrini diese Worte, den Blick aus dem Mikrokosmischen in das Makrokosmische wendend – und dennoch bleibt es dieselbe Vak:

> Auf dem Gipfel der Welten bringe ich den Vater hervor.
> Mein Ursprungsort ist in den Wassern, inmitten des Ozeans.
> Von dort breite ich mich über alle bestehenden Welten aus
> und berühre mit meiner Stirn den Himmel des Lichts. (7)
> Wahrlich, ich wehe wie der Wind und umfasse verzückt
> alle Welten des Werdens und alle existierenden Wesen.
> Ich überrage die Erde, ich überrage die Himmel,
> so gewaltig bin ich in meiner Macht und Herrlichkeit. (8)[61]

Raimundo Panikkar fasst seine Auseinandersetzung mit diesen Worten der vedischen Hymne so zusammen: „*Vak* war vor aller Schöpfung, bestand, bevor jegliches Sein ins Sein kam. Sie war es, die den schöpferischen Prozess initiierte."[62] – Und Sri Aurobindo wiederum hält fest, dass „[...] das *Wort* eine Macht [ist], das *Wort* schafft":

> Gewisse Schulen des vedischen Denkens gehen [...] davon aus, dass die Welten von der Göttin *Wort* geschaffen wurden und dass der Ton als erste ätherische Schwingung der Gestaltung vorangegangen sei.

Im Veda selbst gibt es Stellen, die die dichterischen Versmaße der heiligen Mantras – *anushtubh, trishtubh, gayatri* – als symbolisch für die Rhythmen ansehen, in denen die universale Bewegung der Dinge gestaltet wird.[63]

Seit der *Upanishaden*-Zeit wurde jener „Ton als erste ätherische Schwingung der Gestaltung" in aller Regel mit dem oben behandelten *pranava*, dem OM, in eins gesetzt. Im vorigen Abschnitt war bereits in Verbindung mit dem Soma davon die Rede, dass Brihaspati – oder auch: Brahmanaspati – als „Herr des schöpferischen Wortes" bezeichnet wird. Brihaspati ist jener, der in der späteren hinduistischen Entwicklung zu Brahma[64] wird, dem Schöpfergott der klassischen *trimurti* – Brahma, Vishnu, Shiva. In dem obigen hymnischen Text der Seherin wiederum heißt es, dass Vak den „Vater" hervorbringt. Es besteht wiederum ein intensives Ineinander-Wirken auch von dem „Wort" und dem „Herrn des Wortes". Für die vedische Spiritualität ist es charakteristisch, dass Namen und Begriffe in einem überaus bewegten, fast fließenden Verhältnis zueinander stehen, sodass sich der Schüler immer aufs Neue die zugrunde liegenden Prozesse und geistigen Gesetzmäßigkeiten durch das vedische Seihtuch, nämlich Manas, durch sein Denken also, bewusst machen muss, da jegliches Schema hier nur zu kurz greifen kann. Das besagte Verhältnis dynamischer Wechselseitigkeit, und zwar hier zwischen dem „Wort" und dem „Herrn des Wortes", wird in einem weiteren yajur-vedischen Text, der auf Prajapati, den „Vater der Wesen" hinblickt, so ausgedrückt: „Prajapati war da und Vak war seine Genossin. Er vereinigte sich mit ihr. Darauf schied sie sich von ihm und gebar all diese Geschöpfe. Schließlich ging sie wieder in Prajapati ein."[65] [66]

Solche Fülle scheinbar divergierender Bezüge zwischen den vedischen Gottheiten und der femininen Gottheit des Wortes, Vak, darf nicht verwirren: Soma, Brihaspati, Prajapati – ja auch noch der aufgezeigte Bezug zu dem *brahman*. Was dem oftmals linearen Denken des westlichen Menschen als Zumutung erscheinen kann, sollte eher als Hinweis genommen werden, dass sich die Heiligkeit des Wortes dem schöpferischen geistigen Weben einer Vielheit von daran beteiligten Wesenheiten verdankt. Die folgenden Überlegungen, die wieder stärker Anthroposophisches mit einbeziehen, sollen dazu beitragen, die angedeuteten Verhältnisse, in denen Vak auftritt, in etwas allgemeinerer Blickrichtung zu bündeln.

Das *brahman*, das im innersten Herzen ruht und zugleich die Manifestation des gesamten Universums bedingt, steht in der Schau Sri Aurobindos hinter all dem, was er als das Supramentale anspricht. So fallen für ihn konkreter und abstrakter Aspekt des *brahman* in eins zusammen. In dem ursprünglichen *ishvara* oder in dem Purusha, welcher der manifesten Welt der Schöpfung gegenübersteht, wird das *brahman* geahnt als der Höchste, als jener, der diese ganze Welt bewusst will. In ihrem subtilsten, am meisten geistigen Zustand wird – auf der anderen Seite – die evolutive Welt der Schöpfung angesprochen als die Mula-Prakriti, gleichsam als die Ursubstanz, die die kosmischen Bildungen und Entwicklungen mit feinster, übersinnlicher Materialität versieht – sich differenzierend im Sinne der drei Gunas oder Zustände dieser prakritischen Ursubstanz: Tamas, Rajas und Sattva. Dabei meint Tamas alles, was zur Schwere, zu Dumpfheit und Finsternis tendiert; Rajas das, was feurige Dynamik und Leidenschaft, heftige Erregtheit und Bewegtheit zeigt; meint Sattva schließlich solche Qualitäten, die Frieden, Ruhe und lichtvolle Klarheit begünstigen sowie zur Öffnung des geschöpflichen Wesens führen können – hin zu dem rein Geistigen, das aus der supramentalen Welt des Purusha oder *ishvara* in die Prakriti einstrahlt.[67] Diejenige Sphäre in Prakriti bzw. Mula-Prakriti, die dem Purusha – aus ihrer unmittelbaren Nähe zu seiner Welt – immerzu in vollkommener Offenheit zugewendet ist, die alles von ihm empfangen und aufnehmen kann, die in sich zudem die Möglichkeiten zu allen Entwicklungen, Bildungen und Formen bereithält, wird in der Sprache der Rishis als die Gottheit Aditi, die Mutter der Götter, angesprochen. Aditi, zu deren zwölf Kindern, den Adityas, neben anderen Vishnu, Mitra, Varuna, Surya und Savitar zählen, erfüllt jene fernste und umfassendste Sphäre[68] als das unendliche Bewusstsein und sie wurde von den vedischen Sehern erfahren als die grenzenlose Weite, als die Unendlichkeit schlechthin. Aus ihr, aus Aditi ertönt Vak, die Sprache des Höchsten. Ja, dass dieses bewusste Wollen der Welt, das der Purusha in sich trägt, in der Welt der Prakriti – in sieben Hauptströmungen – die unendliche Vielzahl der Wesen hervorrufen kann, ist in erster Instanz, vor allem anderen, in der Wirklichkeit dessen begründet, was Sprache ist, was Sprache vermag. Die Sphäre der Aditi, ausgespannt an der Grenze des Universums, bildet gleichsam die Membran, die das Wort des Höchsten zum Ertönen bringen kann. In Vak wird die Möglichkeit zu diesem Ertönen – bereitgehalten durch Aditi – zur lebendigen, schöpferischen Wirklichkeit. Immerfort wird durch sie dieser Kosmos, dieses Universum erschaffen. Jene im Veda erscheinende Siebenheit der Daseinsprinzipien aber, nach denen diese ganze Schöpfung geordnet ist, und das, was sie belebt, schauten die Rishis in den früher schon erwähnten „sieben Flüssen" oder „sieben Strömen", die sich in diese Welt ergießen.

Sri Aurobindo spricht – nach Maßgabe der naturnahen Bildsprache des Veda – davon, dass die Wasser dieser „sieben Flüsse" zur Wahrheit führen. Sie führen, verfolgt man sie zu ihren Ursprüngen, zu dem supramentalen Wahrheits-Bewusstsein, das sich den Rishis primordial als das Wort, die Sprache des Höchsten zu erkennen gegeben hat. Dabei waren die Rishis in ihrer Siebenheit selbst die göttlich inspirierten menschlichen Repräsentanten jener siebenfachen Ordnung des Universums.

[Die sieben Wasser] führen zur *Wahrheit*, sie sind selbst die Quelle der Wahrheit, sie fließen in der unbehinderten und uferlosen Unermesslichkeit ebenso wie hier auf Erden. Sie werden bildlich dargestellt als die nährenden Kühe (*dhenavah*), Stuten (*ashvah*), sie werden *sapta vanih* genannt, die sieben Worte der schöpferischen Göttin Vak, – Sprache, die Ausdruckskraft von Aditi, der höchsten Prakriti, die hier *Kuh* genannt wird genau wie der Deva oder Purusha als Vrishabha oder Vrishan, der Bulle, beschrieben wird. Sie sind deshalb die sieben Schichten alles Seienden, die sieben Ströme oder Formen der Bewegung des einen bewussten Seins.[69]

In einem früheren Kapitel wurde bereits der Hinweis gegeben, dass Rudolf Steiner die sieben Rishis insbesondere auch als die früh-indischen Repräsentanten des Erwachens zur menschlichen Ichheit[70] ansah. Angedeutet wurde dabei gleichfalls, dass dieses Ich-Erwachen sich gemäß seiner Schau in dem spirituellen Verkehr des proto-vedischen Menschen mit geistigen Wesenheiten sehr hohen Ranges zutrug, die in der westlichen Tradition als die Dynameis und Kyriotetes bekannt sind, bei Rudolf Steiner auch die Geister der Bewegung und die Geister der Weisheit.[71] Sie gehören der zweiten Hierarchie geistiger Wesenheiten an und impulsierten die Menschheitsentwicklung bereits während der beiden früheren Planetenverkörperungen, die der Erde vorausgingen, während der Zeit des „alten Mondes" und während der Zeit der „alten Sonne".[72] Rudolf Steiner deutet darüber hinaus an anderer Stelle einen noch höheren, zwölffachen Ursprung des Weltenwortes an, das sich in dem führenden Sonnengeist, einer erhabenen Wesenheit aus der Hierarchie der Kyriotetes, zusammenfasst oder vereinigt und von diesem aus sonnenhaft in den Kosmos ausstrahlt. Derselbe hohe Geist heißt in der Sprache des esoterischen Christentums der Christus, die indische Spiritualität kennt ihn als Vishnu, als dessen Avatar Krishna hervorgetreten ist.[73] Seine Gegenwart und Herkunft ist als jenseits der Aditi, jenseits der Mula-Prakriti anzunehmen. Die ihm gemäße Offenbarung ist supramentaler Natur.[74]

In den Osloer Vorträgen über *Die Mission einzelner Volksseelen* befasst Rudolf Steiner sich mit charakteristischen Unterschieden hinsichtlich der Art und Weise, wie in den verschiedenen Kulturen der nachatlantischen Zeit die

Menschen zum Erwachen der eigenen Ichheit fanden. Während in jüngeren Zeiten etwa die europäischen Völker bereits bei vergleichsweise gering entwickelter Seelenkultur zur Erfahrung des eigenen Ich kamen, mit der stark Egolastigen Tendenz für persönliche Freiheiten nicht geringe eigene seelische Wildheit, Triebhaftigkeit und Begierdenhaftigkeit in Kauf zu nehmen, lag bei den früh-indischen Menschen etwas völlig anderes vor. Diese hatten eine intensive seelische Entwicklung hinter sich, hatten eine hohe seelische Kultur erreicht und geistige Fähigkeiten erlangt, die im Vergleich mit denen der Europäer „viel reicher" waren, so Rudolf Steiner, schon bevor sie zu ihrer Ichheit erwachten, und sie entwickelten dabei die Tendenz das Ich hingebungsvoll der geistigen Welt zuzuwenden, es zu ihr hin zu öffnen. An der inneren Ausgestaltung ihrer gehobenen seelischen Kultur waren zu der Zeit, da sie zum Ich erwachten, nicht – wie bei den nord-, mittel- und westeuropäischen Völkern – hierarchische Wesenheiten der Engel- und Erzengelstufe beteiligt, sondern solche auf ungleich höherer Stufe, nämlich die besagten Dynameis und Kyriotetes. Die Wesenheiten von niedrigerem hierarchischem Rang hatten in noch früheren Entwicklungsphasen auf sie eingewirkt, darüber waren die früh-indischen Menschen zur Zeit ihres Ich-Erwachens demnach bereits seit Langem hinausgewachsen. In dem folgenden Wortlaut aus den in Rede stehenden Vorträgen Rudolf Steiners, der diese Verhältnisse beleuchtet, soll sich nun der Anschluss an die Frage nach Vak, die Rede des Höchsten, um die es hier geht, wieder herstellen:

> So sahen sie [die früh-indischen Menschen] auf zu dem, was sie später nannten die Summe aller Geister der Bewegung und aller Geister der Weisheit; zu dem, was man später mit den griechischen Ausdrücken Dynameis und Kyriotetes bezeichnete. Zu diesen sahen sie auf und sagten zu ihnen: Mula-Prakriti, das ist die Summe der Geister der Bewegung, und Maha-Purusha, die gesamte Summe der Geister der Weisheit, was wie in einer geistigen Einheit lebt.[75]

Geht man davon aus, dass Sri Aurobindo und Rudolf Steiner die eine Wirklichkeit des Geistes – wenn auch unter verschiedenen Blickwinkeln – erforschten, und nimmt man ferner ihre Ergebnisse als Schritte auf dem langen menschheitlichen Weg zu einer immer umfassenderen Erkenntnis ernst, so ist dieses Ereignis, wie beide sich in der Rede von Purusha und Mula-Prakriti treffen, von erheblicher Tragweite. Denn in Zusammenschau und Konsequenz zeigt sich, wie tiefgründig dem Ausgeführten zufolge das göttlichmenschliche Geheimnis der Sprache, des Wortes, und das Geheimnis der wahren Ichheit des Menschen aufeinander verwiesen sind. Gerade die Ausbildung der Sprache und des Denkens bei den Rishis ist als eins mit ihrem Erwachen zur wahren Ichheit anzusehen – alles spricht dafür. Um diese Denkmöglichkeit besser einordnen zu können, sei daran erinnert, dass es nach Rudolf Steiner zu den wichtigsten Aufgaben der Rishis gehörte – wegweisend für alle Träger der früh-indischen Bewusstseinsentwicklung –, die Wege der menschlichen Sprache und dann auch des menschlichen Denkens zu bahnen. Der wechselseitige Wirkprozess des vedischen Wortes, in dem sich göttliche Sprache und menschliche Sprache durchdringen, muss mit der Erfüllung jener Aufgaben verbunden sein. Beiderlei Verhältnisse wurden in dem vorigen Abschnitt ausführlich dargelegt.

Gerade, indem die Rishis und nachfolgend ihre Schüler ihren Geist zur Mula-Prakriti und zu dem Purusha erheben und aus der inneren Zwiesprache mit diesen, d. h. mit den Dynameis und Kyriotetes, aus der Sphäre der Vak das lebendige vedische Wort gewinnen und selbst wieder hervorbringen, in welchem Manas, das Denken, noch vollkommen enthalten ist, erwachen sie demnach zu ihrer eigenen wahren Ichheit. Das Ich des Rishis kommt zu sich selbst im Dialog mit seinem göttlichen Gegenüber. Und der Maha-Purusha findet so im Menschen denjenigen, der ihm im vedischen Wort als der *chaitya purusha* antwortet, als die individuelle Geistseele, die zu sich erwacht, während die Natur der Vak, die Natur des Wortes, in der Geistseele selbst zur individuellen Wirklichkeit wird. Dasjenige, was Vak in den universellen Ordnungen des Seienden ausmacht, wird sich in diesem Sinne – im Kleinen – auch in der menschlichen Sprache wiederfinden.

Ein Beispiel aus dem Fundus menschlichen Sprechens soll die Entsprechung zwischen menschlicher Sprache und der Sprache des Höchsten veranschaulichen. Die oben erwähnten „sieben Flüsse" des Veda, die als die „sieben Worte der Vak" zu verstehen sind und, so Sri Aurobindo, „in der unbehinderten und uferlosen Unermesslichkeit" ebenso fließen wie hier auf Erden, sie begegnen durchaus auch am Ende des langen Entwicklungsweges von der göttlichen zur menschlichen Sprache. Ist doch das Strömende, Fließende im menschlichen Sprechen in den selbstlautenden Vokalen gegeben. Sie gehen in einem Fließen aus dem inneren Wesen des Sprechenden, aus seiner Ich-förmigen Geistseele hervor und offenbaren – im Ergreifen des Ausatmungsstroms – dieses Innere nach außen. Rudolf Steiner stellt in seinem dauernden Ringen um die lebendige, schöpferische Sprache den siebenfachen kosmischen Bezug der Vokale heraus und spricht von deren Entsprechungen in den sieben sichtbaren Planeten. Für Sonne und Mond, traditionell zu den Planeten zählend, stehen dabei die Diphthonge „Au" und „Ei". Mit einfachen, treffenden Worten heißt es einmal, es werde „[...] bei den Vokalen das Innere nach außen strömen gelassen".[76] [77] [78]

Dies bedeutet aber nichts anderes, als dass das Prinzip, das sich durch Ausströmen aus seinem Inneren nach außen hin sprachlich offenbaren kann – wie Purusha es durch die Vak vermag –, auch im Menschen vorhanden ist und sich durch ihn gleichfalls offenbaren kann: eben als der *chaitya purusha*. Es ließe sich einwenden, die Siebenheit der Vokale finde sich doch nicht eigentlich im Sanskrit. Dessen Alphabet weist auch tatsächlich dreizehn Vokale auf. – Geht man darauf näher ein, so zeigt sich allerdings, dass im Sanskrit außer den frei fließenden sieben langen Vokalen und Diphthongen „A" – „I" – „U" – „E" –„Ai" – „O" – „Au" sechs weitere Laute als Vokale mitgezählt werden: jeweils das kurze „A" – „I" – „U" sowie drei so genannte „konsonantische Vokale": das kurze und das lange stimmhafte „R" sowie das kurze stimmhafte „L".[79] – All dies kann verdeutlichen, wie just die Sprache dasjenige ist, worin die Offenbarungen des inneren Wesens – einmal des Höchsten und einmal des Menschen – gleichsinnig zum Ausdruck kommen. Durch das wechselseitig gesprochene und vernommene Wort kann die wahre Ichheit des Menschen ihre innere Verwandtschaft mit dem Höchsten erahnen.

Das vedische Bild der „sieben Flüsse" sollte nicht dazu verleiten, das Wort bzw. die Sprache des Menschen im Sinne der Rishis als von „wässriger" Art zu deuten. Die wirkende Kraft – zumal im Menschen –, die das Wort zum Ausdruck bringt, ist vielmehr eine feurige. Agni, der Herr des Feuers, eine Gottheit, der ungefähr zweihundert Hymnen des *Rig Veda* gewidmet sind, ist derjenige, dessen Energie das gesprochene Wort befeuert und gestaltet. Sri Aurobindo spricht in seiner umfangreichen Einführung in die *Kena Upanishad* davon, dass das Wort im Menschen „geformt [wird] durch Agni, die verborgene Willenskraft und feurige, gestaltende Energie, wie im [manasischen] Bewusstsein so auch im Körper".[80] David Frawley wiederum, der dem Integralen Yoga Sri Aurobindos nahe steht, charakterisiert den Zusammenhang zwischen Agni, dem kosmisch-göttlichen Feuer, der Sprache und dem Jivatman, d. i. dem inneren Wesen des Menschen, mit den Worten:

[...] Agni erscheint in drei hauptsächlichen innerlichen (*adhyatma*) Formen: als Sprache (*vak*), *prana* und Intelligenz (*buddhi*), die die vorherrschenden Kräfte in den drei Aspekten unseres Wesens darstellen – Körper, Leben und [manasischer] Geist. Sie sind die drei Lichter unserer inneren Natur und die drei Manifestationen der Seele oder des Jivatman, dem Bewusstsein oder Licht-Prinzip in uns.[81]

Es soll im nächsten Abschnitt von der Sicht auf die vedische Welt die Wende hin zur Sicht auf den mediterran-europäischen Raum erfolgen, der vor etwa zweieinhalb Jahrtausenden durch die Idee des Logos geistig eröffnet wurde. Während die Frage nach dem inneren Wesen – insbesondere des Menschen, Feuer- oder Wärme-verwandt – dann auch im anschließenden Kapitel wieder aufgegriffen wird, mögen den aufgeschlagenen Abschnitt über „Vak – das Wort des Höchsten" Darlegungen Sri Aurobindos aus der erwähnten Einführung in die *Kena Upanishad* abrunden. Darin untersucht der indische Geisteslehrer, wie der Mensch fortwährend – zunächst jedoch in aller Regel unbewusst – das schöpferische Wort erzeugt, indem sich in ihm Gedankenschwingungen in emotionale und vitale Schwingungen umsetzen und schließlich in physische. So rufe der Mensch, heißt es, immerzu Bewegungen und Formen hervor und ist er in seiner natürlichen Umgebung unablässig hervorbringend tätig. Diese schöpferische Wirksamkeit durch das Wort bleibt jedoch, wie angedeutet, dem Ungeschulten von der Tragweite her zumeist unbewusst. Vedische Mantrik hingegen, so Sri Aurobindo, beruhe auf dem gänzlich bewusst gepflegten Umgang mit jener sonst geheimen Macht der Sprache. In dieser Praxis wird die formschaffende und formverändernde Wirksamkeit der Klänge und Laute, aufsteigend in die mentalen und supramentalen Welten, bis hin zu der „eigentlichen Wurzel der Dinge und Wesen" verfolgt und zur Anwendung gebracht – gemäß den vier Stufen des Wortes bzw. den vier Stufen des *pranava*, OM, von denen weiter oben die Rede war.

Bisweilen wird die Meinung geäußert, Indien kenne zwar die Schöpfung aus dem Klang, jedoch nicht jene aus dem Wort. Sri Aurobindos Analyse führt ihn zu einem anderen Ergebnis. Ihm ergibt sich, wie einst dem vedischen Seherdichter, dass auf den höchsten Planen die Vibrationen des Klanges und des Lautes immerzu erfüllt und durchdrungen sind von der unmittelbaren, wissenden Erfahrung der supramentalen Wahrheitsnatur, die den Dingen und Wesen zugrunde liegt, und er gewahrt, dass jene Schwingungen immerzu die Wahrheit des Seins zum Ausdruck bringen. Damit fallen für Sri Aurobindo insbesondere Schöpfung durch ätherische Klangschwingungen und Schöpfung durch das Wort bzw. durch den Logos – als die „zwei logischen Pole derselben Idee" – in eins zusammen. Er schreibt:

Beide [Sichtweisen] gehören derselben uralten vedischen Ordnung an. – Dies also ist das höchste Wort, die eigentliche Sprache unseres Sprechens. Es ist die Urschwingung des reinen Seins, erfüllt vom wahrnehmenden und schöpferischen, alles vermögenden Bewusstsein, gebildet durch den Geist hinter dem [manasischen] Geist als das unabdingbare Wort der höchsten Wahrheit der Dinge und Wesen. Durch seine schöpferische Kraft emergieren – aus welcher Substanz und von welchem der Plane aus auch immer – Form, Gestalt und physische Erscheinung. Das Supramentale, das durch das Wort wirkt, ist der schöpferische Logos.[82] [83]

Der Logos

Im östlichen Mittelmeerraum trat der Logos zuerst in der hellenischen Philosophie ins menschliche Bewusstsein ein – bei Heraklit und in der Stoa – und bereitete von hier aus, während eines halben Jahrtausends, den Boden für das christliche Verständnis des Sohnes Gottes als des Logos, der in dem Christus Jesus Mensch wurde. Rudolf Steiner berichtet aus frühen christlichen Mysterienschulen, dass in ihnen die Pflege menschlichen Sprechens dazu diente, den Schülern das Wirken des göttlichen Logos zu veranschaulichen. Wie allem Schaffen innerhalb von Zeit und Raum stets das göttliche Wort vorausgehe, so sollten die Schüler gewahr sein, dass sie sich umgekehrt auch alles aufgelöst denken könnten „in Tonschwingungen des göttlichen Weltenwortes". Und dann heißt es – aus der Sicht eines solchen frühchristlichen Schülers:

[Da] unterschied er in gewisser Beziehung den „Vater im Verborgenen", der noch nicht sich geäußert hat, das „Wort" oder den „Sohn", das durch den Raum tönt, und dann das fest gewordene Wort, die „Offenbarung". So verstehen Sie in einem tieferen Sinne den Anfang des Johannes-Evangeliums: „Im Urbeginne war das Wort, und das Wort war bei Gott, und ein Gott war das Wort. Dieses war im Urbeginne bei Gott. Alles ist durch dasselbe geworden, und außer durch dieses ist nichts von dem Entstandenen geworden." Alles, was entstanden ist, ist aus dem Wort entstanden. Wir müssen die Sachen möglichst wörtlich nehmen, dann erkennen wir auch leicht das Schöpferische des Wortes oder Logos. Im christlichen Sinne ist das, was an zweiter Stelle steht, das Wort, oder der Logos. Es darf „Logos" nicht anders übersetzt werden als mit „Wort"; denn es ist so gemeint, dass allem, was draußen an Schöpfung da ist, das ungesprochene schöpferische Wort zugrunde liegt, dass es hinaustönte als Wort, und dass darin der Ursprung alles Seienden liegt.[84]

Der großen Linie folgend sei nun der Weg nachgezeichnet, der zu diesem christlichen Logos-Verständnis hinführte. – Der Ursprung der abendländischen Rede vom Logos, bei Heraklit, liegt im Umfeld der ionischen Artemis-Mysterien von Ephesos – nahe der Westküste Kleinasiens.[85] Während der Lebenszeit des Heraklit (etwa 535-475 v. Chr.) erlebte Ephesos eine Blüte, die sich vor allem in den Bauarbeiten an dem mächtigen Artemis-Tempel ausdrückte. Dieser zählte nach Vollendung zu den sieben Weltwundern der Antike. Derselbe Tempel wurde jedoch im Jahr 356 v. Chr. durch Brandstiftung vernichtet, der Überlieferung zufolge in der Nacht, als hüben in Makedonien Alexander der Große geboren wurde. Von Heraklit, keineswegs einem Freund des einfachen Volkes, wird berichtet, er habe zumeist innerhalb der Umfriedung des heiligen Hains des Artemisions gelebt. Sein Hauptwerk, später mit *Peri Physeos*, d. i. *Über die Natur*, betitelt, soll er nach dessen Fertigstellung auf dem Altar des Tempels niedergelegt haben – der Göttin dargebracht. Von dieser Schrift sind allerdings nur Fragmente erhalten, zum Teil aus späteren Autoren rekonstruiert. – Die Göttin Artemis, Tochter des Zeus und Schwester Apollons, wurde als durchaus lunare Gottheit gerade in Kleinasien nach dem Vorbild der „Großen Mutter" verehrt. Neben ihrer Eigenschaft als Göttin der Jagd – bei den Römern hieß sie Diana – stand sie für Fruchtbarkeit und glückliche Geburt, für alles Sprießen und Sprossen, alles Wachsen und Gedeihen; zusammenfassend kann man sagen: für alles lebendig-schöpferische Hervorbringen.[86]

Heraklit sieht in dem „immer lebenden Feuer" – sowohl der Welt als auch der Seele – diejenige Urqualität, aus der alle Erscheinungen gebildet werden und in die sie – ewig wechselnd – je und je auch wieder zurückkehren. Dabei nimmt die Bildung für ihn den Weg durch die Luft und das Meer – hin zum Irdischen.[87] Der Logos bedient sich aber zu seiner Verwirklichung in Kosmos und Mensch insbesondere der Kräfte der Wärme oder des Feuers. „Durch die kosmische Substanz des Feuers hindurch, das in seiner reinsten Form auch als Äther (*aither*) bezeichnet wird, offenbart sich der Logos in der Welt",[88] so Karl-Martin Dietz. Entsprechend heißt es bei dem Epheser zum einen, gleich eingangs, dass dieser Logos „ewig ist" und dass „alles gemäß diesem Logos entstanden ist".[89] Dann aber:

> Den Kosmos, denselben für alle, hat weder einer der Götter gemacht noch einer der Menschen, sondern er war immer, ist und wird sein ewig lebendes Feuer, sich entzündend nach Maßen und erlöschend nach Maßen...[90]

Und, indem der Blitz als konzentrierte Feuerkraft aufgefasst wird:

Alle Dinge steuert der Blitz.[91]

Die ihm innewohnende Beziehung des kosmischen Feuers zum Logos und – fortgesetzt – zur menschlichen Seele leuchtet auf in den folgenden Fragmenten:

Das Feuer ist vernunftbegabt.[92]

Und – wie der Blitz dem Feuer entspricht, so entspricht dem Feuer, welchem Geist und Einsicht eignet, der „trockene Strahl des Lichts": neuerliche Konzentrierung und ins Innere zielende Steigerung des Feuers – die Seele. Heraklit:

Eine trockene Seele ist die weiseste und beste. Die beste und weiseste Seele ist ein trockener Strahl des Lichts.[93]

Das „ewig lebende Feuer" des Ephesers steht zwischen „Sattheit" und „Darben".[94] Darin treten einem die zwei Seiten des Feuers, der Wärme sowie des Wärme-Äthers entgegen, die auch mit dem Doppelaspekt des Zeitlichen verwandt sind. Das Feuer, das das Gewordene im Brand vernichtet, bringt aus der Vergangenheit Herkommendes zu seinem Ende; im Feuer als Leben spendender Wärme, als Brutwärme usw. nimmt wiederum ein auf die Zukunft zielendes Werden seinen Anfang. Diesem folgt die „Sattheit", jenem das „Darben". Die Feuernatur der Geistseele aber, die immer mehr zu ihrer wahren Ichheit erwacht, lebt sich – über den aufgezeigten Doppelaspekt hinaus – darin aus, dass sie in sich zwischen Vergangenheit und Zukunft in geistesgegenwärtiger Balance die Vertikale ihres Ewigkeitsbezuges aufrichtet. „Blitz" und „Strahl des Lichts" bezeichnen wohl solche höhere Feuer-Qualität der Seele.

Auch, wenn Heraklit ein vergleichsweise elitäres Ethos vertritt, ist für ihn die Teilhabe des Einzelnen an dem Logos der Welt doch etwas, das alle Menschen auszeichnet und untereinander verbindet. Diesem Gemeinsamen müsse man folgen. Allerdings könnten viele dies Verbindende nicht sehen, deshalb heißt es:

Während doch der Logos gemeinsam ist, leben die Vielen, als hätten sie einen Privatverstand.[95]

Gleichwohl gilt:

> Der Seele Grenzen wirst du nie ausfindig machen, selbst wenn du jeden Weg abschrittest. So tiefen Logos hat sie.[96]

Karl-Martin Dietz hat den Zusammenhang zwischen dem Logos, dem kosmischen und individuellen Feuer und der Einzelseele, wie man ihn im Sinne Heraklits verstehen kann, nach eingehender Analyse so gefasst, dass er drei Aspekte des Logos herausstellt: das Gemeinsame, das Ewige und das Eine. Als das Gemeinsame steht der Logos dem Vereinzeltsein der Seele entgegen und drückt sich im Denken und Erkennen des Einzelnen – letztlich aber als der Weltgeist – aus. Als das Ewige steht der Logos im Gegensatz zum Vergänglichen und stellt sich im Feuer als die – ständigen Wechsel zeitigende – Weltsubstanz dar. Als das Eine repräsentiert er schließlich Gott als die Weltwesenheit.[97]

Rudolf Steiner scheint die aktuelle und auf die Zukunft zielende Bedeutung Heraklits im Auge zu haben, wenn er dessen Sicht so zusammenfasst:

> Und die Kraft, die im Feuer auf physische Art tätig ist, lebt auf höherer Stufe in der Menschenseele, die in ihren Schmelztiegeln die sinnenfällige Erkenntnis zerschmilzt und aus ihr das Anschauen des Ewigen hervorgehen lässt.[98]

Und wenn er die Frage nach der gemischten menschlichen Existenz zwischen Zeit und Ewigkeit noch vertieft:

> [Der Mensch] ist durch das Ewige etwas ganz Bestimmtes geworden; und er soll aus diesem Bestimmten heraus ein Höheres schaffen. Er ist abhängig und unabhängig. An dem ewigen Geiste, den er schaut, kann er doch nur teilnehmen nach Maßgabe der Mischung, die der ewige Geist in ihm gewirkt hat. Und gerade deshalb ist er berufen, aus dem Zeitlichen das Ewige zu gestalten.[99]

Die Entfaltung der Logos-Idee im Abendland kann auf eine großartige, zweieinhalb Jahrtausende überspannende Geschichte zurückblicken. Wilhelm Kelber hat sie in seinem Buch über *Die Logoslehre* – für die Zeit von Heraklit bis Origenes – mit bleibender Gültigkeit zusammengefasst, eine ertragreiche Arbeit, an der man kaum vorbeikommt, wenn es einem um die geistesgeschichtliche Einbettung des möglichen Verstehens dessen zu tun ist, was Menschwerdung des Logos heißt. Kelbers Buch ist für die vorliegende Schrift insbesondere deswegen eine vorzügliche Ergänzung, weil darin in behutsamer Art die vielfältigen inneren Bezüge der Logos-Idee zur Anthroposophie herausgestellt werden. – Für den Zweck dieser Arbeit *Veda und lebendiger Logos* sollen nunmehr in knappen Zügen drei Werdestufen der Logos-Idee, im Anschluss an Heraklit, angedeutet werden: die Stoa, der Logos bei Philon von Alexandrien und schließlich der Logos im *Johannes-Evangelium*.

In der philosophischen Schule der Stoa, die zurückgeht auf Zenon von Kition (ca. 333-264 v. Chr.), steht das Motiv im Mittelpunkt, ein tugendhaftes Leben zu führen, Denken und Lebensführung nicht durch Emotionen und Affekte irritieren zu lassen, sondern seinem Schicksal stets in möglichst souveräner Gelassenheit, stoisch also, zu begegnen. Durch die *apatheia*, die Abwesenheit von Affekten, wird der Schüler Weisheit entwickeln. – Die Logos-Idee Heraklits wurde in der Stoa bedeutend aufgegriffen und weiter entwickelt. Dabei wurde der Logos fortgesetzt als kosmisch, durch das Urfeuer wirksam angesehen. Eine wichtige neue Stufe des Verständnisses liegt vor in der stoischen Konzeption der vielen *logoi spermatikoi*, der „als Samen wirksamen" Wörter. Der eine, ewige Logos, der durch das Urfeuer den ganzen Kosmos ausspricht und trägt, differenziert sich in die vielen unterschiedlichen *logoi*, die vielen verschiedenen einzelnen Bildegesten und Wirkformen des Logos, als dessen distinkte Laute oder Silben gleichsam. Die einzelnen *logoi* sind demnach die lebendigen Bildeprinzipien, die hinter den einzelnen Wesen und Dingen in der geschaffenen Welt stehen. Der Kirchenvater Eusebius von Caesarea blickte auf die stoische Lehre vom Feuer und von den *logoi spermatikoi* zurück und schrieb:

> Das erste ist das Feuer, das gleichsam als Samen des Alls die Logoi enthält, die Ursachen von allem, was entstanden ist, was entsteht und was sein wird.[100]

Wilhelm Kelber hält die Bildung des Begriffs der *logoi spermatikoi* für ein womöglich „überhaupt einzigartiges Ereignis in der Geschichte der menschlichen Ideen". Diese Meinung beruht jedoch vermutlich auf einer gewissen Unvertrautheit Kelbers mit den Zeugnissen der indischen Spiritualität. Verwiesen sei hier nur auf das, was im vorigen Abschnitt über die „sieben Flüsse" der göttlichen Aditi als die „sieben Worte der Vak" gesagt wurde – in Analogie zu den sieben Vokalen der menschlichen Sprache. Diese uralte vedische Sicht wurde im kashmirischen Tantrismus zu dem Konzept der *bija mantras*, weiterentwickelt, der Keimsilben, die insbesondere auf der Samenkraft der Vokale beruhen. Der oben behandelte *pranava* OM – A·U·M – ist für jene Tantriker das erste all dieser *bija mantras*.[101] Wenn man von den vedischen Wurzeln des authentischen Tantra ausgeht, ist damit auf eine Frühzeit der Lehre von der heiligen Macht des Wortes hingewiesen, die der mediterranen Ausbildung der Logos-Idee seit dem 6./5. Jahrhundert v. Chr. weit vorausgeht.

Der andere Hinweis Wilhelm Kelbers jedoch ist festzuhalten, dass auffälliger Weise die wichtigsten Vertreter der Stoa nicht dem griechisch-europäischen Festland entstammen sondern – wie schon Heraklit von Ephesos – Kleinasien oder den östlichen Inseln des Mittelmeeres. Er sieht darin sich ausdrücken, dass in der Logos-Idee – gegenüber den Philosophien des Dreigestirns Sokrates, Platon, Aristoteles – etwas lebt, was er als eine letzte Gabe Asiens an das europäische Geistesleben bezeichnet.

Philon von Alexandria (ca. 20 v. Chr. - 50 n. Chr.), der sich selbst wie die Stoiker als in der Tradition Heraklits stehend begriff, war jüdischer Herkunft und dabei ganz dem antiken Hellenismus verbunden. Seine in griechischer Sprache verfassten Werke sind vor allem philosophisch gehaltene Auslegungen der jüdischen Thora. Philon steht exemplarisch für die zu seiner Zeit immer mehr erstarkende Synthese von Judentum und griechischer Kultur. – Für Philon befinden sich der transzendente Gott, der Gott des *Pentateuchs* oder der *Fünf Bücher Mose*, und die Welt der Materie in scharfem Gegensatz zueinander.[102] Der notwendige Vermittler ist ihm der Logos, das Wort, durch das Gott die Welt erschuf. Der schöpferische Logos, *logos poietikos*, fasst in sich seinerseits unzählige Dynameis, wesenhafte Kräfte, zusammen, die als Eigenschaften Gottes, als seine Gedanken wie auch als seine vollbringenden Diener zu verstehen sind. Dazu gehören Engel und Dämonen gleichermaßen. Bei der Schöpfung vergegenwärtigen sie die Strukturformeln, dank welcher aus dem Chaos der Materie der Kosmos der Schöpfung hervorgehen kann. Diese Dynameis sind durchaus den *logoi spermatikoi* der Stoa vergleichbar. Philon spricht den Logos als den „zweiten Gott" an bzw. als den *hyios theou*, als den „Sohn Gottes" – wesend in einer Art Schwebe zwischen göttlich personhafter und unpersönlich kosmischer Existenz. Er ist für den Alexandriner in Gottes gesamter Schöpfung Fleisch geworden. Die sinnliche, fleischliche Existenz ist für Philo allerdings eine sündige. Denn ist auch der Mensch Träger eines Logos, dessen Urbild der göttliche Logos ist, so ist für diesen abbildlichen Logos die irdisch-materielle Existenz doch zunächst verderblich – oder: ist „das Fleisch das Grab der Seele". Die Erlösung aus diesem Zustand sieht Philon darin, dass die Seele sich in der Ekstase von ihrer Leiblichkeit frei macht und, vermittelt durch den Logos als die ewige Weisheit, mit Gott eins wird. – Ein Aspekt der philonischen Logoslehre sei hier schließlich hervorgehoben, der für das Verständnis des schöpferischen Wortes insgesamt bedeutsam ist. Philon unterscheidet im

Logos, ganz im Sinne der Bedeutung von „Logos" als das Wort, zwei Seiten: das geistige und das vorgebrachte Wort. Letzteres gehört der Sinnlichkeit an, weil es gesprochen und gehört werden kann; ersteres bleibt latent – es hält sich in sich selbst, gleichsam in den Ideen Gottes, zurück.[103] Der Logos bei Philon verbindet in diesen beiden Aspekten die göttlich-geistige und die materielle Welt.

Wie es aussieht, nahm Philon trotz seiner Zeitgenossenschaft mit dem Christus Jesus, der in Palästina – in nicht allzu großer Distanz zu Alexandria – lehrte, heilte, den Kreuzestod erlitt und auferstand, keinerlei Notiz von demjenigen, welchen seine Jünger und Apostel bald hernach als das Mensch gewordene Wort Gottes, als Gottes eingeborenen Sohn, verkünden sollten. Gleichwohl diente das Werk Philons in den ersten Jahrhunderten der christlichen Zeitrechnung einer Reihe von Kirchenvätern – gerade mit dessen am Logos ausgerichteter Begrifflichkeit – als eine erstrangige Orientierungshilfe. Was später vereinzelt die Frage hervorrief, ob nicht das Logos-Christentum etwa eines Clemens von Alexandrien oder eines Origenes in Wahrheit die – außerchristliche – Schöpfung Philons wäre.

Johannes und der Prolog

Die alte christliche Überlieferung, nach welcher der Apostel Johannes auch der Evangelist ist und derselbe Jünger, von dem es im *Johannes-Evangelium* heißt, er sei jener, „den Jesus lieb hatte", (Joh 13,23)[104] blieb in der späteren Theologie nicht unwidersprochen. Und die Sache gilt in der Schulwissenschaft – bei überwiegender Skepsis – als bis heute nicht endgültig entschieden. Doch hat Rudolf Steiner sie aus der geistigen Forschung heraus erneut bestätigt. Der Begründer der Anthroposophie geht in der Frage nach Johannes indessen noch einen Schritt weiter, indem er den Jünger, „den Jesus lieb hatte", mit Lazarus identifiziert, der gemeinsam mit seinen Schwestern Martha und Maria von Magdala einen Haushalt in Betanien führte, nahe Jerusalem, von dem aus die Fußreisen des Christus Jesus und seiner Jünger versorgt und unterstützt wurden. So heißt es etwa auch über diesen Lazarus, der Herr habe ihn lieb gehabt (vgl. Joh 11,3 u. 11,36). Nach einer Krankheit, an der er starb, kam es zu einer einzigartigen Einweihung, die der Christus Jesus an Lazarus vollzog, als er ihn – gemäß dem Evangelium – von den Toten wieder auferweckte (Joh 11,1-46). Durch diese Erweckung – es war eine Initiation – wurde Lazarus zu dem Johannes. Rudolf Steiner stellt den Logos-Bezug dieser Auferweckung heraus, indem er fragt, wer denn dieser Christus ist, der sie bewirkte; warum von der Krankheit gesagt wurde, sie sei „nicht zum Tode, sondern zur Ehre Gottes" (Joh 11,4); was das Christus-Wort bedeute: „Ich bin die Auferstehung und das Leben" (Joh 11,25); und indem er fragt, was dabei überhaupt mit Lazarus geschah. Und Rudolf Steiner kommt zu dieser Antwort:

> [Jesus] ist das „Wort, das Fleisch geworden ist". Er ist das Ewige, das im Urbeginne war. Ist er wirklich die Auferstehung: dann ist das „Ewige, Anfängliche" in Lazarus auferstanden. Man hat es also mit einer Auferweckung des ewigen „Wortes" zu tun. Und dieses „Wort" ist das Leben, zu dem Lazarus auferweckt worden ist. Man hat es mit einer „Krankheit" zu tun. Aber mit einer Krankheit, die nicht zum Tode führt, sondern die zur „Ehre Gottes", das ist, zur Offenbarung Gottes dient. Ist in Lazarus das „ewige Wort" auferstanden, dann dient wirklich der ganze Vorgang dazu, den Gott in Lazarus erscheinen zu lassen. Denn Lazarus ist durch den ganzen Vorgang ein anderer geworden. Vorher lebte nicht das „Wort", der Geist, in ihm; jetzt lebt dieser Geist in ihm. Dieser Geist ist in ihm geboren worden.[105] [106]

Der in dieser Weise von dem göttlichen Logos durchdrungene Johannes ist denn auch derselbe, der sich beim letzten Abendmahl an die Brust des Meisters lehnte (vgl. Joh 13,25) und der auf dem Hügel Golgatha gemeinsam mit der Mutter Jesu, einer anderen Maria sowie Maria von Magdala, seiner Schwester, unter dem Kreuz stand. Dies war, als der Gekreuzigte kurz vor seinem Hingang zu seiner Mutter sprach, indem er auf Johannes deutete: „Frau, siehe, das ist dein Sohn!" (Joh 19,26), und darauf zu Johannes: „Siehe, das ist deine Mutter!" – Worte, an die es gleich im Anschluss heißt: „Und von der Stunde an nahm sie der Jünger zu sich." (Joh 19,27)

Johannes, der Jünger, den Jesus lieb hatte, hat sich schließlich in den letzten Versen des *Johannes-Evangeliums* auch selbst als denjenigen zu erkennen gegeben, „der dies alles bezeugt und aufgeschrieben hat" (Joh 21,24).

Aus frühesten Dokumenten zur Geschichte der christlichen Kirche geht hervor, dass Johannes dem Auftrag des Meisters bis zuletzt treu blieb und die Mutter Jesu bis zu ihrem Tode bei sich – in Ephesos – beherbergte. Der Paulus-Schüler Dionysius Areopagita hinterlegte Andeutungen, dass er selbst Maria, der Mutter des Auferstandenen, in Ephesos begegnet war.[107] Von Ephesos war Johannes nach Patmos verbannt worden, wo er die *Geheime Offenbarung* empfing, hierher war er auch wieder zurückgekehrt, hier schrieb Johannes sein Evangelium nieder. Und hier, so Eusebius von Caesarea (etwa 260-340 n. Chr.), starb er.[108] – Schon in den ersten Jahrhunderten des Christentums vermutete man, dass Johannes einen Teil seines Zeugnisses zwar – auch die *Johannes-Briefe* des *Neuen Testaments* gehören dazu – in seinen Schriften niedergelegt hatte, dass er aber vieles von dem, was seine tiefere Berührung mit dem Meister betraf, sein Einweihungswissen, nur mündlich und nur an Wenige weitergab. Zu denjenigen, die sich auf eine solche eher esoterische Überlieferung nach Johannes beriefen, zählte u. a. Clemens von Alexandria (etwa 150-215 n. Chr.), der große christliche Lehrer des göttlichen Logos, der in dem Christus Jesus Mensch geworden war.[109] Clemens charakterisierte diese sich herausbildende johanneische Logos-Tradition in Anlehnung an das Gleichnis vom Sämann (vgl. Mt 13,3-23) und unter Hinweis auf die lebendige Samen- und Keimkraft des Wortes:

> Denn wenn sich bei der Aussaat des Wortes eine Seele mit einer anderen Seele und ein Geist mit einem anderen Geist verbindet, so bringen sie, meine ich, den ausgestreuten Samen zum Wachstum und lassen ihn lebendig werden.[110]

Hier folgen nun die zeitlosen Worte der ersten Verse des Prologs des *Johannes-Evangeliums*:

> Im Anfang war das Wort und das Wort war bei Gott und Gott war das Wort.
> Dieses war im Anfang bei Gott.
> Alles ist durch es geworden und ohne es ist nichts geworden.
> Was geworden ist – in ihm war das Leben und das Leben war das Licht der Menschen.
> Und das Licht scheint in der Finsternis und die Finsternis hat es nicht ergriffen. (Joh 1,1-5)[111]

Wegen der Höhe seiner Schau wurde Johannes unter den vier Evangelisten mit dem Adler verglichen. Johannes Scotus Eriugena (etwa 815-877), ein späterer Träger des Logos-Mysteriums, hörte den Ruf des johanneischen Adlers und übersetzte ihn in die Worte: „Johannes, der gesegnete Theologe, fliegt [als der geistige Adler] nicht nur jenseits dessen, was gedacht und gesagt werden kann. Erhöht im unsagbaren Flug seines Geistes, jenseits der Dinge und Wesen, dringt er ein in das letzte Arkanum des einen Prinzips alles Seienden."[112]

Johannes verbindet diese Höhe jedoch auch mit der tiefsten Innerlichkeit. Seine einzigartige geistige Nähe zu dem Mensch gewordenen Logos kommt besonders darin zum Ausdruck, dass er in seinem Hinsehen auf den Christus Jesus die gewaltige kosmische Dimension und jene Innerlichkeit des Mysteriums des Wortes perspektivisch zu vereinigen weiß. Er vermag das Innerste dessen zu vernehmen – gleichsam, indem er an dessen Brust, an dessen Herzen lauscht –, der selbst das Wort ist, welches diesen ganzen Kosmos erschaffen hat. Und Johannes versteht, dass er, der Logos, die größte kosmische Weite und die intimste Innerlichkeit als das „ewige Leben" umfasst, dass er dieses verkörpert und allen, die ihn hören, volle Teilhabe daran geben will. So gibt Johannes in seinem Evangelium denn auch diejenigen Aussprüche wieder, „Worte des ewigen Lebens" (Joh 6,68), in denen der Christus Jesus seine göttliche Ichheit, das „Ich bin", und seine lebendige Verbundenheit mit der Welt der Menschen selbst offenbart: „Ich bin das Brot des Lebens." (Joh 6,35) – „Ich bin das Licht der Welt." (Joh 8,12) – „Ich bin die Tür." (Joh 10,9) – „Ich bin der gute Hirte." (Joh 10,11) – „Ich bin die Auferstehung und das Leben" (Joh 11,25) – „Ich bin der Weg, die Wahrheit und das Leben." (Joh 14,6) – „Ich bin der wahre Weinstock." (Joh 15,1)[113]

Hier zeigt sich erneut die Identität von Wort und wahrer Ichheit, die Wort-Natur des „Ich bin", die Ich-Natur des Logos. Und aus seiner Ich-Werdung wird auch der Mensch, der in diese Geheimnisse eintritt und Teilhabe an ihnen gewinnt, dem, der deren Quell und Ursprung ist, zuerst durch seine ihm selbst verliehene Wort-Natur antworten.[114]

Ephesisches Logos-Mysterium bei Rudolf Steiner und Sri Aurobindo

Wie in gewissen, bereits erwähnten, frühchristlichen Mysterienschulen das gesprochene Wort intensiv gepflegt und zu seinen Ursprüngen in dem göttlichen Logos zurückverfolgt wurde,[115] so bestand eine ähnliche Praxis, Rudolf Steiners Akasha-Forschungen zufolge, schon zu Zeiten der ephesischen Artemis-Mysterien. Hier ging es für die Schüler darum, eine kraftvolle Erfahrung der schöpferischen Potenz des Logos zu gewinnen. Sie sollten mikro- wie makrokosmisches Logoswirken insbesondere in derjenigen Sphäre erleben, welche der Leben und Fruchtbarkeit bringenden Artemis entsprach. Eine bedeutende Beobachtung am eigenen Vollzug des Sprechens ging von dem Atemluftstrom aus, der das Wort zum Ertönen bringt. Der Luftstrom ist, so das Erleben der Schüler, gleichsam das mittlere Element der Sprachbildung. Aus ihm steigt eine feurige Wärmebewegung in die Kopfregion auf, wo sie sich mit dem Gedanken verbindet, den das Wort ausdrücken soll. In die Sprachbildung wird – durch die Wärme – der Gedanke aufgenommen. Andererseits „träufelt", wie Rudolf Steiner sagt, in die Region von Zirkulation und Stoffwechsel „Wässriges" aus dem Luftstrom herab, einer Drüsenabsonderung vergleichbar.

Dadurch wird das Wort dem Menschen innerlich fühlbar. Das Wort träufelt als flüssiges Element nach unten.[116]

Der Gedanke von oben und von unten das Gefühl werden so mit dem Wort verbunden.[117] Wie sich hier mikrokosmisch die Wortbildung zwischen Luft, Feuer-Wärme und Flüssigem ereignet, so wirkt in entsprechender Art der Logos in makrokosmischem Zusammenhang. Dies erkundeten die artemisischen Logos-Schüler. Und Rudolf Steiner gibt die sehr geheimnisvollen Vorgänge, die sich ihnen so erschlossen, mit Blick auf das terrestrisch-planetarische Wirken des schöpferischen Logos wieder.

Es handelt sich dabei um Vorgänge zu einer Zeit der Erde, als ihre Flüssigkeitshülle noch hochgradig von „flüssigen Eiweißen" wie auch von fein gelösten Kalksubstanzen durchsetzt ist. Rudolf Steiner schildert, wie im Verdunsten, in dem Dunst, der aus dem Wässrigen in die Atmosphäre aufsteigt, teilweise die besagten Eiweißsubstanzen mit empor getragen werden und wie diese in den Höhen – aus dem Sternenall – kosmische Gestaltungskräfte in sich aufnehmen, durch welche sie in der Folge zu besonderen organischen Formen gerinnen. Es ist die Rede von der „Tierwerdung". In der Flüssigkeitsschicht durchdringen sich solche frühesten organischen Bildungen nun mit den im Wässrigen aufsteigenden Kalksubstanzen, welche in ihnen zur ersten Anlage späterer Skelettbildungen werden. – Infolge ihrer Übungen mit dem eigenen Wort-Sprechen wurden, so Rudolf Steiner weiter, jene ephesischen Schüler des ersten vorchristlichen Jahrtausends durch eine machtvolle Erweiterung ihrer Erinnerung – zu einer Art von planetarischen Erinnerung der ganzen Erde – aus ihrer begrenzten Leiblichkeit herausgeführt zu einem Erleben, das den gesamten Planeten umspannte. Und in diesem ekstatischen Zustand wurden ihnen die geschilderten Vorgänge der Tierwerdung zu etwas, das sie geistig hören konnten. Das, was die Schüler da hörten, war aber nichts anderes „als das Wort der Welt, als der Logos".[118]

Beide Vorgänge – mikrokosmisches Sprechen und makrokosmisches Logoswirken – entsprechen sich, indem sie sich im ersten Fall zwischen Luft, Feuer-Wärme und Flüssigem vollziehen, im zweiten Fall – in planetarischem Maßstab – zwischen Flüssigkeitssphäre, Atmosphäre und dem Festen – im Kalk. Es ist also der eine Vorgang gegen den anderen um eine Stufe in der Anordnung der Elemente versetzt. Ein ganz ähnliches, qualitativ verwandtes Wirken des planetarischen Logos deutet Rudolf Steiner übrigens auch für das Kieselelement und das Pflanzenwerden an. Mit Blick auf Johannes heißt es dann, dass die geistige Schau der von ihm geschilderten Tatsachen in die Abfassung des Prologs zu seinem Evangelium hineinspielte und dass er darin zugleich „auf dieses makrokosmische Mysterium, die Übersetzung in die Maya"[119] hindeuten wollte. Es hieße jedoch Rudolf Steiners Verständnis des *Johannes-Evangeliums* gründlich zu verfehlen, wenn man meinte, er wolle den Inhalt des Prologs auf die ephesischen Mysterien zurückführen, ohne die Einzigartigkeit des Christus-Ereignisses zu berücksichtigen. Nichts läge ihm ferner. Und doch sieht er die tiefen Verbindungen zwischen beiden geistigen Wirklichkeiten.

> Das ist die Realität vom Beginn des Johannes-Evangeliums. Denn wir sind da zunächst zu einem Urbeginne desjenigen, was jetzt überhaupt da ist, zurückgekehrt. In diesem Urbeginne, in diesem Prinzip, war das Wort. Und das Wort war bei Gott. Und ein Gott war das Wort. Denn es war das schöpferische Wesen in alledem. – Es ist wahrhaftig so, dass in dem, was da gerade den ephesischen Mysterienschülern gelehrt wurde von dem Urworte, dasjenige liegt, was dann zum Anfang des Johannes-Evangeliums geführt hat.[120]

Der Begründer der Anthroposophie macht dann die Logos-Mysterien erneut zu einem bedeutenden Thema, als er es in dem letzten Jahr seiner Vortragstätigkeit unternimmt, die angeschlagene ‚Anthroposophische Gesellschaft' neu zu begründen. Während der zu diesem Zweck ausgerichteten Dornacher ‚Weihnachtstagung 1923/24' spricht er in einer Reihe von Abendvorträgen über *Die Weltgeschichte in anthroposophischer Beleuchtung*. Darin werden verschiedene Mysterien behandelt, die auch schon in den Wochen und Monaten zuvor angesprochen wurden, darunter maßgeblich auch die artemisischen Mysterien von Ephesos. Den Hintergrund zu diesen Darlegungen Rudolf Steiners bildete insbesondere seine seit 1923 intensivierte spirituelle Begegnung und Zusammenarbeit mit seiner ärztlichen Weggefährtin, Ita Wegman (1876-1943).[121] Abermals wird die Praxis der geistigen Erfahrung des makrokosmischen Logos durch die menschliche, mikrokosmische Sprache behandelt. Diesmal legt Rudolf Steiner jedoch besonderen Wert auf die Tatsache, dass in Ephesos, gelegen auf dem kleinasiatischen Festland, die alte asiatische Mysterienweisheit ein letztes Mal aufscheint. Zumindest auf dem Weg der erweiterten Erinnerung kommen hier die Schüler noch einmal zu einem wesenhaften Erleben der gewaltigen göttlichen Kräfte, die den Makrokosmos durchwalten und gestalten. Westlich der Ägäis hingegen, in Griechenland, nimmt die Weisheit in allem die vergleichsweise kleinere, „menschliche" Gestalt an – in den olympischen Göttern, die die makrokosmische Dimension kaum mehr zu erkennen geben.

Charakteristisch ist die Beziehung zweier geschichtlicher Größen zu Ephesos, wie Rudolf Steiner sie in den genannten Vorträgen herausstellt. Es sind Aristoteles (384-322 v. Chr.) und sein königlicher Schüler Alexander (356-323 v. Chr.). Steiner spricht in den Vorträgen über eine Anzahl gemeinsamer Inkarnationen der beiden. Mit dem Artemis-Mysterium von Ephesos seien sie, so heißt es, durch ein früheres Leben zur Zeit Heraklits direkt verbunden. Schicksalhaft leuchtet diese Vergangenheit darin auf, dass in der Nacht von Alexanders Geburt in Makedonien, wie schon erwähnt, durch den Brandstifter Herostat der ephesische Artemis-Tempel zum Raub der Flammen wird. Hier ist zu unterstreichen, dass Rudolf Steiner – ähnlich schicksalhaft – diesen Tempelbrand in Analogie mit dem Brand des ersten Goetheanums in Dornach deutet, ein Jahr zuvor, mit der Zerstörung seines architektonischen Meisterwerkes, das auch „Johannes-Bau" und „Haus der Sprache" geheißen war.[122] Eindringlich schildert Rudolf Steiner, wie Alexander, dessen Geburt somit im Zeichen des Feuers stand, durch die Unterweisungen zu den vier Elementen und den vier Weltrichtungen, durch seinen Lehrer Aristoteles, den unbändig starken Impuls fasste, nach Südosten – nach Indien – vordringen zu müssen, in jene Weltgegend, die das Feuer beherrscht. Und wichtig zu erwähnen ist auch, dass Alexander auf seinem Zug, der manchem als ein Ausdruck von Größenwahn erscheinen mochte, in Ägypten Station machte und unweit des Nildeltas die hellenische Metropole Alexandria begründete, um dann erst vollends nach dem Südosten aufzubrechen. Und wirklich sollte er ja schließlich die Grenzgebiete Indiens erreichen, das Reich Agnis und Indras.

Seltsam kann es berühren, wenn man gewahr wird, wie Alexander offenkundig den Anschluss an das Feuer des Logos Heraklits in der Weltgegend des Feuers, in Indien, wiederherstellen wollte, dort, wo das Wissen um die feurige Natur des schöpferischen Wortes des Höchsten schon seit vielen Jahrtausenden zu Hause war. Es war ein Versuch. Und bemerkenswert auch, zu sehen, dass er durch die Gründung der Stadt Alexandria zumindest die Bedingungen dafür schuf, dass die ephesischen Logos-Mysterien in ihrer christlichen Metamorphose – wie eine Auferstehung derselben – etliche Jahrhunderte nach ihm eine neue Heimstatt finden konnten: im Alexandria eines Clemens und eines Origenes.

Die Sicht auf Heraklit und seine Logoslehre als später Abglanz uralter asiatischer Mysterien, wie von Rudolf Steiner vorgetragen, bestätigt auch Sri Aurobindo in klarer und eindrücklicher Weise. Seine unten folgenden Worte knüpfen an die zuletzt von ihm zitierten gewissermaßen an, in denen er den Logos als das „Supramentale, das durch das Wort wirkt" bezeichnet. Sri Aurobindo widmet Heraklit einen großen siebenteiligen Essay, in dem er eingangs feststellt, dass der Begründer der abendländischen Logoslehre einerseits wie kaum ein anderer über die intellektuell anregende Kraft auch der späteren griechischen Philosophie verfügt, dass er aber zugleich die intuitive Vision, das intuitive Wort der alten Mystiker aufweist. Gemeint sind die alt-indischen Meister der inneren Schau. Und er sagt über den Epheser: „Heraklit verwendet die alte Sprache der Mysterien." Über den Logos bei Heraklit heißt es dann, zwar weniger auf die Wortnatur bezogen, dafür stärker auf den Bewusstseinsaspekt des Logos:

> Wir kommen sehr nah an das indische Konzept des *brahman* heran, des Grundes, Ursprungs und der Substanz aller Dinge und Wesen, eine absolute Existenz, deren Natur Bewusstsein (*chit*) ist, die sich als Kraft (*tapas, shakti*) manifestiert und sich in der Welt ihres eigenen Wesens als der Seher und Denker bewegt, *kavir manishi*, ein immanenter Wissen-Wille in allem, *vijnanamaya purusha*, der der Herr ist oder die Gottheit, *ish, ishvara, deva*, und alle Dinge und Wesen gemäß der ihnen seit Urzeiten eigenen Natur bestimmt – die „Maße" Heraklits, denen auch die Sonne entsprechen muss, seine „Dinge, die bis ins Letzte bestimmt sind". Dieser Wissen-Wille ist der Logos.[123]

Auch fragt Sri Aurobindo mit Blick auf das Feuer in den Fragmenten Heraklits:

> Was […] ist das „ewig lebende Feuer", in dem [Heraklit] die uranfängliche, unzerstörbare Substanz des Universums findet und das er in der Folge mit Zeus und mit der Ewigkeit identifiziert? Oder was sollen wir verstehen unter „dem Blitz, der alle Dinge steuert"?

Er antwortet sogleich und sagt über die Verwandtschaft des Vedischen mit der Logoslehre Heraklits:

> Dieses Feuer als eine bloß materielle Kraft der Hitze und der Flamme zu interpretieren oder schlicht als Metapher für ein Sein, welches ewiges Werden ist, heißt, so scheint mir, den Sinn von Heraklits Aussagen verfehlen. […] Doch dann kehren wir rasch zur vedischen Sprache und Gedankenausrichtung zurück; und wir werden an das vedische Feuer erinnert, das als der Bildner der Welten gepriesen wird, als das verborgene

Unsterbliche in Menschen und Dingen, als die Peripherie der Götter, und das als Agni zu allem „wird", was die übrigen Unsterblichen umgibt, der selbst zu all den Göttern wird und sie in sich trägt; wir werden erinnert an den vedischen Blitz, jenes elektrische Feuer der Sonne, der das wahre Licht, das Auge, die wunderbare Waffe der göttlichen Bahnbrecher und Wegbereiter Mitra und Varuna ist. – Es ist dieselbe kryptische Art der Sprache, ja dieselbe zugleich knappe und reichhaltige Weise des Denkens. Wenn auch die Konzepte nicht identisch sind – hier besteht eine klare Verwandtschaft.[124]

Die Höhe der vedischen Rishis allerdings, dieses Ergebnis seiner aufwändigen Analyse hält Sri Aurobindo in seinem Fazit nicht zurück, habe Heraklit zuletzt nicht erreichen können.

Ephesos und die Eurythmie

Im Verlauf der bisherigen Überlegungen zu dem schöpferischen Wort – im Sinne der indischen Spiritualität wie auch der abendländischen Logos-Tradition – kann im Vergleich zwischen Sri Aurobindos Darlegungen und denen Rudolf Steiners auffallen, dass dieser das Logoswirken, von Ephesos her im europäischen Raum bekannt geworden, stärker hinsichtlich der konkreten Schöpfung im Bereich der Lebensprozesse im Auge hat, während Sri Aurobindo eher einen transzendentalen Gesichtspunkt einnimmt. Er führt, wie an verschiedenen Stellen aufgezeigt, das Logoswirken stets auf seinen supramentalen Ursprung zurück. Die vorliegende Arbeit ist von der Überzeugung getragen, dass diese unterschiedlichen Sichtweisen der beiden großen Geisteslehrer nichts Trennendes sein müssen, sondern vielmehr als gegenseitig sich ergänzend aufgefasst werden können.

Im Anschluss an den ersten aus einer Reihe von frühen Vorträgen, die er vor Mitgliedern der damaligen ,Theosophischen Gesellschaft' über *Das Johannes-Evangelium* hielt,[125] war Rudolf Steiner 1908 an die russische Malerin Margarita Woloschin (1882-1973) herangetreten, um sie zu fragen, ob sie das, was er in dem Vortrag über den Prolog des *Johannes-Evangeliums* ausgeführt hatte, „tanzen" könnte. Nachdem sie die Frage vielleicht nicht sogleich voll verstanden, jedenfalls nicht spontan bejaht hatte, kam er einige Zeit darauf erneut auf sie zu und sprach zu ihr über „die uralten Tempeltänze, durch welche die tiefsten Weltgeheimnisse erkannt wurden".[126] Erst Jahre später, so Woloschin, begriff sie, dass diese Mitteilung und jene Frage nach dem tänzerisch bewegten Ausdruck des Logosgeheimnisses – in vollkommen frei lassender Weise – auf die Begründung der Eurythmie gezielt hatte, die dann, seit 1911, nicht durch sie, sondern durch die junge Lory Smits (1893-1971) erfolgen sollte.[127]

Rudolf Steiner bezeichnet die von ihm inaugurierte Eurythmie in Wort- und Tonkunst als „sichtbare Sprache" und „sichtbaren Gesang". Seiner übersinnlichen Schau hatte sich gezeigt, dass die schöpferischen Wortkräfte – bis hinein in die einzelnen vokalischen und konsonantischen Lautgestaltungen – die gesamte Lebensorganisation des Menschen tief durchdringen und bis in die verschiedenen Organe formbildend wirken. In ihrer Gesamtheit machen sie den ätherischen Bildekräfteleib des Menschen aus, die dynamische Struktur des *pranamayakosha* in der indischen Überlieferung. Diese ätherischen Bildekräfte sind – nach dem Urbild des göttlichen Logos – kosmischer Herkunft und machen den Mikrokosmos Mensch aus, was sich in den weisheitsvoll angeordneten Lebensprozessen und Formprinzipien seiner Leiblichkeit ausdrückt. Und dieser Logos-tragende Ätherleib bildet die Gestaltungsmatrix für Werden, Wachstum und Gesunderhaltung auch des physischen Leibes. Spricht der Mensch die Worte seiner Sprache, so bringt er – wie weiter oben gezeigt – durch Luft, Wärme und Flüssigkeitsorganisation die tönenden Laute, Silben, Wörter hervor. Die vielfältigen Bildeprinzipien seines Ätherleibes entsprechen dabei den Formationen der lautlich, artikulatorisch ergriffenen Ausatmungsluft und beide stehen miteinander in einem dynamischen Resonanzverhältnis. Rudolf Steiner selbst drückte es einmal so aus:

> Dass der Mensch spricht, dass er Worte hervorbringt, wie man es gewöhnt ist, beruht darauf, dass gerade die Bewegungen des Bildekräfteleibes zurückgehalten und lokalisiert werden in der Gegend der Brust, des Kehlkopfes und der Nachbarorgane, der Zunge und so weiter. Durch das Lokalisieren der Bewegungsvorgänge, die den ganzen Organismus ergreifen, wird vom Ätherleib aus der Kehlkopf und seine Nachbarorgane in jene Bewegungen versetzt, welche das Wort und das Wortgefüge hervorbringen. Die Kehlkopfbewegung ist eine organische Bewegung unseres ganzen Ätherleibes. Wir können das aber zurücknehmen in den ganzen Leib.[128]

Und er konkretisierte seine Forschungen, indem er gemeinsam mit seiner spirituellen Weggefährtin Marie von Sivers, der späteren Marie Steiner (1867-1948), und den Eurythmistinnen der ersten Stunde ausarbeitete, wie sich diese Logos-getragenen Bildekräfte und Bildebewegungen durch die bewegte Leiblichkeit gestisch, gebärdenhaft und in bewegten Raumformen ausdrücken lassen. Dies war die Geburt der Eurythmie. – In seinem letzten Schaffensjahr hielt Rudolf Steiner für Eurythmisten den Kurs über *Eurythmie als sichtbare Sprache*. Darin ging er in großer Eindringlichkeit auf die einzelnen Laute ein. An dem Beispiel des Lautes „F" zeigt er in den Vorträgen dieses Kurses auf, wie er die ephesischen Mysterien – ohne sie zu benennen – und die südasiatischen, also indischen, in einem größeren Zusammenhang sah. Auch die ägyptischen Isis-Mysterien gehören dazu.

> In alten Mysterien, wo lebendig war: „Im Urbeginn war das Wort und das Wort war bei Gott...", wo [...] man wirklich das Schöpferische des Wortes, des Logos empfand – denn Logos ist nicht zu übersetzen mit Weisheit, mit dem manche Moderne ihr Unverständnis für die alten Sachen zeigen möchten, Logos ist schon zu übersetzen mit Verbum, Wort [...] ,– nun, wenn [dort] über das *f* gesprochen worden ist, da sagte man etwa das Folgende in alten Mysterien, namentlich in den vorderasiatischen, afrikanischen, südasiatischen Mysterien. Man sagte, wenn jemand das *f* spricht, stößt er den ganzen Atem aus; der Atem aber ist dasjenige, wodurch die Gottheiten den Menschen geschaffen haben, was also die ganze menschliche Weisheit im Winde enthält, in der Luft enthält, im Windhauch enthält. So dass der Inder alles dasjenige, was er etwa lernen konnte, indem er in der Yogaphilosophie den Atem beherrschen lernte, dadurch sich mit innerer Weisheit füllte, dann fühlte, wenn er das *f* ausstieß. Und im älteren indischen Yogaüben empfand man das auch so; man machte seine Yogaübungen, deren Technik darinnen bestand, dass man innerlich fühlte die Organisation des Menschen, die Fülle der Weisheit. Und im Aussprechen des *f* fühlte man, wie einem die Weisheit im Worte bewusst wurde.[129]

Mit solchen Erlebnistönen, Erlebnisfarben sollte die eurythmische „F"-Gebärde in ihrer Ausführung beseelt und verlebendigt werden. – Es kann an diesem Beispiel aufleuchten, um welche innere Intensität es Rudolf Steiner ging, mit der die Eurythmie zu üben sei. Da nun im Sanskrit-Alphabet der Laut „F" nicht vorkommt, stellt sich die Frage, welcher andere Laut hier gemeint sein könnte. Am nächsten steht dem „F" wohl das „Va"; dessen „V" in Indien verbreitet gesprochen wie das deutsche „W" in „Wasser". Dies ist allerdings aufschlussreich, denn „Va" gilt im Sanskrit als ein so genannter Halbvokal. So spricht man das „Va" in einigen Gegenden Indiens tatsächlich wie das halbvokalische englische „W" – etwa in „the waft" (der Hauch). Diese Beobachtung führt weiter zu der Vak, aber auch zu dem Sanskrit-Wort *vayu* (Luft, Wind) bzw. zu der vedischen Gottheit Vayu. Dieser ist der Gott des Windes, der universelle *deva* als „der Meister des Lebens", der den Atem und die mit ihm verbundenen dynamischen Energien inspiriert.[130] Dies schließt sich mit Rudolf Steiners obigen Worten über den Yoga und die Beherrschung des Atems zusammen. Und von dieser Stellung des „Va" im Sanskrit-Alphabet führt nun der Weg ein letztes Mal zurück in den Kreis der ephesischen Mysterien, in denen, folgt man Rudolf Steiner, das Verhältnis der Vokale zu den Konsonanten von der Höhe in die Tiefe ergründet wurde.

Es wurde weiter oben schon erwähnt, dass die Vokale das Innere des Wesens, das Seelisch-Geistige offenbaren. Die Konsonanten hingegen repräsentieren die Dinge und Wesen der Außenwelt,[131] leicht zu veranschaulichen z. B. an dem „B" in „Geborgenheit", in „Bau", in „building" (engl.), in „bet" (hebr.) – alles für das Haus, in dem man Schutz, Geborgenheit findet. Die eurythmische „B"-Gebärde ähnelt denn auch der Bewegung und Haltung, mit der eine Mutter ihr Schutz suchendes Kind in die Arme nimmt, in den Armen hält. Der Innenwelt-Bezug der Vokale und der Außenwelt-Bezug der Konsonanten spielten nun, entsprechend den Darlegungen Rudolf Steiners, bis in die ephesischen Logos-Mysterien hinein. Die nachfolgenden, zunächst vielleicht geheimnisvoll anmutenden Andeutungen sind, auch wenn es unausgesprochen bleibt, überall zugleich eurythmische. Denn durch die Ausarbeitung der Eurythmie ermöglichte Rudolf Steiner es den Heutigen, die geschilderten Vorgänge in Haltung, Geste und Bewegung nachzubilden. Hier könnte sich übrigens noch die Frage nach der Stellung der Eurythmie und ihrem tieferen Verhältnis zu dem Indischen auftun – zu dem Indischen, seiner großen Vergangenheit und seiner großen Zukunft nach.[132]

Die ephesischen Schüler lernten von einem bestimmten Reifegrad an, die lunare Sphäre der Artemis, die mit allem Äther-getragenen und Äther-durchdrungenen Werden, Wachsen, Gedeihen – und auch mit den Geheimnissen von menschlicher Empfängnis und Geburt – verbunden war, auf die dahinter wirksamen Kräfte und Mächte der geistigen Sonne hin zu durchschauen. Sie erfuhren, gemäß Rudolf Steiners Ausführungen, wie sich vorgeburtlich in der Mond-Sphäre, die die Erde umgibt, der Ätherleib (*pranamayakosha*) des werdenden Menschen bildet, indem er Lichtwirkungen des weiteren planetarischen Sternenraums in sich vereinigt, die ihm die notwendigen Differenzierungen vermitteln. Es bildet sich ein eigentlicher Lichtätherleib aus. Indem jedoch eine individuelle Geistseele, d. i. eine astrale Hülle und eine Ich-Wesenheit, sich auf die Inkarnation in diesem werdenden Menschen vorbereiten, kommen dieselben

Wesenskräfte dem Lichtätherleib kosmisch von der geistigen Sonne her entgegen. Dies alles wurde dem Mysten zu einem gänzlich vokalischen geistigen Tönen, zu dem Sonnenwort, in dem er das innere Wesen dessen vernahm, der zur Verkörperung in einem neuen Leben hinstrebte. Diesem tönte aber wie von der Erde her aufsteigend ein anderes Lautelement entgegen – konsonantisch.

Und es war eine Einrichtung in Ephesus, die etwa so war: Derjenige, der diese Einrichtung in der Weihestätte auf sich wirken lassen konnte, der wurde wirklich ganz hineinversetzt in dieses Sichherausbilden aus dem den Mond umwandelnden Sonnenlichte. Dann tönte es an ihn heran, wie wenn es von der Sonne herübertönte: *J O A*. – Dieses *J O A,* von dem wusste er, dass es regsam macht sein Ich, seinen astralischen Leib. *J O* – Ich, astralischer Leib, und das Herankommen des Lichtätherleibes in dem *A – J O A*. Jetzt fühlte er sich, indem vibrierte in ihm das *J O A*, jetzt fühlte er sich als Ich, als astralischen Leib, als ätherischen Leib. – Und dann war es, wie wenn von der Erde heraufklänge, denn der Mensch war versetzt in das Kosmische, wie wenn von der Erde heraufklänge dasjenige, was das *J O A* durchsetzte, eh-v. Das waren die Kräfte der Erde, die heraufkamen in dem eh-v.[133]

Es ist dies die äußerst konzentrierte Wiedergabe der Einweihungserfahrung der Menschwerdung. In der Durchdringung der höheren kosmischen Kräfte mit dem Erdenelement kommt es schließlich – in Ephesos – zur Offenbarung dessen, der als die Gottheit des Volkes Israel die Inkarnation des Sonnenwortes dienend vorbereitete, des Christus, den Indien als den *ishvara,* als Vishnu kennt: Jahve, J-H-V-H oder Jehova. Das anschließende Zitat, das seinen Namen nennt – als zusammengewoben aus der vokalischen und der konsonantischen Geisterfahrung des ephesischen Schülers –, soll dieses Kapitel über das „Schöpferische Wort" beschließen.[134] [135] [136]

Und nun fühlte er, in dem *JehOvA* fühlte er den ganzen Menschen. Das Vorgefühl des physischen Leibes, den er erst auf der Erde hatte, fühlte er angedeutet in den Konsonanten, die hinzugehörten zu dem Vokalischen, was in dem *J O A* andeutet Ich, astralischen Leib, ätherischen Leib. Dieses Sicheinleben in dem *JehOvA,* das war es, was den ephesischen Schüler erfühlen ließ die letzten Schritte für das Heruntersteigen aus der geistigen Welt. – Aber es war zu gleicher Zeit dieses Erfühlen des *J O A* so, dass man sich fühlte im Lichte drinnen als dieser Klang *J O A.* Dann war man Mensch: klingendes Ich, klingender astralischer Leib, in lichtglänzendem Ätherleib. Dann war man Klang im Licht. So ist man als kosmischer Mensch.[137]

An die Natur

(Auszug)

Da ich noch um deinen Schleier spielte,
Noch an dir, wie eine Blüte hing,
Noch dein Herz in jedem Laute fühlte,
Der mein zährtlichbebend Herz umfing,
Da ich noch mit Glauben und mit Sehnen
Reich, wie du, vor deinem Bilde stand,
Eine Stelle noch für meine Tränen,
Eine Welt für meine Liebe fand,

Da zur Sonne noch mein Herz sich wandte,
Als vernähme seine Töne sie,
Und die Sterne seine Brüder nannte
Und den Frühling Gottes Melodie,
Da im Hauche, der den Hain bewegte,
Noch dein Geist, dein Geist der Freude sich
In des Herzens stiller Welle regte,
Da umfingen goldne Tage mich.

Wenn im Tale, wo die Quell mich kühlte,
Wo der jugendlichen Sträuche Grün
Um die stillen Felsenwände spielte
Und der Aether durch die Zweige schien,
Wenn ich da, von Blüten übergossen,
Still und trunken ihren Othem trank
Und zu mir, von Licht und Glanz umflossen,
Aus den Höhn die goldne Wolke sank —

Wenn ich fern auf nackter Heide wallte,
Wo aus dämmernder Geklüfte Schoß
Der Titanensang der Ströme schallte
Und die Nacht der Wolken mich umschloß,
Wenn der Sturm mit seinen Wetterwogen
Mir vorüber durch die Berge fuhr
Und des Himmels Flammen mich umflogen,
Da erschienst du, Seele der Natur!

[…]

Friedrich Hölderlin[138]

KAPITEL IV

EVOLUTION UND WAHRE ICHHEIT

Schon früher wurde in dieser Schrift angedeutet, dass der Vater Aurobindo Ghoses in den Jahren 1870/71 in Großbritannien an den dazumal hochschlagenden Debatten um die Evolutionstheorie Charles Darwins lebhaft Anteil genommen hatte.[1] Es kam dazu, weil es Krishna Dhun Ghose in Indien versagt geblieben war, seine medizinischen Studien abzuschließen und die Approbation als Arzt zu erlangen. Aus diesem Grund war er nach Schottland gereist und hatte sich am King's College in Aberdeen eingeschrieben, wo er schließlich 1871 promovierte. Dr. Ghose kehrte als überzeugter Anhänger Darwins nach Nordindien zurück. Wie intensiv man in jenen Jahren die Ideen Darwins gerade an der University of Aberdeen rezipierte, lässt sich an dem Umstand ablesen, dass dem Autor von *The Origin of Species* (1859) und *The Descent of Man* (1871) in dem Jahr nach Dr. Ghoses Promotion und Rückkehr nach Indien, 1872, die Stellung des Rektors der Universität von Aberdeen angetragen worden war, die Darwin allerdings, unter Verweis auf seine schon langjährig bestehenden gesundheitlichen Probleme, ausschlug.[2]

Rückblickend bewertet Sri Aurobindo die Entwicklung seines Vaters später – durchaus kritisch – in dem oft kolportierten Ausspruch, dieser sei ein „fürchterlicher Atheist" gewesen. Nichts spricht dagegen, diese Wortwahl – wie der Biograph Sri Aurobindos, Peter Heehs, es tut – insbesondere vor dem Hintergrund von Dr. Ghoses Zeit in Schottland und des damals von ihm aufgenommenen und akzeptierten Darwinismus zu deuten.[3] Erinnert sei daran, dass das Darwinsche Evolutionskonzept für seinen Urheber selbst, der einmal Theologie studiert hatte, zu der persönlichen Konsequenz geführt hatte, dass er sich im Verlaufe seiner Biographie schrittweise von der Idee entfernte, es könne einen göttlich-geistigen Ursprung des Lebens geben. Der Agnostizismus Krishna Dhun Ghoses erscheint als eine Widerspiegelung dieser Entwicklung Darwins – en miniature. Zeichenhaft kann es anmuten, dass Aurobindo Ghose unter weltanschaulichen Auspizien von solcher Art inkarnierte, sollte er doch nach 1910, als yogischer Philosoph, im denkbarsten Kontrast zur Sicht Darwins dem Evolutionsgedanken eine unbedingt spirituelle Wendung und Ausrichtung geben.

Die Schriften Sri Aurobindos sind durchzogen von mannigfaltigen Ausführungen über Involution und Evolution, ja, sein Evolutionsverständnis ist konstitutiv für den Integralen Yoga überhaupt. Sri Aurobindo will das westliche Konzept „Evolution" durch eine eigene Sicht ergänzen, erweitern, in die er umfänglich auch die Überlieferung des Sanatana Dharma, das Wissen um die größere Wirklichkeit des Geistigen, einbezieht. Diese neue Sichtweise stellt er selbstbewusst der westlichen entgegen. Es sieht allerdings so aus, als würde sein Verständnis dessen, was damals die „moderne westliche Welt" über Evolution zu sagen wusste, sowie seine Kritik daran, vor allem auf angelsächsischen Quellen und deren strikt materialistischer Perspektive beruhen. Die genuin mitteleuropäische Ausprägung der Idee der „Entwicklung" findet in seinem Werk einen allenfalls marginalen Niederschlag.

Die Ausgestaltung dieses mitteleuropäischen Entwicklungsbegriffs bis ins 19. Jahrhundert, der auch im Gefolge des deutschen Idealismus – im weitesten Sinne – den geistig wirksamen Einfluss auf das, was sich jeweils entwickelt, immerhin berücksichtigte, lieferte wiederum für Rudolf Steiner eine der wichtigsten Erkenntnisvoraussetzungen, auf denen er seine Geisteswissenschaft aufbauen sollte. Nicht von ungefähr fußte die Formulierung der Anthroposophie – seit 1900 – auf seinen ausgiebigen Auseinandersetzungen mit idealistischer Philosophie sowie den umfassenden Goethestudien, die insbesondere auch den naturwissenschaftlichen Nachlass Goethes in sich beschlossen. Dass hier im Anschluss die westeuropäische und die mitteleuropäische Vorgeschichte des Evolutionskonzeptes in den wichtigsten Zügen nachgezeichnet wird, geschieht, um die Voraussetzungen, von denen einerseits Sri Aurobindo und andererseits Rudolf Steiner ausgingen, angemessen zur Darstellung zu bringen.[4]

Der Entwicklungsgedanke im 18. und 19. Jahrhundert

Die Abwendung des aufgeklärten Denkens von dem Bild eines werkmeisterlichen Schöpfergottes – in mancher Hinsicht trotz aller dogmatischen Abgrenzungen dem platonischen Demiurgen ähnlich –, welcher die Geschöpfe „macht",[5] begünstigte in Westeuropa wie in Mitteleuropa, parallel, die Ausarbeitung eines Evolutions- bzw. Entwicklungsbegriffes. Dieser erfasst in erster Linie die Welt der lebendigen Organismen als einen großen, gesetzmäßig strukturierten Zusammenhang, innerhalb dessen die späteren Bildungen aus den früheren organisch hervorgehen. Auch ist er darauf angelegt, den vielfältigen Formenwandel – von einfachen zu immer komplexeren Bildungen – eben gesetzmäßig nachzuzeichnen und zu deuten.[6]

Charles Darwin knüpfte mit seiner Evolutionstheorie an Vorstufen des Entwicklungsbegriffes an, wie sie im angelsächsischen Umfeld u.a. William Paley und Richard Owen formuliert hatten.[7] Ein Blick auf die Ansätze beider Denker soll das Verständnis der Darwinschen Konzeption erleichtern.

Der Philosoph und Theologe William Paley (1743-1805) strebte eine Naturtheologie an, die eine detailfreudige Erforschung der natürlichen Formen und den überlieferten Schöpfungsglauben plausibel aufeinander beziehen sollte. Sein Interesse richtete sich auf die Zweckhaftigkeit der Anatomie und der Funktionen lebendiger Organismen und insbesondere einzelner Organe – so etwa des Auges. Wie man in einem Uhrwerk jedem seiner Teile die Zweckmäßigkeit ablesen könne, nach der in ihm alles gefertigt und angeordnet ist, so sei es ähnlich auch mit den einzelnen Organen, beispielsweise dem Auge. Paley zog, wofür er bekannt wurde, den Analogieschluss von dem Uhrmacher, der in dem hergestellten Uhrwerk dessen Zweck verwirklicht, auf den Schöpfergott, der in den geschaffenen Lebewesen und deren einzelnen Gliedern die jeweiligen Zwecke manifestiert. Blieb Paley's Sicht der Dinge auch eine eigentlich statische, nicht-evolutionäre Sicht, so bildete sie doch eine der Grundlagen, von denen Darwin in seiner Theoriebildung ausging. Allgemein bekannt ist, dass Ziel und Zweck in der Evolution der Arten von Charles Darwin in dem Überleben der am besten Angepassten, im *survival of the fittest* gesehen wurde.[8] Das Überleben als Selbstzweck – höhere Ziele kennt der konsequente Darwinismus nicht. Im Kampf ums Dasein vermehren sich solche Artgenossen häufiger, welche diejenigen Varianten von Artmerkmalen ausbilden, die den Verhältnissen besser angepasst sind als jede Prävariante. Als Auslese oder Selektion vollziehe sich so die „natürliche Zuchtwahl". Hier stehen Ziel und Zweck der Lebewesen, ihr Überleben, dürftig für dasjenige, was ihre Entwicklung von der Zukunft her bestimmt.

Der Zoologe Richard Owen (1804-1892) wollte ebenso wenig wie Paley das Wirken einer göttlichen Kraft innerhalb der Erscheinungsreihe der Arten leugnen. Durch ausgiebige vergleichend-anatomische Studien – anhand einer Vielzahl von tierischen Skeletten, die ihm aus den verschiedensten Weltgegenden zugeschickt wurden – gelangte er zur Entdeckung einer modellhaften Struktur, die sich in den Gliedmaßen aller vierbeinigen Wirbeltierarten darstellt: ein Knochen im Oberarm, zwei im Unterarm, mehrere kleine in der Handwurzel, fünf Knochen in der Mittelhand und schließlich fünf Finger.

Diese und weitere Beobachtungen führten Owen zu dem Versuch einer Beschreibung nicht nur des Typus einer einzelnen Art, sondern einer Uridee, die allen Wirbeltierarten zugrunde liegt: des Archetypus. „Er dachte sich den Archetypus als ein dem Geist Gottes entstammendes Gebilde, das den einzelnen Formen vorausging und sich in ihnen auf vielfältige Weise verwirklichte."[9] Seine Verwirklichung habe schon lange vor der evolutiven Herausbildung der Tierarten eingesetzt, die heute die Erde bewohnen,[10] und seit dem ersten Erscheinen des Archetypus in fischähnlichen Formen sei seine Verkörperung allmählich in immer vollkommeneren Formen fortgeschritten, um sich schließlich in der zunächst höchsten Ausgestaltung im Menschen darzustellen – als das „herrliche Gewand" dieser Idee, des Archetypus. Mit Christoph Hueck ist hier darauf hinzuweisen, dass Owen in der Natur und in der menschlichen Gestalt ganz offenkundig das Geistige suchte. Mit Blick auf Darwin hat Hueck indessen herausgestellt, wie dieser zwar auch an Owen anknüpfte, dass er aber auf der Seite des Herkommens der Arten anstelle des Archetypus schlicht die Idee der Abstammung von einem gemeinsamen physischen Vorfahren formulierte. Nichts als die Abstammung ist für Darwin dasjenige, was die Arten von der Vergangenheit her bestimmt.

Charles Darwin bildete seinen Evolutionsbegriff – aufbauend auf seinen verdienstvollen empirischen Studien – in wichtigen Teilen aus, indem er im Ergebnis die Vorgaben, an die er anschloss (z. B. Paley, Owen), so umdeutete, dass er schließlich ohne metaphysische Größen wie vorbestimmte Zwecke und Ziele, dem Leben von einer übergeordneten Instanz gesetzt, oder einen Archetypus, als ursprünglichen göttlichen Schöpfungsgedanken, meinte auskommen zu können. Die Formursache für die Reihe der Arten, die Owen im Archetypus erblickte, verlegte Darwin in die Gesetzmäßigkeiten der Abstammung; die Zielursache und die Zweckmäßigkeit, die Paley als von Gott gewollt und gesetzt dachte, verlegte Darwin in jenen Bereich, in dem die Lebewesen den Kampf ums Dasein auszufechten haben. Seine Abkehr von höheren Wirkprinzipien jeglicher Art, geistig oder göttlich, hatte zuletzt zur Folge, dass die von ihm entworfene, in aktualisierten Spielarten bis heute weltweit vorherrschende, Evolutionslehre notwendig in ein gänzlich materialistisch-mechanistisches Fahrwasser geriet.

Während Sri Aurobindos spirituelle Vision von Evolution sich in ihrer Darstellung vor allem vom darwinistischen Naturalismus deutlich absetzt, beschreibt Rudolf Steiner seine geistgemäße Sicht auf die Entwicklung der Welt, des Lebens, des Menschen in der kongenialen Fortführung der eingangs erwähnten mitteleuropäischen Entwicklungsidee, die verbunden ist mit den Namen Herder, Goethe, Hegel, Schelling. Worin unterscheidet sich diese Idee von der angelsächsisch geprägten Evolutionstheorie?

Baruch Spinoza (1632-1677) suchte mit seiner Formel „Gott oder: die Substanz oder: die Natur", Welt und Gott zusammenzudenken. In seinem Naturbegriff laufen Gott, *natura naturans*, und die Welt der Geschöpfe, *natura naturata*, in einem größeren Ganzen zusammen – darüber hinaus sieht er kein Göttliches. Gottfried Wilhelm Leibniz (1646-1716) rang um das Verstehen, wie das Göttliche in den Naturwesen fortgesetzt wirken und wie es bei bestehender Einheitlichkeit des Ganzen allen Formenwandel hervorrufen könne. Für ihn gewann der aristotelische Begriff der Entelechie (das, was sein *telos*, sein Ziel, in sich selbst hat) entscheidende Bedeutung. Denn er sah in der Entelechie die den Wesen innewohnende, beseelende und formende Kraft, die den Wandel, die Ein- und Entwicklungen in den Wesen bewirkt. Johann Gottfried Herder (1744-1803) verfolgte die Ideengeschichte der Menschheit, fand darin das Prinzip „Entwicklung" vorherrschend und übertrug dieses („mein großes Thema!") in ersten Versuchen auf das Werden der Naturwesen, wie sie sich – gemäß seiner Schilderung – gleichzeitig unter sowohl geistigen als auch körperlichen Einflüssen entwickeln. Solche philosophischen Vorstufen waren für Johann Wolfgang Goethe (1749-1832) im Kontext seiner naturwissenschaftlichen Auseinandersetzungen von großer Bedeutung. Im Gedankenaustausch mit Herder knüpfte er an dessen Idee von Entwicklung an und bildete sie energisch weiter.

Goethe war es bei seinem umfassenden, ja universellen Bildungshorizont, gerade wenn es um die Erforschung der Natur ging, stets um die möglichst konkrete Anschaulichkeit zu tun. Regten ihn auch solche philosophischen Geister wie Spinoza, Leibniz und Herder machtvoll zu eigenen Fragestellungen an, so war es doch sein Bestreben, aus selbst gewonnener Anschauung und Erfahrung die der Wirklichkeit gemäßen Ideen zu gewinnen. Inspiriert durch die Begegnung mit Herder, wurde ihm seine knapp zweijährige Reise nach Italien (1786-88) zur unerwarteten Gelegenheit, den inneren Kosmos seiner Anschauungen in umwälzende Bewegung versetzt zu sehen. Neben seinen Studien an antiken Bauten und Kunstdenkmälern richtete sich Goethes Interesse in Italien insbesondere auf die Botanik, zumal in dem mediterranen Klima bekannte Pflanzenarten so auffällig anders erschienen als nördlich der Alpen und außerdem zahlreiche unbekannte Arten erkundet werden wollten. Von Padua und Palermo aus und später, wieder nach Weimar zurückgekehrt, entfaltete er daraufhin seine Anschauung von der „Urpflanze", nach der er auch früher schon gesucht hatte. Die Urpflanze lehrte ihn zu sehen, wie die Natur „aus dem Einfachen das Mannigfaltige entwickelt".[11] Es war die Entdeckung einer

Grundform, nach der in unzähligen Abwandlungen die Vielfalt der verschiedenen Blütenpflanzenarten erscheint und die ihm zur gesicherten Anschauung wurde.[12] Methodisch ausgearbeitet, führte die Urpflanze Goethe zur Darlegung ihrer Gesetzmäßigkeiten in seiner Schrift *Die Metamorphose der Pflanzen* (1790), die er in aphoristischer Form wohl bereits während der Italienreise niedergeschrieben hatte. Der Entwicklungsgedanke, angewendet auf die Naturreiche, ergriff Mitteleuropa also bereits deutlich vor 1800.

Die Metamorphose (der gesetzmäßige Gestaltwandel) der Pflanze zeigt sich in den auseinander hervorgehenden, sich je und je verändernden Ausgestaltungen auch schon des einzelnen Exemplars. Goethe selbst, einleitend über die grundlegende Entdeckung und ein erstes Beispiel zur Verdeutlichung des Gemeinten:

1. Ein jeder, der das Wachstum der Pflanzen nur einigermaßen beobachtet, wird leicht bemerken, dass gewisse äußere Teile derselben sich manchmal verwandeln und in die Gestalt der nächstliegenden Teile bald ganz, bald mehr oder weniger übergehen.
2. So verändert sich, zum Beispiel, meistens die einfache Blume dann in eine gefüllte, wenn sich, anstatt der Staubfäden und Staubbeutel, Blumenblätter entwickeln, die entweder an Gestalt und Farbe vollkommen den übrigen Blättern der Krone gleich sind, oder noch sichtbare Zeichen ihres Ursprungs an sich tragen.[13]

Dies führte ihn zu der Anschauung, es gelte auch bei regulärer Entfaltung des Einzelexemplars, dass – durch Metamorphose – die verschiedenen Teile der Pflanze aus der ursprünglichen Bildung, die keimblattartig ist, gesetzmäßig hervorgehen. Dieser Goethesche Begriff der Metamorphose wurde später von Rudolf Steiner aufgegriffen und zum tieferen Verstehen des in dauernder Entwicklung befindlichen Universums maßgeblich zur Anwendung gebracht. Goethe seinerseits untersuchte übrigens auch die Tierwelt im Sinne dieses Konzepts und beschrieb z. B. die Metamorphose der Wirbelknochen – zum einen im Fortschreiten entlang der Wirbelsäule, dann aber auch in der Umbildung in die verschiedenen Schädelknochen. Seine Suche nach einer Metamorphose der Tierformen führte ihn zu dem Begriff des Typus, wie ihn später auch Richard Owen – ähnlich – verwendete:

Ich hatte mich indessen ganz der Knochenlehre gewidmet; denn im Gerippe wird uns ja der entschiedne Charakter jeder Gestalt sicher und für ewige Zeiten aufbewahrt. [...] Hiebei fühlte ich bald die Notwendigkeit einen Typus aufzustellen, an welchem alle Säugetiere nach Übereinstimmung und Verschiedenheit zu prüfen wären, und wie ich früher die Urpflanze aufgesucht, so trachtete ich nunmehr das Urtier zu finden, das heißt denn doch zuletzt: den Begriff, die Idee des Tiers.[14]

Diese Andeutungen allein genügen schon, um aufzuzeigen, dass das Denken von Entwicklung im Sinne Goethes große Anforderungen an ein bewegliches und zugleich plastisches, inneres Anschauungsvermögen stellt. Goethe war sich dessen sehr wohl bewusst, wie es der anthroposophisch orientierte Goetheanist Frank Teichmann herausgestellt hat. Er führt Goethe an:

„Betrachten wir aber alle Gestalten, besonders die organischen, so finden wir, dass nirgend ein Bestehendes, nirgend ein Ruhendes, ein Abgeschlossenes vorkommt, sondern dass vielmehr alles in einer steten Bewegung schwanke. [...] Das Gebildete wird sogleich wieder umgebildet, und wir haben uns, wenn wir einigermaßen zum lebendigen Anschaun der Natur gelangen wollen, selbst so beweglich und bildsam zu erhalten, nach dem Beispiele, mit dem sie uns vorgeht."[15]

Teichmann zielt mit diesem Zitat wie andere Goethekenner auf den Umstand ab, dass die Entwicklung der lebendigen Wesen, die Evolution der Organismen, nicht bloß außerhalb des Menschen erfolgt, bzw. dass der Mensch an ihr nicht bloß einen äußeren Anteil hat, insofern auch er eine bestimmte Stufe der Entwicklung verkörpert. Vielmehr wird Entwicklung, Evolution erst dann wirklich erfahrbar, wenn der Mensch an ihr bewusst partizipiert, indem er sein Denken, seine Bewusstseinsvollzüge genügend anpassungsfähig und beweglich macht, um die fortwährenden Formverwandlungen zwischen Wachsen und Vergehen, Sich-Ausweiten und Sich-Zusammenziehen usw. innerlich bewegt ergreifen zu können. – Die so geartete Bewusstseinsqualität, um die es ihm stets geht, lässt Goethes Anschauungen überall im Übergang zum künstlerischen Gestalten erscheinen.

Hatte Goethes gleichermaßen wissenschaftlich wie künstlerisch geartetes Entwicklungsdenken philosophische Vorstufen, so waren es abermals die Philosophen, die Vertreter des deutschen Idealismus, die dieses Denken wieder aufnehmen und systematisieren sollten.[16] Hier sei exemplarisch nur auf Schelling eingegangen.

Friedrich Wilhelm Schelling (1775-1854) setzte sich mit den überkommenen Vorstellungen eines statischen Konzepts im Sinne von „Involution" und „Evolution" auseinander, das für das Einzelwesen eine Präformation annahm:

die Gestaltung eines Lebewesens sei in dem Keim bereits von Anfang an – en miniature – präformiert und in den Samen involviert (eingewickelt) enthalten. Indem nach der Befruchtung der Organismus wächst und seine Anlagen ausbildet, evolviere sich doch nur die präformierte, involvierte Gestalt. An diesem Konzept war, so Schelling, zu bemängeln, dass es keinerlei Denkmöglichkeit für die Entstehung von Neuem bietet. Dem setzte er den durch Goethe vorbereiteten Begriff der Metamorphose entgegen, der dazu führte, dass er in seiner Naturphilosophie jede Statik überwand – zugunsten der von ihm so bezeichneten „dynamischen Evolution", die Neues ermögliche. Schelling ging von der Wirklichkeit der Ideen aus, die *a priori* aller Empirie voraus sind. Im Bereich dieser apriorischen Ideenwirklichkeit erschloss sich ihm das Subjekt der Natur, ihre „produzierende Produktivität", *natura naturans*, der gegenüber alle empirische Naturforschung es immer bloß mit dem Objektiven der Natur – als dem Produkt – zu tun habe, *natura naturata*.[17] Schelling sah in dem apriorisch erkennbaren Subjekt der Natur ihre Einheitlichkeit gewährleistet, während in dem erkenntnisnotwendigen Übergang zu ihrem Objekt der Schritt in die unabsehbare Vielfalt der Formen, in den unendlich scheinenden Wandel der Gestalten zu setzen sei. Hier zeigt sich deutlich, dass auch bei Schelling Entwicklung oder Evolution nie als alleiniger äußerer Naturprozess verstanden wird, sondern dass sie ihre Wirklichkeit in erster Linie im Reich der Ideen und fortwährend bewegten Bewusstseinsvollzüge hat. Im Zusammenhang damit wurde sein Entwicklungsbegriff verschiedentlich als eine Konzeption der „Logogenese" bezeichnet. Schelling selbst macht im Sinne all dessen jedenfalls geltend, dass sich von dem Subjekt der Natur, vom Prinzip des Naturwesens, ein fester Begriff nicht geben lässt:

[…] denn da es [das Prinzip] in einer beständigen Bewegung, Fortschreitung, Steigerung begriffen ist, kann jeder Begriff nur für einen Moment gelten; es ist als Lebendiges in der Tat nicht Eines, sondern unendlich Vieles.[18]

Und:

Hieraus ist denn wohl zu ersehen, dass in keinem lebendigen Ganzen wissenschaftlicher Kunst irgendwo ein Punkt sei, da man gleichsam anhalten oder den man fest machen könnte, sondern dass schlechterdings die Entwickelung des Ganzen abgewartet werden muss, ehe der vollständige Begriff des sich entwickelnden Subjekts gegeben werden kann.[19]

Der Goethesche wie auch der idealistische Entwicklungsbegriff stellen hohe Anforderungen an den, der sie fassen will, denn er muss sein Denken adäquat in Bewegung versetzen, um diejenigen Bewegungen bewusstseinsmäßig in sich aufnehmen zu können,[20] die die Entwicklung des sich entwickelnden Wesens ausmachen. Gefordert ist eine Metamorphose des denkenden, erkennenden Bewusstseins – von dem Verstand, der am ehesten Statisches, Totes fassen kann, zu einem lebendigen Denken, das in den Fluss des wirklichen Lebens eintauchen kann, ohne sich je darin zu verlieren.

Dieses Thema sollte Rudolf Steiner entschieden aufgreifen, um auf seiner Bewältigung die anthroposophische Geisteswissenschaft aufzubauen. Die allgemein vorherrschende Erkenntnisströmung der westlichen Welt jedoch suchte ihre Absicherung einseitig in der Objektwelt (der idealistische Begriff des Subjekts einer Erkenntnisbewegung wurde nicht verstanden und als bloß private Innerlichkeit diskreditiert) und der dadurch bedingte Positivismus sah und sieht bis heute im Darwinismus und Neo-Darwinismus[21] den Weg erster Wahl zum Verstehen von Entwicklung. Die in dieser Richtung liegenden Sichtweisen konnten, erste Hälfte des 20. Jahrhunderts, Rudolf Steiner wie Sri Aurobindo nur als ungenügend zurückweisen.

Kosmische Evolution – I

Rudolf Steiner hatte um die Jahrhundertwende einen geistesgeschichtlichen Abriss der Ideenentwicklung des Abendlandes ausgearbeitet, der im Jahr 1901 unter dem Titel *Welt- und Lebensanschauungen im neunzehnten Jahrhundert*[22] als Buch erschien. In diesen Jahren hatte er sich mit der darwinistischen Evolutionstheorie vor allem in der Form auseinandergesetzt, in der Ernst Haeckel[23] sie im deutschsprachigen Raum publik machte. In seiner Autobiographie gibt Rudolf Steiner zu verstehen, dass ihm die „*wirkliche Entwickelung* des Organischen von Urzeiten bis zur Gegenwart" erst nach Abschluss jener Arbeit vor seiner Imagination stand, dass dieser Haeckelsche Darwinismus ihm aber dennoch stets nur etwas über eine „in der Natur vorhandene sinnenfällige Tatsachenreihe", also bloß das Material geliefert hatte. Und:

> Innerhalb dieser Tatsachenreihe waren für mich *geistige Impulse* tätig, wie sie Goethe in seiner Metamorphosenidee vorschwebten. – So stand die naturwissenschaftliche Entwickelungsreihe, wie Haeckel sie vertrat, niemals vor mir als etwas, worin mechanische oder bloß organische Gesetze walteten, sondern als etwas, worin der Geist die Lebewesen von den einfachen durch die komplizierten bis herauf zum Menschen führt.[24]

Der folgende Wortlaut Sri Aurobindos erscheint wie aus einem damit ganz verwandtem Geist heraus verfasst zu sein:

> Die westliche Evolutionsidee ist nichts als die Darlegung eines gestaltbildenden Prozesses, sie liefert keinerlei Erklärung für unser Dasein. Begrenzt auf die physischen und biologischen Naturtatsachen, versucht sie nicht – oder allenfalls pauschal oder in oberflächlicher Weise –, die eigene Bedeutung zu ergründen, vielmehr ist sie damit zufrieden, sich als das allgemeine Gesetz einer weitgehend mysteriösen und unerklärlichen Energie herauszustellen.[25]

Sri Aurobindo sah zu seiner Zeit bereits – auch mit Blick auf Europa – das Ende des Darwinschen Evolutionsgedankens herannahen. Die damaligen Versuche, die Vitalkraft zu beschreiben (z. B. Hans Driesch, Henri Bergson) oder auch die Entdeckung des Unbewussten, insbesondere des Kollektiven Unbewussten (C. G. Jung), bestätigen ihn in dieser Einschätzung. (Aus gegenwärtiger Sicht muss diese allerdings als Ausdruck einer verfrühten Hoffnung erscheinen, da der Neo-Darwinismus heute im allgemeinen Bewusstsein weitgehend fraglos und unverändert fest verankert ist.)

In dieser Betrachtung geht es nun allerdings vorrangig um Sri Aurobindos Beitrag – später ebenso um den Rudolf Steiners – zu einem spirituellen Evolutionsverständnis. Der yogische Philosoph führt gegen die gängige Evolutionstheorie ins Feld, dass ihr zwei entscheidende Paradoxien anhaften: erstens, dass sich alles, was sie beschreibt, völlig unabhängig von einem selbst-reflexiven und intentionalen Bewusstsein – unter Leugnung eines solchen – abspielen soll, welches tatsächlich aber als ihr übergeordnet und ihr vorangehend zu denken ist; zweitens, dass alle Phänomene des Lebens und des Bewusstseins ihr zufolge nur Epiphänomene der Materie[26] darstellen und nicht in ihrer prinzipiellen Differenz zur Materie begriffen werden. Weiter fordert Sri Aurobindo, dass das Prinzip „Kampf ums Dasein" im Wurzelgrund des Lebens abgelöst oder zumindest ergänzt werden solle durch das Prinzip „Liebe".[27] – In seinem Aufsatz „Evolution" entwirft er in Umrissen ein neues Bild von Entwicklung, indem er einmal mehr grundlegende Themen aus der traditionellen Sankhya-Lehre aufgreift: Als ein ewiges Bewusstsein steht der Purusha der Prakriti, der Natur, gegenüber, innerhalb welcher sich die Wesen – mental, vital und materiell – entwickeln. Entwicklungsimpulse zielen in der Natur, Prakriti, vom Mentalen auf das Vitale und von diesem wieder auf das Materielle. Außerdem stellen ihrerseits – wie das Materielle – das Vitale und das Mentale Bereiche der Wirklichkeit dar, Plane, deren Elemente und Wesen selbst sich gleichfalls entwickeln.

Man kann demnach von mindestens drei Welten sprechen, in denen parallele Evolutionen vor sich gehen, wobei immer wieder Prozesse aus dem Mental- auf den Vitalbereich einwirken und ebenso vom vitalen auf den materiellen Bereich. Nun vollziehe sich Evolution, in dieser Blickrichtung, dermaßen dynamisch, dass es stets aufs Neue zu qualitativen Sprüngen – etwa in der Reihe der Arten – kam und kommen wird, indem jeweils aus höheren Wirklichkeitsbereichen evolutive Tendenzen oder Intentionen in die hiesige Welt hereinwirken, ja regelrecht in sie hereinbrechen, so Sri Aurobindo:

> Statt langsamer, allmählicher und minuziöser Stufenfolgen liegt es nunmehr nahe anzunehmen, dass neue Schritte in der Evolution eher durch rasche, plötzliche Ausbrüche von Manifestationen aus dem Unmanifesten bewirkt werden. Könnte man nicht sagen, die Natur bereitet hinter dem Schleier in aller Ruhe Neues vor, ein wenig sich zurücknehmend, dann wieder etwas vorwärts drängend, und eines Tages trifft sie auf Kombinationen im äußeren Geschehen, die es ihr ermöglichen, ihre neue Idee in bereits verwirklichte Formationen hinein zu werfen, plötzlich, mit Gewalt, in einem herrlichen Neubeginn und grandiosen Fortschreiten? Das würde etwa die Ökonomie ihrer Rückfälle und des Wiedererscheinens von Dingen und Wesen erklären, die schon lange tot waren. Sie ist auf ein bestimmtes unmittelbares Ergebnis aus und, um es schneller und vollständig zu erreichen, opfert sie viele ihrer Manifestationen und wirft sie in die Latenz zurück, ins Unmanifeste, ins Unbewusste. Aber sie ist nicht fertig mit ihnen; sie wird sie auf einer anderen Stufe für weitere Ergebnisse wieder benötigen. Dazu ruft sie sie erneut hervor und sie erscheinen wieder – in neuen Formen und anderen Verbindungen, neuen Zielen entgegen. So geht die Evolution vor.[28]

Das Unbewusste und Unmanifeste darf hier nicht einseitig bloß mit denjenigen Prozessen in eins gesetzt werden, die „unterhalb" der Bewusstseinsschwelle wirksam sind, d. h. außerhalb des Bereichs des individuell situierten Bewusstseins, aber eben einseitig nur zum Materiepol hin angesiedelt. Vielmehr hat Sri Aurobindo ein Doppeltes vor Augen. Zu dem „unterhalb" Wirkenden kommt in seiner Schau das „oberhalb" des gewöhnlichen Bewusstseins Wesende und Wirkende – und zwar als das Primäre – hinzu, d. h. das, was mehr zum Pol des absoluten Geistes hin „lokalisiert" ist. Sonst wäre auch seine charakteristische Rede von Involution und Evolution schweren Missverständnissen ausgesetzt. Worum geht es?

Sri Aurobindo wird nicht müde darauf zu verweisen, dass eine moderne yogische Sichtweise auf Gott, Welt und Mensch dazu beitragen muss, den Abgrund zu überbrücken bzw. zu schließen, der zwischen dem Höchsten, dem Absoluten und der Natur, in deren Bereich die Wesen sich entwickeln, klafft – den Abgrund zwischen Purusha und Prakriti.[29] Sri Aurobindos Idee von Entwicklung soll veranschaulichen, wie Wirklichkeit in einem Gewebe zwischen beiden Polen besteht. Dieses Gewebe kommt durch die Doppelläufigkeit von Involution und Evolution zustande. Sehr vereinfacht gesagt: Alle Evolution, ansetzend aus der undifferenzierten Materie und aus diesem Substrat schrittweise das Vitale, das Mentale, das Seelische und schließlich das supramentale Spirituelle hervorbringend, hat eine Involution (Einwicklung) gewaltigen, kosmischen Ausmaßes zur Voraussetzung. Absteigend aus den höchsten spirituellen Ebenen involvieren – in einem unvorstellbaren Verdichtungsprozess – Supramentales, Psychisches, Mentales und Vitales in die Materie (diese wickeln sich ein) und halten hier, in reiner Latenz und Potenz, die Keime für künftige Evolutionen bereit. Die vollkommene Involution aber bringt zugleich den vollkommenen Verlust des Bewusstseins seiner selbst und dessen hoher Herkunft mit sich. Das nun erfolgende Emergieren von vitalen, emotional-mentalen, psychischen und spirituellen Qualitäten ist dann wieder gleichbedeutend mit einer stetigen Zunahme von Bewusstheit[30] – zu immer umfassenderer Kapazität und in einem Prozess, in dessen Verlauf beispielsweise das intellektuelle Bewusstsein des Gegenwartsmenschen letztlich nur einem – natürlich unvollkommenen – Durchgangsstadium entspricht.

In einer – wie hier – allzu sehr vereinfachten Darstellung des Evolutionskonzeptes des Integralen Yoga liegt nun eine nicht geringe Gefahr. Denn sie könnte die Meinung begünstigen, dass man sich folglich – vermeintlich im Sinne Sri Aurobindos – im großen Ganzen den Beschreibungen der darwinistischen oder neo-darwinistischen Theorie schadlos anschließen könnte und dass man diese Evolutionstheorie lediglich um den Gesichtspunkt der vorangehenden Involutionen höherer Potenzen zu ergänzen bräuchte. Das wäre aber ein zu bequemer Weg zu einem spirituellen Verständnis von Evolution. Problematisch ist an einer solchen Auffassung zudem, dass ihr gemäß innerhalb des gesamten kosmischen Prozesses nichts qualitativ Neues auftreten kann, da allein das evolviert, was zuerst involvierte.

Derartige Verkürzungen einer vermeintlich spirituellen Sicht auf Involution und Evolution begegnen bisweilen durchaus.[31] Solche Darstellungen, denen zufolge von einem einstmaligen Zustand völligen Involviertseins bei völliger Absorption der höheren Arten des Seins auszugehen ist (als wären sie verloren gegangen), vertragen sich jedoch nicht mit den oben angeführten Äußerungen Sri Aurobindos über das je und je mögliche Hereinbrechen von vitalen, mentalen oder noch höheren Wirksamkeiten, letztlich bis herein und herunter in die physisch-materielle Welt der Entwicklung. Muss man sich hier doch jeweils „neue" Involutionen denken, die erfolgen, um „neue" Evolutionen vorzubereiten. Derartige Einbrüche bleiben immer nur dann plausibel, wenn man all jene höheren Ebenen des Seins als reale Welten ansieht, in denen sich reale Entwicklungen vollziehen.[32] Sie können nicht insgesamt und restlos in einer ultimativen Involution verloren gegangen sein. – Tatsächlich hat Sri Aurobindo ein komplexes Gewebe von zeitlich sich überlagernden involutiven und evolutiven Prozessen vor Augen. Ja, er spricht darüber hinaus von einer beiderseitigen Involution – im Materiellen und im Spirituellen:

> In einem gewissen Sinne kann man sagen, die ganze Schöpfung ist eine Bewegung zwischen zwei Involutionen: Sie ist Geist, in den alles involviert ist und aus dem alles nach unten, zum anderen Pol, zur Materie, evolviert. Und sie ist Materie, in der ebenfalls alles involviert ist und aus der alles nach oben, zum anderen Pol hin, zum Geist, evolviert.[33]

Aus solch doppelter Bewegung werden sich gleichsam interferierende Muster ergeben, die es erklärlich machen, dass in der fortschreitenden Entwicklung, die in der physisch-materiellen Welt vor sich geht, immer aufs Neue aus den höheren Bereichen, denen das Vital, das Mental und darüber hinaus liegende, geistige Gliederungen angehören, vorantreibende Impulse wirksam werden können. Auch die menschliche Existenz ist in dieses doppelte Muster aus Involutionen und Evolutionen eingespannt. Die Ausgangssituation des Menschen:

> Der Mensch selbst ist ein zweifach involviertes Wesen. Das meiste an ihm, im Mentalen und unterhalb davon, ist in ein unterschwelliges Bewusstsein oder Unterbewusstsein involviert; das meiste an ihm, oberhalb des Mentalen, ist in ein spirituelles Überbewusstsein involviert.[34]

Sri Aurobindo spricht an anderer Stelle – in Hinsicht auf die Entwicklung des spirituellen Menschen – außerdem auch von einer geradezu „doppelten Evolution":

> Tatsächlich muss die schöpferische Bewusstseins-Kraft innerhalb unseres irdischen Daseins – in einem nahezu gleichzeitigen Prozess – eine

doppelte Evolution voranbringen [...]. Es gibt eine Evolution unserer äußeren Natur, der Natur des mentalen Wesens im Leben und im Körper, und es gibt, im Inneren und zur Selbst-Offenbarung drängend, da diese Offenbarung durch das Hervortreten des Mentalen möglich wurde, zumindest die Vorbereitung oder gar den Beginn einer Evolution unseres inneren Wesens, unserer verborgenen subliminalen und spirituellen Natur.[35][36][37]

Zwischen materiellem und spirituellem Pol aber agiert die Seele, um die es in der Evolution überhaupt geht. Möglicherweise bildet letztlich sie jenen Ort, von wo aus wirklich Neues in die Welt kommen kann – eher noch, als von den höheren Planen aus. Die Zielidee des gesamten Prozesses fasst Sri Aurobindo in dem oben bereits zitierten Aufsatz über „Involution und Evolution" so in Worte:

> Die Seele verwirklicht sich selbst innerhalb der Natur, wenn sie des Bewusstseins jener Ewigkeit [des Geistes] inne ist, jener Macht und Freude, und wenn sie aus der Fülle ihres geistigen Wesens das naturhafte Werden umgestaltet. Die ständige Selbst-Schöpfung, die wir Geburt nennen, findet darin die vollkommene Evolution all dessen, was sie mit ihrer Natur umfasst und sie offenbart so ihren höchsten Sinn. Die vollendete Seele besitzt sich ganz selbst und alle Natur.[38]

Überwiegt in den Darstellungen Sri Aurobindos, die er zu Lebzeiten publizierte – wie etwa in der Monatsschrift *The Arya*[39] –, ein oftmals abstrahierender Duktus, der ganz auf die spirituelle Essenz des Gemeinten ausgerichtet ist, so finden sich in seinen Tagebuch-Eintragungen des *Record of Yoga* und ähnlichen erst posthum veröffentlichten Schriften auch Hinweise auf sehr konkrete geistige Forschungsfragen und entsprechende Ergebnisse. Diese Materialien belegen z. B. eine Serie von imaginativen Schauungen, *chitra-drishti*, sehr früher Zeiten der Erdentwicklung, in denen Sri Aurobindo geschichtliche Begebenheiten schaut, die einzelne Vertreter jener frühen Menschheit durchleben. Sie handeln etwa, in einem Fall, von Vertreibung und Flucht, vom Konflikt zwischen den Bewohnern eines frühen Landes und dessen Usurpatoren, dann von einer großen befestigten Stadt, in der es in späteren Zeiten zu einer Durchmischung von Ureinwohnern und Kolonisatoren kommt u. ä..[40]

Anlässlich dieser Schauungen verfasste Sri Aurobindo einen Text, der helfen soll die große Linie der Erden- und Menschheitsentwicklung zu überblicken und die Einzelschauungen – mehr zeitlich – zu verorten. Diese Passagen schildern die Evolution weitgehend in Begriffen des traditionellen Sanatana Dharma und sind hier von besonderem Interesse, weil sie die Doppelheit der Evolutionen – von „oben" und von „unten" – eindrücklich belegen und einiges davon durchaus mit den Schilderungen Rudolf Steiners korrespondiert.

Sri Aurobindo legt in dem erwähnten Text, *The Evolutionary Scale*, dar, wie sich der göttliche Gedanke im kosmischen Leben auswirkt. Den Beginn der Wirksamkeit sieht er darin, wie die materielle Welt mit der Sonne als Zentrum gebildet wird. Die Sonne selbst wiederum ist ihm Wesensoffenbarung des großen Agni, des Gottes des Feuers, der derselbe ist wie Maha-Vishnu, das bewusste universal göttliche Wesen hinter dem materiellen Kosmos: der Virat-Purusha. Maha-Vishnu differenziert sich in mehrere Gottheiten – in Agni Tvashta, das gestaltende Feuer, Vishvakarman, den Architekten des Universums, Prajapati, den Herrn der Geschöpfe, und Matarishvan, wachsend und atmend im Feld der Erdmutter.[41] Prajapati wirkt sodann als Surya Savitri, der schöpferische Sonnengott, der seinerseits zahlreiche Sonnengottheiten aus sich hervorgehen lässt, die vielen Einzel-Purushas der ebenso vielen weiblichen Sonnenenergien. Aus der kosmischen Substanz der Sonne lässt Prajapati später die Planeten entstehen, die nacheinander Bhumi auf Bhumi, eine „Erde" auf die nächste bilden – als die Schauplätze des materiellen Werdens, als die jeweiligen Orte der Manifestation des Manu. Manu, dessen vierzehnfacher Zyklus ein Weltalter bildet, ein Manvantara, ist „[…] das mentale Wesen, das den Nodus manifestierten Lebens-Daseins und die Verbindung zwischen dem Leben und dem Geist darstellt".[42] In dem heutigen Planeten Mars hat man den vorigen Schauplatz der Evolution zu sehen,[43] als das führende Prinzip der heutigen Erde aber stets den feurigen Agni Tvashta. Agni Tvashta erscheint durch Prajapati und dieser schließlich wiederum durch den Manu in der Erdenwelt. Jedoch:

> Nicht zuerst in der physischen Welt sondern in der mentalen Welt, die hinter dem Erdenleben steht; denn die Erde hat sieben Ebenen des Seins, von denen normalerweise nur die materielle Ebene, deren Szenarien und Geschehnisse, für die materiellen Sinne sichtbar ist.[44]

Oberhalb der materiellen Ebene finden sich sechs weitere Ebenen, aus denen die Lebenshülle des Menschen, seine Bewusstseinshülle, seine Erkenntnishülle und seine Wonnehülle gebildet sind. Die beiden höchst gelegenen der insgesamt sieben Ebenen indessen, die „dynamischen" und die „essenziellen", entsprechen nicht einer im gegenwärtigen Menschen angelegten Wesensgliederung.[45] Von Anfang an gilt aber für den werdenden Menschen in jenen Zeiten, da in der „unteren Evolution" pflanzliche und tierische Formen die Erde zu besiedeln beginnen:

> Der Mensch existiert bereits, aber als ein Gott oder Halbgott im *bhuvarloka* der Erde und noch nicht als Mensch auf Erden.[46]

Der Mensch wird als ein „Sohn des Manu" bezeichnet. Die zuerst noch tiermenschliche Evolution, die der eigentlichen Erscheinung des Menschen vorausgeht, ist als eine Vorbereitung anzusehen – bis hin zu dem am besten geeigneten Typus, in dem sich der Mensch dann inkarnieren kann.

> Wenn der menschliche Körper bereit ist, dann steigt er [der Sohn des Manu] herab auf die Erde und nimmt sie in Besitz. Er ist nicht Erdgeboren noch entwickelt er sich aus dem Tier. Seine Manifestationen in tierischer Form bedeuten stets eine [nur] teilweise Inkarnation.[47]

Die Menschwerdung ist verbunden mit zehnmaligen, je und je höherwertigen, Einstrahlungen von Qualitäten, die der Manu in *bhuvarloka*, der elementarischen Welt, vorbereitet hat. Durch zehn Epochen hindurch manifestieren sich diese Bildimpulse des Manu, bezeichnet als zehn „Typen", in dem werdenden Menschen und machen in ihm zehn evolutionäre Bewusstseinsstufen aus:

> Der Mensch schreitet [...] voran durch zehn Typen, die in dieser Weltzeit für seine Entwicklung etabliert wurden. In diesem Kalpa [dieser jetzigen Weltzeit] sind diese Typen, *dashagu* [zehn Licht-Strahlen] die zehn Formen des Bewusstseins.[48] [49]

Im übernächsten Abschnitt dieses Kapitels wird – bei Sri Aurobindo und Rudolf Steiner übereinstimmend – erneut eine Zehnheit begegnen, die zehnfache Avatar-Manifestation. Es muss zunächst aber offen bleiben, inwiefern man beide Zehnheiten aufeinander beziehen kann.

Sri Aurobindos Evolutionsdenken umschließt selbstverständlich auch die Bereiche der Entwicklung der menschlichen Individualität im Gang durch die Wiedergeburten sowie die ins Einzelne gehende Frage nach dem Verhältnis, das zwischen der sich entwickelnden Wirklichkeit und der höchsten Gottheit besteht. Die zuerst genannte Thematik wird im vorliegenden Kapitel weiter unten aufgegriffen, während die dann angedeutete Frage im nachfolgenden Kapitel weiter untersucht werden soll.

Kosmische Evolution – II

Während Sri Aurobindo Involution und Evolution – deren kosmisches Ausmaß – in seinen zahlreichen veröffentlichten Darstellungen, in immer neuen Perspektiven, mehr ihrer prinzipiellen Bedeutung nach und mit Blick auf Gegenwart und Zukunft behandelt, zielt Rudolf Steiners Interesse insgesamt stärker auf die vielfältigen konkreten Wesenslinien in ihrer evolutiven Verwirklichung – im Menschen, in den Naturwesen, in den Wesenheiten der geistigen Welt und durch die großen Zyklen und Epochen kosmischen Werdens hindurch. Davon soll als nächstes einiges in knappen Zügen nachgezeichnet werden.

Zuvor ist aber das Folgende noch zu bedenken. Auch bei Goethe finden sich Spuren einer Bewegung zwischen der strikt die Immanenz betonenden Sichtweise einerseits, das Göttliche sei gänzlich in der sichtbaren Welt aufgegangen, und dem Hinblicken auf ein höheres Göttlich-Geistiges andererseits, das durchaus nicht in einer ursprünglichen Involution vom Materiepol restlos absorbiert wurde. Eine ähnliche Frage war im vorigen Abschnitt begegnet, als es im Zusammenhang mit Sri Aurobindo um die Tendenz einer zu sehr vereinfachenden Sicht auf Involution und Evolution ging. Rudolf Steiner fasst in seiner *Einleitung in Goethes naturwissenschaftliche Schriften* die Sichtweise Spinozas, dessen *scientia intuitiva* oder „anschauendes Wissen" und damit zugleich dessen bedeutenden Einfluss auf Goethe in den 1770er und 1780er Jahren in dieser Weise zusammen:

> Der Gott Spinozas ist der Ideengehalt der Welt, das treibende, alles stützende und alles tragende Prinzip.

Man könne sich dieses Prinzip zwar denken als von außerhalb die endlichen Dinge beherrschend. Spinoza hingegen – und mit ihm der jüngere Goethe – stelle sich dieses Wesen, Gott, das Urprinzip

> [...] als aufgegangen in den endlichen Dingen vor, so dass es nicht mehr über und neben ihnen, sondern nur mehr *in* ihnen existiert.

Und:

> Diese Ansicht leugnet jenes Urprinzip keineswegs, sie erkennt es vollkommen an, nur betrachtet sie es als *ausgegossen* in die Welt.[50]

Goethe selbst hielt dieser Sicht gegen Ende seines Lebens jedoch eine abweichende entgegen, derzufolge doch zumindest ein größerer, höherer
Rest bleibe, der sich ihm durch die Beobachtung keineswegs erschließen könne:

> Kein organisches Wesen ist ganz der Idee, die zugrunde liegt, entspre-
> chend; hinter jedem steckt die höhere Idee: Das ist mein Gott, das ist
> der Gott, den wir alle ewig suchen und zu erschauen hoffen, aber wir
> können ihn nur ahnen, nicht schauen![51]

Rudolf Steiner formulierte seinerseits in seinem philosophischen Hauptwerk
Die Philosophie der Freiheit einen Monismus, der die sinnenfällige Welt und die
Ideenwelt einheitlich umfasst. Dieser entnehme die Prinzipien zur Erklärung
der Welt nur der menschlichen Erfahrung, wie er auch die Quellen des Handelns einzig innerhalb der Beobachtungswelt suche. Das Verhältnis des Menschen zu Gott ist im Sinne dieses Monismus so zu fassen:

> Jeder Mensch umspannt mit seinem Denken nur einen Teil der gesam-
> ten Ideenwelt, und insofern unterscheiden sich die Individuen auch
> durch den tatsächlichen Inhalt ihres Denkens. Aber diese Inhalte sind
> in einem in sich geschlossenen Ganzen, das die Denkinhalte aller Men-
> schen umfasst. Das gemeinsame Urwesen, das alle Menschen durch-
> dringt, ergreift somit der Mensch in seinem Denken. Das mit dem Ge-
> dankeninhalt erfüllte Leben in der Wirklichkeit ist zugleich das Leben
> in Gott.[52]

Hier ist festzuhalten, dass dieser Monismus immerhin sowohl die sichtbare als
auch die Welt der Ideen umfasst. In seinem Lebensbericht jedoch, niedergeschrieben gegen Ende seines Lebens, wird ersichtlich, dass für Rudolf Steiner
dennoch – bei aller Betonung des monistischen Ansatzes – das Wirken der
Ideenwelt, besser: der geistigen Welt eine Realität ist, die er gegenüber den
Tatsachen etwa einer „von unten" aufsteigenden Evolution stets als vorrangig
erlebt. So heißt es über die 1880er und 1890er Jahre:

> Die Wissenschaften der organischen Natur waren da, wo ich mich
> mit ihnen befassen konnte, durchtränkt von Darwin'schen Ideen. Mir
> erschien damals der Darwinismus in seinen höchsten Ideen als eine
> wissenschaftliche Unmöglichkeit. Ich war nach und nach dazu ge-
> kommen, mir ein Bild des Menschen-Innern zu machen. Das war geis-
> tiger Art. Und es war als ein Glied einer geistigen Welt gedacht. Es war
> so vorgestellt, dass es aus der Geisteswelt in das Naturdasein unter-

taucht, sich dem natürlichen Organismus eingliedert, um durch denselben in der Sinneswelt wahrzunehmen und zu wirken. – Von diesem Bilde konnte ich mir auch dadurch nichts abdingen lassen, dass ich vor den Gedankengängen der organischen Entwickelungslehre eine gewisse Achtung hatte. Das Hervorgehen höherer Organismen aus niederen schien mir eine fruchtbare Idee. Ihre Vereinigung mit dem, was ich als Geisteswelt kannte, unermesslich schwierig.[53]

Frucht der Bemühungen des jüngeren Rudolf Steiner, diese Schwierigkeit zu überwinden, war Jahre später sein anthroposophisches Hauptwerk *Die Geheimwissenschaft im Umriss*.[54] In ihr – und ergänzend in zahlreichen öffentlichen und internen Vorträgen – schildert er nun die kosmische Entwicklung im Sinne der erwähnten vielfältigen konkreten Wesens- und Lebenslinien. Er tut es, ausgehend von dem, was den heutigen Menschen in der Natur der vier Elemente umgibt, wie sie in Europa von der Antike bis in die rosenkreuzerische Tradition hinein von Bedeutung waren: Feuer bzw. Wärme – Luft – Wasser – Erde. Feuer oder Wärme sind dabei innerhalb der elementarischen Welt das Flüchtigste, die Erde bildet das Feste, Wasser und Luft schließlich nehmen – vom Erdigen aufsteigend – an Beweglichkeit und Flüchtigkeit wieder zu.

Die kosmische Entwicklung geht aus einem göttlich-geistigen Wollen hervor, indem sehr hohe Geistwesen, aus intentionaler Bewusstheit, ihre Substanz bis zur Wärme verdichten und an den Weltprozess hingeben, innerhalb welcher – wie keimhaft – erste Anlagen von Geschöpfen gebildet werden, die in derselben Wärme nichts als ihre quasi mineralisch-physische Leiblichkeit haben.[55] Diese Geschöpfe sind die frühesten Vorfahren des Menschen – aus sehr hoher Geistigkeit der ersten kosmischen Substanz involutiv eingebildet, verdichtet jedoch nur bis zu der erst ganz anfänglich physischen Stufe reiner Wärme. Diesen kosmischen Zustand bezeichnet Rudolf Steiner als die Planetenverkörperung „Alter Saturn". Alles, was sich hier manifestiert, entspricht einer gewaltigen göttlich-geistigen Ausatmung, der eine ebenso mächtige Einatmung folgt, was dazu führt, dass dieser kosmische Zustand, Alter Saturn, sich aus der Manifestation schließlich wieder zurückzieht. Dies dürfe mit den Atemzügen Maha-Vishnus und den „Tagen und Nächten Brahmas" verglichen werden. Das Hervortreten einer kosmischen Manifestation, eines Planetenzustandes, nennt Rudolf Steiner – in Anlehnung an den Sanatana Dharma – denn auch Manvantara, das Sich-Zurückziehen aus der Manifestation nennt er Pralaya.

Die kosmische Entwicklung setzt sich fort, indem nach einem ersten Pralaya eine erneute Manifestation einsetzt, die zunächst die Bildungen des vorigen Manvantaras rekapituliert, dann aber Neues hervorbringt. Durch den Einfluss einer weiteren Gruppe hoher Geistwesen entsteht innerhalb des Feldes der wiederum manifestierten Wärme eine weitere Verdichtung geistiger Substanz – nun bis zur Stufe des Gasförmigen, der Luft. In der Folge wird zudem das evolutive Feld dieses Planetenzustandes durch das Emergieren von Licht weiter angereichert, das als ätherische Qualität, als Licht-Äther, das Element Luft ergänzt. Innerhalb des Milieus von Luft, Wärme und Licht werden die wiederum manifestierten frühesten Menschenanlagen bis zu der luftigen Stufe verdichtet. Und diesen gasförmigen Bildungen wird nun Licht und Wärme eingegliedert, was einer ersten Belebung dieser Menschenkeime entspricht. Wie den heutigen Pflanzen eignet ihnen Physisches, das durch Ätherisches belebt wird – allerdings auf ungleich fein-substanziellerer Stufe. Bewusstseinsmäßig befinden sie sich auf einem Niveau, das dem heutigen Tiefschlaf vergleichbar ist. In solchen Bildungen aber, die noch nicht durch ein Ätherisches belebt werden sondern von luftig physischer Art bleiben, hat man es indessen mit den frühesten Vorläufern des heutigen Tierreiches zu tun. Die Fülle dieser Manifestation, die so genannte „Alte Sonne", kehrt nach diesem Manvantara ebenfalls in die Vergeistigung eines kosmischen Latenzzustandes, in das Pralaya, zurück.

Der dritte Zustand, der „Alte Mond", zeigt – so Rudolf Steiner gemäß seiner Schau – abermals eine Rekapitulation alles Früheren. Eine weitere Gruppe hoher Geistwesen wirkt daran mit, dass die Substanzialität dieses Zustandes bis zur wässrigen Stufe verdichtet wird – und entsprechend auch die frühe, zarte Leiblichkeit der Menschenvorfahren. Die Wirklichkeit des Alten Mondes füllt sich daraufhin an mit Tönen und Klängen, indem der nun emergierende Klang-Äther in Ergänzung des wässrigen Elements hervortritt. Die physische Leiblichkeit des Vormenschen ist somit wässrig-luftig-wärmehaft, sie wird ätherisch belebt und – ein neuer Grad der Verwirklichung – von Astralität durchzogen, als einer sehr frühen Qualität von empfindendem Bewusstsein. Der Bewusstseinsgrad dieses Vormenschen ist auf der Höhe seiner Entfaltung dem heutigen Traumbewusstsein vergleichbar. Er erfährt während dieses Planetenzustandes rhythmisch wechselnde Phasen stärkeren, helleren und schwächeren, dumpferen Bewusstseins. Die Vorstufen des Tierreiches, die schon auf der Alten Sonne begegneten, erfahren nun die Eingliederung von Ätherischem, sie werden belebt. Formen hingegen, die ohne solche Eingliederungen verbleiben, werden zu Vorläufern des heutigen Pflanzenreiches gebildet. Schließlich zieht sich auch diese Manifestation wieder ins Pralaya zurück.

Der vierte Zustand erst macht den heutigen Planeten „Erde" aus, der allerdings auch erst sukzessive – durch die Stufen Wärme, Luft, Wasser hindurch – bis zur festen Mineralität verdichtet wird. Diese Mineralität ist anfänglich allerdings so subtil wie vergleichsweise die in der Luft schwebenden Aromastoffe, die dem heutigen Menschen in der Geruchswahrnehmung Kunde von dem geben, welchem sie entströmen. Durch das Einwirken einer weiteren Gruppe hoher Geistwesen[56] wird daraufhin der Mensch, zunächst ausgestattet mit einer physischen, ätherischen und astralischen Leiblichkeit, aus der geistig-feurigen Wärmesubstanz derselben Geistwesen, mit dem geistigen Feuerfunken seiner Ichheit begabt. Es entwickeln sich – nach vorheriger Involution – auch die Wesen des Tier- und Pflanzenreiches weiter und es bildet sich das eigentliche Mineralreich – durch seine ihm eigenen Entwicklungsstufen zwischen Staub, Schmelze, Erstarrung und Kristallisation. In der Ergänzung zu dem festen Mineralreich emergiert eine weitere ätherische Qualität, der Lebens-Äther, dessen Stärke es ermöglicht, einer physischen Substanz, die bis zur mineralischen Stufe verdichtet ist, geistig intendierte, lebendige Gestaltungen einzuprägen.

Die geistige Wärmewesenheit des menschlichen Ich stellt ein erstes großes Etappenziel der Evolution dar, insofern in ihr erstmals eine geistige Wesenheit innerhalb der kosmischen Manifestation bis ins Physische verkörpert erscheint. Zuvor war sie nur, gleichsam in einer Latenz und Präexistenz, oberhalb der manifestierten Bereiche des Kosmos vorhanden – im Schoße der hohen Geistwesen, die sie aus sich hervorgehen ließen, der „Geister der Form" oder „Exousiai". Die Ichheit des Menschen konstituiert sich nun in einem zuerst nur empfindenden, selbstreflexiven Bewusstsein, das im Verlaufe seiner dann einsetzenden Evolution über die Erlangung eines Gegenstandsbewusstseins zu einer immer größeren Eigenverantwortlichkeit und Freiheit erwächst. Das Verkörpertsein in einer physisch-ätherisch-astralischen Leiblichkeit wiederum ist die notwendige Voraussetzung für die Ausbildung solchen freien Selbstbewusstseins. Auf die Evolution bzw. Entwicklung der selbstbewussten Ich-Wesenheit des Menschen soll in einem nachfolgenden Abschnitt dieses Kapitels näher eingegangen werden.

Vergleichbar der individuellen Ichheit des einzelnen Menschen in ihrer präexistenten Latenz, bevor sie zur irdischen Geburt kam, befinden sich auf verschiedenen Planen der geistigen Welt die so genannten Gruppenseelen der Tiere, Pflanzen und Mineralien. Je geringer das Bewusstsein dieser Naturwesenheiten hier auf der Erde ist, so Rudolf Steiner, an einem umso höheren geistigen Ort hat man die betreffende Gruppenseele zu suchen. Der irdischen Manifestation am nächsten stehen demzufolge die Gruppenseelen der höheren

Tiere, denn deren träumendes Empfinden ist dem menschlichen Wachbewusstsein am nächsten. Diese Gruppenseelen repräsentieren nun jeweils den Typus einer Art. – Der eigentlichen Menschwerdung im Verlaufe der Manifestation des Planeten Erde gingen lange Zeitabschnitte voran, in denen aus der Sphäre der Geister der Form (Exousiai) spezifisch eingewirkt wurde auf die noch sehr weichen und bildsamen Leiber der tierähnlichen Vormenschen, der Erben der Entwicklung des Alten Mondes. Es sollten dadurch diese physisch-ätherisch-astralischen Leiber zur andauernden Aufnahme der geistig-feurigen Ichheit befähigt werden. Dieses geistig impulsierte Einwirken war darauf ausgerichtet, ein proto-menschliches Urbild, den menschlichen Archetyp, zur Erscheinung zu bringen, der in der zunächst noch tierähnlichen Leiblichkeit zur Darstellung kommen sollte. In der Folge dieser Einwirkungen seitens der Geister der Form differenzierten sich einerseits die vormenschlichen Seelenwesen als Träger jenes Urbildes und entstanden andererseits nach und nach fischartige, reptilien- und vogelartige sowie säugetierähnliche Gestalten, die sich jedoch immer wieder zu früh verfestigten und nicht in der Lage waren, die geistige Ichheit dauerhaft in sich aufzunehmen. Diese organischen Gestaltungen bestanden fort, sie wurden nun aber von den oben angedeuteten Tiergruppenseelen, gleichsam indirekt oder von außen, von oberhalb, beseelt und traten in dieser Art in ihre spezifischen tierischen Evolutionslinien ein. Variationen und Spezialisationen der verschiedenen Arten von Wirbeltieren (zusammenfassend: Fische, Reptilien, Vögel und Säugetiere) schließlich entstanden evolutiv – nach dem Modell der Metamorphose, wie Goethe sie zuerst beschrieb. Nur diejenigen Lebensformen, die die subtilste Materialität und größte Plastizität beibehielten, waren geeignet, die vormenschlichen Seelenwesen, die sich gemäß dem menschlichen Archetyp organisierten – gleichsam atmend – aufzunehmen und physisch zur Darstellung zu bringen.

Nach Mitteilungen aus der anthroposophischen Geisteswissenschaft ist daraufhin, noch in der frühen Erdentwicklung, ein Ereignis von großer Bedeutung eingetreten, das die menschlichen Existenzbedingungen nachhaltig beeinflussen sollte. Unter der Einwirkung bestimmter widersacherischer Wesen kamen zu einer Zeit, in der die Lebensformen schon stärker materialisiert waren, die frühen ichbegabten Menschen dazu, sich ihrer seelisch-geistigen Wesenheit nach noch tiefer mit der Leiblichkeit zu verbinden, als es urbildlich – gemäß der bewussten Intention der Geister der Form – veranlagt war. Insbesondere verband sich das Ich zu sehr mit der Astralität und der darin verborgenen Begierdennatur. Dadurch entstand die niedere Egoität, das Ego, welches keineswegs mit der wahren Ichheit verwechselt werden darf. Dieses Ereignis hatte wiederum tief greifende Veränderungen im gesamten leiblich-seelisch-geistigen Gefüge der frühen Menschen zur Folge, die dazu führten, dass die Menschen das ihnen voran leuchtende Urbild nicht mehr ungebrochen verwirklichen konnten und damit zugleich dem Tod unterworfen wurden. Der periodische Wechsel zwischen irdischen Verkörperungen und leibfreien Zeiten – nachtodlich zuzubringen in der geistigen Welt und ihren verschiedenen Planen – setzte ein: es kam zu dem beständigen Rhythmus von Inkarnation und Exkarnation bzw. die Reinkarnation wurde zum Gesetz der sich entwickelnden Ich-Wesenheit. Die Folge der Inkarnationen sollte nunmehr jenen langen Weg bestimmen, dessen Ziel in gewisser Hinsicht der – ebenbildlichen – Erreichung des archetypischen Urbildes entspricht. Einen Weg, von welchem viele Abschnitte auch für den heutigen Menschen noch vor ihm liegen.

In dem gewaltigen von ihm entworfenen Entwicklungspanorama werden von Rudolf Steiner immer aufs Neue Vorgänge in der physischen, lebendigen, seelischen und geistigen Umgebung des werdenden Menschen geschildert, die von höheren Geistwesen ausgehen und in ihm neue, weiterführende Prägungen hervorrufen. Solche prägenden Einflüsse erstrecken sich zunächst auf den Bereich der organischen, anthropologischen Bildung, später auf den der kulturellen und schließlich auf den der spirituellen Entwicklung des Menschen. Der wiederum verinnerlicht sie und bildet an ihnen immer neue Fähigkeiten aus, die ihm in der Folge zur Voraussetzung für eigenes, selbständiges Wirken werden. Rudolf Steiner fasst dieses andauernde Geschehen in seiner *Geheimwissenschaft im Umriss* formelhaft so in Worte:

> Darauf beruht ja alle Entwickelung, dass erst aus dem Leben der Umgebung selbständige Wesenheit sich absondert; dann in dem abgesonderten Wesen sich die Umgebung wie durch Spiegelung einprägt und dann dies abgesonderte Wesen sich selbständig weiter entwickelt.[57]

Avatar und Evolution

Im dritten Kapitel dieser Arbeit wurde das schöpferische Wort – die Vak bzw. der Logos – ausgiebig thematisiert wie auch die Entstehung der Welt der Lebewesen aus der Wirkfülle dieses göttlichen, schöpferischen Wortes. Noch einmal ein Wortlaut Sri Aurobindos über dasselbe:

> Durch seine schöpferische Kraft emergieren – aus welcher Substanz und von welchem der Plane aus auch immer – Form, Gestalt und physi-

sche Erscheinung. Das Supramentale, das durch das Wort wirkt, ist der schöpferische Logos.[58]

Nach den bisherigen Schilderungen zur kosmischen Evolution könnte es nun scheinen, als wollte sich hier ein Abgrund der Unvereinbarkeit auftun. Wie soll sich dasjenige zusammendenken lassen, was Rudolf Steiner etwa aus Sicht der ephesischen Mysterien über die Bildung des Tierreiches durch das schöpferische Wort ausführte, mit dem evolutiven „Hervorgehen höherer Organismen aus niederen", das er andernorts als eine „fruchtbare Idee" bezeichnete. Oder wie können bei Sri Aurobindo die „schöpferische Kraft" des Logos und die von ihm beschriebene, aus der Involution aufsteigende, Evolution harmonieren? Beide Lehrer haben offenkundig energisch mit dieser Problematik gerungen und überraschenderweise haben beide dasselbe kraftvolle Motiv gefunden, das den besagten Abgrund zu überbrücken vermag.

Das gemeinte Motiv – Avatara – ist im Sanatana Dharma zu Hause und zunächst eine Bildidee mythologischer Art. Durch seine Verwendung zeigen jedoch sowohl Sri Aurobindo als auch Rudolf Steiner explizit auf, wie sich die mit diesem Motiv verbundenen Ideen dem modernen Bewusstsein fruchtbar erschließen können, eben indem sie konsequent auf die Tatsachen der Evolution bezogen werden. Im klassischen Sinne versteht Indien unter dem Avatar Shri Krishna bzw. dessen Form als überirdische, kosmische Gottheit: Shri Vishnu. Das Sanskritwort *avatāra* heißt dabei so viel wie ‚Herabkunft' und meint die ‚Manifestation des göttlichen Bewusstseins auf Erden'. Shri Krishna ist die zentrale Gestalt der *Bhagavad Gita*,[59] des unübertroffenen *Gesangs des Erhabenen*, seiner wohl bedeutendsten Offenbarung in schriftlicher Form[60]. Im Anschluss wiederum an die *Bhagavad Gita* und ganz in ihrem Geist ist in den Jahrhunderten zwischen 500 und 1000 n. Chr. das umfangreiche *Bhagavata Purana*[61] verfasst worden, das ausführlich von Krishna handelt und ihn, als den achten, in eine Reihe von insgesamt zehn Vishnu-Avataren stellt.

Es sollen nachfolgend zwei bedeutsame, diesbezügliche Passagen aus dem Werk Sri Aurobindos und dem Rudolf Steiners nebeneinander und dann in einen gemeinsamen Verstehensrahmen gestellt werden. Rudolf Steiner und Sri Aurobindo knüpfen darin gleichermaßen an die soeben angedeutete puranische Tradition von den zehn Avataren an. Sri Aurobindo schreibt in einem seiner *Briefe über den Yoga*:

Die Avatarschaft hat keine große Bedeutung, wenn sie nicht mit der Evolution in Zusammenhang gebracht wird. Die Hindu-Prozession der zehn Avatare als solche ist gleichsam eine Parabel der Evolution. Erst der Fisch-Avatar, dann das amphibische Tier zwischen Land und Wasser, dann das Landtier, dann der Mensch-Löwe-Avatar, der Mensch und Tier verbindet, dann der Mensch als Zwerg, klein, unentwickelt und physisch, aber die Gottheit in sich bergend und das Dasein in Besitz nehmend, dann die rajasischen, sattvischen und Nirguna Avatare, die die menschliche Entwicklung vom vital-rajasischen über den mental-sattvischen Menschen zum übermentalen Übermenschen führen. Krishna, Buddha und Kalki sind Bild für die letzten drei Stufen der spirituellen Entwicklung – Krishna öffnet die Möglichkeit für das Übermentale; Buddha versucht eine höchste Befreiung – jenseits – zu erreichen, aber diese Befreiung ist noch eine negative; Kalki ist es, der dies korrigiert, indem er das Reich des Göttlichen auf die Erde herunter bringt [...].[62] [63]

Über die so genannten Vibhutis, teilweise göttliche Manifestationen im Gegensatz zu den vollkommenen Avatar-Verwirklichungen (*pūrnāvatāra*), die viel häufiger sind als letztere, heißt es außerdem, diese seien innerhalb der Evolution verantwortlich für kleinere Übergänge, während die großen Evolutionsschritte (man könnte vielleicht sagen: im Sinne der Makroevolution) nur von vollkommenen Avataren geleitet werden können. Überdies, beginnend mit dem Zwerg-Avatar zeigt sich auch hier, dass die Evolution sich nach und nach aus dem organisch-biologischen Prozess auf das Feld der kulturellen Entwicklung verlagert – Krishna, Buddha und Kalki treten schließlich für die spirituelle ein.

Rudolf Steiner beleuchtet denselben Zusammenhang in einer internen Unterweisung an eine kleine Gruppe esoterischer Schüler, gehalten im Sommer 1903 in Berlin. Es ist bemerkenswert, dass er hier die östliche Thematik der Avatare[64] als einen Inhalt der – für das vordergründige Verständnis genuin westlichen – rosenkreuzerischen Tradition einführt:

Die äußeren Gestalten der Erscheinungswelt haben neben ihrer äußeren noch eine innere Bedeutung, sie sind gleichsam Symbole einer früheren Entwicklungsphase. „Alles Vergängliche ist nur ein Gleichnis", dem, der tiefer schaut. Dem Psychographen, der mit astralem Vermögen in das innere Werden, in die Seele der Welt schaut, entschleiern die Dinge der Erscheinungswelt ihre innere Geschichte. Das Auge des Dangma sieht in einer Entwicklungsreihe die Verwandlungen des Logos. Die heiligen Bücher der Veden und die Rosenkreuzer-Chronik sprechen von zehn solchen Avataras oder Metamorphosen unseres gegenwärtigen Sonnenlogos. Für das Hellseherorgan ist das heutige Lanzettfischchen (Amphioxus lanceolatus) das Erinnerungszeichen einer Inkarnation des Sonnenlogos und ein Gleichnis für den Vorahn der Wirbeltiere. Man kann sich das vorstellen, wenn man an die Zeichen Sichel, Skorpion, Fisch und so weiter im Kalender denkt, die Symbole für Vorgänge in der Gestirnwelt bedeuten. Die Wirbelknochen, aus denen sich nacheinander die Fische, Amphibien, Vögel und Säugetiere entwickelt haben, waren im Vorahn nur in der ersten Anlage vorhanden, wie in dem heutigen Lanzettfischchen das Fühlorgan durch einen einzigen Nervenstrang angedeutet ist, aus dem sich in späteren Entwicklungen das Gehirn der Wassertiere, der Fische, herausorganisierte.[65] [66] [67]

Rudolf Steiner geht dann – vom Fisch-Avatar aufsteigend – alle zehn Stufen durch, jede Stufe wird einzeln mit einer mantrischen Spruchdichtung versehen, und zuletzt gelangt er zu dem Kalki Avatar. An dieser Stelle greift nun der bereits erwähnte christlich gestimmte, esoterische Ansatz der *Rosenkreuzer-Chronik*,[68] aus der dies alles vorgetragen wird, indem es heißt, dass der Kalki Avatar von den Rosenkreuzern mit dem Christus Jesus identifiziert wird:

Der zehnte Avatar: Das ist der, der da kommen wird; Kalki, sagt das Indische. Die Rosenkreuzer-Chronik lautet: Wenn aber die Zeiten erfüllt sind, das Auge öffnet sich, und Menschenschicksal wird leuchtend im Innern, die leuchtende Gestalt wähle zum Führer: dann wird dir Schicksal selbst Gesetz und liebesvolles Wollen. Wes Auge sich öffnet, der sieht lebende Rosen dem Kreuze erwachsen. Christus war für die Rosenkreuzer dieser Kommende, Christus als die sich immer fortentwickelnde Kristallisation zum leuchtenden Vorbild der sich hinaufentwickelnden Menschheit [...].[69] [70]

Schaut man diese Darlegungen und die weiter oben nachgezeichneten der Weltentwicklung im Verlauf der Manifestationen durch Wärme, Luft, Wasser, Erde – im Sinne von Rudolf Steiners *Geheimwissenschaft im Umriss* – zusammen, so lässt sich das Ganze versuchsweise so verstehen, dass die vielfältigen Wirkungen hierarchischer Wesen spätestens während des vierten Planetenzustandes, Erde, in der Wirksamkeit des wiederholt sich manifestierenden Avatars kulminieren.

Was beide vor Augen haben, Rudolf Steiner wie Sri Aurobindo, könnte in einem ersten Verstehensansatz und zusammenfassend wie folgt skizziert werden. Eine hohe göttlich-geistige Wesenheit, der Avatar, wirkt in großen Abständen, periodisch, auf die sich entwickelnden organischen Lebewesen ein. Die Aufmerksamkeit richtet sich hier insbesondere auf die Reihe der Wirbeltiere. Das organische Substrat, das von der avatarischen Wirksamkeit ergriffen wird, muss man sich für die frühesten Zeiten hochgradig weich und bildsam, vergleichsweise embryonal oder fetal, vorstellen. In dessen späten Formen zeigt sich, dass das avatarische Wesen seine Gestaltungsimpulse prinzipiell auf die Gestalt des Menschen – und vielleicht auf das Wesen, das einst über den Menschen hinausführen wird – ausgerichtet hat. Zunächst also entstehen nur sehr einfache Formen, in die das seelisch-geistige Menschenwesen zwar versuchsweise gleichsam eindringt, in denen es jedoch nicht dauerhaft Wohnung nehmen kann: fischähnlich, amphibienartig oder von der Gestalt warmblütiger Säugetiere. Aus diesen Formanlagen entwickeln sich, nachdem sich zeigt, dass menschliche Seelen sich darin nicht verkörpern können, im Sinne der Mikroevolution die einzelnen tierischen Spezies weiter. Teilmanifestationen der avatarischen Wesenheit, die Vibhutis, begleiten auch diese evolutiven Linien. Die zentrale Linie in der Welt der sich entwickelnden Organismen hingegen sammelt und vereinigt um sich diejenigen Individuen, die sich immerzu die größte weiche Plastizität erhalten und stets am offensten sind für die großen evolutiven Impulse, die von der jeweils nächsten avatarischen Manifestation ausgehen.[71] Aus dieser quasi-fetalen „Mitte" der Lebewesen erhebt sich dann endlich die menschliche Form, auf die der evolutive Prozess der Bildung der Vertebraten von Anfang an angelegt war. Die Wirbeltierarten bringen demzufolge, genau verstanden, nicht den Menschen aus sich hervor, sondern – eher umgekehrt – die weiche, plastische Bildung, die immer schon darauf ausgerichtet ist die menschliche Gestalt zu verwirklichen, lässt auf den verschiedenen Stufen ihrer Verwirklichung die Tierarten aus sich hervorgehen, sie sondert sie aus als die fortlebenden und sich arttypisch verfestigenden Bildungen, die das seelisch-geistige Menschenwesen nicht in sich aufzunehmen vermögen.[72] Kalki schließlich, die zehnte avatarische Manifestation, ist wiederum am anderen Ende der Skala derjenige, der die Menschheit auf ihre Zukunft verweist – im Sinne des Christus, wie Rudolf Steiner es mit den Rosenkreuzern ausdrückt, oder im Sinne des Kalki Avatars bei Sri Aurobindo. Diese zehnte avatarische Herabkunft steht am eindrücklichsten dafür, dass die natürliche und später die kulturelle Evolution in die größere spirituelle Evolution einmünden werden.

Wie Sri Aurobindo und Rudolf Steiner sich inhaltlich nahe kommen im Hinblick auf Evolution und Avatare – und insbesondere auf den Kalki Avatar –, wird leicht einsichtig, wenn man prüft, welche Übereinstimmungen bezüglich des Zukunftsbildes „Kalki" und seinem westlichen Pendant zwischen Sanatana Dharma und Christentum ohnehin bestehen. Dazu sei der nachfolgende, knappe Vergleich puranischer und biblischer Quellen angefügt.

Dem oben erwähnten *Bhagavata Purana* ist zu entnehmen, dass der Kalki Avatar als Sohn des viel gerühmten Brahmanen Vishnuyasha und seiner Frau Sumati, zur Zeit des Überganges vom Kali Yuga zu dem neuen Satya Yuga in der Stadt Shambhala geboren werden soll. Es ist dies eine Zeit, da die Regierenden der Erde zu Dieben und Plünderern verkommen sein werden.[73] Gemäß dem *Agni Purana* wird Kalki, gemeinsam mit Yajnavalkya, seinem Lehrer und Priester, jene Nicht-Edlen, die zu Unrecht herrschen, mit seinen Waffen vernichten, er wird die Wahrheit und den Durst nach Wahrheit wiederherstellen und ein neues, gerechtes Reich errichten. Er kommt allerdings, aufs Ganze gesehen, eher, um die Welt zu reinigen denn um zu lehren, da das Verstehen der Menschen zu jener Zeit sehr beeinträchtigt sein wird. Kalki wird auf seinem weißen Pferd Devadatta erscheinen, ein Schwert in seinen Händen und ausgestattet mit acht mystischen Gaben sowie acht göttlichen Eigenschaften. Er wird jene Diebe und Räuber zu strafen kommen, die es wagten sich als Könige aufzuspielen. – Wenn es da heißt, dass ein solcher durch den Höchsten, den Avatar, getötet wird, so ist zu bedenken, dass der Betroffene nach puranischem Verständnis in dem Moment seines Todes die vollkommene spirituelle Reinigung erfährt, vergleichbar der Verwirklichung eines Yogis, der sein Leben lang meditierte und seinen Körper verlässt, indem er restlos auf den Höchsten ausgerichtet ist. So das *Bhagavata Purana*. – Aus denjenigen jedoch, die unter Kalki die vollkommene Reinigung erfahren und die von einem Geist, so klar wie Kristall, sein werden, soll nach dem *Vishnu Purana* das neue Geschlecht derer entstehen, die die künftige Zivilisation des anbrechenden Satya Yuga – oder auch: Krita Yuga[74] – aufbauen werden.[75]

Die Frage, warum zum Vorankommen der Menschheit ein derartig gewaltsames Eingreifen notwendig ist, erhebt sich – wie den Puranas gegenüber – ebenso angesichts der Schilderungen der *Geheimen Offenbarung*, dem letzten Buch der *Bibel*, und ihren Schilderungen der Endzeit. Dieser Zusammenhang, so geheimnisvoll er auch erscheint, verweist immerhin darauf, dass Evolution nicht erfolgen kann, ohne heftige Krisen zu durchlaufen. Vorerst seien schlicht die großen Bilder einander gegenüber gestellt. Denn auch in der *Geheimen Offenbarung*, der *Apokalypse*, erscheint der Reiter des weißen Pferdes. Das eine Mal tritt ein weißer Reiter hervor, als das „Lamm" das erste Siegel öffnet, gefolgt von weiteren Reitern, jeweils auf einem feuerroten, einem schwarzen und einem fahlen Ross (Offb 6,1-8). Später aber – nachdem schon „Tier" und „Drache" aufgetreten sind, „Babylon" bereits überwunden ist und unmittelbar nach einem jubelnden, überschäumenden Freudenausbruch unzähliger reiner Heiliger bei der Ankündigung der Hochzeit des „Lammes" – sprengt der Reiter auf dem weißen Pferd hervor, und dieses Mal, um die erste eschatologische Schlacht einzuleiten:

> Und ich sah den Himmel aufgetan; und siehe, ein weißes Pferd. Und der darauf saß, hieß: Treu und Wahrhaftig,[76] und er richtet und kämpft mit Gerechtigkeit. Und seine Augen sind wie eine Feuerflamme, und auf seinem Haupt sind viele Kronen; und er trug einen Namen geschrieben, den niemand kannte als er selbst. Und er war angetan mit einem Gewand, das mit Blut getränkt war, und sein Name ist: Das Wort Gottes. Und ihm folgte das Heer des Himmels auf weißen Pferden, angetan mit weißem und reinem Leinen. Und aus seinem Munde ging ein scharfes Schwert, dass er damit die Völker schlage; und er wird sie regieren mit eisernem Stabe; und er tritt die Kelter, voll vom Wein des grimmigen Zornes Gottes, des Allmächtigen, und trägt einen Namen geschrieben auf seinem Gewand und auf seiner Hüfte: König aller Könige und Herr aller Herren. (Offb 19,11-16)

Die *Geheime Offenbarung* des Johannes verrät auch etwas über die Herkunft dieses weißen Reiters. Einige Kapitel zuvor ist nämlich von der Kindheit dessen die Rede, der „mit eisernem Stabe" regieren wird. Er ist der Sohn der kosmischen Frau. Und diese wiederum ist die Frau, bekleidet mit der Sonne, den Mond unter ihren Füßen und auf ihrem Haupt eine Krone von zwölf Sternen. Sie wird unter Qualen ihren Sohn gebären. Ihr Sohn aber wird bedroht von dem großen, roten „Drachen" mit sieben Häuptern, zehn Hörnern und auf seinen Häuptern sieben Kronen, der den Knaben sogleich nach dessen Geburt vernichten will (vgl. Offb 12,1-4.) „Und sie gebar ihren Sohn, einen Knaben, der alle Völker weiden sollte mit eisernem Stabe. Und ihr Kind wurde entrückt zu Gott und seinem Thron." (Offb 12,5)

Die in dem obigen Zitat aus der *Geheimen Offenbarung* angedeutete erste apokalyptische Schlacht führt zu der Überwindung des „Tieres", das zusammen mit seinem „Propheten" in den feurigen Pfuhl gestoßen wird, wie auch des „Drachen", der gefesselt und für tausend Jahre in den Abgrund verbannt wird. Und ebenso wie nach den *Puranas* mit dem Kalki Avatar das Satya Yuga beginnt, so folgt auf den Sieg des weißen Reiters der *Geheimen Offenbarung* das „tausendjährige Reich". In den Zeiten dieses Reiches werden dann all jene gerechtfertigt und erhoben, die einstmals wegen ihres Zeugnisses für das Wort Gottes Verfolgung und Tod erlitten hatten. Schon beim Hervorbrechen des weißen Reiters aber waren ihm ganze Heerscharen auf ebenfalls weißen Pferden gefolgt, in leuchtend weißes und reines Leinen gewandet, über welches es in den Worten des Apokalyptikers kurz zuvor geheißen hat: „Das Leinen aber ist die Gerechtigkeit der Heiligen." (Offb 19,8) Und wieder auf der anderen Seite: Auch Kalki errichtet die Zivilisation des neuen Zeitalters gemeinsam mit denen, die die umstürzende Krise dank ihrer früher schon erworbenen Reinheit überstanden haben. In ihren Herzen wird das reine Gute wohnen, sie werden ihre Kinder im Licht des reinen Guten erziehen und ihr Geist wird selbstleuchtend sein. Das *Kalki Purana* schließlich spricht davon, dass Kalkis Regentschaft – in Shambhala – wie jenes, das der christliche weiße Reiter errichten wird, ebenfalls eintausend Jahre währen soll.

Sri Aurobindo spricht in seinen *Essays über die Gita* über Jesus Christus als Avatar – auf Krishna und Buddha folgend – und weist streng all jene zurecht, die höhnen: „Hilf dir selber, wenn du Gottes Sohn bist, und steig herab vom Kreuz" (Mt 27,40) und die ihn schmähen, er könne doch nicht Gott gewesen sein, da er einen so schändlichen Tod hat sterben müssen. Und Sri Aurobindo macht geltend, dass notwendig der Göttliche das menschliche Leiden und den Tod auf sich nehmen musste: „Er muss die menschliche Begrenztheit annehmen, um zu zeigen, wie sie überwunden werden kann."[77] [78] – Kalki wiederum steht für Sri Aurobindo durchaus in der Linie der zukünftigen Fortsetzung dessen, was durch den Christus Jesus begann. Auch in seiner mysteriendramatischen Dichtung *Savitri* befasst er sich mit dem Spannungsbogen von „Gethsemane und Golgatha" zu dem kommenden Avatar. Dass seit Golgatha die Finsternis des Zeitalters sich weiter verdichtete und dass die aufwärts weisende Evolution trotz allem ins Stocken geraten zu sein scheint, könnte den Suchern nach Wahrheit den Ausweg der Erdenflucht nahe legen. Das aber würde niemals helfen, das Leben zu erlösen: „Leben, das hinterlassen wird auf einer gefallenen Erde". Die Erwartung, dass Kalki hervortrete, und die Aufgabe der Menschheit im Zusammengehen mit ihm kleidet Sri Aurobindo in der Dichtung *Savitri* in die Worte:

> Drum muss eine größere Macht erscheinen und ein mächtigeres Licht.
> Wenn auch das Licht auf Erden wächst und schon die Nacht zurückweicht,
> muss doch der Mensch, bis das Böse in seinem eignen Heim vernichtet ist
> und Licht eindringt in der Welt unbewusste Basis
> und bis die gegnerische Kraft zugrunde ging,
> noch weiter schaffen, da sein Werk erst halb getan ist.[79]

Und nochmals in den *Essays über die Gita* bringt Sri Aurobindo den Zusammenhang mit knappen Worten auf den Punkt: „Gerade der Avatar der Schmerzen und Leiden muss zuerst kommen, bevor der Avatar der göttlichen

Freude kommen kann."[80] Diese Ausdrucksweise schließlich, „Avatar der Freude", widerspiegelt jenen oben erwähnten, gewaltigen Freudenausbruch der Heiligen in der *Geheimen Offenbarung*, der dem Auftreten des weißen Reiters bei Verkündigung der Hochzeit des „Lammes" vorausgeht. – Die Beispiele mögen genügen. Fraglos hat man es in dem oben Nachgezeichneten mit einer ganzen Reihe von auffallenden Übereinstimmungen zu tun – den „weißen Reiter" betreffend –, welche insgesamt die Frage zulassen, ob nicht die *Puranas*, zumindest in einzelnen Segmenten, Mitteilungen aus demselben geistigen Zukunftsgebiet enthalten wie die *Geheime Offenbarung*.

Über den zweiten und den dritten Namen des „weißen Reiters" heißt es in der *Geheimen Offenbarung*: „[...] und er trug einen Namen geschrieben, den niemand kannte als er selbst". Und kurz darauf: „[...] sein Name ist: Das Wort Gottes" (Offb 19,12.13). Dies berührt die fortgesetzte Thematik des vorliegenden Kapitels, mit Blick auf die „wahre Ichheit". Denn der Name, „den niemand kennt", hängt zunächst mit dem Namen zusammen, durch den der Mensch, wenn er ihn eindeutig verwendet, immer nur sich selbst bezeichnen kann: „ich". Der esoterische Schüler Rudolf Steiners, Emil Bock, Priester der ‚Christengemeinschaft' und Mitbegründer der ‚Bewegung für religiöse Erneuerung', folgt dieser Spur und findet in dem Namen, „den niemand kannte als er selbst", eine Steigerung gegenüber dem Namen des „Ich", den jeder Mensch nur zu sich selbst sagen kann. Denn der weiße Reiter ist für ihn derjenige, der bis in den tiefsten Geheimnisgrund um die wahre Ichheit weiß, und darum, welches in der Entwicklung von Erde und Mensch der Ichheit Ursprung und welches ihre Erfüllung ist. Ursprung und Ziel des Ich sind göttlicher Natur; der Ursprung klingt an in den alttestamentlichen Worten „Ich werde sein, der ich sein werde", (2. Mose 3,14)[81] und in dem Ausspruch des Apostels Paulus: „Ich lebe, doch nun nicht ich, sondern Christus lebt in mir" (Gal 2,20) kündigt sich jenes Ziel, jene Erfüllung an. Das göttliche und das menschliche Ich treten mit dem weißen Reiter also auf in inniger Korrespondenz, ersteres verleiht letzterem im höchsten Sinne seine Substanz. Von da aus schlägt Emil Bock die Verbindung von dem zweiten zu dem dritten Namen des weißen Reiters, der ihm zum leuchtenden, göttlichen Vorbild wird – oder: zum Vorreiter – für die weitere Entwicklung eines jeden mit wahrer Ichheit begabten Menschen:

> Wir lernen so Ich zu sagen, dass ein Anderer durch uns Ich sagt, das ist das Ich-Geheimnis, welches der zweite Name des weißen Reiters mitumspannt. Mit diesem Namen bezeichnet sich nicht einfach nur der

natürliche, sondern der Gott-erfüllte Ich-Mensch, der das göttliche Ich in seinem menschlichen Ich trägt."[82]

Und so wird, im Sinne Bocks, der zweite Name zu Keim und Knospe des dritten, der da lautet: „das Wort Gottes". Es ist jener Name, der auf dem weißen Leinengewand des weißen Reiters geschrieben steht, auf jenem Gewand allerdings, das „mit Blut getränkt" ist.

Auf diesem Gewande steht der Name: „der Logos Gottes". [...] Durch die Einwohnung Christi wird dem Menschen nicht nur eine Kraft zuteil, die nach innen wirksam ist. Eine neue Kraft strahlt von ihm aus. Im Sprechen des Menschen spricht das Sprechen Christi, der der „Logos Gottes" selber ist, mit.[83]

Mit diesen Darlegungen Emil Bocks[84] soll der vorliegende Abschnitt abgerundet werden. Sie lassen sich vor dem Hintergrund des Zusammenspiels von Avatar und Evolution wohl am ehesten nachvollziehen, steht doch der Avatar für diejenige göttlich-geistige Instanz, die durch ihre jeweilige Manifestation der Evolution der Erdenwesen – der Entwicklung des Menschen – immer aufs Neue die entscheidenden Anregungen gibt, bis hinauf in spirituelle Höhen, die heute allenfalls erahnt werden können.

Ichheit und seelisches Wesen

Der Kosmos, in dem sich die Evolution vollzieht, in dem der Mensch fortschreitend zu seiner Ichheit erwacht, entstand durch eine primäre Manifestation feuriger Wärmesubstanz. Darin treffen sich Anthroposophie und Integraler Yoga, wie es sich in vorherigen Abschnitten dieses Kapitels erwiesen hat. Im Folgenden geht es u. a. um die Herkunft auch des inneren seelischen Wesens, des Ich, aus der Wärme – dem Feuer.

Es sei eingangs daran erinnert, dass sich in der Darstellung Rudolf Steiners nicht nur der Kosmos überhaupt aus der feurigen Wärmesubstanz – als der frühesten ätherisch-physischen Manifestation – bildete, sondern auch der Planetenzustand der heutigen Erde. Rudolf Steiner spricht von der „Erden-Feuerkugel", in der sich von den ersten Anfängen an vielfältige seelisch-geistige Wirksamkeiten darstellen. In sehr früher Zeit verbinden sich mit diesem Erdenfeuer noch am wenigsten jene Seelenformen, die später zu Menschen werden sollen.[85] Sie berühren die Feuer-Erde nur wie in einem äußersten

Punkt. Später kommt es zu vergleichsweise becherförmigen Feuer-Wärme-mänteln, in die die vormenschlichen Seelenformen sich zeitweise einsenken. Abermals später ist von „Feuerleibern" die Rede, in die sich nun Luftiges eingliedert. Auch das Sich-Einarbeiten des Seelen- oder Astralleibes und des Lebens- oder Ätherleibes in die anfänglich physische Bildung vollzieht sich jeweils initial durch Manifestationsstufen im Sinne feuriger Wärmezustände. Sodann wird in den frühen Formen des Vormenschen das Leben selbständiger und jene bleiben unter dem Einfluss der bereits erwähnten Geister der Form, Exousiai, auch dann bestehen, wenn sich das seelisch-geistige Wesen des Vormenschen von der frühen Erde zurückzieht – und aus den Leibern herauszieht. So kommt es dazu, dass für die erneut sich in die irdische Form einsenkenden Seelen Leiber vorhanden sind, die diesen Seelen wie von Vorfahren dargeboten werden. Es entsteht etwas wie eine Generationenfolge und unter dem Einfluss der Geister der Form bildet sich eine erste Art von Erinnerung, eines die Generationen verbindenden Bewusstseins. Die verkörperte Seele erlangt an diesem Gedächtnis ein erstes Ich-Gefühl. Dieses Ich-Gefühl wird verstärkt durch die feurige Qualität des Ätherischen, durch die der Mensch sich verbunden fühlt mit dem „äußeren Feuer der Erde". Indem sich das innere Wärme-Erleben weiter intensiviert, empfindet er in der Folge die Wirkungen der Geister der Form so, wie die Worte in heutiger Sprache es ausdrücken, die Rudolf Steiner diesem frühen Erdenwesen leiht:

> Jetzt durchglühen die geistigen Wesen den Umkreis der Erde, von denen ein Funke sich losgelöst hat und mein Inneres durchwärmt.[86]

Damit geht einher, dass nun auch das frühe Gedächtnis sich weiter verinnerlicht und individualisiert. Nachdem das Seelische sich durch unterschiedliche Weisen, mit dem physischen, dem ätherischen und dem astralischen Leib verbunden zu sein, feiner gegliedert hat – nach den ersten Anlagen von Empfindungs-, Verstandes- und Bewusstseinsseele – kommt es schließlich dazu, dass der Mensch seitens der Geister der Form bleibend mit einem Funken aus ihrem Feuer, dem „Ich", begabt wird:

> Es wurde das „Ich" in ihm entfacht.[87]

Dies alles geht dem schicksalswendenden Ereignis voran, das oben in dem Abschnitt „Kosmische Entwicklung – II" angedeutet wurde, infolgedessen der

Mensch sich von seinem Ich aus zu sehr mit der Begierdennatur des Astralischen verbindet und überhaupt erst eine niedere Egoität entsteht. (Das „Ich" selbst darf nie mit dem „Ego" verwechselt werden.) Nun lässt sich aber der Mensch in der Folge mit dem Feuer des Funkens, den er in sich trägt, zu sehr auf das Erdenfeuer ein und dies auf eine Weise eigenmächtig, dass es den Absichten der Wesenheiten der Sonne – den Exousiai – widerstrebt. All das hängt also mit dem „Fall" des Menschen zusammen.

Genügend deutlich zeigt sich, dass sich das Ich für die geistige Erkenntnis Rudolf Steiners als von durch und durch feuriger Natur darstellt. Dies wirkt bis zum gegenwärtigen Menschen fort, indem die Wärme, insbesondere die Blutswärme innerhalb der leiblichen Organisation auch des heutigen Menschen das entscheidende Element ist, durch das das Ich sich mit dieser verbindet. Tätigkeit aus dem Ich erwärmt den Menschen durchdringend und ein Mensch der Ich-Initiative kann auch andere für seine Ideale begeistern und erwärmen. Im heutigen Menschen wirkt zwar fast immer das niedere Ego mit herein, die echt ichhafte Initiative aber, die im anthroposophischen Kontext vielfach so entschieden angesprochen wird, soll letztlich die niedere Egoität gleichsam verbrennen.

Die erwähnte Bewusstseinsseele bleibt für die gesamte Erdenzeit diejenige Gliederung, in der sich das Bewusstsein, das der Mensch zunächst seinem Astralleib[88] verdankt, zum Selbstbewusstsein konzentriert. Was oben geschildert wurde, bezieht sich auf die sehr frühe Erdenzeit. In jenen Epochen der Entwicklung darf man sich die Seelenglieder nur als allererste Veranlagungen vorstellen. Die eigentliche Geburt und die Entfaltung der Empfindungsseele fallen dann nämlich in die Zeit der ägyptischen Kultur, die der Verstandesseele in die Zeit der griechisch-lateinischen Kultur und die der Bewusstseinsseele ist überhaupt erst für die gegenwärtige Epoche[89] anzusetzen, die mit Renaissance und Humanismus begann.

Die Bewusstseinsseele nimmt beim gegenwärtigen Menschen den Bereich der hellsten und klarsten Bewusstheit ein. In ihrem Licht ist sich das ihr innewohnende und sich erinnernde Ich – in seinen erkennenden und handelnden Vollzügen – am meisten seiner selbst gewahr. In allen übrigen Wesensschichten tritt das Ich nur verhüllt auf. Die Bewusstseinsseele jedoch trägt in sich das mentale Erbe der Verstandesseele als die moderne Intellektualität, durch die ihr Licht zunächst ein kaltes Licht ist, in das das Ich eingebunden ist, in dem es vorerst sehr einsam ist und aus dem heraus es einen Zusammenhang mit tieferen, reineren Herzensqualitäten erst wieder herstellen muss, um seine ursprüngliche Wärme- oder Feuer-Natur frei und hell bewusst entfalten zu können. Die Wärme- und Feuer-Natur des Ich selbst aber ist tiefer mit der seelischen Potenz des Wollens[90] als mit dem mentalen Bewusstsein verwandt. Dasjenige, was das über Geburt und Tod hinaus fortdauernde Ich als die Früchte seiner Entwicklung ansehen kann – erworben in der irdischen Inkarnation, verdankt es den Impulsen und den Taten, die es willentlich vollbrachte und vollbringt.[91] In den zukunftsgerichteten Willensakten verjüngt sich das Ich immer aufs Neue – auch durch die Reihe der Erdenleben. Es ist das Immer-Jüngste im Menschen. Deswegen nennt Rudolf Steiner es auch das „Baby"[92] in der Menschheitsevolution.

Und dennoch kommt das Ich – in der Verkörperung – in der Bewusstseinsseele am meisten zu sich. Die Willenswärme des Ich nun regt sich schon dann, wenn es sich der Selbstbesinnung hingibt. Und der innere Ort, wo es diese Tätigkeit ausübt, kann als ein inneres Heiligtum erlebt werden. Hier erfährt sich das zuvor, auf den niederen Stufen der Wesensgliederung, mehr verborgene Ich – unverhüllt.

Man könnte sagen, mit dem Hinansteigen über jede Stufe fällt einer der Schleier, mit denen das Verborgene umhüllt ist. In dem, was die Bewusstseinsseele erfüllt, tritt dieses Verborgene hüllenlos in den innersten Seelentempel.[93]

Dieses Zitat aus der *Geheimwissenschaft im Umriss* sei noch durch ein weiteres ergänzt, das der anderen grundlegenden Schrift Rudolf Steiners, *Theosophie*, entnommen ist, in dem davon die Rede ist, dass zwar die übersinnlichen Hüllen (etwa das Ätherische und Astralische) dem Hellseher sichtbar sind, das Ich aber nicht.

Das „Ich" selbst ist auch ihm unsichtbar: dieses ist wirklich in dem „verhangenen Allerheiligsten des Menschen".[94]

Festzuhalten ist, dass sich für Rudolf Steiner – bei aller Verinnerlichung des Ich-Begriffs – die feurige Natur des Ich insbesondere als willenswirksame Tätigkeit ausdrückt. Ist auch das seelische Wesen bei Sri Aurobindo, *psychic being*, dem Ich, wie Steiner es beschreibt,[95] in vielem vergleichbar, so erscheint es zumindest fürs erste Hinsehen als fraglich, ob dies auch für das zuletzt genannte Merkmal gilt.

Die vedische Gottheit Agni lässt das Universum – in der Schau des Integralen Yoga – aus ihrer Feuer-Natur hervorgehen.[96] Und Sri Aurobindo sieht ebenfalls das innere seelische Wesen als wesensverwandt mit der feurigen Gottheit, von der es übrigens heißt, sie sei „immer jung", im Feuer sich immerzu erneuernd.[97] [98] Im Gespräch mit vertrauten Schülern war einmal der Punkt berührt worden, dass das *psychic being* die Entwicklung der menschlichen Wesenheit von Geburt zu Geburt aufwärts leite. Deswegen mutmaßte einer der Schüler, der früher schon zitierte Ambalal B. Purani: „Wenn das *psychic being* ein Funke des Göttlichen ist, dann ist seine Aufgabe dieselbe wie die des vedischen Agni, als des ‚Anführers der Reise'." – Worauf Sri Aurobindo erwiderte: „Ja, Agni ist der Gott des *psychic* und führt die Reise hinauf."[99] – Und in einem Briefwechsel über Poesie und Poetik notiert er: „Was Sie beschreiben, ist das psychische Feuer, *agni pavaka*, das in dem tieferen Herzen brennt und von dem aus das Mentale, das Vitale und der physische Körper beleuchtet werden."[100]

Das *psychic being* ist im Integralen Yoga gleichsam das Hypomochlion an der Waage, nach der entweder die Evolution aufwärts geht oder das ganze Abenteuer verfehlt wird. Der Mensch als das Übergangswesen auf dem Weg zu einer neuen Spezies kann die angestrebte Transformation – im Sinne des Supramentalen – in einem ersten Schritt nur durch das ihm innewohnende *psychic being*, das seelische Wesen, bewerkstelligen. – In seinem Hauptwerk *Das Göttliche Leben* zeigt Sri Aurobindo, dass die seelische Wesenheit zunächst unter den Hüllen der menschlichen Natur weitgehend verborgen ist, „verhüllt". Sie selbst ist aber, anders als die Hüllen, von unvergänglicher Art und nicht Resultat früherer Manifestationen, wird durch diese auch nicht begrenzt, sondern enthält in sich selbst die Möglichkeiten aller künftigen Manifestationen. Durch das immer Unvollkommene der jeweiligen Verwirklichungen in den Hüllen wird sie nicht beeinträchtigt oder verunreinigt.

Sie ist eine immer-reine Flamme des Göttlichen in den Dingen. Nichts, was an sie herankommt, und nichts, was in unsere Erfahrung eindringt, kann ihre Reinheit beflecken oder die Flamme auslöschen. Dieser spirituelle Stoff ist makellos und leuchtend. Weil er vollkommen lichtvoll ist, nimmt er unmittelbar von innen her […] die Wahrheit des Wissens und die Wahrheit der Natur wahr. Er ist sich der Wahrheit des Guten und des Schönen bewusst, weil das Wahre, Gute und Schöne seinem inneren Charakter verwandt ist; das sind Formen von etwas, das seiner eigenen Substanz eingeboren ist.[101]

Alles indessen, was dem Wahren, Schönen und Guten widerstrebt, wird von der seelischen Wesenheit unmisslich erkannt und zurückgewiesen. Körper, Leben und Mentales sind ihre Werkzeuge. Die Einschränkungen, die diese mit sich bringen, nimmt sie auf sich. Sie selbst ist aber etwas anderes und Größeres. Dass sie nun ihre Werkzeuge oder Organe erst nach und nach durchdringen, die Hüllen sukzessive durchlässiger machen muss, führt zu einer Entwicklung, nicht frei von Verzögerungen und Entstellungen. Das Mentale kann zudem die seelische Wesenheit über lange Zeit nicht wahrnehmen und gelten lassen:

> Die Hülle ist dicht. Wir kennen nicht das verborgene Licht in unserem Innern, das Licht in der geheimen Krypta des innersten Heiligtums des Herzens. Ahnungen steigen aus der Psyche an die Oberfläche empor, aber unser Mental entdeckt ihren Ursprung nicht. Es hält sie für seine eigenen Tätigkeiten, weil sie, schon bevor sie an die Oberfläche kommen, in mentale Substanz eingekleidet sind.[102]

Das Mentale kann zudem den Einflüssen des vitalen Ego[103] erliegen und dessen Regungen Raum geben, was das Sadhana im Sinne des *psychic being* erheblich erschweren wird. Die Seele wird sich dann vorerst zurückziehen und die weitere Entwicklung des Mentalen abwarten.[104] Letztlich aber will sie die natürliche Evolution unterstützen und fortführen, durch die zunächst die Felder des Körperlichen, des Vitalen und des Mentalen ausgebildet werden müssen.

> Die Seele sammelt die Essenz all unserer mentalen, vitalen und körperlichen Erfahrungen und assimiliert sie für die weitere Evolution unseres Daseins in der Natur. Doch ist dies Wirken verborgen und dringt nicht an die Außenseite.[105]

Nur allmählich können die verborgenen Seiten klarer hervortreten und in der gegenseitigen Durchdringung des *psychic being* mit Mentalem und Vitalem bildet sich in der Folge eine „psychische Persönlichkeit", die zwischen der Außenseite und dem *psychic being* zu kommunizieren hilft. Der Prozess drängt nunmehr dem Erwachen zur eigenen Seele entgegen, von dem aus die weiterführende „psychische Transformation" im Sinne einer beschleunigten Entwicklung eingeleitet werden kann. – Es folgt jetzt ein etwas umfangreicheres Zitat aus *Das Göttliche Leben*, das manches nochmals zusammenfasst und überdies klar aufzeigt, dass zweifellos das seelische Wesen in der Sicht Sri Aurobindos die wahre, individuelle Ichheit ist. Es könnte hier so scheinen, als ob diese zwar auf die Hüllennatur Einfluss nimmt, jedoch weniger als Quellort von Initiative zum Wirken in der äußeren Welt verstanden wird. Denn die *psychicisation* der menschlichen Natur, wie die Transformation durch jenen

Einfluss andernorts genannt wird,[106] gipfelt in der Öffnung des Menschen hin zu Gott. Wie es sich mit dem Wirken in der Welt tatsächlich verhält, wird weiter unten gezeigt.

> Die in uns verborgene wahre Seele [...], diese verschleierte psychische Wesenheit ist die stets in uns brennende Flamme der Gottheit, die auch nicht durch jene dichte Unbewusstheit, die nichts von einem inneren spirituellen Selbst weiß, ausgelöscht werden kann, durch die unsere äußere Natur verdunkelt wird. Sie ist eine aus dem Göttlichen Wesen geborene Flamme, die als lichtvoller Bewohner der Unwissenheit in dieser so lange wächst, bis er sie in Wissen verwandeln kann. Sie ist der verborgene Zeuge, die Aufsicht, der geheime Lenker, der Dämon des Sokrates, das Innere Licht oder die Innere Stimme des Mystikers. Dieses psychische Wesen überdauert uns unzerstörbar von Geburt zu Geburt, unberührt durch Tod, Verfall oder Verderben, ein unauslöschlicher Funke Göttlichen Wesens. Es ist zwar nicht das ungeborene Selbst, *atman*. Denn das Selbst, wenn es auch über dem Dasein des Einzelnen waltet, ist immer seiner Universalität und Transzendenz bewusst. Es ist jedoch sein Stellvertreter in den Gestaltungen der Natur, die individuelle Seele, *chaitya purusha*, die Mental, Leben und Körper trägt und erhält, die hinter dem mentalen, vitalen, subtil-physischen Wesen in uns steht, ihre Entwicklung und Erfahrung beobachtet und daraus Nutzen zieht. [...] Diese verborgene psychische Wesenheit ist das wahre ursprüngliche Gewissen in uns, tiefer als das konstruierte konventionelle Gewissen des Moralisten, denn dieses allein weist uns stets hin auf Wahrheit, Recht und Schönheit, auf Liebe und Harmonie, auf alles, was göttliche Möglichkeit in uns ist. Es wirkt fort, bis uns diese Dinge zum natürlichen Hauptbedürfnis werden. Die psychische Personalität blüht in uns auf als der Heilige, der Weise, der Seher. Wenn sie ihre stärkste Entfaltung erreicht, wendet sie das Wesen der Erkenntnis des Selbsts und des Göttlichen Wesens zu, der höchsten Wahrheit, dem erhabenen Guten, der äußersten Schönheit, Liebe und Wonne, den göttlichen Höhen und Weiten. Sie öffnet uns für die unmittelbare Erfahrung spiritueller Sympathie, Universalität, Einheit.[107] [108]

Sri Aurobindo lokalisiert die wahre Seele in dem „wahren unsichtbaren Herzen" – als der „[...] kleine Funke des Göttlichen Wesens, der [die] dunkle Masse unserer Natur in ihrem Dasein erhält", und er schreibt über diesen „Funken":

> Um ihn herum wächst in unserem Inneren das psychische Wesen, die gestaltete Seele oder der wirkliche Mensch.[109]

Diese zentrale Stellung des *psychic being* – vergleichbar der des Ich im Werk Rudolf Steiners – bleibt festzuhalten, wenn es im Folgenden darum geht aufzuzeigen, dass für Sri Aurobindo die Öffnung zum Göttlichen und die tätige Zuwendung zu den irdischen Herausforderungen zwei Gesten sind, die sich unbedingt ergänzen müssen und die für den Integralen Yoga von gleich großer Bedeutung sind.

Doch ist zuvor eine Zwischenbemerkung zu dem synthetischen Konzept des Integralen Yoga nötig. Sri Aurobindos umfangreiche Ausarbeitung *Die Synthese des Yoga*, der das zuletzt angeführte Zitat entnommen wurde, gliedert sich in vier Teile, an denen sich die gemeinte Synthese ablesen lässt. Sie handelt von Karma Yoga, dem „Yoga des Göttlichen Wirkens", Jnana Yoga, dem „Yoga des Integralen Wissens", Bhakti Yoga, dem „Yoga der Göttlichen Liebe" und schließlich von dem „Yoga der Selbst-Vollendung", in dem die Integration der drei vorgenannten Yoga-Wege[110] geleistet werden soll. Schon früher war angedeutet worden, dass hier drei yogische Felder, die mit dem Wollen, dem Denken und dem Fühlen zu tun haben, auf einer höheren Stufe, der Stufe des wahren Ich oder des Selbst, integriert werden sollen.[111] Während das vorletzte, etwas längere Zitat eher von dem seelischen Wesen auf den Feldern des Yogas des Wissens und der Göttlichen Liebe handelte, belegt das nun Folgende, wie notwendig das Wirken des *psychic being* auch auf dem Feld des integralen Karma Yoga ist.

Die willensmäßige, tätige Auseinandersetzung mit der Welt – auch in ihren dunklen, problematischen und geistfernen Bereichen – wird im Leben des Menschen zumeist von einem vitalen und nieder-mentalen Willen beherrscht, der in sich selbst keinerlei Aufstreben zum Geist und zum Göttlichen kennt. Viele spirituelle Disziplinen, so Sri Aurobindo, meiden diese Auseinandersetzung und halten sie – aus der Skepsis heraus, man könnte in den Niederungen nur versumpfen – für unvereinbar mit ihren Zielen. Stattdessen sind sie auf jenseitige Paradiese, auf das Beenden des Kreislaufs der Wiedergeburt, auf das Nirvana ausgerichtet. Der Integrale Yoga hingegen nimmt die Herausforderung an, wissend, dass dieser Weg des Karma Yoga zu den schwierigsten und anstrengendsten gehört. Der Sadhaka geht zu auf die Werke „[…] des Besitzens und Erwerbens, der Produktion und des ertragreichen Einsatzes unserer Befähigung, des Sieges und der Meisterschaft". – Das heißt, das Leben soll wirksam und gestaltend ergriffen werden. Denn:

Der Geist braucht das Leben, um seinen geoffenbarten Möglichkeiten äußere Kraft und Form zu verleihen und zu einem vollständigen Ausdruck seines Selbst kommen zu können, wenn es sich in der Materie verkörpert.[112]

Was den Yoga der Werke so überaus mühsam macht, ist nicht allein die dumpfe Widerständigkeit und oftmals chaotische Verworrenheit der irdisch-materiellen und vitalen Verhältnisse, sondern auch die Tatsache, dass der Mensch sich unwissend und gleichermaßen selbstverliebt durch eine „falsche Seele des Begehrens" zutiefst in dieselben verstrickt hat. Dies kann aber für den Sadhaka des Integralen Yoga keinesfalls Grund dafür sein, nicht wirken und tätig sein zu wollen; er wird die Arbeit in und an der Welt vollauf bejahen. Das Streben geht deshalb dahin, dass jene vitale Begehrensseele allmählich dem wahren seelischen Wesen das Feld räumt, was zugleich zu einer Befreiung der wahren vitalen Kräfte führen wird.

Wenn der Fluch der Unruhe, der Disharmonie und Verfälschung vom Leben weggenommen werden soll, muss der wahren Seele, dem psychischen Wesen, seine leitende Stellung eingeräumt und die falsche Seele des Begehrens und des Ego aufgelöst werden. Das bedeutet aber nicht, dass man das Leben selbst unter einem Zwang halten und ihm die natürliche Art seiner Erfüllung verweigern darf. Hinter der äußeren Begehrensseele steht in uns ein inneres wahres vitales Wesen, das wir nicht auflösen dürfen. Vielmehr müssen wir es in seine führende Bedeutung einsetzen und so befreien, dass es in Wahrheit als eine Macht der Göttlichen Natur wirken kann.[113]

Das Ganze wird in der Folge zu einem aufsteigenden Opfer, um die Werke des Lebens im Sinne des Göttlichen auf Erden wirksam machen und hier eine fortschreitende Transformation erreichen zu können. – Die Entwicklung des individuellen Bewusstseins, sein spirituelles Wachstum in eine zunehmend universelle Größenordnung, vollzieht sich auf dem Feld des Yogas des Wissens. Unterstützt wird der gesamte Prozess, das Zusammenspiel zwischen dem Yoga der Werke und dem Yoga des Wissens, aber auch – wesentlich – durch den Yoga der liebenden Hingabe. Denn die innere Kraft zum Gehen all dieser Wege bezieht das *psychic being* nicht zuletzt aus seiner liebenden Beziehung zu dem höchsten Göttlichen, wie sie sich in besonders reiner Art in Bhakti darlebt. Sri Aurobindo unterscheidet von vitalen und mentalen Weisen zu lieben, wie auch von der göttlichen Liebe: *psychic love*, die seelische Liebe. Über sie heißt es, sie sei im Innersten – unvermischt mit den Wirkungen des Ego. Die seelische Liebe ist eine Flamme von intensiver Wärme, sie ist das einzig reine Feuer, eines, das brennt ohne seinen Brennstoff zu verzehren, eine weiße und nicht eine rote Flamme. Sie kann sich am leichtesten und vollkommensten in der Hinwendung zum höchsten Göttlichen ausleben und entfalten. Und so muss es darum gehen, dass die seelische Liebe – in Selbsthingabe – alle anderen Wesenselemente mehr und mehr beherrscht und verwandelt, damit das vollständige Wesen Ausdruck der Einung mit dem Göttlichen wird, welche die *psychic love* immer schon anstrebt. So wird schließlich auch die zwischenmenschliche Liebe zunehmend von bloß physischen, vitalen und mentalen Regungen frei werden.[114] Man wird sagen dürfen, dass das seelische Wesen in der *psychic love*, im ego-freien Über-sich-hinaus-Gehen, am meisten es selbst ist.

Welche Bedeutung hat das ichhafte, Liebe-getragene Wirken in der Welt? Rudolf Steiner beobachtete – gegen Ende seines Lebens – unter seinen Schülern, dass die angeborene größere Öffnung für das Geistige, das weitere Spektrum an Möglichkeiten sich zur Welt zu stellen, mit denen viele von ihnen zur Anthroposophie fanden, einher gingen mit einer gewissen Reserve gegenüber dem äußeren Leben und der Notwendigkeit es wirksam zu ergreifen. Womöglich spielte dabei ebenfalls jene Art von Skepsis eine Rolle, die Sri Aurobindo hinsichtlich mancher spirituellen Disziplinen charakterisierte: sich nicht unbedingt auf die „Niederungen" des Lebens einlassen zu wollen. – Mit Blick auf manche Schüler der Anthroposophie zeige sich, so wiederum Rudolf Steiner, die Tendenz, „[…] mit einer gewissen Reserve in den physischen Leib hineinzugehen", und „[…] in einer weniger intensiven Art, als dies bei anderen Menschen der Fall ist, beim Herabsteigen aus den geistigen in die physische Welt sich hineinzufügen in die äußere Körperlichkeit". Und dies könne durchaus dazu führen, „weniger leicht mit dem Leben fertig" zu werden.[115] Die positive Antwort liege aber darin, aus Liebe zu den Menschen und zur Welt dasjenige zu entwickeln, was er „seelische Initiative" nennt: „[…] im Leben Seeleninitiative zu finden, aus dem Innersten des eigenen Wesens heraus etwas beginnen zu können, etwas beurteilen zu können, etwas entscheiden zu können".[116] Nach allem zuletzt Angeführten wird man annehmen dürfen, dass ein derartiger Aufruf ebenso gut den Sadhakas des Integralen Yoga gelten könnte. Denn, würde solche seelische Initiative nicht vorrangig vom *psychic being* ausgehen müssen?

Wiederholte Erdenleben

Die Frage nach dem, was vor der Geburt war, was nach dem Tod sein wird, kann der menschliche Intellekt, so Sri Aurobindo, niemals befriedigend beantworten. In einer elaborierten yogisch-philosophischen Untersuchung des Rätsels der Wiedergeburt[117] prüft er verschiedene Anläufe zu einer Antwort, wie die westliche, materialistische Anschauung und die judäo-christliche Tradition, oder wie die Schulen des Buddha Dharma und der Mayavadins sie vorgelegt haben.[118] [119] Für alle Auffassungen, die mit diesen Versuchen hervorgetreten sind, ist es prinzipiell nicht erforderlich, eine durch die vielen Leben fortbestehende seelisch-geistige Individualität anzunehmen. Während die alten Schulen des Ostens trotzdem die Wiedergeburt lehren, wird sie von der westlichen Moderne verneint. Die Moderne geht in ihren Ansichten ausschließlich vom materiellen Dasein aus und findet keinen Grund, eine Seele von übersinnlicher Herkunft anzuerkennen. Dennoch ließen sich gemäß Sri Aurobindo etliche naturwissenschaftlich geprägte Ideen so weit verfolgen, dass man mit ihrer Hilfe dem Gefängnis des Materialismus entkommen kann. Ausgehend von den Naturwissenschaften ließe sich aufzeigen, dass die Fähigkeiten und Qualitäten der menschlichen Individualität niemals restlos aus dem physisch-organischen Substrat der Entwicklung erklärlich sind, und so eröffne sich auch innerhalb der Moderne die Aussicht auf höhere Existenzweisen des menschlichen Seelisch-Geistigen. Von dort sei es nur ein weiterer Schritt, um sich letztlich auch der Vorstellung von einer sich entwickelnden seelischen Wesenheit anzunähern, die in ihrem leibfreien Zustand in andere Welten aufzusteigen und später wieder zur Geburt auf Erden zurückzukehren vermag.

Der Buddha Dharma anerkennt überhaupt keine in sich selbst bestehende Individualität sondern betont, dass alle Ich-Erfahrung immer nur eine Illusion sei. Wiedergeburt ist hier nur die erneute Manifestation eines früher verursachten karmischen Komplexes – in einer neuen Scheinpersönlichkeit.[120] Die Advaita-Vedantins bzw. Mayavadins wiederum bestätigen zwar das Sein eines ewigen Selbstes, machen aber geltend, dass dieses in Wahrheit nur eines – und nicht viele – ist und dass man allenfalls sagen könnte, das Selbst vermag es, in der Maya scheinbar existierende mentalisierte Körper mit der „Idee eines Ich" zu beseelen, wie Sri Aurobindo es mit Blick auf den Advaita-Vedanta ausdrückt. Auch diese rigoros vedantische Lehrmeinung aber sieht in einer fortdauernden seelisch-geistigen Wesenheit, die die Folge der Erdenleben durchlebt, nichts als eine Illusion, die man aufgeben soll. Individuelle Entwicklung ist für den Mayavadin keine Wirklichkeit.

Geht man hingegen wie im Integralen Yoga davon aus, dass es sich bei dem Gesamtprozess von kosmischer Involution und Evolution um den Weg eines realen individuellen Wesens zu immer umfassenderer Bewusstheit handelt, so kommt man zu dem Ergebnis, dass die wahre Bedeutung der Individualität, die diesen Weg geht, einzig zu fassen ist, wenn man in geistigem Selbst und seelischem Wesen Wirklichkeiten von gleich-ewiger Art erkennt, wie sie auch dem höchsten Göttlichen eigen ist. Nur dieser Zusammenhang macht es plausibel, dass ein authentisches Seelisch-Geistiges einstmals selbst das kosmische Selbst und die höchste, göttliche Wirklichkeit wird entdecken können. Der Weg aber aus der Unbewusstheit zum Erwachen zu dem göttlichen Bewusstsein hat die Wiedergeburt – als eine Evolution durch die lange Reihe der Erdenleben hindurch – zur unvermeidlichen Voraussetzung.

> Dann muss eine wahre Person ganz sicher hinter all den Wandlungen unserer Personalität vorhanden sein, die den Strom ihrer Veränderungen lebendig erhält, ein wirkliches spirituelles Individuum, ein wahrer *purusha*.[121]

Sri Aurobindo verweist auf die Notwendigkeit einer im Ganzen langsamen, allmählichen Entwicklung in einer Stufenfolge, durch die der universale Geist graduell und sukzessive seine Absichten verwirklicht, „[...] indem sich das individuelle Seelen-Bewusstsein im Körper ausweitet und nach oben verstärkt".[122] Und:

> Dieser Aufstieg kann sich nur durch Wiedergeburt innerhalb der nach oben fortschreitenden Ordnung vollziehen.[123]

Mit Blick auf solchen evolutiven Aufstieg unterscheidet Sri Aurobindo nun – in der spirituellen Natur des Menschen – das ewige Wesen, das unveränderliche geistige Selbst zum einen und zum anderen die „Seele der Personalität", sein „kosmisches und veränderliches Wesen", das – ewigen Ursprungs, aber doch sich selbst entwickelnd – die lange Entwicklung der Seelen-Erfahrung in den Gestaltungen der Natur durchläuft und dazu auch den Grundlinien der universalen Evolution folgen muss. In seinem spirituellen Selbst hingegen „[...] ist er eins mit der Transzendenz, die der Welt immanent ist und diese umgreift".[124] Der unsterbliche Geist waltet schon immer über jeglicher Stufe der evolutiven Verwirklichung, der mineralischen, der pflanzenartigen und der tiergestaltigen. Aber erst, wenn das Mentale so weit ausgebildet ist, dass es ein Selbstbewusstsein ermöglicht, nimmt das sich entwickelnde Wesen die menschliche Gestalt an und kann in ihm die individuelle Seele zu sich selbst erwachen. Auch diese aber begleitet die vorherige Entwicklung immer schon in einem latenten, noch nicht emergierten Zustand.

Für die Zukunft eröffnet Sri Aurobindo die Aussicht, dass die Entwicklung der Seele – durch die Reihe der Erdenleben hindurch – auch die anfangs verborgenen noch höheren und höchsten Möglichkeiten ihrer Wesenheit freisetzen und ausbilden soll.

Der Mensch ist hier, damit er aus der Unwissenheit und jenem kleinen Leben, das er in Mental und Körper lebt, voranschreitet zum Wissen und zu dem hohen göttlichen Leben, das er durch die Entfaltung des Geistes ergreifen kann. Zumindest soll erreicht werden, dass sich der Geist in ihm öffnet, dass er sein wirkliches Selbst erkennt, dass er das spirituelle Leben führt, bevor er endgültig und für immer woandershin weitergehen darf. Jenseits von diesen ersten Höhepunkten mag es noch ein größeres Aufblühen des Geistes im menschlichen Leben geben, von dem wir jetzt nur die ersten Ahnungen haben.[125]

Die aufsteigende Linie der Wiedergeburten wird also vor dem Supramentalen und seiner Verwirklichung durch den Menschen nicht Halt machen.

Für den, der die Wiedergeburt als spirituell begründete Tatsache anerkennt, stellt sich als nächstes die drängende Frage nach den Zuständen zwischen zwei Verkörperungen. Folgt das eine Erdenleben unmittelbar auf das vorherige oder liegen Phasen der Verarbeitung zwischen zwei Erdenleben, in denen das unsterbliche Seelisch-Geistige in anderen Welten weilt? Sri Aurobindo antwortet darauf in schlichter Klarheit.

Dem irdischen Tod folgen notwendig Zustände, in denen die Seele, das psychische Wesen, der „Wanderer zwischen Tod und Geburt", zuerst in der Vital-Welt, später in der Mental-Welt, die Ergebnisse des zurückliegenden Lebens aufarbeitet. Insofern diese Erträgnisse das Vitale geprägt haben, wird deren Verarbeitung abgeschlossen, indem das alte Vitale schließlich abgelegt und die Ebene gewechselt wird. Etwas Vergleichbares erfolgt in der Mental-Welt. Auch hier kommt es zur Aufarbeitung alter mentaler Gewohnheiten und Prägungen und zur abschließenden Ablösung der bis hierher mitgebrachten mentalen Hülle. Die Seele steigt nun weiter auf, zu ihrem „Zufluchtsort", zu ihrer „eigentlichen Heimat", zu einer „[...] Ebene rein psychischen Seins [...], in der sie auf ihre Wiedergeburt warten kann".[126] – Und nur Extrakte, nur die Essenz der Erfahrungen, die im Subtil-Physischen, im Vitalen und im Mentalen aufbewahrt wurden, nimmt die Seele in diesem Aufstieg mit, nachdem sie sich der entsprechenden Hüllen als den Trägern dieser früheren Erfahrungen entledigt hat. Diese Essenzen des abgelebten Lebens ermöglichen wiederum, nach einer neuen Geburt, an die evolutive Linie anzuknüpfen, der das Wesen auch vorher

schon gefolgt war. Sie bilden zugleich die Grundlage für die Möglichkeit subliminaler Erinnerungen an frühere Erdenleben, die allerdings nur sehr vereinzelt – bei besonders veranlagten Kindern oder in Folge einer fortgeschrittenen
yogischen Verwirklichung – in das gewöhnliche Bewusstsein eintreten. Solche
Erinnerungen belegen gleichwohl etwas wie ein aktives Resonanzverhältnis zu
dem „subliminalen Wesen", das auch während des Erdenlebens mit den höheren Welten und jenem „Zufluchtsort" in dauernder Verbindung steht. In der
Regel erinnert sich der Mensch allerdings nicht an seine Vorleben – und dies
durchaus im Sinne einer umso freieren voran schreitenden Entwicklung seines
Wesens.

An besagtem „Zufluchtsort" im rein psychischen Sein, bis zu welchem der
Aufstieg führt und von wo aus die Seele auf eine neue Geburt zugeht, können
sich nur hoch entwickelte Seelen bewusst erhalten, die in ihrer letzten irdischen Existenz nicht überwiegend durch das physische und das vitale Mental
bestimmt waren. Wie auch immer, für alle Seelen findet an diesem Zufluchtsort
„Angleichung" statt: Nachdem alte Charaktereigenschaften und Motivationen
abgelegt oder auch verstärkt und neu angeordnet worden sind, werden die individuelle Vergangenheit neu gesichtet und neue Zwecke auf die individuelle
Zukunft hin ausgerichtet.

Das generell gültige Gesetz, nach dem die Taten des einen Lebens die Bedingungen des nächsten Lebens entscheidend prägen, das Gesetz des Karma,
darf im Sinne des Integralen Yoga gleichwohl nicht als ein starrer Mechanis-
mus oder als ein kosmisches Verwaltungssystem zur gerechten Verrechnung
von moralisch zu bewertenden Leistungen und Fehlleistungen missverstanden
werden. Allgemein gelte zwar:

> Jeder Mensch erntet den Herbst seiner Werke und Taten, den Lohn für
> das Wirken, das durch die Energien seiner Natur hervorgerufen wur-
> de.[127]

Die karmischen Folgen entsprechen dabei der jeweils spezifisch eingesetzten
Energie und bewegen sich nicht nach dem Muster von Belohnung und Vergel-
tung. Und für den Menschen gilt:

> Er ist das, wozu er sich gemacht hat. Der vergangene Mensch war der
> Vater des Menschen, der heute ist. Der gegenwärtige Mensch ist der
> Vater des Menschen, der morgen sein wird. Jeder Mensch erntet, was er
> sät. Von dem, was er tut, hat er seinen Vorteil; für das, was er tut, leidet

er. Dies ist das Gesetz und die Kette des *karma*, des Handelns, des Wirkens der Natur-Energie.[128]

Alles Gesetzmäßige ist für Sri Aurobindo jedoch niemals etwas, das den Geist, das Selbst zwingen kann. Denn es besteht eine größere, über das Karma hinaus gehende spirituelle Freiheit. Die karmischen Gesetze wirken ihm zufolge im Physischen am konsequentesten, sie korrespondieren bereits flexibler mit den Bereichen des Vitalen und des Mentalen. Das Eingreifen von Wirksamkeiten im Sinne höherer Gesetze aber kann sogar auf jeder dieser Stufen die karmische Bindung aufheben. Aus seiner Natur heraus genießt schließlich das *psychic being* ihnen gegenüber prinzipiell die größere Freiheit.

Wenn eine gewisse Menge von Ergebnissen des vergangenen *karma* im gegenwärtigen Leben formuliert wird, muss das mit der Zustimmung des psychischen Wesens geschehen, das lenkend über der neuen Gestaltung seiner Erden-Erfahrung steht. Es stimmt nicht nur einem äußeren, zwangsläufigen Prozess zu sondern einem geheimen Willen und einer Führung. Dieser geheime Wille ist nicht mechanisch sondern spirituell.[129]

Letztlich soll das Karma dem ewigen Selbst als ein „Instrument" zur Verwirklichung der Absichten und evolutiven Ziele dienen, die es dem individuellen Wesen gesetzt hat.

Auch Rudolf Steiner sieht es als in erster Linie weisheitsvoll eingerichtet an, dass der Mensch des gegenwärtigen Zeitalters – im Allgemeinen – nicht über aktive Erinnerungen an frühere Erdenleben verfügt. Andererseits bieten ihm gerade die Tatsachen von Erinnern und Vergessen, ähnlich wie die von Einschlafen und Wieder-Erwachen, einen bedeutenden Erkenntnisfokus bei der Erforschung des Zusammenhanges zwischen den einzelnen Erdenleben ein und derselben menschlichen Individualität. In dem frühen Aufsatz „Wie Karma wirkt" zeigt er zunächst auf, dass das Gedächtnis dem Menschen die Bewusstseinskonsistenz zwischen den Tagen seines Lebens ermöglicht, die immer wieder durch den weitgehenden Bewusstseinsverlust während des Schlafes unterbrochen zu werden droht.[130] Die Erinnerung erlaubt ihm, die gestrigen Taten mit dem heutigen Sein zu verknüpfen, und ebenso, seine konkrete gegenwärtige – örtliche wie soziale – Umgebung als Folge und Ausdruck seines bisherigen Lebens zu verstehen. Denn durch die sinnvollen Taten und Handlungen der Vergangenheit hat er seine Umgebung selbst bestimmt – oder gar geschaffen –; sie sind es auch, an die er in dem sinnvollen Tun des neuen Tages anknüpfen wird.

Mein Gedächtnis verbindet mein logisches Handeln von heute mit meinem logischen Handeln von gestern.[131]

Die Erinnerung sieht Rudolf Steiner als eine wesentlich seelische Leistung an, die in erster Linie dem Ich, als dem zentralen Wesen der menschlichen Seele, zuzuschreiben ist.[132] Sie vermittelt zwischen der immer nur gegenwärtigen Befindlichkeit des Leibesdaseins, hier und jetzt, und der ewigen Heimat des Geistwesens des Menschen. Und dies gilt ebenfalls für das Hinübergehen von dem einen Erdenleben in das nächste. – Erinnerung als innere Qualität der Seele muss ihrer Natur nach tiefer gefasst werden denn jede gemeinhin als solche verstandene commemorative Leistung des gewöhnlichen Tagesbewusstseins. Sie umgreift vielmehr auch den gesamten Bereich der Gewohnheits- und Fähigkeitbildung und ist sogar auf der Ebene des organischen Lebens anzutreffen. Auch die Funktionen einzelner Organe nämlich und selbst die biologische Vererbung kann man sich als physiologisch manifestierte „Gewohnheiten" denken, als eine fortgesetzte biologische Gedächtnisleistung.[133] Auf der anderen Seite, zum Geistigen hin, ist es ebenfalls eine Art subliminaler Erinnerung, welche in Form eines Extraktes des vorigen Lebens, als eine Essenz aus den Früchten dieses Lebens, an das Wesen in seiner folgenden Inkarnation gleichsam geistig weiter vererbt wird. In dem neuen Leben verwirklicht nun das wiedergeborene Wesen diese Essenz in der Darstellung seiner Begabungen und Befähigungen, die zwar früher vorveranlagt wurden, nun aber erstmals hervortreten. Ausgehend von solchen tieferen seelischen Gedächtnisleistungen und dem seelischen Vermitteln zwischen ewigem Geist und neuer Leiblichkeit kommt Rudolf Steiner schließlich zu einem Bild der dreifachen Wesenheit des Menschen nach Leib, Seele und Geist:

In jeder neuen Verkörperung findet sich der Mensch in einem physischen Organismus, der den Gesetzen der äußeren Natur unterworfen ist. Und in jeder Verkörperung ist er derselbe Menschengeist. Als solcher ist er das *Ewige* in den mannigfaltigen Verkörperungen. *Körper* und *Geist* stehen einander gegenüber. Zwischen beiden muss etwas sein, wie das Gedächtnis zwischen meinen Taten von gestern und denen von heute ist. Und dies ist die *Seele*. Sie bewahrt die Wirkungen meiner Taten aus den früheren Leben. Sie bewirkt, dass der Geist in einer neuen Verkörperung als dasjenige erscheint, was vorhergehende Leben aus ihm gemacht haben. *So hängen Leib, Seele und Geist zusammen.*[134]

Die Seele führt den ewigen Geist und die irdische Leiblichkeit, die stets den physischen Gesetzmäßigkeiten folgen muss, in jeder Verkörperung aufs Neue zusammen, indem sie vermittels des Kontinuums aus ihrer Tiefenerinnerung die früheren Taten zu neuem Schicksal verwebt. – Die konkreten Eigenschaften seiner Geistseele führen den Menschen bei der neuen Verkörperung in seine neue Umwelt hinein. Diese Eigenschaften aber sind das Ergebnis seiner Taten in früheren Leben, die sich der Geistseele einprägten. Sie sind so die „[...] wirkliche Ursache, warum ich in bestimmte Verhältnisse hineingeboren werde":

Und was ich heute tue, wird *mit* eine Ursache sein, warum ich in einem späteren Leben diese oder jene Verhältnisse antreffen werde. – So schafft sich der Mensch in der Tat sein Schicksal.[135]

Man dürfe sich das Karma-Wirken nicht nach dem Muster der Justizpflege vorstellen. Vielmehr ist es immer das menschliche Wesen selbst, das sich die Bedingungen einer neuen Inkarnation in ihrem Zusammenspiel angeordnet hat. Auch häufige Einwendungen wie die, warum „[...] der Gute oft leiden muss und der Böse glücklich sein kann",[136] würden sich in dieser Perspektive von selbst beantworten.

Mit Blick auf den Zwischenzustand zwischen zwei Inkarnationen unterscheidet Rudolf Steiner „Gedächtnisreste", die das Ich auf seinem nachtodlichen Weg mit sich führt. Bezieht man Publikationen späteren Datums mit ein,[137] so ergibt sich ein Überblick über solche „Reste" von dreierlei Art. Es sind dies Rückstände gleichsam in der ätherischen, in der astralischen und in der Ich-Hülle, die sich auf das letzte Leben beziehen und von denen die Geistseele zunächst noch umgeben ist. Mit dem Ablegen der ätherischen Hülle, sehr bald nach dem Tod, erlebt die Geistseele die Schau eines großartigen „Panoramas", das bildhaft die Lebensstationen der zurückliegenden Biographie zum Inhalt hat. Legt sie dann ihre astralische Hülle ab, so kommt es für sie zu einem – rückwärts verlaufenden – Erleben aller Freuden, Ängste, Schmerzen usw., die sie im Leben durchzumachen hatte, wie insbesondere auch solcher, die sie anderen zufügte. Alles, was der Mensch aus seiner niederen Instinkt-, Trieb- und Begierdennatur heraus vollbrachte, lebt nach in dieser astralischen Hülle, dem „Körper des Verlangens", *kama rupa*, und muss durchgearbeitet werden, indem die Geistseele nun – oftmals wohl schmerzhaft – nacherlebt, was solches Vollbringen für ihre frühere Umwelt bedeutete. Auch der subtilste Egoismus, wie er z. B. in kulturellen oder religiösen Betätigungen noch mitspielte, wird in dieser Art aufbereitet. Und dann erst wird die Geistseele das Astralische ganz abgelegt haben.[138] In ihrer Ich-Hülle hingegen führt sie all das mit sich, was ihr zu Früchten geistigen Strebens und geistgemäßer Erfahrungen wurde und was ihr die bleibende Erhöhung ihrer Fähigkeiten erbrachte. Allein dieser dritte „Rest" des früheren Erdenlebens ist zukunftsfähig. In Bezug auf diese bleibende Essenz unterscheiden sich die Menschen, als nach ihrem höheren oder geringeren Entwicklungsstand. Je umfangreicher der geistig-essenzielle Erfahrungsschatz einer Individualität ist – angesammelt durch die ganze Reihe der Erdenleben –, umso vielfältiger und bedeutender werden die Möglichkeiten in einer neuen Inkarnation ausfallen. Schließlich kommt es dann in einer höheren Geistwelt dazu, dass die Geistseele sich entschieden der Zukunft zuwendet und ein künftiges Leben gleichsam „entworfen" wird. Die früheren Erfahrungen werden hier, im „Devachan", dem „Orte der Wonne", in Keime, Anlagen, Fähigkeiten für die Zukunft gewandelt. Und je reicher die Essenzen, die solcherart in Neues umgeschmolzen werden, umso bewusster wird die Geistseele all diese Vorgänge mitgestalten können. Des Menschen Höherentwicklung wird dadurch zugleich zu einem Weg, einer immer größeren spirituellen Freiheit entgegen:

> Immer reicher wird der Schatz, den seine Erfahrungen in seinem Geiste ansammeln. Und damit tritt er immer reifer seiner Umwelt, seinem Schicksal entgegen. Das macht ihn immer mehr zum Herrn des Schicksals.[139]

Mit jeder Verkörperung wird es heller um den Geist, die Geistseele, und Freiheit leuchtet immer unabweisbarer auf.

> Immer geringer wird der Zwang der Umwelt; immer mehr vermag der Geist sich selbst zu bestimmen. Der Geist aber, der sich aus sich selbst bestimmt, das ist der *freie Geist*. Ein Handeln im vollen hellen Lichte des Bewusstseins ist ein *freies Handeln*. [...] Die volle Freiheit des Menschengeistes ist das *Ideal* seiner Entwickelung.[140] [141]

Im Sinne dieses Ideals ergibt sich sodann auch jene fernere Zukunftsaussicht, in der neues Licht auf die Frage fällt, welche Bedeutung die individuelle Erinnerung an frühere Leben haben kann:

Eine Höherentwickelung des Menschengeistes bedeutet sein Fortschreiten durch immer neue Verkörperungen. Diese Höherentwickelung kommt dadurch zum Ausdrucke, dass die Welt, in der des Geistes Verkörperungen stattfinden, von diesem immer mehr durchschaut wird. Zu dieser Welt gehören aber die Verkörperungen selbst. Auch in Bezug auf sie tritt der Geist aus dem Zustande der Unbewusstheit in den der Bewusstheit. Auf dem Wege der Entwickelung liegt der Punkt, in dem der Mensch mit voller Bewusstheit auf seine Verkörperungen zurückzuschauen vermag.[142]

Die Entwicklung der gesamten kosmischen Vergangenheit, die auf solchen Erwerb von menschlicher Freiheit zugeht, ist eine Entwicklung aus geschenktem Weisheitslicht. Deswegen fasst Rudolf Steiner die kosmische Vergangenheit auch zusammen in der Rede von dem „Kosmos der Weisheit". Das Ziel all dessen aber, was der Mensch aus seinen bewussten und freien Tathandlungen tut, liegt darin, dass er es künftig immer mehr aus Liebe vollbringt.

Im Menschen der Erde muss diese Kraft der Liebe ihren Anfang nehmen. Und der „Kosmos der Weisheit" entwickelt sich in einen *„Kosmos der Liebe"* hinein. Aus alledem, was das „Ich" in sich entfalten kann, soll *Liebe* werden.[143]

Auf die Zukunft gesehen, sollen im Menschen also die immer größere Freiheit und die immer größere Liebe zusammenfinden. Zu ergänzen ist hier außerdem, dass es Rudolf Steiner im Verlauf seiner Werkentfaltung immer wichtiger wird hervorzuheben, dass vor allem gerade jene Tathandlungen es sind, die willentlichen Anstrengungen aus Ich-Initiative – im besten Fall hervorgegangen aus der Liebe zu den Menschen und zur Welt –, aus denen sich die „Erfahrungen" ergeben, die von Leben zu Leben den Entwicklungsfortschritt bedingen.

Es hat sich insgesamt klar erwiesen, dass letztendlich die Evolution des Menschen – von frühesten physischen Manifestationen über die Stufen organischen und beseelten Lebens – von Rudolf Steiner wie von Sri Aurobindo gleichermaßen als eine immer umfassendere Bewusstseinsentwicklung zu immer größerer Freiheit verstanden wird und dass in beider Sicht der evolutionäre Gang des geistig-seelischen Menschenwesens einzig durch die Wirklichkeiten von Reinkarnation und Karma möglich ist.

Neben den zahlreich aufgezeigten Parallelen in den Schilderungen Sri Aurobindos[144] und Rudolf Steiners[145] hat man es hinsichtlich bestimmter wichtiger Fragen in einigen Punkten immerhin auch mit deutlichen Differenzen zu tun. Diese treten beispielsweise da hervor, wo es um die Stellung von höheren, spirituellen Wesenheiten und deren Wirken in der kosmischen und menschlichen Evolution geht. – Sri Aurobindo charakterisiert den Zwischenzustand, zwischen Tod und neuer Geburt, im Sinne eines Weges, auf dem sich Ablösungen und Verwandlungen von Altem in Neues rein gemäß spiritueller Gesetze vollziehen. Möglich ist dabei wohl eine gewisse erfahrbare Nähe zu den Seelen von Verwandten oder guten Freunden. Zudem kann das geistig-seelische Wesen auch in diesem Zustand seine Hinwendung zum höchsten Göttlichen fortsetzen, wie es sie schon während des Erdenlebens eingeübt hat. Man wird bei Sri Aurobindo jedoch kaum Schilderungen antreffen, nach denen verschiedene spirituelle Wesenheiten – etwa die Devas – die Geistseele auf jenem Weg begleiten oder mit ihr hinsichtlich künftiger Wandlungen zusammenwirken. Dafür scheint kein Raum zu sein. Die Devas oder Gottheiten sind für Sri Aurobindo „permanente Emanationen" des Göttlichen mit bestimmten Aufgaben und Funktionen innerhalb der übermentalen und der „dreifachen Welt" – der physischen, der vitalen und der mentalen Welt. Er nennt sie „kosmische Persönlichkeiten", die umschriebene, begrenzte Emanationen darstellen und sich durchaus voneinander unterscheiden. Die höher stehenden von ihnen gehören dem übermentalen Plan an; und sie alle können sich bis ins Physische manifestieren und sich mit solchen Menschen, zu denen sie eine Affinität haben, intensiv verbinden, so dass letztere zu Trägern von ersteren werden. Sie selbst aber, die Devas, unterliegen keinem Wandel, denn sie sind „[...] *typal and not evolutionary beings"*. D. h. sie durchlaufen als persönlich verfasste kosmische Wesenheiten nicht einen evolutiven Pfad. Das Attribut *typal* könnte man in diesem Zusammenhang versuchsweise mit „archetypisch" wiedergeben, wenn man dabei nicht einen einzigen, allgemeinen, allem vorausgehenden Archetypus sondern ein vielfältiges Nebeneinander einer ganzen Anzahl von „archetypischen Wesenheiten" jeweils unterschiedlicher Prägung vor Augen hat.[146] Da übrigens die Devas nicht-evolutive Wesenheiten sind, eignet ihnen auch kein *psychic being*. Vielmehr sind sie konstituiert durch einen spezifisch gearteten Purusha göttlicher Herkunft und die ihm entsprechende Prakriti.[147] Einen „Verkehr" mit der menschlichen Geistseele in ihrem Dasein zwischen Tod und neuer Geburt scheinen sie – im Sinne des Integralen Yoga – nicht zu pflegen.

Wie es sich hingegen grundlegend bereits aus der *Geheimwissenschaft im Umriss* erschließt, ist für Rudolf Steiner ein evolutives Universum, in dem nicht auch die unzähligen geistigen Wesenheiten oberhalb des Menschenreiches, ihrerseits, an einem umfassenden kosmischen Entwicklungsgeschehen teilhätten, nicht vorstellbar So ist in der *Geheimwissenschaft* z. B. von diversen hierarchischen Wesenheiten die Rede, die während früherer Planetenzustände „ihre Menschheitsstufe" durchmachten. Oder man erfährt etwas über Wesenheiten, die hinter ihrer eigentlichen Entwicklung zurückbleiben, die mit bestimmten Absichten auf einen möglichen Entwicklungsfortschritt verzichten und anderes mehr. So heißt es etwa in einem späten Vortrag, „[…] dass die Welt gewissermaßen ‚etappenweise' gebaut ist", und dass man auch oberhalb von Menschen und Völkern Entwicklungen schauen könne, „[…] Entwickelungen, die nun nicht von den Menschen durchgemacht werden, sondern die durchgemacht werden von geistigen Wesen, aber von solchen geistigen Wesen, welche mit der Menschheitsentwickelung in einem gewissen Zusammenhange stehen".[148]

Bedeutsam sind dabei all jene Ausführungen, in denen Rudolf Steiner aufzeigt, wie vielfältig die hierarchischen Wesenheiten mit regulärer Entwicklung das menschliche Dasein in den unterschiedlichen Zuständen unterstützen. Und tief eindrucksvoll sind Schilderungen, in denen gerade der nachtodliche Aufstieg der menschlichen Geistseele im Zusammenhang mit den Wesen der drei Hierarchien[149] beleuchtet wird. So geht es einmal darum – eine Andeutung muss hier genügen –, wie die Wesen der dritten Hierarchie „das Schicksalsnetz" des Verstorbenen in Empfang nehmen, nachdem er das Panorama seiner großen Lebensrückschau durchlebt hat; wie die Wesen der zweiten Hierarchie nach der Ablösung seiner astralen Hülle die angemessenen Folgen der Taten des Verstorbenen in die Astralität des Kosmos einarbeiten; wie die Wesen der ersten Hierarchie schließlich aus dem Verarbeiteten die angemessenen „Ausgestaltungen des Erdenlebens" zu künftiger Verwirklichung „auferstehen" lassen.[150]

Die Vermutung liegt nahe, dass derartige, nicht unbedeutende Unterschiede in den Sichtweisen unmittelbar mit den charakteristischen Haltungen zusammenhängen, die Rudolf Steiner und Sri Aurobindo angesichts der nächsten großen Frage jeweils einnehmen und in der Integraler Yoga auf der einen Seite und Anthroposophie auf der anderen kulminieren: angesichts der Frage nach dem Höchsten, dem Göttlichen, welches dem Weltganzen vorausgeht und es trägt – und dessen Ziel es ist.

KAPITEL V

DAS GÖTTLICHE – WIEDERKUNFT UND HERABKUNFT

Die Frage nach dem Gottesverständnis – zunächst – Rudolf Steiners in der vorgesehenen Weise zu untersuchen,*⟩ macht einige Vorbemerkungen erforderlich, die das letzte Jahr seines Wirkens betreffen. Mit Blick auf diesen Zeitraum sind zweimal sechs Monate zu unterscheiden: einmal die Zeit von April bis Ende September 1924, ein halbes Jahr schier unglaublicher Aktivität, allein, was die abgehaltenen Vortragszyklen angeht;[1] sodann das halbe Jahr seines Krankenlagers, von Oktober 1924 bis zu Rudolf Steiners Fortgang am 30. März 1925. In diesen letzten sechs Monaten seines Lebens erfolgen immerhin verschiedene überaus bedeutsame schriftliche Arbeiten[2] – darunter auch solche, die von dem Göttlichen handeln.

In dem letzten halben Jahr seines Wirkens als Vortragender, also Frühjahr und Sommer 1924, entfaltete Rudolf Steiner vor den Mitgliedern der zu Weihnachten 1923 neu begründeten ‚Anthroposophischen Gesellschaft‘ in Dutzenden von Vorträgen eine Art spiritueller Geschichte – und Vorgeschichte – der menschheitlichen Strömungen, die sich in denen, die Anteil an ihnen haben, innerhalb dieser ‚Anthroposophischen Gesellschaft‘ zusammen gefunden hatten bzw. künftig in ihr zusammen finden sollen. Die geistig-kulturellen Identitäten dieser Strömungen behandelte er in jenen *Esoterischen Betrachtungen karmischer Zusammenhänge* als solche, die jeweils aus den – eben – karmischen Bedingungen und Linienführungen erwachsen sind, die insbesondere vorrangige Repräsentanten der verschiedenen Strömungen kennzeichnen.[3] Zwei bedeutende dieser Strömungen sind die platonische und die aristotelische, in ihrem geistesgeschichtlichen Werden geprägt durch zweierlei polare Erkenntnishaltungen – dem Menschen, der Welt und dem Göttlichen gegenüber.

Diejenigen, die der aristotelischen Strömung zugehörig sind, haben sich in vorigen Inkarnationen, durch Jahrhunderte hindurch, präpariert, das begrifflich exakte Denken angesichts der naturwissenschaftlich ausgerichteten, posi-

---

* Der Frage nach dem Gottesverständnis Sri Aurobindos wird weiter unten nachgegangen.

tivistischen und materialistischen Anschauungen der letzten zwei Jahrhunderte so lichtvoll zu ergreifen, dass es – durch selbstreflexive seelische Beobachtung – zu einem neuen Zugang zur individuellen und frei zu verantwortenden Erfahrung des Geistigen werden kann. Rudolf Steiner selbst leistete in seinen früher erwähnten erkenntniswissenschaftlichen und freiheitsphilosophischen Schriften[4] herausragende Beiträge zu einer derartigen Selbst-Ergreifung des Denkens, die den Schülern der Anthroposophie seit Beginn des 20. Jahrhunderts den Zugang zu höheren Erkenntnissen – im ersten Ansatz – eröffnen sollte. Es kann denn auch schlüssig aufgezeigt werden, dass der von Rudolf Steiner selbst ergriffene aristotelische Ansatz, der früh schon über das – gleichwohl hoch geschätzte – Erbe des deutschen Idealismus und des Goetheanismus hinauswies, komplexen biographischen und geistig-zeitgeschichtlichen Notwendigkeiten entsprach.[5] Und so ist es nahe liegend, dass die Wege zur Erkenntnis höherer Welten und Wirklichkeiten, wie Rudolf Steiner sie in später nachfolgenden Schriften aufzeigte,[6] Wege im Sinne eines Erkenntnisaufstieges sind: Das gegenständliche Gegenwartsbewusstsein wächst über sich hinaus in den drei Stufen des imaginativen, inspirativen und intuitiven Bewusstseins.

In seinen karmischen Betrachtungen des Jahres 1924 stellt sich nun sukzessive und zunehmend deutlich heraus, dass Rudolf Steiner in den Hörern seiner Vorträge in erster Linie Seelen anspricht, die mit der aufgezeigten aristotelischen Geistesart verwandt sind – im Mittelalter war einer ihrer maßgeblichen Exponenten als Thomas von Aquin verkörpert. Individualitäten, die der aristotelischen Strömung angehören, hatten sich zu Beginn des 20. Jahrhunderts um Rudolf Steiner und das Werden der Anthroposophie zusammen gefunden. Das Zusammengehen mit der anderen großen karmischen Gruppe jedoch, mit den Platonikern, war zunächst noch nicht möglich. Dieses würde vielmehr dann stattfinden, so die Aussicht, die Rudolf Steiner 1924 eröffnet, wenn sich gegen das Ende des 20. Jahrhunderts die Seelen der aristotelischen Strömung erneut inkarnieren würden – und mit ihnen, erstmals seit etlichen Jahrhunderten – jene Seelen der platonischen Strömung; überhaupt erstmalig auch, dass beide Gruppen gleichzeitig und gemeinsam in irdischen Verkörperungen wirken würden.[7]

Die Geistesart der platonisch gestimmten Seelen – die wichtigsten Lehrer der Kathedralschule von Chartres werden von Rudolf Steiner als führende Vertreter genannt, diese wirkten bis ins ausgehende 12. Jahrhundert, etwa Alanus ab Insulis oder Bernardus Silvestris –, sie kann annäherungsweise verstanden werden nach der Maßgabe der platonischen Anamnesis, der oft „plötzlich" erfolgenden Erweckung einer tief greifenden Erinnerung an die Herkünfte der

Seele. Die Anamnesis kann demnach vorgeburtliche und kosmische Erfahrungen wie auch ein zutiefst innerliches Wissen um den Ursprung der Menschenseele im Göttlichen umfassen. Anamnesis leuchtet gegebenenfalls blitzartig, intuitiv auf,[8] vermittelt inspiriertes Verstehen und erhellt imaginativ ganze Bilderwelten. Vor diesem Hintergrund charakterisiert Rudolf Steiner das Erkennen der Lehrer von Chartres als ein vor allem bildhaftes. Dem inneren Duktus nach handelt es sich bei der platonischen Geistesrichtung vornehmlich um ein Erkennen im Erkenntnisabstieg.[9] Und dieser Erkenntnisabstieg verhält sich polar zu dem Duktus des Erkenntnisaufstieges auf Seiten der aristotelischen Geistesart.

Ohne die zeitgeschichtlich vorausgegangene aristotelisch ausgerichtete Erschließung des Gegenwartsbewusstseins für die Möglichkeit eines nun wieder offenen Zugangs zu höheren Erkenntnisstufen, mit der Anthroposophie Rudolf Steiners gleichsam „von unten" her ansetzend, fänden vermutlich die platonisch gestimmten Seelen kaum – oder nur unter überaus erschwerten Bedingungen – die Gelegenheit, ihre „von oben" her ansetzende Geistigkeit und Weisheit in die Inkarnation und in die Gegenwartswelt, Leben gestaltend, einzubringen. Was nun das Fortkommen vorbereiten und schließlich in Bewegung setzen kann, ist in erster Instanz das ein Jahrhundert überspannende Sich-aufeinander-zu-Bewegen („von oben" und „von unten") platonisch und aristotelisch ausgerichteter Seelen – zunächst allerdings ohne gleichzeitig inkarniert zu sein. Wird dann aber – nur Jahrzehnte später – die Zusammenarbeit, indem tatsächlich beide Gruppen auf der Erde verkörpert sind, innerhalb der heutigen Zivilisation wirksam, so soll dies, nach Rudolf Steiners Rede, die eigentliche „Kulmination" der anthroposophischen Bewegung erbringen. Denn nun wird es im synthetischen Zusammenfinden beider Ansätze – Erkenntnisaufstieg und Erkenntnisabstieg – zu nie dagewesenen Synergien zwischen beiden Gruppen kommen.

Angesichts des aristotelischen Akzents auf der Entstehungsphase der anthroposophischen Bewegung erscheint es begreiflich, dass Rudolf Steiner in seiner Lehrentfaltung – wie früher bereits angedeutet – Kosmologie und Anthropologie stark hervorgehoben hat und dass er demgegenüber die unmittelbare Frage nach dem Göttlichen eher behutsam bewegte. Im Rahmen seiner Christologie überwiegen in diesem Sinne ebenfalls kosmische und mensch-heitliche Aspekte, während die transzendente, rein göttliche Herkunft Christi im Hintergrund gehalten wird. Weil dem so ist, kommt eine jüngere Studie über Rudolf Steiners *Metaphysik der Weltentwicklung*[10] – anhand ausgiebiger Reflexionen über dessen *Geheimwissenschaft im Umriss* – zu der Einschätzung, dass der Begründer der Anthroposophie, jedenfalls in diesem Hauptwerk, Themen wie: die transzendente Natur der göttlichen Dreieinigkeit oder der göttliche Ursprung, aus dem sämtliche kosmischen Emanationen hervorgegangen sind, vernachlässigt bzw. ausgeklammert hat und dass es im Sinne von Rudolf Steiners lebendiger Geisteswissenschaft künftig „[...] um die Wiederbelebung einer wahren Theosophie"[11] überhaupt erst gehen müsse.

Wie aber erschließt sich die womöglich zu wenig beachtete, tiefere Sicht Rudolf Steiners auf das Göttliche, die zu solcher „Wiederbelebung" beitragen könnte? – Die geistige Wesenheit, die das Schicksal der eingangs genannten karmischen Strömungen inspirierend und freilassend zugleich lenkt, ist der Erzengel und derzeitige Zeitgeist Michael. Unter seiner Ägide nahmen die diesen Strömungen Zugehörigen bereits ein halbes Jahrtausend vor ihrem irdischen Wirken im 20. Jahrhundert – im Geistgebiet – die spirituellen Impulse zur Ausarbeitung der Anthroposophie auf.

Michael ist seit je, so Rudolf Steiner, der Verwalter der ursprünglich „kosmischen Intelligenz", die seit dem Beginn der Neuzeit aus ihrer kosmischen Heimat auf der Sonne in die Erdenwelt eingezogen ist, hier immer mehr zur bloß irdischen Intelligenz des Menschen wurde und mittlerweile zum kalten, toten Intellekt zu verkommen droht. Eine der wichtigsten Aufgaben der anthroposophischen Bewegung ist deswegen auch die Wiederverlebendigung und Spiritualisierung der menschlichen Intellektualität – im freien Zusammenwirken mit den Intentionen Michaels und im Widerstehen gegen die Tendenzen des kosmischen Geistes der „frostig-kalten" und toten Intellektualität: Ahrimans.[12] Die menschliche Freiheit, notabene, wahrt Michael, indem er niemals in die Belange der Menschen eingreift, indem er vielmehr nur vorbildhaft aufzeigt, wie Menschen sich in seinem Sinne zu den Mitmenschen, zur Welt im Ganzen und nicht zuletzt zu dem wahren Göttlichen stellen können, und indem er auf die Initiative, das Handeln des Erdenmenschen wartet. Die spirituelle Aktivität des Einzelnen ist deshalb unabdingbar vonnöten, will er Michael als sein wegweisendes Vorbild schauen.

In dem letzten halben Jahr seines Lebens verfasst Rudolf Steiner vom Krankenlager aus Briefe an die Mitglieder der ‚Anthroposophischen Gesellschaft', die in Fortsetzung der erwähnten Karma-Betrachtungen und unter dem Titel *Das Michael-Mysterium* in wöchentlicher Folge erscheinen. Darin kommt er – neben erhellenden Darlegungen über das Wirken Michaels – auch zu grundlegenden Aussagen über das Verhältnis des wahrhaft Göttlichen zum gesamten Kosmos wie auch zur Menschheit und entfaltet er eine Sichtweise, die einen möglichen Ansatz bietet, von dem her jene genuine, geisteswissenschaftliche

Theosophie einmal gefunden und formuliert werden kann, nach der neuerdings gefragt wird (s. o.). Diesen Mitteilungen soll im Folgenden nachgegangen werden.

Das Göttliche – in der Sicht Rudolf Steiners

Während die frühesten, rein geistigen Anfänge des Werdens der Menschheit so geartet waren, dass die Vormenschen vollkommen und unmittelbar mit dem Göttlichen verwoben waren – allerdings bei nur geringem Bewusstsein und weitgehend unfrei – und dass das Universum nichts war als der ungetrübte Ausdruck des unverstellten und ungebrochenen Verwobenseins des vorirdischen Menschenwesens mit der Gottheit, erfuhr dieses ursprüngliche Verhältnis durch die nun beginnenden Zeiten Veränderungen immensen Umfangs. Denn mit der einsetzenden Evolution, mit der zunehmenden Verleiblichung des Menschen, mit seinem Eintritt in den Geltungsbereich des Gesetzes von Geburt, Tod und Wiedergeburt, im Zuge also seines Abstieges in die kosmisch-irdische Wirklichkeit, war das göttliche Wesen immer weniger als im Kosmos anwesend zu erleben. Die in die Erdenwelt absteigende Menschheit durchlebte bis in die Gegenwart herein vier Stufen der Verbindung – der abnehmenden und schließlich verloren gegangenen Verbindung – mit der Gottheit: Die Gottheit umgab, berührte und durchdrang den Menschenvorfahren ursprünglich und unmittelbar in ihrer vollen „Wesenheit"; später, als schon Sternenwelten erstmals aufleuchteten, wurde der Kosmos und alles Daseiende zur „Offenbarung" der Gottheit, jedoch so, dass noch deren Wesenheit – aus dem Hintergrund der Offenbarung heraus – mit derselben Offenbarung lebendig verbunden blieb; abermals später war der Kosmos nicht mehr lebendige Offenbarung der göttlichen Wesenheit, sondern nur mehr, in der in ihm anzutreffenden „Wirksamkeit", bloßes Abbild einer einstmals lebendigen Offenbarung; auf der vierten Stufe endlich befindet sich die heutige Menschheit – sie lebt in der Welt als dem „Werk" der Gottheit, ohne auch nur die kosmischen und natürlichen Wirksamkeiten, die allem Leben und seinen Gestaltungen zugrunde liegen, wahrnehmen und erkennen zu können, geschweige die ursprüngliche Offenbarung der Gottheit oder die göttliche Wesenheit als solche. Denn das Leben in der „Werk-Welt", gestützt auf die Sinneswahrnehmung und das derselben gemäße Verstandesdenken, ist zugleich Leben in einer „Gott-leergewordenen Welt".[13] – Die vier Stufen bis herunter in diesen Zustand werden also bezeichnet als:

Wesenheit
Offenbarung
Wirksamkeit
Werk

Wie lässt sich – in einem ersten Schritt – die Bedeutung von „Werk" und „Wirksamkeit" erfassen? Der Erzengel und Zeitgeist Michael intendiert, wie oben angedeutet, die Verlebendigung und Spiritualisierung des menschlich gewordenen Intellekts, der ehemals kosmischen Intelligenz. Beides muss durch den einzelnen Menschen realisiert werden; ist dieser aber – wenn auch zuerst nur ganz anfänglich – einmal zur Erfahrung der leibfreien Denktätigkeit vorgedrungen und Selbstzeuge der Wirklichkeitsstiftung durch Erkenntnis geworden, so gelangt er damit zugleich in diejenige Sphäre, in der Michael dem fortgesetzten Denken die Wege weist. Dies wiederum erfolgt bereits im Übersinnlichen, denn Michael wirkt nicht auf dem physischen Plan. Er ist von der Sonne aus dem Abstieg der kosmischen Intelligenz auf die Erde wohl gefolgt, ging denselben Weg jedoch nicht zu Ende. Vielmehr hat er im letzten Drittel des 19. Jahrhunderts, so Rudolf Steiner, „[...] die rhythmische Welt zu seinem Wohnplatz erwählt",[14] also nicht die physische. Auch damit steht er dem Christus besonders nahe, was sich später noch deutlicher zeigen soll.

Das Denken mit der Gesetzmäßigkeit der „rhythmischen Welt"[15] in Übereinstimmung zu bringen, heißt einen Anfang zu machen mit der gemeinten Verlebendigung und Spiritualisierung des Denkens – und ist gleichbedeutend mit dem Schritt aus der „Werk-Welt" wiederum in den Bereich der kosmischen „Wirksamkeit". Hier erschließen sich dem Schüler dann Erfahrung und Erkenntnis des Ätherischen, auf dem alle lebendigen Prozesse und Gestaltungen beruhen und dem sie sich verdanken. Rudolf Steiners langjährige, intensive Bemühungen um den Goetheanismus, im ausgehenden 19. Jahrhundert, lieferten hierzu reichhaltige, wertvolle Vorarbeiten. Allerdings, auch diese kosmisch-ätherische Wirksamkeit ist in der gegenwärtigen Weltenzeit nicht mehr unmittelbar mit der göttlichen Wesenheit und ihrer Offenbarungswirklichkeit verbunden.

Um sich – im zweiten Schritt – dem anzunähern, wie Rudolf Steiners Rede von „Wesenheit" und „Offenbarung" des Göttlichen gemeint sein kann, sind Ausführungen aus zwei öffentlichen Vorträgen hilfreich, die er 1916 und 1920 hielt und die – eben – die Frage nach der „Offenbarung" thematisieren. Diese Vorträge, die insbesondere auch den schon früher erwähnten Kirchenlehrer und Vertreter der Hochscholastik, Thomas von Aquin, behandeln, weisen starke innere Bezüge zu den angeführten Briefen über das *Michael-Mysteri-um* auf.

Der hier vor allem interessierende Kerngedanke des ersten dieser beiden Vorträge, Liestal, 16. Oktober 1916, betrifft die Unterscheidung von zweierlei Wahrheiten: solchen, die durch den Gebrauch der menschlichen Vernunft gefunden werden, und solchen, die sich dem Menschen einzig durch göttliche Offenbarung erschließen können. Da diese zunächst, in traditionellem Sinne, den überlieferten Inhalt des Glaubens ausmachen, heißen sie auch Glaubenswahrheiten; erstere hingegen, sofern sie vermittels der Vernunft diese Glaubensinhalte berühren – und wirksam zu stützen vermögen –, bezeichnet Rudolf Steiner mit Thomas von Aquin als die Praeambula fidei (die vernunftmäßigen Voraussetzungen des Glaubens). In dem genannten Vortrag bestätigt Steiner vollumfänglich diese durch Thomas von Aquin vorgenommene Unterscheidung und er stellt fest, dass die anthroposophische Geisteswissenschaft, die er vertritt, der Gänze nach in das Gebiet all dessen falle, „[...] was den auf sich selbst gestellten menschlichen Erkenntniskräften zugänglich ist“,[16] also in den Bereich der Praeambula fidei. Überdies betont er, dass diese Geisteswissenschaft von daher nicht im Konflikt mit der Lehre der Kirche stehe.

Als Beispiele für die Praeambula fidei können im Sinne Thomas von Aquins etwa die geistige Natur der menschlichen Seele und die Tatsache der Schöpfung gelten, die überall die Spuren dessen aufweist, dem sie sich verdankt – Gottes des Schöpfers. Die Offenbarungswahrheiten hingegen künden für Thomas beispielsweise von der Trinität und von der Inkarnation Christi in Jesus von Nazareth. Ohne diese letzteren Wahrheiten anzutasten, macht Rudolf Steiner nun Thomas gegenüber – für die Gegenwart – geltend, dass mittlerweile der menschliche Erkenntnisfortschritt die Möglichkeit herbeigeführt hat, den Bereich der Praeambula fidei erheblich auszuweiten – in die Sphären der geistig-kosmischen Welt nämlich, so darf man schließen, mit welcher die erweckte Menschenseele nunmehr in einen lebendigen Verkehr eintreten kann. Und er bekräftigt das mit diesen Worten über die anthroposophische Geisteswissenschaft:

> Sie gewinnt dadurch [durch die Ausweitung der Vernunfterkenntnis; d. A.] Wahrheiten, welche die Glaubenswahrheiten noch intensiver stützen, als die durch den bloßen Intellekt erhaltenen.[17]

Der zweite der erwähnten Vorträge, Dornach, 24. Mai 1920, behandelt die *Philosophie des Thomas von Aquin*, insbesondere die Bedeutung des Thomismus in der Gegenwart, und nimmt den Faden des Liestal-Vortrages wieder auf. Er wird in der vorliegenden Arbeit angeführt unter dem Hinweis, dass darin die Darlegungen jenes Liestal-Vortrages durch Rudolf Steiner nicht relativiert oder widerrufen werden. Der in diesem Dornacher Vortrag hinzugefügte Aspekt entwickelt vielmehr den obigen Gedanken weiter, der mit der Ausweitung der Praeambula fidei zusammenhängt (ohne dass jetzt, 1920, dieser Terminus eigens verwendet wird). Und der besagte neue Aspekt kann die Brücke schlagen helfen zu den oben behandelten Briefen über das *Michael-Mysterium*, auf die die Betrachtung dann auch wieder zurückgeführt wird. Denn dieser neue Gesichtspunkt verweist darauf, dass die Ideenwelt des Menschen, sein „seelisch-geistiger Inhalt", dasjenige in sich aufnehmen kann, was dem Erkennen „Erlösung" bringt: das „Christus-Prinzip".[18] Aus der Sicht des genannten Vortrages, Mai 1920, bedeutet dies zunächst, dass von dem Christus selbst die Möglichkeit ausgeht, in die geistige Welt vorzudringen.

Die erlöste menschliche Vernunft, die das wirkliche Verhältnis zu dem Christus hat, die dringt ein in die geistige Welt.[19]

Eine frühe Vorahnung solcher „Erlösung der Vernunft" scheint Rudolf Steiner übrigens schon gegen Ende seiner Weimarer Zeit beseelt zu haben. Denn in dem Jahr seines großen „Seelenumschwunges" (1896/97)[20] bringt er seine Herausgabe von Goethes naturwissenschaftlichen Schriften zum Abschluss, die – in der Stuttgarter Kürschner-Ausgabe – auch die *Sprüche in Prosa* vorweisen, versehen mit Rudolf Steiners ausführlichen Zeilenkommentaren. In denselben Fußnoten heißt es in prägnanter Diktion, wenn auch noch ganz im Sinne des Immanenz-Denkens und ohne einen Hinweis auf die Rolle des Christus:

Das Göttliche im Universum findet nur der, der es in sich selbst entdeckt. Was aber im Innern sich als Göttliches ankündigt, ist dasselbe wie das äußere Göttliche. Wenn einem das Göttliche aufgeht, hört eben der Unterschied des Innen und Außen auf; man verschmilzt mit der Außenwelt und lebt sich in das *einige* Göttliche ein.[21]

Das obige Schlüsselmotiv von der „erlösten menschlichen Vernunft" wird in den Briefen über das *Michael-Mysterium* bedeutend wieder aufgegriffen, indem nunmehr Michael als solcher und sein Gang von der Sonne in Richtung Erde in die Betrachtung mit einbezogen wird. Dem Abstieg der kosmischen Intelligenz in den Bereich der Erdenmenschheit, begleitet von Michael auf seinem

Weg von der Sonne herunter in die „Welt des Rhythmus", ging allerdings die Christus-Tat voraus.

Was vor fünf Jahrhunderten für das Bewusstsein des Menschen begonnen hat, es hatte sich für einen weiteren Umfang seiner Gesamtwesenheit schon vollzogen zur Zeit, als das Mysterium von Golgatha in die irdische Erscheinung getreten ist.[22]

Die göttlich-geistigen Wesenheiten des Ursprungs haben, so heißt es in dem hier zitierten Brief weiter, „[...] den Christus aus der Sonne zur Erde gesandt". Und in einem weiteren Brief wird dazu – aus der Sicht Michaels selbst – ausgeführt:

> Das größte Erden-Ereignis sieht Michael eintreten. Aus dem Reiche, dem Michael selbst diente, steigt die Christus-Wesenheit hinunter in den Erdbereich, um da zu sein, wenn die Intelligenz völlig bei der menschlichen Individualität sein wird.[23]

Dass der Mensch – in Freiheit – wieder den Zugang zur geistig-kosmischen Welt findet, ist für Rudolf Steiner nicht anders denkbar als durch den Bezug auf den Erdenwandel Christi, das Mysterium von Golgatha. Und es wird nicht allein für seine Erkenntnis, sondern auch für die Moralität eine Bedeutung haben, die er durch sein liebevolles Handeln in die Welt, in den ganzen Kosmos ausstrahlen lassen kann. Denn er trägt seit der Erdentat des Christus tief innerlich etwas in sich, durch die Mithilfe Michaels ist es zu erwecken, worin er „[...] als Mensch den Zusammenhang mit dem Wesen des Göttlich-Geistigen bewahrt"[24] – das heißt mit dem einen Göttlich-Geistigen des Ursprungs von allem. Aus diesem Zusammenhang heraus wird die Menschheit – durch ihr moralisches Handeln – in das Weltall lichthaft, wesenhaft etwas zuvor noch nicht Dagewesenes einbringen.

> Das Göttlich-Geistige, dem der Mensch entstammt, kann als kosmisch sich ausbreitende Menschenwesenheit durchleuchten den Kosmos, der nur noch in dem Abbild des Göttlich-Geistigen vorhanden ist. – Nicht mehr dieselbe Wesenheit, die einst als Kosmos war, wird da durch die Menschheit aufleuchten. Das Göttlich-Geistige wird im Durchgang durch das Menschentum ein Wesen erleben, das es vorher nicht offenbarte.[25]

Michael als Zeuge des vorkosmischen Ursprungs von Welt und Mensch will den Aspiranten zu dieser Wirklichkeit erwecken. Denn nur so wird dieser im Stande sein, das Göttlich-Geistige, aus dem er und alles andere hervorging, durch sich – im Durchgang durch sein „Menschentum" – einer völlig neuen Offenbarung oder kosmischen Manifestation entgegen zu führen. Dass diese künftige Offenbarung aus der Menschenwesenheit einst kosmisch aufstrahle, dem widerstreben allerdings mit großer Energie die ahrimanischen Geister der Hindernisse. Der Mensch wiederum kann sich gegen die Suggestion dieser Geister – er solle seine Kapazitäten einzig auf das Wirken im Physisch-Materiellen beschränken – entschieden zur Wehr setzen, indem er im Sinne Michaels die Intelligenz spiritualisiert und sich im Zuge dessen mit dem Christus verbindet.

Denn dieser [der Christus] ist mit einer Intellektualität in die Welt hereingetreten, die ganz so ist, wie sie einst in dem Göttlich-Geistigen gelebt hat, da dies noch in seiner *Wesenheit* den Kosmos bildete.[26]

Das Wort „Intellektualität" sollte an dieser Stelle nicht irritieren. „Intelligenz", „Weisheit" oder auch „Logos" wären ebenso passend, zumal, wenn man bedenkt, dass hier das eine Göttlich-Geistige angesprochen wird, aus dem das ganze Universum hervorgegangen ist. Kann sich der Mensch mit ihm verbinden, nicht allein in seinem erlösten Erkennen, sondern auch in seinem geistig schöpferischen, moralischen Vermögen, so wird tatsächlich durch ihn – oder durch die Menschheit als zehntes Glied in der Reihe der Hierarchien, als die werdende „vierte Hierarchie"[27] – die ganze Welt neu. Und Ahriman wird zurückgewiesen.

Von Christus selbst wird hierin jedoch nichts anderes als seine Identität mit dem uranfänglichen Göttlich-Geistigen in seiner „Wesenheit" ausgesagt. – Dies ist von kategorial anderer Bedeutung als alle Hinweise beispielsweise auf Christus als den „Sonnengeist der Weisheit" oder das „Pleroma", die Gesamtheit der sechs Sonnen-Elohim. Denn diese sind sämtlich Wesenheiten, die dem geistig-kosmischen Entwicklungsstrom angehören. Mit Blick auf Christus in seiner rein göttlich-geistigen „Wesenheit" könnte man die Vorgenannten als geistig-kosmische Trägerwesenheiten ansprechen. Die göttliche „Wesenheit" hingegen, die jeder Offenbarung vorausgeht, ist als jenseits auch des geistigen Kosmos der Hierarchien zu verstehen, da die letzteren ja einen gewordenen Inhalt dieser Offenbarung ausmachen. Jene Jenseitigkeit als solche ist aber ein klarer Erweis der Transzendenz, die aller kosmisch-hierarchischen Immanenz[28] vorgeordnet ist, Erweis zugleich der Ewigkeit, die ist, bevor der Anfang der

Zeit selbst war – gehört doch auch die Zeit als solche dem Inhalt der Offenbarung an. Die Vorbereitung, um den Christus zu finden, der zutiefst dieser Ewigkeit zugehörig ist, liegt im Sinne Michaels insbesondere in der Pflege der erkenntnisgeleiteten Liebe der Außenwelt gegenüber, damit die menschliche Liebe nicht zur Eigenliebe werde. Und so heißt es:

> Ist dann diese Liebe in der Michael-Gesinnung da, dann wird Liebe zum andern auch zurückstrahlen können ins eigene Selbst. Dieses wird lieben können, ohne sich selbst zu lieben. Und auf den Wegen solcher Liebe ist Christus durch die Menschenseele zu finden.[29]

In Christus bzw. in „[...] dem Logos, den Christus unter Menschen auf der Erde lebt",[30] findet der Mensch tatsächlich seinen Zusammenhang mit dem Ewig-Göttlichen wieder, aus dessen Liebe er und alles wurde. Und der Mensch trifft, wenn er dem in rechter Art begegnet, in ihm auf den Quell der Offenbarung, auf denselben Quell, auf den schließlich auch die religiöse Überlieferung (dem Selbstverständnis nach z. B. das Alte und das Neue Testament) zurückgeht.

> Durch die rechte Stellung zu Christus wird der Mensch dasjenige, was er sonst nur als traditionelle Glaubens-Offenbarung empfangen könnte, im lebendigen Verkehr der Seele mit Christus erfahren.[31]

Im vorigen Kapitel wurde aus Rudolf Steiners *Geheimwissenschaft im Umriss* nachgezeichnet, dass die Manifestation – oder Offenbarung – des Universums sich zuerst in der Entstehung von Wärme vollzog (Alter Saturn), zu der später Luft und Licht hinzu kamen (Alte Sonne). Die Offenbarung aus Christus nun, von der hier in den Briefen über das *Michael-Mysterium* die Rede ist, kann dem Menschen zur Erfahrung „geistiger Wärme" und „geistigen Lichtes" werden. Dieselbe „geistige Wärme", in der göttliche und menschliche Liebe sich begegnen, wird er als ihn durchdringend fühlen können, „[...] wenn er den ‚Christus in sich' erlebt". Und: „Zu dem Göttlichen, aus dem du stammst, führt dich diese Wärme wieder zurück."[32] Dies entspricht dem obigen Hinweis auf den „Logos, den Christus unter Menschen auf der Erde lebt" und verweist auf den Zusammenhang mit dem ursprünglich Göttlich-Geistigen, der durch ihn gewahrt bleiben kann. Und es fordert innezuhalten. Denn in dem gesamten Kontext der Briefe über das *Michael-Mysterium* – und insbesondere vor dem

Hintergrund von Rudolf Steiners Rede über „Wesen", „Offenbarung", „Wirksamkeit" und „Werk" – wird hier nicht weniger ausgesagt als der Urbeginn der menschlichen Wesenheit aus Gott.[33]

Zu dem „geistigen Licht", das in der Begegnung mit dem Christus erfahren werden kann, heißt es wiederum:

> Im Lichte, das der Christus dem Menschen-Ich bringt, ist das Urlicht wieder da. Es kann in solchem Zusammenleben mit dem Christus der beseligende Gedanke sonnenhaft die ganze Seele durchglänzen: Das uralt-herrliche göttliche Licht ist wieder da; es leuchtet, obwohl sein Leuchten kein naturhaftes ist.[34]

Dieses Licht wird es sein, in welchem der Mensch die neue Offenbarung erfahren kann, auf die im vorausgegangenen Zitat hingedeutet wird. Und war noch weiter oben von jenem Wesen die Rede, welches das Göttlich-Geistige „im Durchgang durch das Menschentum" erleben wird, als von einem Wesen, welches das Göttlich-Geistige zuvor „nicht offenbarte", so wird man nunmehr annehmen dürfen, dass eben dieses Wesen sich speist aus derselben „geistigen Wärme" und demselben „geistigen Licht", die sich der Begegnung mit Christus, dem Logos von Ewigkeit, verdanken.

Die Transzendenz Gottes in der Sicht Rudolf Steiners, wie sie sich spätestens von dem genannten Liestal-Vortrag bis in die zitierten Briefe über das *Michael-Mysterium* darstellt, stimmt allerdings, das muss hier erwähnt sein, nicht gut zusammen beispielsweise mit der Ablehnung eines „[…] bloß erschlossenen, nicht zu erlebenden Jenseits", das auf einem „Missverständnis" beruhe, wie Rudolf Steiner es in seiner *Philosophie der Freiheit* zum Ausdruck bringt.[35] Diese Dissonanz wird im Werk des späten Rudolf Steiner jedoch, nach allem Bisherigen, ausgeglichen und versöhnt durch die Stellung des Christus, der tatsächlich das Ewige, Transzendente als das Seine in die Welt des Zeitlichen, in den Bereich der kosmischen und irdischen Immanenz aufs Neue hereinträgt.[36] – Der offenbare geistige und physische Kosmos ist der Vernunfterkenntnis zugänglich – bis hinauf in die Sphäre dessen, was in den Briefen über das *Michael-Mysterium* „Offenbarung" heißt. In denselben Briefen aber liegt endlich, seitens Rudolf Steiners, die Anerkenntnis vor, dass man von dem einen ewigen Sein der göttlichen „Wesenheit" auszugehen hat, die transzendent, nämlich aller Offenbarung voraus ist und von der der Mensch einzig aus dem notwendigen Grund wissen kann: weil sie sich selbst offenbart – oder offenbart hat. Und Quell dieser Offenbarung des göttlichen Wesens ist Christus – er war es vor zwei Jahrtausenden und kann es ebenso heute sein, auch auf denjenigen Wegen, die Anthroposophie im Lichte Michaels weisen will.

Damit knüpft Rudolf Steiner gegen das Ende seiner Lehrtätigkeit an Ausführungen esoterischer Art an, die er in den ersten Jahren, da er als Geisteslehrer wirkte, dargelegt hatte.

Schon in Kapitel III dieser Schrift, über „Das Schöpferische Wort", wurde ausführlich von dem Logos und der Tradition gehandelt, die sich ihm verpflichtet weiß. Dabei war nicht zuletzt auch eine beeindruckende Konvergenz der Rede Rudolf Steiners mit derjenigen Sri Aurobindos – hinsichtlich des Logos – festzustellen gewesen. Besagte Lehrdarlegungen Steiners aus den ersten Jahren des 20. Jahrhunderts, bald nachdem er führende Aufgaben innerhalb der ‚Theosophischen Gesellschaft' übernommen hatte, thematisieren nun ebenfalls den Logos. Gegenüber der außerordentlich inhaltreichen Christologie, die Steiner in der Folge durch viele Jahre hindurch entfaltete, nehmen sich diese Darlegungen über den Logos – bzw. über die „drei Logoi" – auf den ersten Blick vergleichsweise abstrakt aus (was womöglich mit dadurch bedingt ist, dass sie zum Teil in naturgemäß unvollständigen Nachschriften nur erhalten sind). Nimmt man sie jedoch retrospektiv in dem Licht seiner späten Ausführungen über die göttliche „Wesenheit" und ihre „Offenbarung" zur Kenntnis, gegeben in den zitierten Briefen über das *Michael-Mysterium*, so gewinnen sie rückwirkend unversehens eine größere Konkretheit.

Das soll sich anhand eines etwas längeren Zitats zeigen, das exemplarisch ausgewählt wurde und zudem in der vorliegenden Arbeit von besonderem Interesse ist, weil Rudolf Steiner darin westliche und östliche Ansätze verbindet.

Wenn wir das in sich Absolute, das alles dasjenige nicht hat, was wir überhaupt kennen, als das Übersein bezeichnen, haben wir in abstrakter Form einen Begriff hingepfahlt, als den wir uns den Logos denken: den in sich begriffenen, gegründeten, ruhenden, absoluten Logos. Erster Logos – Sat – Vater.

Wenn dieser Logos allein angenommen wird, ist er eben in sich ruhend, da und nicht da, über dem Sein, niemals wahrnehmbar, weil über aller Wahrnehmung, über das Dasein erhaben. Nun geht daraus hervor, dass dieser Logos das absolut Verborgene, Okkulte ist, weil über alle Offenbarung erhaben. Soll er nicht okkult sein, muss er sich offenbaren. Dann haben wir es mit seinem Spiegelbild, dem geoffenbarten Logos zu tun. Wenn wir dies bedenken, werden wir sogleich in diesem Begriff zwei Begriffe erkennen, so dass wir ein Dreifaches haben, denn im Offenbarer muss sich offenbarende Tätigkeit sein:

	1. Logos: Offenbarer
	2. Logos: Offenbarung, Tätigkeit
	3. Logos: Geoffenbartes Spiegelbild
[Indisch]	Sat, Ananda, Chit
[Christlich]	Dreifaltigkeit:
	1. Vater
	2. Sohn, Wort
	3. Heiliger Geist

Diese Drei sind zunächst so erhaben, dass wir sie für alles, was man im gewöhnlichen Sinne als offenbar oder wahrnehmbar bezeichnet, wieder als okkult bezeichnen müssen. Also drei okkulte Wesenheiten. Sie müssen zunächst offenbar werden. Es sind nur drei da, also können sie nur einander sich offenbaren:

> Der Vater offenbart sich dem Worte,
> Das Wort offenbart sich dem Heiligen Geiste,
> Der Heilige Geist offenbart sich zurück dem Vater.
> Dies sind drei Arten des Offenbarens.[37]

Diese Worte fügen sich weitgehend in den bisherigen Gang der Betrachtung und bestätigen diese. Der letzte Passus aber, über die drei Arten des Offenbarens, verdient besonderes Interesse. Denn er zeigt, dass in erster Hinsicht allein schon die Offenbarung – der Tätigkeit wie dem Inhalt nach – noch kein kosmisches Geschehen ist sondern gleichsam innertrinitarisch verläuft. In anderen Worten: Der ewige Anfang der Offenbarung selbst ist ein gänzlich innergöttlicher. Alles aber, was der menschlichen Vernunft Offenbarung sein kann, ist dasjenige, was aus der ersten, unerkannten Uroffenbarung hervorgeht. Dieses eigentliche „Hervorgehen der Welt aus dem Logos"[38] entspricht dem, was Rudolf Steiner in jenen frühen Lehrdarlegungen dann oftmals auch als die „Manifestation" bezeichnet.

Der Übergang als solcher, aus dem vorkosmischen innergöttlichen Offenbarungsgeschehen, aus dem Unmanifesten ins Manifeste – jenes „Hervorgehen der Welt" – weist nun seinerseits wiederum trinitarische Züge auf. In einer weiteren privaten Lehrstunde führt Rudolf Steiner dies aus, indem er zugleich die Sanskrit-Termini Akasha und Mahat (das Große, das unendlich Weite) einfließen lässt sowie hohe und höchste Namen von hierarchischen Wesen, wie sie in der christlichen Tradition bekannt sind. Dabei tritt – neben zwei weiteren Erzengeln – auch Michael auf, der hier ganz wie zwei Jahrzehnte später in den Briefen über das *Michael-Mysterium* in größter Nähe zu Christus, dem Sohn, erscheint.

Das Erste, woraus alles andere hervorging, ist die unmanifestierte Gottheit. Aus dieser ging dann hervor das Zweite, das Leben oder auch die unmanifestierte schöpferische Substanz. Dieses Leben geht dann hindurch durch die mannigfaltigsten Formen und wird benannt in den Formen Akasha oder Mahat. Dieses Akasha oder Mahat enthält alles, was es an Formen des Lebens in der Welt gibt. Die ganzen Hierarchien der Throne, Cherubim, Seraphim, der Gewalten, Urkräfte, Erzengel und Engel gingen hervor durch das Leben und bilden die Formen, unter denen dies eine Leben erscheint. – Die erste Kraft, die unmanifestierte Gottheit, wird auch der Vater genannt; die zweite Kraft ist der Sohn, der zugleich Leben und schöpferische Substanz ist, und die dritte Kraft ist der Geist. Zusammen erscheinen diese drei Urkräfte also als Vater, Sohn und Geist, als Bewusstsein, Leben und Form. Die Kraft des Lebens steht unter der Leitung Michaels, dessen, der zur Sonne gehört, die Kraft der Form steht unter der Leitung Samaels, der zum Vulkan gehört, wo alles Leben umgesetzt sein wird in lebendige Formen. Die Kraft des Bewusstseins steht unter der Leitung Anaels, der alles umfasst, was da ist.[39]

Hier wird also der Übergang der Offenbarung in die Manifestation charakterisiert; auch Cherubim und Seraphim sind „Formen", hervorgegangen aus dem „Leben", während der Vater als die gänzlich „unmanifestierte Gottheit" anzusehen ist. Und damit beginnt ein Thema, das die ganze weitere anthroposophische Kosmologie und Anthropologie durchziehen wird und davon handelt, wie die Trinität, wie also Vater, Sohn und Geist in ihren Abbildern im Kosmos diejenige Struktur bilden, nach welcher dieser insgesamt angeordnet ist. In der zuletzt zitierten Lehrstunde folgt denn auch sogleich ein erstes Beispiel für das Gemeinte, indem Rudolf Steiner aufzeigt, dass sich die Trinität in den künftigen höheren Gliedern des Menschen – Atman, Buddhi, Manas oder Geistesmensch, Lebensgeist, Geistselbst – widerspiegelt. Dieselbe trinitarische Grundstruktur erschließt sich des Weiteren ebenso für die zentrale spirituelle bzw. esoterische Schulung, die Rudolf Steiner vermitteln wird, als durch die Schlüsselworte der rosenkreuzerischen Formel:

Ex deo nascimur
In Christo morimur
Per spiritum sanctum reviviscimus.

Die damit angedeutete Spur führt schließlich – über viele Stationen – hin zu der großartigen Entfaltung dieser trinitarischen Formel in den Strophen der Grundstein-Meditation, gegeben anlässlich der Neubegründung der ‚Anthroposophischen Gesellschaft' während der Weihnachtstagung 1923/24.[40] – Ist auch das wiederkehrende Sprechen Rudolf Steiners über die Trinität zwischen 1904 und 1924 vielfach stark kosmisch geprägt, indem es dabei überwiegend um die strukturellen Spuren des dreieinigen Göttlichen im Werden und Dasein von Mensch und Welt geht,[41] so hat sich durch den hier vorgelegten Überblick dennoch erwiesen, dass die transzendente Wirklichkeit des Göttlichen für ihn stets bewusst im Hintergrund seines Vortragens und Schreibens gestanden haben muss.

Diese Gedanken zu Rudolf Steiners Sicht auf das Göttliche sollen hier einmünden in den knappen Hinweis auf ihn als Menschen und auf sein Verhältnis zu Gott. Denn der Geisteslehrer Rudolf Steiner war zugleich – wenn vielleicht auch nicht in allen Abschnitten seiner Biographie – ein großer Beter. Und das für ihn wichtigste Gebet war das Vaterunser, welches der Christus Jesus selbst die Jünger zu beten lehrte. Rudolf Steiner widmete diesem Gebet seit dem Jahr 1907 verschiedene Betrachtungen und er betete es selbst.[42] Seine außerordentlich hohe Meinung von dem Vaterunser brachte er einmal im Verlauf einer Fragenbeantwortung im Juni 1912 zum Ausdruck:

Es ist das wirksamste der Gebete. Je mehr Achtung und Hingebung man für dieses Gebet hat, desto besser ist es für eine Bewusstseinsseele. Wenn der Mensch es betet, so liegen – auch wenn er gar nichts davon weiß – doch dem Gebet die Kräfte zugrunde, die die Ursprungskräfte des Menschen sind. Derjenige, der die Menschen dies Gebet lehrte, musste diese Kräfte kennen. Wer es gebraucht, kann unbewusst diese Kräfte in sich leben haben. Der Respekt vor diesem Gebet wächst immer mehr, je mehr man hineinkommt. Es kommen dann Zeiten, wo man wegen der Hoheit des Vaterunser es sich nicht zu gestatten wagt, das ganze Vaterunser an einem Tag zu beten, da man von dem Zusammenwirken der sieben Bitten eine so große Vorstellung bekommt, dass man sich nicht für würdig hält, jeden Tag dies größte Initiationsgebet in seinem Herzen zu entfalten.[43]

Was hier über die „Ursprungskräfte des Menschen" ausgeführt wird, findet unmittelbar Anschluss an die Briefe über das *Michael-Mysterium* da, wo davon die Rede ist, dass der Mensch durch Christus den Zusammenhang mit dem Ewig-Göttlichen wiederfinden kann (s. o.).

Ita Wegman, die Ärztin, die mit Rudolf Steiner zusammenarbeitete, um die anthroposophische Medizin in die Welt zu stellen, wurde zur Zeugin seines Betens. Seit Oktober 1923 wurde am frühen Abend an der Grundlagenschrift für diese Medizin[44] gearbeitet; Ita Wegman suchte Rudolf Steiner dazu, wann immer möglich, um 18 Uhr auf. Dies war aber die Stunde, da er täglich – laut und stehend – das Vaterunser betete, auch in erweiterten Fassungen. Indem später das gemeinsame Schreiben an der medizinischen Schrift auch vom Krankenlager aus fortgesetzt wurde, blieb sie diese Zeugin seines Betens bis in die letzten Tage seines Lebens – und sie betete mit ihm.[45] Zuletzt hatte sie ihm helfen müssen für das Gebet aufzustehen. Wer um diese Zeit[46] an den Atelierräumen der Schreinerei vorbeiging, konnte durch die Holzwände hindurch das kräftige Sprechen des Gebetes vernehmen. Ganz Ähnliches wurde schon aus der früheren Zeit Rudolf Steiners in Berlin berichtet.

Als er zu Hause in seinem Zimmer in Berlin betete, sprach er so laut, dass man die Worte im Zimmer nebenan verstehen konnte [...].[47]

Den göttlichen Vater – mit den Worten, die der Christus Jesus während der Bergpredigt (vgl. Mt 6,5-15) gab – persönlich ansprechen zu können, ist von einer enormen Tragweite, zumal, wenn man in Betracht zieht, dass Er selbst, der Vater, es ist, der sich hinter der Rede von jenem mehrfach erwähnten „Unoffenbaren", „Unmanifesten", von der transzendenten „Wesenheit" verbirgt: Jener, der sich der ganzen Menschheit durch Seinen Sohn vor zwei Jahrtausenden in einem unausdenklichen, nicht zu überbietenden Liebeserweis offenbart hat. Angesichts der überaus hohen Bewusstheit des Geisteslehrers lässt sich aus all dem der Grad von Rudolf Steiners tiefem, spirituellem Frommsein allenfalls erahnen. Womöglich bilden solches Frommsein, solches Beten zu dem personhaften Vater – als Vollzug einer antwortenden, durch Anthroposophie gleichsam objektivierten Gottesliebe – den Hintergrund für Worte über Gott wie diese:

Nicht ist die umfassendste Eigenschaft der Gottheit die Allmacht, nicht die Allweisheit, sondern die Liebe, die Eigenschaft, bei der keine Steigerung mehr möglich ist. Gott ist voller Liebe, ist reine Liebe, ist sozusagen aus der Substanz der Liebe geboren.[48]

Schon in seiner Wiener oder Weimarer Zeit hatte Rudolf Steiner in seinem *Credo – Der Einzelne und das All* diese Sätze über das menschliche Äquivalent zur Liebe Gottes wie eine Art spirituelles Lebensmotto formuliert:

> Fromme, wahrhaft geistige Liebe veredelt unser Sein bis in seine innerste Faser, sie erhöht alles, was in uns lebt. Diese reine fromme Liebe verwandelt das ganze Seelenleben in ein anderes, das zum Weltgeiste Verwandtschaft hat. In diesem höchsten Sinne lieben, heißt den Hauch des Gotteslebens dahin tragen, wo zumeist nur der verabscheuungswürdigste Egoismus und die achtungslose Leidenschaft zu finden ist. Man muss etwas wissen von der Heiligkeit der Liebe, dann erst kann man von Frommsein sprechen.[49]

Das Göttliche – in der Sicht Sri Aurobindos

Stellung und Bedeutung Gottes im Integralen Yoga entwickeln sich organisch heraus aus den grundlegenden Erfahrungen, welche Sri Aurobindos Wiedereintreten in die physische, seelische und geistige Welt Indiens begleiten. Dazu gehört sogleich schon die Berührung mit dem „Geist der Ortes", die ihm widerfährt, als er 1893, einundzwanzigjährig und erstmals nach vierzehn Jahren, seinen Fuß in Bombay wieder auf die indische Erde setzt.[50] Es ist die Erfahrung einer unermesslichen Weite, einer unendlichen Stille, die sich über ihn senkt und die noch für lange Monate bei ihm verbleibt. Dem soll im äußeren Leben, beginnend mit der Zeit im Dienst des Maharajas von Baroda, das intensive Studium des Sanskrit folgen sowie des vedischen und nachvedischen Schrifttums, bis sich dann Jahre später jene anfängliche Verwirklichung des Jahres 1893 entscheidend vertieft, und zwar zu Beginn des Jahres 1908 – all das findet man im zweiten Kapitel dieser Schrift nachgezeichnet –, nachdem Sri Aurobindo sich in Baroda in ein dreitägiges yogisches Retreat begeben hat. Denn die Meditation, in die er hier eintritt, lässt ihn sämtliche Stufen des Yoga, wie sein Guru sie beherrscht und vermitteln kann, in einer einzigen ungestümen und umfassenden Bewegung erreichen, ja tatsächlich noch übersteigen. Was er dadurch zunächst erfährt, entspricht – und dies allein schon ist, an sich, erstaunlich – dem innerhalb des Buddhismus angestrebten Nirvana. Plötzlich befindet er sich in einem Zustand ohne Gedanken und oberhalb aller Gedanken, in welchem sämtliche mentalen und vitalen Regungen erloschen sind. Was zuvor als die Welt erlebt wurde, die ihn umgab, zeigt sich ihm nun als Illusion, als Leerheit, Substanzlosigkeit und vollkommene Stille – nicht Eines und nicht Vieles. Die Verwirklichung jedoch, die so beginnt, wächst innerhalb nur kurzer Zeit weit über das Nirvana hinaus. Der illusionäre Charakter der Welterscheinungen erweist sich für Sri Aurobindo nunmehr – von Verwirklichung zu Verwirklichung fortschreitend – allenfalls als unbedeutendes „Oberflächenphänomen", einer unabsehbaren göttlichen Wirklichkeit vorgelagert, übertroffen von dieser höchsten göttlichen Wirklichkeit und in seiner Vorläufigkeit durchschaut, indem ihm dieselbe intensive göttliche Wirklichkeit jetzt aus dem Herzen eines jeden Dings entgegen tritt. Friede, Stille, unendliche Freiheit – sie sollen ihm bleiben und er deutet später an, dass er die Welt nun wahrzunehmen beginnt „als ein ständiges Ereignis in der zeitlosen Ewigkeit Gottes".[51] – Während seiner Inhaftierung in Alipur, Mai 1908 bis Mai 1909, von ihr wurde ebenfalls berichtet, soll sich diese Erfahrung der höchsten göttlichen Wirklichkeit in ungeahnter Weise konkretisieren und personalisieren, indem Sri Aurobindo während dieser Zeit in die intime Zwiesprache mit Shri Krishna hereingenommen wird. Krishna gibt sich ihm hier im Gefängnis als Vasudeva zu erkennen, d. h. als Sohn seines Vaters,[52] vor allem aber als Narayana, als der allem innewohnende *ishvara* – der göttliche „Herr". Sri Aurobindo bekommt nun im Gefängnis von Alipur von Krishna selbst die *Bhagavad Gita* in die Hände gelegt und er nimmt ohne zu zögern den in ihr dargebotenen Yoga auf.

Die *Bhagavad Gita* führt Prinz Arjuna und mit ihm jeden, der den in ihr aufgezeigten Yoga aufnimmt, zu einer Reihe von Gipfelerfahrungen. Dazu zählt in besonderer Hinsicht die Offenbarung des Purushottama: Krishna als die göttliche Person, als das erhabene Selbst des höchsten Göttlichen. Für Sri Aurobindo soll dieses „erhabene Selbst" zu einer unverzichtbaren Größe werden, wenn er in den kommenden zwölf Jahren seine Schau in der Sprache der integralen, yogischen Philosophie niederschreiben wird.[53] – Krishna spricht in der *Gita*, Arjuna gegenüber, wiederholt über sich selbst und offenbart sich ihm. Und so auch hier, im XV. Gesang:

Es gibt zwei Purushas (spirituelle Wesen) in dieser Welt: den Unwandelbaren (und Überpersönlichen) und den Wandelbaren (und Persönlichen). Der Wandelbare ist zu allen diesen Wesen geworden. Der Kutastha (das hocherhabene Bewusstsein des Zustands des *brahman*) wird der Unwandelbare genannt.

Aber ein anderer als diese beiden ist jener höchste Geist, der das erhabene Selbst genannt wird. Er geht in die drei Welten ein und trägt und erhält sie, der unvergängliche Höchste.

Da Ich jenseits des Veränderlichen und größer bin als der Unwandelbare selbst, werde Ich in der Welt und im Veda als der Purushottama verkündet (als das erhabene Selbst).[54] [55] [56]

An diese Worte von dem Purushottama knüpfen sich wiederum weit reichende Fragen, die tief in die Diskussionen um das ältere und das jüngere Vedanta hinein führen. Dem Gemeinten nachzuspüren ist aber unerlässlich, um Sri Aurobindos Sicht auf das Göttliche annähernd fassen zu können. Einige dazu notwendige Begriffsklärungen seien vorausgeschickt.

Ob nämlich das höchste Göttliche der indischen Schau als ein unpersönliches Absolutes, *nirguna brahman*, erscheint oder als der personale *ishvara*, der Herr, wird innerhalb des Sanatana Dharma keineswegs einheitlich beantwortet. Diesbezüglich wird in der westlichen Welt nicht durchgängig genügend klar unterschieden. Die zweite der beiden Positionen (*ishvara*) wird im Raum der europäischen Sprachen deshalb oft, in sehr vereinfachter Diktion, als der ersten (*nirguna brahman*) untergeordnet gedeutet.

In etwa gleichzeitig mit dem weiteren Bekanntwerden des Buddhismus in Europa und Nordamerika trat in diesen Weltgegenden im Sinne einer originär indischen Spiritualität ebenfalls die Schule des Advaita Vedanta in den Gesichtskreis.[57] Eine besondere Ausstrahlung gewann dann im 20. Jahrhundert, und zwar in Indien wie in der westlichen Welt, Shri Ramana Maharshi (1879-1950), der Heilige vom Berg Arunachala, der der Lehre Adi Shankaracharyas (788-820)[58] – dem Advaita Vedanta in seiner wohl sublimsten Ausprägung – zu neuem Glanz verhelfen sollte. Bezeichnet „Vedanta", das „Ende der Veden", allgemein diejenigen nachvedischen Lehren, die sich auf die Veden als ihre Grundlage berufen, in erster Linie die Upanishaden, so heißt „Advaita Vedanta" so viel wie: der Vedanta der Nicht-Zweiheit. Im Sinne dieser späteren Schulrichtung wird die Einheit – oder Nicht-Zweiheit – von *atman* und *brahman* gelehrt und meditiert. Die erstrebte Befreiung, *moksha*, besteht für den Anhänger dieser Richtung darin, eben die Einheit, Nicht-Zweiheit, in der meditativen Erkenntnis zu realisieren. Die äußerste Konsequenz seiner monistischen Sicht vermittelte Shankara seinerzeit, da sie so schwer fasslich ist, erst auf der Stufe des „höheren Wissens", welche in der Einsicht und Erfahrung kulminiert, dass einzig das unveränderliche *brahman* wirklich ist und dass alle Vielheit, alles Werden, ja auch die Existenz verschiedener einzelner *atmans* bloß eine Maya darstellen,[59] eine Illusion, in der die Unerleuchteten befangen sind und aus der es unumkehrbar zu erwachen gilt. Shri Ramana Maharshi,[60] der Erfüller Shankaras, unterwies seine Schüler nach der Methode des *atma vichara*, der Frage nach dem Selbst – „Wer bin ich?" –, um sie so zu *moksha* zu führen: Ich bin nur, insofern *brahman* ist; außerhalb von *brahman* bin ich nicht und ist auch nichts anderes. – Der Advaita Vedanta und übrigens auch der Buddhismus repräsentieren gleichermaßen eine letztlich radikal impersonale Spiritualität, wie sie im Westen heute vielfach – hinsichtlich der Spiritualität Indiens, jedoch aufgrund unzureichender Unterscheidung – für die allgemein vorrangige gehalten wird.

Mit der zweifach (einmal mit dem Buddha, später mit Shankara) aufgetretenen Tendenz, die höchste und letzte Wirklichkeit oder Göttlichkeit in einem impersonalen Sein – oder buddhistisch: im Nicht-Sein – schauen zu wollen, setzte sich Sri Aurobindo in immer neuen Anläufen auseinander.[61] So behandelt er schon in den ersten Kapiteln seines yogisch-philosophischen Hauptwerks *Das Göttliche Leben* (in den Kapiteln II und III) das Problem der „beiden Verneinungen": zunächst der Verneinung des Geistes durch den neuzeitlichen Materialismus, dann aber auch das Problem der Verneinung der irdisch-materiellen Wirklichkeit seitens der östlichen Asketen, die als die Advaitins (die vedantischen Monisten) einzig „das reine Selbst", „das intakte *brahman*, das transzendente Schweigen" anstreben. Diese Untersuchung klärt zugleich das Vorfeld der anderen Frage nach der Personalität oder Impersonalität Gottes. Dazu unten mehr. – Wird jenes apersonal verstandene „transzendente Schweigen" in aller Intensität erfahren, so geht damit nach Auskunft Sri Aurobindos das eindringliche Empfinden einher, „die Welt sei unwirklich, wirklich sei allein das Schweigen". Und weiter heißt es:

> Das ist eine der machtvollsten und überzeugendsten Erfahrungen, deren das menschliche Mental fähig ist. Hier haben wir in der Wahrnehmung des reinen Selbsts oder des Nichtseins hinter ihm den Ausgangspunkt für die zweite Verneinung, am anderen Pol, parallel zur materialistischen. Sie ist aber vollständiger, endgültiger und gefährlicher in ihren Auswirkungen auf die einzelnen Menschen und auf die Kollektive, wenn sie ihren machtvollen Anruf hören, in die Wüste zu gehen –, die Entsagung des Asketen.[62]

Sri Aurobindo gibt zu, dass dieser asketische Geist vor allem von der nicht-vedischen Bewegung des Buddha Gautama ausging, aber gleichwohl für mehr als zwei Jahrtausende die indische Spiritualität insgesamt überaus stark beeinflusste. Und sei auch das Empfinden, der Kosmos wäre eine Illusion, nicht der vollständige Ausdruck indischen Denkens, so hätten unter demselben Einfluss dennoch zunehmend „alle […] im Schatten der großen Entsagung gelebt". In seinem Bemühen wiederum, die „gefährliche" Einseitigkeit des advaitischen Asketismus zu überwinden, fordert Sri Aurobindo, dass neben der großen advaitischen Formel „das Eine ohne ein Zweites" nun auch die andere upanishadische Aussage wieder größere Geltung gewinnen müsse: „Wahrlich alles ist *brahman*"; und dies deswegen, weil damit die ganze Welt in die Gottsuche wieder positiv mit einbezogen sein wird. Das vehemente indische Streben – das Streben des Sannyasin empor zu dem Göttlichen – müsse wieder entschieden verbunden werden mit dem Herniederkommen des göttlichen Wesens in die irdisch-menschliche Welt:

> Seine [des Göttlichen] Bedeutung in der Materie ist nicht ebenso klar verstanden worden wie Seine Wahrheit im Geist. Die Wirklichkeit, die der Sannyasin sucht, ist in ihrer vollen Höhe begriffen worden, aber nicht, wie von den alten Vedantins, in ihrer vollen Ausdehnung und umfassenden Fülle.[63]

Es ist nun offenkundig, dass advaitische Ablehnung der irdisch-materiellen Welt und advaitischer Impersonalismus sich einander bedingen. Denn die exklusive und zugleich abstrakte Singularität eines einzigen höchsten Weltenselbstes, neben dem keine anderen wahren Selbste bestehen können – sie wären ja wie alle weltliche Vielheit nur Maya –, kann keine Personalität begründen. Personen können ja erst in der Pluralität von Dialog-fähigen, einander antwortenden Wesen konkret gedacht werden. Doch wie dem auch sei, ebenso nachdrücklich wie jenem Problem „Materialismus und Spiritualismus" wendet sich Sri Aurobindo immer aufs Neue auch dieser Frage nach göttlicher Personalität oder Impersonalität zu. Und er tut es wiederholt auf gerade dem Wege, dass er sich zunächst in das Geheimnis des Selbsts vertieft – des menschlichen wie des göttlichen Selbsts.

Das Tor zum göttlichen Selbst ist das verwirklichte menschliche Selbst. Und dies lädt zu weiteren Reflexionen ein. – Wahre Selbsterkenntnis nämlich heißt für Sri Aurobindo die Einsicht, dass das Selbst das reine Prinzip des Seins schlechthin ist, zu verbinden mit der Verwirklichung der Einheit des Selbsts mit der gesamten individuellen Seelen-Erfahrung. Dies bedeutet beispielsweise auch die Überwindung der scheinbaren Verschiedenheit oder Unvereinbarkeit der beiden Wirklichkeits-Pole des gegebenen Daseins auf der einen und der

Idee auf der anderen Seite. Denn der für Sri Aurobindo vorrangigen supramentalen Erfahrung zeigt sich unzweideutig, dass Dasein und Idee nur „[...] einander ergänzende Aspekte derselben Wahrheit" sind. Damit geht die Einsicht einher, dass sich ebenso Einheit und Vielheit nicht gegenseitig ausschließen, sondern dass beide in dem wahren, transzendenten Selbst zu höherer Synthese aufgehoben sind. Über die so gefundene, höhere Einheit heißt es in der *Synthese des Yoga*, in dem Kapitel über die „Seinsweisen des Selbst" – aus dem zweiten Teil des Werkes über den Yoga des integralen Wissens (Jnana Yoga):

> Das vollkommene Empfinden der Einheit besteht aber nicht darin, dass wir in ihr alles nur als Teile des einen Ganzen oder als Wogen in einem einzigen Ozean ansehen, sondern dass wir in dieser Einheit jeden einzelnen Teil ebenso wie das All in höchster Identität als das Göttliche Wesen und unser Selbst wahrnehmen.[64]

Hier ist die letztgenannte Konjunktion „und" besonders zu betonen. Die individuellen Selbste sind dem göttlichen Wesen demnach gleichewig, ohne jedoch unterschiedslos in ihm aufzugehen. Sri Aurobindo charakterisiert den Zustand des verwirklichten individuellen Selbsts so, dass es einerseits die Erfahrung macht, durch das Einssein mit dem göttlichen Willen oder mit dessen Bewusstseins-Macht sich „[...] in den Herrn einzusenken". Und:

> Die höchste Höhe der Liebe ist es, dass wir verzückt in ekstatischer Seligkeit in das Einssein mit dem geliebten und angebeteten Herrn untertauchen.[65]

Andererseits jedoch wird das verwirklichte Selbst des Sadhaka für das göttliche Wirken in der Welt zu einem Bewusstseinszentrum, durch das sich der göttliche Wille, geeint mit göttlicher Liebe und göttlichem Licht, in die Vielfalt des Universums verströmen kann. Das verwirklichte individuelle Selbst wird dabei in der Aktion innerhalb der Natur – als „Seelen-Form des Einen" – eine besondere Eigenart sich bewahren, die „[...] es uns ermöglicht, Beziehungen der Unterscheidung in der Einheit mit den anderen Wesen und mit dem Erhabenen Selbst aufrecht zu erhalten".[66]

Das Selbst muss zweifelsohne von der vergänglichen Persönlichkeit unterschieden werden, die allem zeitlichen und kosmischen Wandel unterworfen ist. Die Persönlichkeit ist zwar auch Purusha und *brahman*. Aber sie ist der „veränderliche Purusha". In dem „unveränderlichen Purusha" hingegen kann die

Seele aufwachen, wenn sie sich gänzlich von aller kosmischen und zeitlichen Aktivität zurückzieht. Im Sinne der *Bhagavad Gita* wird auch dieser Gegensatz wiederum aufgehoben und überhöht in dem schon erwähnten „höchsten Purusha" – dem Purushottama. Und dies ist nicht zuletzt für das individuelle Selbst oder die Seele von großer Bedeutung.

> Die Seele aber, die in dem Höchsten Purusha leben kann, genießt den ewigen Frieden, die Macht, die Seligkeit und die Weite des Wesens. Sie ist in ihrer Selbst-Erkenntnis und Selbst-Macht durch Charakter, Persönlichkeit oder durch die Formen ihrer Kraft und die Gewohnheiten ihres Bewusstseins nicht gebunden. Trotzdem verwendet sie diese alle aus einer weiten Freiheit und Macht, so dass sich das Höchste Wesen selbst durch sie in der Welt zum Ausdruck bringen kann.[67]

Das persönliche und das unpersönliche Selbst, der bedingte und der unbedingte Purusha oder: *kshara purusha* und *akshara purusha* bezeichnen eine Differenzierung, wie sie ebenfalls im Hinblick auf das *brahman* zutreffend ist. Denn der Sanatana Dharma unterscheidet völlig klar das durch Eigenschaften charakterisierte von dem eigenschaftslosen *brahman* oder *saguna brahman* von *nirguna brahman.* Jedoch, immer gilt, dass der Erhabene beide Seiten solcher Polaritäten gleichermaßen verwendet, um seine Unergründlichkeit auszudrücken und zu bezeugen.

Personalität und Impersonalität kennzeichnet Sri Aurobindo zwar als westliche Begriffe, aber er erklärt zugleich, dass sie durchaus auf solche Begriffspaare wie *saguna* und *nirguna*, aktives und passives *brahman* oder *kshara* und *akshara purusha* übertragbar seien. Allerdings, so führt Sri Aurobindo ins Feld, sei die europäische Idee insbesondere der Personalität Gottes eine unzureichende, weil sie das über alles erhabene Wesen im Sinne bestimmter Eigenschaften einenge. So seien der gütige und liebevolle Gott eines hl. Franz von Assisi und der unerbittliche, strenge Gott eines Johannes Calvin kaum derselbe und in vergleichbarer Art verschieden voneinander wie etwa im Indischen Vishnu und Shiva verschieden sind. Dass der personale Gott durch seine Eigenschaften nicht beschränkt ist; dass Er *ananta-guna* sei, d. h. zu unendlichen Eigenschaften befähigt; dass Er aber dennoch jenseits von diesen allen steht, um sie vollkommen frei zu verwenden, wie Er es will: dies zu fassen, falle dem „normalen europäischen Mental" offenbar besonders schwer.[68] Wie auch immer, Sri Aurobindo lässt seine Überlegungen in eindrucksvollen Worten über Gott als die einzig wirkliche Person und als die Quelle aller Personalität gipfeln. Seine Sicht geht dabei deutlich über die Schulen des Advaita Vedanta wie auch des Sankhya hinaus, deren erste allein *nirguna brahman* gelten lassen will, deren zweite zahl-lose geistige Monaden, einzelne Purushas behauptet, die nie in eine wirkliche Berührung mit Prakriti, der Welt der Eigenschaften, eintreten können.[69] Der eigentliche Sanatana Dharma kann aber gleichwohl beide Ansätze integral in sich fassen und über sich hinausführen. Solche integrale Fassungskraft bleibt allerdings eine mächtige, allem herkömmlichen, linearen Denken übergroß erscheinende Herausforderung.

Aus diesem Grund findet es das normale europäische Mental so schwie-rig, die indische Religion in ihrem Unterschied zur Philosophie des Ve-danta und des Sankhya zu verstehen, da es sich nicht leicht einen perso-nalen Gott im Besitz von unendlichen Qualitäten, also einen persona-len Gott vorstellen kann, der nicht nur eine Person, sondern die einzig wirkliche Person und der Ursprung aller Personalität ist. Dennoch ist das die einzig gültige und vollständige Wahrheit über die göttliche Per-sonalität.[70] [71]

Sri Aurobindo zieht die Summe seiner Untersuchung in dem hier behandel-ten Kapitel über die „Seinsweisen des Selbst", indem er zeigt, dass man drei Grade der Annäherung an das personale göttliche Wesen berücksichtigen müsse:

Bei dem ersten verstehen wir Ihn in einer besonderen Gestalt und mit besonderen Eigenschaften als den Namen und die Form der Gottheit, die wir in unserer Natur und Personalität bevorzugen, *ishta-devata*. Bei der zweiten ist Er die einzige wahre Person, die All-Personalität, *ananta-guna*. Bei der dritten gelangen wir zurück zum letzten Ursprung jeder Idee und Tatsache der Personalität, hin zu dem, was die Upanishad mit dem einzigen Worte Er bezeichnet, ohne dabei irgendwelche Eigenschaften festzulegen. Dort treffen unsere Realisationen des personalen und des apersonalen Höchsten Wesens zusammen und einen sich in dem erha-benen Begriff des Göttlichen.[72] [73]

Und noch:

Durch die Realisation immer höherer Prinzipien des Seins und von Zu-ständen der bewussten Existenz gelangen wir nicht zu der Annullierung aller Dinge in einer positiven Null oder zu einem unausdrückbaren Zu-stand der Existenz, sondern erreichen wir die transzendente Existenz selbst, die auch der Existente ist, der jede Definition und Eingrenzung durch Personalität transzendiert und doch immer das bleibt, was das Wesenhafte der Personalität ist.[74]

Als Charakterisierung des göttlichen Wesens begegnet im Werk Sri Aurobindos häufig die Formel: *sachchidananda*. Es handelt sich bei diesem Wort um die im Sanskrit übliche Zusammenschreibung von *sat* – dem reinen unendlichen Sein, *chit* – dem reinen unendlichen Bewusstsein, und *ananda* – der reinen und unendlichen Seligkeit. Diese drei machen die Natur des eigentlich von allen Attributen freien *brahman* aus. Sri Aurobindo legt nun dar, das ursprüngliche, höchste und ewige Sein sei nicht ein leeres Sein, auch nicht bloß ein bewusstes Sein, vielmehr sei es „[…] ein bewusstes Sein, dessen Wesens-Inbegriff und Inbegriff seines Bewusstseins Seligkeit ist".[75] Die Absolutheit des bewussten Seins des Höchsten sei dasselbe wie die Wonne oder Seligkeit dieses bewussten Seins. Und er hebt hervor, dass – wenn auch die Absolutheit des *brahman* identisch sei mit Wonne oder Seligkeit – die Seligkeit dennoch nicht durch die Absolutheit eingeschränkt würde. Vielmehr könne das Göttliche sich in seiner Selbst-Seligkeit, ebenso wie in seinem Selbst-Sein und in seiner Bewusstseins-Kraft, in die Welt der Schöpfung, der endlosen Variationen, mitteilen und verausgaben – und es tue dies auch immerzu. Sri Aurobindo:

> Daraus folgt, dass alle existierenden Dinge sind, was sie sind, als Begriffe jenes Seins, als Begriffe jener bewussten Kraft, als Begriffe jener Seligkeit des Seienden.[76]

Den Einwand, warum es denn Leid und Schmerz in der Welt gebe, da doch alles aus der bewussten göttlichen Seins-Seligkeit hervorging, beantwortet Sri Aurobindo u. a. mit dem Hinweis, dass – zum einen – die Erfahrungen von Leid und Schmerz, wie auch die von Freude und Lust, letztlich von dem ewigen Selbst bestimmt wurden und dass – zum andern – das Selbst in sich die Kraft habe, dieselben Erfahrungen zunächst anzunehmen, sie sodann ihres Charakters – von Leid und Schmerz, Freude und Lust – zu entledigen, und schließlich, sie sowie die zugrunde liegenden Haltungen und Gewohnheiten zu verwandeln, so dass sie neue, ständige Erfahrungen ermöglichen, in denen sich das tiefere und weitere Selbst des Menschen, das Seligkeits-Selbst – *anandamaya* –, zum Ausdruck bringen kann.

Diese Wendung und das Wort vom Seligkeits-Selbst – *anandamaya* –, haben wiederum einen klaren Bezug zu Sri Aurobindos Sicht auf das Göttliche und das Personsein Gottes. Denn in dem Kapitel „Die göttliche Personalität", ebenfalls in *Die Synthese des Yoga* enthalten, nun aber im dritten Teil, demjenigen über den Yoga der göttlichen Liebe (Bhakti Yoga), klärt er darüber auf, dass man die Rede von *sachchidananda* als das Ergebnis einer nachhaltig wirksamen Abstraktion zu verstehen habe, in Gang gesetzt durch den philosophischen Intellekt des indischen Altertums.[77] Der dazumal einsetzende Abstraktionsvorgang sei auch später noch weiter getrieben worden, indem das Bewusstsein – *chit* – und die Seligkeit – *ananda* – ebenfalls ausgeschaltet wurden, um damit bei dem bloßen Sein – *sat* – als der abstraktesten Umschreibung des göttlichen *brahman* anzugelangen. Doch war der ruhelose Intellekt selbst damit noch nicht zufrieden und so kam es – außer-vedisch – in dem Buddha Dharma dazu, schließlich sogar das Sein als solches zu bestreiten, womit nichts blieb, nichts, so Sri Aurobindo, als die „unendliche Null". – „Herz und Leben" jedoch könnten mit derartigen Abstraktionen nicht leben, sie würden stets das suchen, was in lebendigem Werden stehe, und nicht ein abstraktes, apersonales Sein. Sie seien darauf aus, in sich die Freude und Aktivität einer endlichen oder auch einer unendlichen Person – *anandamaya purusha* – zu erfahren, für welche die Seligkeiten und Kräfte der eigenen Existenz eine Wirklichkeit darstellen:

> Wenn sich also Herz und Leben dem Höchsten und Unendlichen zuwenden, kommen sie nicht zu einem abstrakten Sein oder Nichtsein, einem *sat* oder *nirvana*, sondern zu dem Einen, der existiert, zu *sat purusha*. Er ist nicht nur Bewusstsein, sondern bewusstes Sein, *chaitanya purusha*. Er ist nicht nur reine apersonale Seligkeit des „Es ist", sondern unendlich wonnevolles „Ich bin", *anandamaya purusha*. Herz und Leben können sich nicht in ein Sein ohne bestimmte Merkmale versenken und darin Bewusstsein und Seligkeit verlieren. Sie drängen auf die Wirklichkeit aller drei in Einem. Denn die Seins-Seligkeit ist ihre höchste Macht und ohne Bewusstsein kann man keine Seligkeit besitzen. Das ist die Bedeutung der erhabenen Gestalt intensivster indischer Liebes-Religion: *Shri Krishna*, der All-Beseligende und All-Schöne.[78]

Wieder ist damit kein Endpunkt erreicht. Denn immer wird der Advaita Vedantin darauf erwidern, hier komme allenfalls der wandelbare, durch Eigenschaften definierte Purusha zum Ausdruck – oder *saguna brahman*. Über dieses sei aber *nirguna brahman* unabänderlich erhaben. Und Sri Aurobindo räumt diesem Einwand tatsächlich eine gewisse Berechtigung ein, weil eben das höchste Wesen vollkommen frei ist, nämlich auch so frei, gänzlich in sich selbst zurückzutreten, in jenen statischen Zustand, den es in Wahrheit zu keiner Zeit verlieren kann. Würde man folglich nur dasjenige im Sinn haben, was danach noch bleibt – nach dem In-sich-Zurücktreten –, so habe man es abermals bloß mit der „reinen Apersonalität" zu tun oder mit dem „leeren Nichts". Wer aber andererseits auch jetzt noch all dessen inne sei, was sich auf diese Art in die Ununterscheidbarkeit zurückgezogen hat – die Person nämlich, die göttliche Personalität und alles, was sie manifestiert hat –, könne schließlich diejenige Intuition gewinnen, die über beide Verstehensweisen hinausführt. – Während für den mentalen Intellekt das höchste Wesen in seinem In-sich-Zurücktreten zu einem Undefinierbaren wird, könne die Intuition der integralen Gottesschau so in Worte gefasst werden:

> […] auch aus diesem Unerkennbaren spricht immer noch das bewusste Wesen, die Göttliche Person, die sich hier manifestiert hat: „Auch dieses bin Ich; selbst hier, jenseits der Schau des Mentals, bin ich Er, der *purushottama*."[79] [80]

Die Annäherungen an das Göttliche durchziehen zahlreich das Gesamtwerk Sri Aurobindos und in einer Arbeit wie der vorliegenden kann davon nur ein erster Eindruck vermittelt werden, der sich zudem in engen Grenzen halten muss. Doch bliebe die hier gebotene Skizze in nicht zulässiger Weise unvollständig, wenn die von Sri Aurobindo vorgenommene Ergänzung der Gottesschau unterschlagen würde, die das Weibliche in die Rede von Gott einbezieht und auf die er größten Wert legte. Die betreffende Perspektive wurde ansatzweise schon im ersten und im dritten Kapitel dieser Schrift dort reflektiert, wo es um die geistigen Wirklichkeiten von Purusha und Prakriti – oder Mula-Prakriti – ging.[81] Das da Begonnene ist hier nun notwendig weiterzuverfolgen.

Das *brahman* als das göttliche Selbst-Sein beseelt allumfassend das Universum, es durchdringt dasselbe restlos und liegt ihm in Absolutheit zugrunde. Indem das *brahman* – insbesondere für die Mayavadins – das einzige wahrhaft Wirkliche ist, steht ihm in der Sichtweise des Advaita Vedanta das Universum, der Bereich der Vielheit der Erscheinungen und des unablässigen Wechsels, als die Maya gegenüber. Sri Aurobindo seinerseits spricht die Maya allerdings nicht vorrangig als Illusion an, sondern eher als die dynamische Kraft und das Bewusstsein des Selbst-Seins des *brahman*. Das *brahman* als das Selbst alles Daseins verhalte sich zu dem Universum wie der *atman* zum einzelnen Menschen in seinem Werden, zu seiner Maya,[82] sich verhält. Das Selbst werde im Zustand des Schweigens erfahren und als ein unbewegliches, unwandelbares Sein gefühlt, das ganze Universum durchdringend und allgegenwärtig, aber nicht dynamisch und nicht aktiv – vielmehr immer erhaben über die „mobile Energie" der Maya.[83] – Ähnlich stehen sich Purusha und Prakriti gegenüber, wie das Paar vor allem in der Sankhya-Philosophie benannt wird. Prakriti ist zu verstehen als die aus sich heraus gehende Wirksamkeit des Purusha, aktiv durch ihre eigene Natur. Sri Aurobindo meint, notabene, wenn er von der Natur als solcher spricht, oftmals nichts anderes als die Prakriti, als das schöpferisch hervorbringende Prinzip, welches die kosmischen und irdischen Einzelerscheinungen aus sich gebiert, in welchem aber auch – unter vielem anderen – die Unbewusstheit wohnt. Zur besseren Unterscheidung: Das klassische Sankhya vertritt die nicht-theistische Auffassung, dass jedem einzelnen bewussten Wesen ein Einzel-Purusha eignet, vollkommen inaktiv und in sich beschlossen – bloß unbeteiligter, gleichwohl über alles bewusster Zeuge vollumfänglich dessen, was im Kosmos vor sich geht. Einen höchsten, über die Vielzahl der Purushas erhabenen, göttlichen Purusha lehnt das Sankhya jedoch ab. In Abgrenzung gegen dieses Konzept sieht Sri Aurobindo die Prakriti – mit ihren drei Gunas *tamas*, *rajas* und *sattva* – als dynamischen Gegenpol nicht allein der individuellen Purushas an, sondern wie oben gezeigt auch des Purushottama der *Bhagavad Gita*.

> *Prakriti* stellt sich als eine unbewusste Energie in der materiellen Welt dar. Wenn aber die Waagschale des Bewusstseins emporsteigt, offenbart sie sich immer mehr als eine bewusste Kraft. Wir erkennen, dass auch die Unbewusstheit ein geheimes Bewusstsein verbarg. So ist auch das bewusste Wesen vielzählig in seinen individuellen Seelen. In seinem Selbst können wir es jedoch als eines in allen und als eines in seinem eigenen wesenhaften Dasein erfahren.[84]

Der Position des Sankhya setzt er die entschiedene Kritik entgegen, dass es keine ewige, fundamentale Sonderung geben könne, „[…] keinen Dualismus zwischen dem Wesen und seiner Bewusstseins-Kraft, zwischen Seele und Natur".[85] – Indem er an frühere Überlegungen über das Personale und Impersonale in Gott anknüpft, treibt Sri Aurobindo sodann die Fragestellung nach dem Männlichen und Weiblichen in Gott voran und er entwickelt schließlich als höchstrangige Charakterisierung des göttlichen Paares diejenige, die in der Tradition als *ishvara–shakti* begegnet. *Ishvara* (s. o.) ist „der Herr", allwissend und allmächtig, der All-Liebende und All-Geliebte; er ist zugleich inner- und überkosmisch. Er fasst in sich die Dimensionen des *brahman* und des höchsten Purusha. Er ist eins mit ihnen und doch überragt er sie: „[…] der Ewige, Unendliche, Unaussprechliche, die Göttliche Transzendenz".[86] – Und erneut bestätigt Sri Aurobindo, dass das Impersonale nicht die höchste Offenbarung des Göttlichen ist:

[...] das Apersonale ist nur eine Macht der Person: Sein hat keinen Sinn ohne einen Seienden; Bewusstsein steht auf keinem Grund, wenn es niemand gibt, der bewusst ist; Seligkeit ist nutzlos und schwach ohne jemand, der sich freut; Liebe kann nicht Rückhalt und Erfüllung finden, wenn kein Liebender da ist; All-Macht muss nutzlos sein, wenn kein Allmächtiger existiert.[87]

Die *shakti* wiederum als die wirksame, kosmisch schöpferische Kraft ist das weibliche geistig-göttliche Gegenüber des „Herrn". Sie darf aber nicht als eine bloße *materia*, als bloße Grundlage zur Manifestation der göttlichen Willensbeschlüsse vorgestellt werden, was ein einseitiges Verständnis von „Prakriti" nahe legen könnte. Wie in dem Höchsten ein Ineinander von personalen und apersonalen Aspekten besteht, so sind auch *ishvara* und *shakti* in Wirklichkeit nicht voneinander zu trennen. In ihrem Antworten auf und innigsten Verbundensein mit dem *ishvara* hat *shakti* vielmehr von Ewigkeit her Anteil an seiner Personalität und ist auch sie selbst personal zu denken. Sieht man im Licht von Personalität und Impersonalität, so Sri Aurobindo, auf den „zweieinigen Aspekt von Selbst und Selbst-Macht", so „[...] tritt im Person-Aspekt eine doppelte Person hervor, *ishvara–shakti*, das Göttliche Selbst und der Schöpfer, sowie die Göttliche Mutter und Schöpferin des Universums".[88]

Hier wird uns das Mysterium des männlichen und des weiblichen kosmischen Prinzips erhellt, deren Spiel und Zusammenwirken für alle Schöpfung notwendig ist. In der überbewussten Wahrheit des Selbst-Seins sind diese beiden ineinander verschmolzen und inbegriffen, sie sind eins und ununterscheidbar. In der spirituell-pragmatischen Wahrheit der Dynamik des Universums treten sie aber hervor und werden aktiv. Die göttliche Mutter-Energie als die universale Schöpferin, *maya, para-prakriti, chit-shakti*, manifestiert das kosmische Selbst und *ishvara* sowie ihre eigene Selbst-Macht als ein duales Prinzip. Durch sie handelt das Wesen, das Selbst, *ishvara*, und er tut alles durch sie. Wenn auch sein Wille ihr stillschweigend einbegriffen ist, arbeitet sie doch alles als die höchste Bewusstseins-Kraft aus. Sie hält alle Seelen und Wesen in ihrem Innern und wirkt als exekutive Natur. Alles existiert und handelt im Einklang mit der Natur, alles ist Bewusstseins-Kraft, die sich offenbart und mit dem Wesen in Millionen von Formen und Bewegungen spielt, in die sie sein Sein einprägt.[89] [90] [91]

Und auf eine Formel gebracht:

Ein einziges Wesen, eine einzige Wirklichkeit gründet, unterstützt und gestaltet als Selbst, erfährt als *purusha* oder Bewusstes Wesen, will, regiert und besitzt als *ishvara* seine Welt der Manifestation, die erschaffen, in Bewegung und im Wirken gehalten wird durch seine eigene Bewusstseins-Kraft oder Selbst-Macht, durch *maya, prakriti, shakti.*[92]

Für den Integralen Yoga und seinen Sadhaka ist die göttliche Natur, die *shakti*, von größter Bedeutung. Wenn einer eine höhere Wesensstufe verwirklichen wolle, so Sri Aurobindo, so könne dies nur durch sie geschehen. Die völlige Hingabe müsse dem Göttlichen Wesen gelten, *ishvara*, das Aufsteigen zur höchsten Natur oder in sie hinein könne aber nur durch sie erfolgen, es könne „[...]" nur durch die supramentale *shakti* geschehen, die unser Mentalwesen empornimmt und es in ihrer Supramentalität umwandelt".[93]

Im zweiten Kapitel wurde von der Herabkunft des Übermentalen berichtet, die sich am 24. November 1926 ereignete, wie auch davon, dass Sri Aurobindo sich in der Folge dieses Geschehens aus dem vordergründigen Ashram-Leben zurückzog und die Sorge für die yogische Gemeinschaft gänzlich in Mirra Alfassas Hände legte.[94] – Sogleich während des ersten Jahres seiner *seclusio* verfasste Sri Aurobindo nun vier Briefe und einen Essay, die er im Jahr darauf, 1928, unter dem Titel *The Mother* in Kalkutta erscheinen ließ. Darin findet sich die eindrucksvolle Schilderung von vier kardinalen Aspekten der *shakti* oder *mahashakti* – *mahakali, mahalakshmi, mahasarasvati* und *mahesvari*, die unschwer den Bezug zu den vier Hauptästen des Integralen Yoga erkennen lassen: *mahakali* entspricht dem Yoga der Werke, *mahalakshmi* dem Yoga der liebenden Hingabe, *mahasarasvati* dem Yoga der Erkenntnis, während *mahesvari* die Zusammenfassung der drei im Yoga der Vollkommenheit repräsentiert.[95] [96] – Und mit Blick auf die supramentale Verwirklichung, auf die der Integrale Yoga insgesamt ausgerichtet ist, heißt es in der abschließenden Passage dieser kleinen Schrift über *Die Mutter*:

Die supramentale Wandlung ist beschlossen und unausbleiblich in der Entfaltung des Erdbewusstseins; denn dieses Bewusstsein hat seinen Aufstieg noch nicht vollendet und der Verstand ist nicht sein letzter Gipfelpunkt. Aber damit die Wandlung komme, Form annehme und daure, bedarf es mit dem Willen zur Erkenntnis und der Aufnahmebereitschaft des Lichtes der Anrufung von unten und der Zustimmung des Höchsten von oben. Die Macht, die vermittelt zwischen der Zustimmung und der Anrufung, ist die Gegenwart und Kraft der göttlichen Mutter.[97] [98]

Herabkunft des Supramentalen und Wiederkunft Christi

Eine werkgeschichtlich frühe Ankündigung des Motivs der Herabkunft des Supramentalen findet sich bei Sri Aurobindo im Jahr 1912 – fünfzehn Jahre vor der Entstehung des zuletzt zitierten Textes – in dem Essay *The Yoga and Its Objects*. Dort heißt es einleitend:

> Der Yoga, den wir praktizieren, ist nicht für uns allein sondern für das Göttliche. Sein Ziel ist es, den Willen des Göttlichen in der Welt auszuarbeiten, eine spirituelle Transformation zu bewirken, und, die göttliche Natur wie auch das göttliche Leben in die mentale, vitale und physische Natur und in das Leben der Menschheit herabzubringen. Sein Gegenstand ist nicht die persönliche Mukti, wenn auch Mukti eine notwendige Bedingung des Yoga darstellt, vielmehr ist es die Befreiung und Umwandlung der menschlichen Wesenheit. Es geht nicht um das persönliche Ananda sondern um das Herunterleiten des göttlichen Ananda – das Himmelreich des Christus, unser Satyayuga – auf die Erde.[99]

Die terminologisch genauer fassbare Rede von „Herabkunft" in Verbindung mit dem „Supramentalen" findet sich dann ab 1920 – und gehäuft ab 1927. Dies legt es nahe zu vermuten, dass Sri Aurobindo die entsprechenden geistigen Wirklichkeiten über einen längeren Zeitraum gründlich erforschte. An der obigen Passage ist jedoch ein Element vor allem anderen beachtlich: die Verbindung jenes transformativen „Herunterleitens" des göttlichen Willens, der göttlichen Natur, des göttlichen Lebens in die Erdenwelt mit dem Hinweis auf das „Himmelreich des Christus", dessen erwartetes Kommen zur Kernbotschaft des Neuen Testaments zählt – in gesteigertem Sinn gerade auch im Zusammenhang mit der von der Christenheit erhofften Wiederkunft des Christus. Auf Sri Aurobindos Rede von Christus als dem Menschen- und Gottessohn ist später zurückzukommen. Festzuhalten ist hier aber andererseits auch die Einordnung des angestrebten Geschehens in den Kontext der traditionell indischen Lehre von den Yugas, den zyklisch verstandenen Weltzeitaltern.

In derselben Schrift, *The Yoga and Its Objects*, geht Sri Aurobindo auch näher auf die Yugas selbst ein, gerade insofern sie für die Gegenwart von Interesse sind. Dabei schildert er einen zunehmenden Zerfall der ursprünglichen Reinheit und Harmonie in der Natur und im Weltgeschehen, wie sie im Satya Yuga einmal optimal verwirklicht waren, durch das Treta Yuga und Dvapara Yuga hindurch jedoch mehr und mehr zugrunde gehen, bis sie endlich im Kali Yuga,

dem „Finsteren Zeitalter", völlig zusammenbrechen und zerstört sind.[100] An-
knüpfend an das Kali Yuga heißt es dann:

> Doch ist das Kali nicht nur verderblich; in ihm werden sukzessive die
> notwendigen Bedingungen für ein neues Satya generiert, eine nächste
> Harmonie, eine noch weiter fortgeschrittene Vollkommenheit. In der
> Periode der Kali, die nun vorüber ist, zwar in ihren Nachwirkungen
> noch fortwirkt, die aber dennoch an ihr Ende gekommen ist, kam es
> zu einer allgemeinen Zerstörung alten Wissens und alter Kultur. Nur
> wenige Bruchstücke blieben uns erhalten – in den Veden, den Upani-
> shaden, anderen heiligen Schriften und in den vernebelten Traditionen
> der Welt. Aber nun ist es an der Zeit – für eine erste Aufwärtsbewegung
> und einen ersten Anlauf, eine neue Harmonie und Vollkommenheit zu
> verwirklichen.[101] [102]

Ganz im Sinne des Adesha, den er drei Jahre zuvor im Gefängnis von Alipur
aufnahm,[103] sieht Sri Aurobindo mit Blick auf diese neuen Verwirklichungen
Indien – und insbesondere den durch ihn zu entwickelnden Purnayoga oder
Integralen Yoga – eine entscheidende Rolle spielen. Hier ist des Weiteren hervorzuheben, dass der indische Geisteslehrer die bevorstehende Manifestation
– immer noch in der besagten Schrift des Jahres 1912 – in unmittelbare Beziehung mit der Aufgabe des Avatars setzt:

> […] das Motiv, um dessentwillen der Avatar herabkommt, ist, den Men-
> schen wieder und wieder aufzurichten, ihn zu höherer und immer höhe-
> rer Menschlichkeit zu entwickeln; es ist eine größere und noch größere
> Entwicklung des göttlichen Wesens, um wieder und wieder mehr und
> immer mehr Himmel auf die Erde zu bringen, bis unsere Arbeit getan
> ist, das Werk vollendet und *sachchidananda* sich in allem erfüllt, auch in
> diesem materiellen Universum. Gering ist das Werk dessen, der, auch
> wenn er Erfolg hat, für sein eigenes Heil oder für das Heil weniger arbei-
> tet; unendlich groß ist das Werk dessen, der, auch wenn es misslingt oder
> nur zu Teilen oder nur vorübergehend zum Erfolg führt, nur dazu lebt,
> den Frieden der Seele zu bewirken, Freude, Reinheit und Vollendung für
> die ganze Menschheit.[104]

Der Hinweis auf den Avatar, also zunächst: auf Shri Krishna, ist deswegen
besonders erhellend und evident, weil dieser aufs Engste mit dem Gang der
Yugas verbunden ist. Denn beispielsweise ist der Beginn des Kali Yuga – nach
den Worten Rudolf Steiners im Jahr 3101 v. Chr. – gemäß der Tradition des

Sanatana Dharma geradezu definiert durch den „Tod" Krishnas in demselben Jahr.[105] Vereinfacht könnte man sagen, das Kali Yuga ist die Zeit des Entbehrens von Krishnas Anwesenheit. Sri Aurobindo verkündet in den oben zitierten Worten, dass das Kali Yuga abgelaufen sei und dass nunmehr eine neue Aufwärtsbewegung, einem neuen Satya Yuga entgegen, eingesetzt hat. Und seine eigene Aufgabe versteht er nicht anders als in Zusammenhang mit dieser neuen Aufwärtsbewegung. Zu erinnern ist dabei an seine über alles tiefe Beziehung zu der Wesenheit des Avatars – Krishna.

Auch Rudolf Steiner gibt unzweifelhaft zu verstehen, dass das Kali Yuga zu Ende ging,[106] und er nennt dafür die Jahreszahl 1899. Mit dem Jahr 1900 habe ein neues, das „freiere, lichtere Zeitalter"[107] seinen Anfang genommen. – Die erstmalige Ankündigung der Wiederkunft des Christus im Ätherischen durch Rudolf Steiner datiert auf das frühe Jahr 1910. Er hatte in Stockholm Vorträge über das *Johannes-Evangelium* gehalten, die nicht mitgeschrieben wurden, und für den 12. Januar außer der Reihe eine Lehrstunde angesetzt, von welcher nun Marie von Sivers persönliche Notizen anfertigte, die allerdings erst seit dem Jahr 2009 in weiteren Kreisen bekannt wurden.[108] Die da gesprochenen frühesten Worte über die Wiederkunft im Ätherischen stellen schon im Auftakt den Bezug zum abgelaufenen Kali Yuga her – und somit den indirekten Bezug zur Wesenheit des Krishna:

> 3000 v. Chr. fing Kali Yug[a] an, dauerte bis 1899
> Übergangszeit
> 1933 – werden die Menschen wieder auftreten mit hellseherischen Fähigkeiten, die sie auf natürl.[iche] Weise entwickeln werden.
> In dem Zeitpuncte dem wir entgegengehen müssen die beginn.
> [enden] hellsehr.[ischen] Fähigkeiten befriedigt werden
> erfahren was sie damit anfangen sollen:
> Ich bin bei euch alle Tage bis an das Ende der Welt
> In aether.[ischer] Gestalt wird Christus erscheinen[109] [110] [111]

Daran anschließend spricht Rudolf Steiner davon, dass der Christus zum Geist der Erde wurde und von nun an den Mittelpunkt ihrer Entwicklung bildet. Schon in der *Offenbarung des Johannes* ergeht, in dem Sendschreiben an die fünfte Gemeinde, die für die gegenwärtige fünfte Kulturepoche steht, der Aufruf wach zu sein, um Christus in seinem Wiedererscheinen zu erkennen (vgl. Offb 3,3). Die neuen hellseherischen Fähigkeiten würden sich in den kommenden zweieinhalb Jahrtausenden immer stärker verbreiten. Das Jahr 1933 sei eine erste Wegmarke. Bis dahin müssten erste Menschengruppen die

Evangelien des *Neuen Testaments* in neuem, spirituellem Sinn so tief verstanden haben, dass dies eine angemessene Vorbereitung für die Wiederkunft Christi sein könne. Anderenfalls drohe große Verwirrung. Denn um das Jahr 1933 würden schwarzmagisch inspirierte Kräfte hervortreten, mit der Absicht, fälschlich einen „Christus" zu verkünden, der in physischer Gestalt komme. Zutreffend sei aber, dass der Christus bei seinem jedesmaligen Kommen so erscheint, dass er sich damit an die weitest entwickelten Fähigkeiten der Wahrnehmung wendet.[112]

Die Jahre 1910 und 1911 bringen in der Folge zahlreich die bedeutendsten Mitteilungen Rudolf Steiners, die das Wiedererscheinen Christi im Ätherischen zum Inhalt haben. Die zuletzt wiedergegebenen Aussagen vom 12. Januar 1910 finden sich nun in ähnlicher Form in den meisten Vorträgen vor Mitgliedern der ‚Theosophischen Gesellschaft' wieder, gehalten in der Zeit von Januar bis Mai 1910 – in verschiedenen Städten.[113] Darin werden beispielsweise jene neuen Wahrnehmungsfähigkeiten im Sinne eines neuen Sehens der Natur näher erläutert. Hellseherisch werden die Menschen den Christus als den neuen Geist der Erde insbesondere in den Naturkräften wahrnehmen können. Der Schleier der Täuschung werde vom Menschensinn zusehends abfallen, welcher es im Kali Yuga verhinderte, die Wahrheit dessen zu schauen, wie Geistiges – als die Ätherkräfte – alles Leben, alle lebendigen Erscheinungen auf dieser Erde zeitigt. Der Mensch werde zugleich beginnen, die Wachstumskräfte der Pflanzenwelt in sich aufzunehmen, was ihm die Möglichkeit eröffnet, in neuer Weise den Christus zu schauen. – Eine zweite Art neuer Hellsichtigkeit kann als „karmische Schau" bezeichnet werden. Sie hängt mit dem künftigen Fortschritt des Menschen als moralischem Wesen zusammen. Diese Schau wird den Einzelnen, indem er eine bestimmte Tat begeht oder indem er zu einer bestimmten Tat ansetzt, in einem innerlichen Bild die unmittelbaren karmischen Folgen dieser Tat schauen lassen. Und dies wird ihn ebenfalls der neuen Wahrnehmung des Christus entgegen führen, der eben nicht im Physischen wiedererscheinen wird.

Rudolf Steiner vergleicht die Art, wie die Wesenheit des Christus im Ätherischen wahrgenommen werden kann, insbesondere mit der Erfahrung, die Paulus vor Damaskus machte – als eine einzigartige Einweihung durch den Christus:

> In einem solchen physischen Leibe wird sie [die Wesenheit des Christus] nicht mehr kommen, denn das war ein einmaliges Ereignis. Aber in der ätherischen Gestalt wird der Christus wiederkommen in den genann-

ten Zeiten. Da werden die Menschen wahrnehmen lernen den Christus, indem sie durch dieses Äthersehen hinaufwachsen werden zu ihm, der nun nicht mehr heruntersteigt bis zum physischen Leib, sondern bloß bis zum Ätherleib. Die Menschen werden also hinaufwachsen müssen zu einem Wahrnehmen des Christus. Denn wahr ist der Ausspruch, den der Christus getan hat: „Ich bin bei euch alle Tage bis ans Ende der Erdenzeiten." Er ist da, er ist in unserer geistigen Welt, und besonders Begnadete, die können ihn immer wahrnehmen in dieser geistig-ätherischen Welt. – Derjenige, der durch solche Wahrnehmung besonders überzeugt worden ist, war Paulus, im Ereignis von Damaskus. Als natürliche Fähigkeit aber wird dieses Äthersehen ausgebildet werden bei einzelnen Menschen. Ein Ereignis von Damaskus, ein Paulus-Ereignis zu erleben, wird mehr und mehr möglich werden den Menschen der kommenden Zeit.[114]

Die bei Paulus höchst individuelle Erfahrung soll nunmehr – zunächst bei einzelnen – zu einer allgemein menschlichen Erfahrung werden. Doch ist dieses paulinische Erleben nicht losgelöst zu sehen von jener im umfassendsten Sinne menschlichen Wesenheit, die den gesamten Erdenweg des Christus Jesus von Nazareth gegangen ist, die der Träger des Christus-Geistes war: die unschuldige, nathanische Jesus-Seele. In dieser hohen Wesenheit, die die Menschheit mit ihrem göttlichen Ursprung verbindet, erkannte Rudolf Steiner in den nachfolgenden Jahren, ab 1912, die Identität mit dem Avatar der Menschheit: Shri Krishna.[115] Dies erst macht – mit Blick auf das Wiedererscheinen des Christus im Ätherischen – die folgenden Worte Rudolf Steiners verständlich:

Als Paulus seine Erscheinung vor Damaskus hat, da ist dasjenige, was ihm erscheint, der Christus. Der Lichtschein, in den sich der Christus kleidet, ist der Krishna. Und weil der Christus den Krishna zu seiner eigenen Seelenhülle genommen hat, durch die er dann fortwirkt, ist enthalten in dem, was aufstrahlt, ist in dem Christus auch alles das, was einstmals Inhalt der erhabenen Gita war.[116]

So erklärt sich gleichfalls der schon eingangs betonte Umstand, dass Rudolf Steiner die Geheimnisse der Wiederkunft („Das ist das größte Geheimnis unseres Zeitalters: das Geheimnis vom Wiederkommen des Christus [...]."[117]) von Anfang an in den Kontext des abgelaufenen Kali Yuga stellte und damit – wie oben angedeutet – in den Kontext einer neuen Wirksamkeit der Krishna-Wesenheit. Überdies ist festzuhalten, dass in den obigen Worten über die „Seelenhülle", durch die der Christus „dann fortwirkt", der klare Hinweis enthalten ist, dass in dieser Hülle, in diesem „Lichtschein", welcher Krishna selbst ist, der Christus-Geist auch in seinem Wiedererscheinen im Ätherischen wahrnehmbar sein wird.

Dass Sri Aurobindo die neue Manifestation des Supramentalen ebenso in inniger Verbindung mit dem Wirken des Avatars verstand, war schon gezeigt worden. Und es sei hier zudem daran erinnert, dass Sri Aurobindos besondere Nähe zur Wesenheit des Krishna in seinen Erfahrungen im Gefängnis von Alipur begründet liegt, also um das Jahr 1909 ihren Ausgang nahm. Sri Aurobindos Adesha, der ihm um 1909 von Krishna selbst erteilte Auftrag, war es doch, der zur Ausarbeitung des ganzen Integralen Yoga führen sollte. Die Einsicht in das künftige Herableiten des göttlichen Lebens und der göttlichen Natur in die Erdenwelt, die er später als die Herabkunft des Supramentalen näher bestimmte, scheint somit in den drei Jahren von 1909 bis 1912, von der Alipur-Erfahrung bis zum Abfassen des Essays über *The Yoga and Its Objects*, herangereift zu sein.

Was geschieht gleichzeitig in Mitteleuropa? Im Jahr 1909 verkündet Rudolf Steiner erstmals das Wissen um jene unschuldige, nathanische Jesus-Wesenheit, über die er drei Jahre später erkennen wird, dass sie – in ihrem vorchristlichen Wirken – mit der Krishna-Wesenheit identisch ist. Das Verstehen der nathanischen Wesenheit kann von daher als Auftakt zu den Mitteilungen über die Wiederkunft des Christus im Ätherischen gewertet werden. So gesehen ist also das Jahr 1909 für beide – Rudolf Steiner und Sri Aurobindo – ein Schlüsseljahr hinsichtlich spiritueller Realisationen, die in der Tiefe dasselbe Mysterium zu berühren scheinen.

Rudolf Steiner bestätigt die Bedeutung dieses Jahres dann auch später – gegen Ende des Weltkrieges. Denn 1917, acht Jahre nach dem Schlüsseljahr 1909, spricht er warnend davon, zu welch gravierendem Verlust es für die Menschheit kommen müsste, wenn sie an der ätherischen Wiederkunft vorbeiginge:

> Und nicht darf, wenn gegen der Erde Heil nicht gesündigt werden soll, die Menschheit unaufmerksam an diesem Ereignis vorbeigehen; sondern sie muss die notwendige Aufmerksamkeit haben, damit eine genügende Anzahl von Menschen vorbereitet sein werden, den Christus wirklich zu schauen, der da kommen wird und der geschaut werden muss.[118]

Es sei nicht ein plötzlich eintretendes Geschehen, sondern durch einen gewissen Zeitraum hindurch schon vorbereitet worden – ähnlich, wie das öffentliche

Wirken des Christus Jesus durch dreißig Jahre hindurch vorbereitet worden war. Dann aber sei der entscheidende Augenblick immer näher gekommen:

> Dieser Augenblick bereitet sich schon vor. [...] Und der Okkultist kann geradezu darauf hindeuten, wie seit dem Jahre 1909 ungefähr in deutlich vernehmbarer Weise sich vorbereitet dasjenige, was da kommen soll; dass wir seit dem Jahre 1909 innerlich in einer ganz besonderen Zeit leben. Und es ist heute möglich, wenn es nur gesucht werden wird, dem Christus ganz nahe zu sein, den Christus in ganz anderer Art zu finden, als ihn frühere Zeiten gefunden haben.[119]

Dieses Nahe-Sein ist zu verstehen als die neuartige Nähe zu dem Christus Jesus – in seiner Erscheinungsform im Ätherischen, wie sie dem Geistesforscher mit dem Jahr 1909 anfänglich wahrnehmbar ist und die beginnend mit dem Jahr 1933 in weiteren Kreisen erfahrbar sein würde. Die Jahre von 1900, dem Beginn des „freieren, lichteren Zeitalters", bis 1909 können daher erscheinen wie eine Phase vorausgehenden Aufkeimens.[120]

Die Begleitumstände also machen die Wiederkunft im Ätherischen und die Herabkunft des Supramentalen, wie Rudolf Steiner und Sri Aurobindo sie jeweils ins Auge fassen, durchaus vergleichbar: als Geschehen zu Beginn eines neuen Zeitalters – in den ersten Jahren des 20. Jahrhunderts – und in der innigen Verbindung dieses Geschehens mit einem erneuten Hervortreten der Krishna- bzw. Jesus-Wesenheit. Andererseits bestehen offensichtlich gewichtige inhaltliche Unterschiede zwischen beiden Geschehnissen, da die Wiederkunft auf die zweitausend Jahre zurückliegende ursprüngliche Offenbarung des Christus-Geistes in Jesus von Nazareth zurück verweist, während die Herabkunft des Supramentalen zumeist als ein gänzlich neuartiges Geschehen geschildert wird, das sich vom 20. Jahrhundert an erstmalig und dann fortwirkend vollziehen soll.[121]

Sri Aurobindo sah in diesem Zusammenhang seine Lebensgefährtin Mirra Alfassa, „die Mutter", als diejenige, durch die sich das Supramentale zuerst verwirklichen sollte. Sie sei bis in ihre Physis Trägerin des Wirkens der göttlichen Shakti (s. o.) und mit ihr identifiziert.[122] Diese Auskunft ist zu verstehen vor dem Hintergrund der Tatsache, dass die Herabkunft des Supramentalen dem erneuten Wirken des Avatars zuzuschreiben ist, der mit dem 20. Jahrhundert hervorgetreten ist – in inniger Verbindung mit dem Wirken Sri Aurobindos.[123]

Im Unterschied zur Wiederkunft Christi im Ätherischen besteht die Herabkunft des Supramentalen, wie Sri Aurobindo sie darstellt, wesentlich in Verwirklichungen innerhalb der menschlichen Natur. Diese sollen sich in der

Folge des yogischen Sadhana, das neben anderem die vollkommene Hingabe, *surrender*, an das Göttliche in sich schließt, sowie aufgrund göttlicher Gnadenwirkungen ereignen. Das prioritäre Motiv für Sri Aurobindos *seclusio* ab 1926, im Anschluss an die Verwirklichung des Übermentalen, war es denn auch, gleichsam „von unten her", den Weg für die „von oben" einstrahlende Herabkunft des Supramentalen frei zu machen. Er spricht deshalb selbst auch von dem „supramentalen Yoga", was allerdings nicht vergessen machen darf, dass er z. B. in *Synthese des Yoga* nachdrücklich betonte, dass der Yoga, den er vertritt, entgegen dem Tantra etwa, bewusst vom Mentalen her ansetzt: „Unsere Synthese erfasst den Menschen eher als im Mental, nicht so sehr als im Körper befindlichen Geist. Sie setzt beim Menschen die Fähigkeit voraus, auf dieser Ebene zu beginnen, sein Wesen mit Hilfe der Macht der im Mental wohnenden Seele zu spiritualisieren und sich selbst für die höhere Kraft und das höhere Wesen des Geistes zu öffnen. [...] Aus diesem Grunde liegt bei uns der Nachdruck von Anfang an auf der Verwendung der im Mental existierenden Seelenkräfte."[124] Der aufsteigende Weg zum Supramentalen – als Voraussetzung für dessen Herabkunft – geht demgemäß und folgerichtig über die Stufen über das höhere Mentale, das erleuchtete Mentale, das intuitive Mentale und das Übermentale, dem sich dann das kosmische und universale Bewusstsein des höheren Selbst, des *jiva*, erschließt. Hier kann sich endlich – aus der Berührung mit dem Supramentalen – das so genannte Lichtmentale ausbilden, fähig im supramentalen Wahrheits-Bewusstsein zu leben und dasselbe in seinen individuellen Vollzügen als ein unmittelbares Wissen zu manifestieren.[125] Vor diesem Hintergrund erklärt sich, warum Sri Aurobindo das Supramentale im Sanskrit schlicht als Vijnana und – ins Griechische übertragen – als Gnosis anspricht. Gnostisches oder supramentales Wahrheits-Bewusstsein sind somit synonyme Begriffe. Der alleinige Aufstieg über die verschiedenen höheren Stufen des Mentalen wird jedoch aus sich heraus, wie erwähnt, nie zum Ziel seines Yoga führen können.

Aller menschliche Yoga wird auf der Höhe, auf den Ebenen der mentalen Natur verrichtet. Denn der Mensch ist ein mentales Wesen in einem lebendigen Körper. Aber das Mentale, auch wenn es etwas von dem Licht der göttlichen Wahrheit zu reflektieren oder gar einige Ausstrahlungen ihrer Macht in sich aufzunehmen vermag, ist nicht imstande dieselbe zu verkörpern. Es gibt allerdings ein ewiges, dynamisches Wahrheits-Bewusstsein jenseits des Mentalen. Und dieses ist es, was wir das Supramentale oder Gnosis nennen. Das Mentale kann wohl Wahrheitssucher sein, nicht aber – in seiner ihm inhärenten Natur – selbst

Wahrheits-bewusst. Seine ursprüngliche Substanz besteht nicht aus Wissen sondern aus Unwissenheit.[126]

Mit der „ursprünglichen Substanz" kann hier freilich nur ein sekundärer Zustand – nach der Abtrennung des menschlichen Wesens aus der allem vorausgehenden Fülle des Göttlichen – gemeint sein. Aus dem Obigen ergibt sich gleichwohl der folgende Gesichtspunkt, der die Frage nach der Verwandlung der Natur einbezieht – nach ihrer Transformation:

> Der supramentale Yoga ist zugleich ein Aufstieg der Seele zu Gott und ein Abstieg der Gottheit in die körperliche Natur. – Der Aufstieg verlangt ein einspitziges, alles zusammenfassendes Aufwärtsstreben der Seele, des Mentalen, der Lebenskräfte und des Körpers, das Herabkommen einen Ruf des ganzen Wesens, gerichtet an das unendliche und ewige Göttliche. Wenn dieser Ruf und diese Bestrebung gegeben sind, wenn sie beständig zunehmen und die gesamte Natur ergreifen, dann und nur dann wird ihre supramentale Transformation möglich sein.[127]

Aber:

Schließlich wird sich herausstellen, dass dieser Yoga nicht durch irgendeine Anstrengung des Mentalen, des Vitalen und des Physischen zum Erfolg geführt werden kann, nicht durch irgendeinen menschlichen, psychologischen oder physischen Prozess, sondern einzig durch den Einfluss der höchsten Shakti. Deren Methode aber ist zu geheimnisvoll-unmittelbar und zugleich äußerlich gesehen zu kompliziert, zu großartig, zu umfassend und dabei zu subtil, als dass man ihr verstehend nachkommen könnte, geschweige, dass man sie im Vorhinein festlegen oder sie durch eine Formel unserer menschlichen Intelligenz definieren könnte. Der Mensch kann durch seine eigenen Bemühungen nicht mehr aus sich machen als Mensch zu sein, doch kann er die göttliche Wahrheit und ihre Macht herabrufen, auf dass sie in ihm wirksam werde. Allein das Herabkommen der Göttlichen Natur kann das menschliche Gefäß vergöttlichen. Selbsthingabe an eine höchste, umwandelnde Macht ist das Schlüsselwort des Yoga. – Die Vergöttlichung der Natur, von der wir sprechen, ist eine Metamorphose, nicht ein bloßes Hineinwachsen in eine Art von Übermenschheit, sondern der Wandel von der Falschheit unserer unwissenden Natur in die Wahrheit der Gott-Natur.[128]

Die Aussagen Sri Aurobindos zur Verwirklichung des Supramentalen haben so gut wie immer die Schlüsselstellung des Menschen und sein *surrender*, seine Selbsthingabe im Blick – implizit oder explizit. Durch den Menschen wird sich das Supramentale auf Erden manifestieren – und nur durch ihn. Scheint die den Menschen umgebende Natur bei Sri Aurobindo auch weniger Beachtung zu finden, so hat er sie – auch in der zuletzt zitierten Textsammlung – dennoch klar im Bewusstsein. Und in diesem Sinne ist vereinzelt durchaus davon die Rede, dass eben auch für die gesamte Natur, die außermenschliche inbegriffen, die supramentale Transformation zu erwarten steht. Deshalb heißt es hinsichtlich des höchsten Ziels des Integralen Yoga, dieser sei gegeben, „[…] nicht um alle Welt-Natur und Welt-Existenz aufzugeben, sondern um diese in eine Macht der Wahrheit des göttlichen Daseins zu transformieren".[129] [130]

Die Wiederkunft Christi im Ätherischen wiederum weist in den Darlegungen Rudolf Steiners eine hochgradige Relevanz für die Naturreiche auf, wenn auch in der Sicht der Anthroposophie fraglos – ganz wie im Integralen Yoga – der Mensch für die künftigen Stufen der Evolution die alles entscheidende Schlüsselstellung einnimmt. Darauf ist in Kürze zurückzukommen.

Das erwähnte Lichtmentale scheint eine späte Entdeckung Sri Aurobindos gewesen zu sein, etwas, das wie nichts sonst die Vermittlung zwischen der aufwärts gerichteten Bemühung des Sadhakas und der abwärts gerichteten Tendenz des Supramentalen leisten kann, das sich auf Erden manifestieren will. Das Lichtmentale steht in einer geheimnisvollen Verbindung mit der verborgenen Potenz auch der unbewusstesten Ebenen des Materiellen zur Offenbarung des Supramentalen und dem Supramentalen selbst, des Vijnana, der Gnosis. Hier scheint auf, wie in allen Schichten des Seins die ursprüngliche göttliche Substanz schlummert, um nunmehr durch den Abstieg des supramentalen Wahrheits-Bewusstseins erweckt zu werden. Von daher darf auch ein Zusammenhang des Lichtmentalen – in seinen verschiedensten Aspekten – und den Reichen der Natur angenommen werden, für die, wie angedeutet, die Herabkunft keine geringere Bedeutung haben wird als für die Menschheit auf ihrem evolutiven Weg. Sri Aurobindo in seinem späten Essay über *Die Offenbarung des Supramentalen*:

> Sogar diese materielle Welt des Daseins ist auf einer Ordnung der Wahrheit in den Dingen aufgebaut, die wir das Naturgesetz nennen, eine Wahrheit, von der wir zu größerer Wahrheit aufsteigen, bis wir in das Licht des Höchsten tauchen. In Wirklichkeit ist diese Welt nicht von einer blinden Naturkraft erschaffen worden: sogar im Unbewussten wirkt

sich die Gegenwart der höchsten Wahrheit aus: hinter ihr steht eine sehende Macht, die unfehlbar wirkt [...]; denn das, was wir Unwissen nennen, ist ein verhülltes Wissen, das in einem Körper wirkt, der nicht sein
Eigen ist, sich aber auf die höchste Selbstentdeckung zubewegt. Dieses
Wissen ist das verborgene Supramentale, der Träger der Schöpfung, der
alles zu sich selbst lenkt und führt und der hinter dieser Vielheit von
Denkwesen, Geschöpfen und Gegenständen steht.[131]

Sri Aurobindo unterscheidet, wie früher gezeigt, im gesamten Kosmos, in den
verschiedenen Welten, obere und untere Hemisphäre: die drei unteren Welten
– bis zu der Sphäre des „goldenen Lids", die mit der Sphäre des reinen Akasha in eins zu sehen ist, und dann die Welten der supramentalen Gnosis, des
sachchidananda und des Absoluten.[132] Das Lichtmentale gehört noch der unteren
Hemisphäre an, steht aber in der vollen Verbindung mit der oberen. Es stammt
aus höheren Sphären und weist gleichzeitig eine geheimnisvolle Latenz im Unbewussten und Materiellen auf. Deswegen ist es von größter Bedeutung für das
Sadhana des Integralen Yoga und die Transformation alles Menschlichen, die
dieser zum Ziel hat:

Die geheime Wahrheit, die im Supramentalen auftaucht, hat alle Zeit
existiert, aber jetzt manifestiert sie sich und die Wahrheit in den Dingen und den Sinn unseres Daseins. – Wir müssen das Lichtmentale in
diesem Ordnungssystem des Daseins als das letzte Wort der unteren
Hemisphäre und als das erste Wort der oberen Hemisphäre werten und
dementsprechend seine Natur und seine Kräfte verstehen, die es charakterisieren und die es zu seiner Selbstoffenbarung und für sein Wirken
einsetzt, und auch seine Verbindung mit dem Supramentalen sehen und
deren Folgen und die Möglichkeiten für das Leben einer neuen Menschheit.[133]

Die spätere Arbeit Mirra Alfassas bis in den tief unbewussten Bereich des
zellulären Lebens des physischen Körpers kann wohl am ehesten von diesen,
wenn auch mehr andeutenden, Worten Sri Aurobindos her verstanden werden.
    Die Einbeziehung der Reiche der Natur in das grundlegende Geschehen
der Wiederkunft Christi im Ätherischen, wie Rudolf Steiner sie im vorrangig westlichen Kontext vornimmt, lässt sich auf die frühesten Hinweise auf
diese Wiederkunft beziehen, die sich bereits im *Neuen Testament* finden. Denn
sie stellt sich dort signifikant in der Sprache eindrucksvoller elementarischer
Phänomene dar. So heißt es in der *Apostelgeschichte* im Anschluss an die Schilde-

rung der Himmelfahrt des Christus Jesus, in der er den Blicken seiner Jünger entschwindet, aufgenommen von einer Wolke, dass unerwartet zwei Männer in weißen Gewändern hervortreten und zu den Zurückgebliebenen sprechen: „Ihr Männer von Galiläa, was steht ihr da und seht zum Himmel? Dieser Jesus, der von euch weg gen Himmel aufgenommen wurde, wird so wiederkommen, wie ihr ihn habt zum Himmel fahren sehen." (Apg 1,11) Deswegen heißt es auch in der *Offenbarung des Johannes*: „Siehe, er kommt mit den Wolken." (Offb 1,7) Ein weiteres Bild für das erneute Kommen des Christus Jesus ist das des Blitzes. Im Verlauf seiner Rede über die Endzeit spricht er vor den Jüngern die ernste Mahnung aus, einst, wenn es an der Zeit ist, nicht leichtfertig denen zu glauben, die fälschlich sein Erscheinen verkünden würden, etwa: er sei in der Wüste anzutreffen. Weit gefehlt: „Denn wie der Blitz ausgeht vom Osten und leuchtet bis zum Westen, so wird auch das Kommen des Menschensohnes sein." (Mt 24,27) – In jedem dieser Fälle wird der Leser der *Heiligen Schrift* in Verbindung mit der Wiederkunft auf atmosphärische Erscheinungen hingewiesen. Rudolf Steiner wird dies bedeutend aufgreifen, wie sich weiter unten zeigen soll.

Ähnlich wie im Integralen Yoga eine aufsteigende Bewegung in der Richtung des Supramentalen die Voraussetzung für dessen Herabkunft bildet, gehen auch in der geisteswissenschaftlichen Sichtweise Rudolf Steiners dem Gewahrwerden des im Ätherischen wiedererscheinenden Christus charakteristische Veränderungen in der menschlichen Wesenheit voraus. Diese führen nahezu naturgesetzlich zu dem früher erwähnten neuen Wahrnehmungsvermögen für das Ätherische – dem „neuen Hellsehen". Rudolf Steiner sieht dieselben Veränderungen, es mag überraschen, begründet in dem seit der Neuzeit Überhand nehmendem Gebrauch, den der Mensch von der Gabe des intellektuellen Denkens macht. Denn solches Denken ruft in der menschlichen Organisation ein Selbständigerwerden und zugleich eine bleibende Lockerung seines Lebensleibes, seiner ätherischen Kräfte, hervor.

Während auf der einen Seite das Stärkerwerden des intellektuellen Elementes sich geltend macht, wird auf der anderen Seite der Ätherleib so viel selbständiger, dass die Menschen es werden merken müssen. Noch haben die Menschen eine Zeitlang nach dem Christus-Ereignis nicht so intellektuell gedacht wie die heutigen Menschen. Dieses Denken im Intellektuellen bewirkt, dass der Ätherleib immer selbständiger wird, dass er auch als selbständiges Instrument gebraucht wird. Und dabei kann bemerkt werden, dass er im Geheimen eine Entwickelung durchgemacht hat, welche das Gewahrwerden des Christus im Ätherleib ermöglicht. So wie der Christus dazumal physisch gesehen wurde, wird er jetzt ätherisch geschaut werden können. So dass in diesem zwanzigsten Jahrhundert wie ein natürliches Ereignis ein Schauen des Christus eintritt, wie Paulus ihn gesehen. Es wird eine Anzahl von Menschen im Ätherischen den Christus sehen können.[134]

Hier muss unterstrichen werden, dass das Ätherische nur das vermittelnde Medium für die Erfahrung des wiedererscheinenden Christus Jesus darstellt: im Menschen dasjenige Element, das die höhere Wahrnehmung ermöglicht, wie sonst die physischen Sinne die Wahrnehmung des Physischen ermöglichen; für den Christus Jesus dasjenige Substrat, in das er sich einkleidet, um dem Menschen im „neuen Hellsehen" erscheinen zu können. Er selbst jedoch ist von ungleich höherer Natur. – Rudolf Steiner unterscheidet die besagte naturgemäße Entwicklung zu einem höheren Wahrnehmungsvermögen von aller Erkenntnis, wie sie geschulten Hellsehern möglich ist. Geschulte Hellseher konnten ihn auch früher schon finden, allerdings nicht in der Art, wie er den Menschen seit dem Beginn des 20. Jahrhunderts erscheinen will.

Hellseherisch wahrnehmen den Christus, ist immer möglich gewesen. Aber ihm zu begegnen, weil er jetzt anders zur Menschheit steht, nämlich so, dass er einem von der Ätherwelt aus hilft, das ist etwas, was – außer uns – eine von unserer hellseherischen Entwickelung unabhängige Tatsache ist. Vom zwanzigsten Jahrhundert an, in den nächsten dreitausend Jahren werden gewisse Menschen ihm begegnen können, ihm objektiv als ätherischer Gestalt dann begegnen.[135]

Die neue Art zu erscheinen, scheint in der Geste der helfenden Zuwendung – immer wieder zu Einzelnen – zu liegen. Zugleich ändert sich im Zuge des neuen ätherischen Hellsehens und des Erscheinens des Christus Jesus im Ätherischen das Verhältnis des Menschen zur ihn umgebenden Welt grundlegend. Die Welt des Ätherischen schlechthin[136] wird wahrnehmbar und damit auch die Wesenheiten, die sie bevölkern. Diese sind jedoch nicht die einzigen, die dem Menschen nun begegnen, weil infolge des Wandelns Christi im Ätherischen geradezu eine neue Gattung von Ätherwesen oder „elementarischen Wesenheiten" entsteht. Rudolf Steiner spricht darüber erneut mit Bezug auf das abgelaufene Kali Yuga und zudem – in einer Art geheimnisvoller Andeutung – mit Bezug auf ein neues Hereinwirken des Orients in die Welt des Okzidents, bedeutsam für das neue Verhältnis des Menschen gerade zur Natur:

Und wir haben hinübergelebt in ein Jahr, das große Bedeutung hat: das Jahr 1899. Die Wende des zwanzigsten Jahrhunderts ist für die ganze kulturelle Entwickelung bedeutsam durch den Ablauf dessen, was vom Morgenländischen aus sich hineinlebt in das Abendländische, sich da hineinmischt, auf dass aufgehe dasjenige, was gerade aus dem Naturleben gesaugt werden kann als etwas Belebendes für unser tiefstes Seelenleben. – Diejenigen, deren Geist geweckt ist, werden innerhalb der Naturvorgänge neue Wesenheiten sehen können. Während der Mensch, der noch nicht Hellseher geworden ist, trotz aller Wehmut über das unaufhaltsame Absterbende, immer mehr erleben wird etwas Erfrischendes in der Natur, wird derjenige, dessen hellseherische Kräfte erwachen, neue elementarische Wesenheiten aus der absterbenden Natur hervorgehen sehen. Während in der groben physischen Welt verhältnismäßig wenig zu sehen sein wird von dem großen Umschwunge um die Wende des zwanzigsten Jahrhunderts, wird die geistig geöffnete Seele empfinden: Die Zeiten ändern sich, und wir Menschen haben die Pflicht, die Geist-Erkenntnis vorzubereiten. Immer mehr und mehr wird es wichtig sein, solche Dinge zu beobachten und im Bewusstsein zu tragen.[137]

Diese Vorgänge werden es überdies mit sich bringen, dass der Mensch auch ein neues zeitliches Verhältnis zu den ihn umgebenden Naturprozessen entwickelt:

Es wird um die Wende des zwanzigsten Jahrhunderts gleichsam geboren ein immerhin neues Reich von Naturwesen, das als ein geistiger Quell aus der Natur hervorgeht und für die Menschen sichtbar und erlebbar wird. Noch ein anderes. Gewiss, es wäre eine Menschenseele stumpf, die nicht das Aufsprießen des Frühlings erkennen könnte, aber noch anderes kommt hinzu. Diejenigen, die in die Lage kommen werden, das, was eben geschildert wurde, als Tatsache der Natur zu erleben, die werden in ganz anderer Art als durch das gewöhnliche Gedächtnis solche Eindrücke bewahren. Sie werden hinübertragen – wie die Samenkörner durch den Winter in den Frühling hinein es tun – das, was ihnen entgegenströmt an neuen Elementargeistern. Was im Frühling erlebt wurde und was im Herbst erlebt wurde, das war in der Vergangenheit voneinander unabhängig: dieses Aufstrahlen der Natur im Frühling und diese Wehmut im Herbst. Dasjenige, was der Kosmos von seinem Gedächtnis hergibt, das macht, dass wir von dem, was wir im Herbst erleben, einiges hinübertragen in den Frühling hinein. Wenn wir in uns wirken lassen die Elementarkräfte des Herbstes, dann können wir in einer neuen Weise empfinden, was uns in der Zukunft gegeben wird. Alles erfährt ein Neues in der Zukunft, und es ist unsere Pflicht, dass wir uns vorbereiten, durch die Erkenntnis des Geistigen ein Verständnis dafür zu haben.[138]

Und Rudolf Steiner hebt hervor, dass die Menschen, die all dies erfahren werden – auch jenes weiter oben angedeutete „karmische Hellsehen" angesichts von etwas Bestimmten, das zu tun man im Begriff ist –, auch den Christus als Äthererscheinung schauen werden: „Ihn, der nur vom Äther aus eingreifen wird in das Weltgeschehen."[139] Die Aussicht ist die, dass durch diese Einbeziehung der Naturreiche in das neue Geschehen sich schließlich nicht nur ein neues Wahrnehmen der Natur, sondern auch ein neues Naturerkennen entwickeln wird, als eine „[...] vom Christus-Impulse durchzogene Chemie, eine vom Christus-Impuls durchzogene Botanik und so weiter".[140] – Und: „Nicht wesenlose Moleküle liegen dem zugrunde. Alles, was draußen in der Natur sich ausbreitet, es kommt vom Geiste."[141]

Bereits im Frühjahr 1910 hatte Rudolf Steiner das Erscheinen des Christus Jesus im Ätherischen in einen weiteren östlichen Kontext gestellt, der in diesem Kapitel bislang noch unerwähnt blieb, vielleicht aber gerade durch seine zuletzt wiedergegebenen Ausführungen des Spätjahres 1911 besser nachvollziehbar ist. Dabei handelt es sich um den Zusammenhang des neuen Geschehens mit der geistigen Wirklichkeit, die die östliche Spiritualität als „Shambhala" anspricht. Rudolf Steiner legt dar, dass das „geheimnisvolle Land", „Shambhala", sich während des Kali Yuga dem gewöhnlichen Blick der Menschen entzogen hatte, wenn auch die okkult Eingeweihten es immer finden konnten. Und wieder ist, wie oben, von der geistigen Quellkraft die Rede, die von dieser Wirklichkeit, von „Shambhala"[142] ausgeht.

Es ist der Urquell, in den hineingereicht hat der hellseherische Blick, der sich zurückgezogen hat im Kali Yuga, von dem wie von einem alten Märchenland gesprochen wird, das aber wiederkommen wird in den Bereich der Menschen. Shambhala wird es wieder geben, nachdem das Kali Yuga abgelaufen sein wird. Die Menschheit wird wiederum hineinwachsen in das Land Shambhala durch normale menschliche Fähigkeiten, aus dem sich Kraft und Weisheit die Eingeweihten zu holen haben für ihre Mission. Shambhala gibt es, Shambhala gab es, Shambhala wird wieder da sein für die Menschheit. Und zu dem ersten, was die Menschen erblicken werden, wenn Shambhala sich wieder zeigen wird, wird der Christus in seiner Äthergestalt gehören. Es gibt keinen andern Führer für die Menschheit in das von den orientalischen Schriften für verschwunden erklärte Land, als den Christus. Der Christus wird die Menschen nach Shambhala führen.[143]

All dies ist vor allem deswegen bedeutsam, weil sich damit erneut die zunächst untergründige Verbindung aufschließt, die zwischen der östlichen und der westlichen Art, das „größte Geheimnis unseres Zeitalters" zu erleben, besteht. Denn die geistige Wirklichkeit „Shambhala" begegnet im Osten zwar überwiegend in buddhistischem Kontext, aber, wie früher gezeigt, ebenso im Sanatana Dharma – und hier·in inniger Beziehung zu niemand anderem als dem künftigen, zehnten Avatar, dem Kalki Avatar. Er aber ist jener, der als Avatar die Mission Shri Krishnas fortsetzt und somit – nach allem Bisherigen – in der größten Nähe zu dem Christus-Geheimnis steht.[144]

Das Ätherische, in dem der Christus Jesus erscheint, ist kosmisch-terrestrisch selbst ein Neues. Es breitet sich auf der Erde aus, seit vor annähernd zweitausend Jahren der Gottessohn und Menschensohn in dem Opfertod am Kreuz auf Golgatha sein Blut vergoss. Dieses gottmenschliche Blut erfährt, so Rudolf Steiner, seit jenem Tod eine fortwirkende Verwandlung, indem es in den Zustand einer ganz neuartigen Ätherqualität übergeht. In Verbindung mit der Lockerung des menschlichen Ätherleibes, die oben erwähnt wurde, kommt es aber auch im einzelnen Menschen – durch die letzten Jahrhunderte hin – zunehmend zu einer vergleichbaren „Ätherisation des Blutes". Dazu heißt es in dem betreffenden Vortrag vor Mitgliedern der ‚Theosophischen Gesellschaft', dieses ätherisierte Blut steige im Menschen vom Herzen her zum Haupt herauf, und, es vermittele in seiner individuellen Artung dessen tagwache Bemühungen um die Überwindung der eigenen Egoität. Im nachtschlafenen Zustand, so Steiner weiter, verbinden sich dann von außen, aus dem Makrokosmos, einstrahlende Lichtqualitäten mit dem zum Haupt aufgestiegenen ätherisierten Blut. Diese makrokosmischen Qualitäten aber sind von unterschiedlicher Güte, je nachdem, wie der Mensch sich im Tagwachen bemühte. Von der Qualität seines ätherisierten Blutes hänge aber auch noch Weiteres ab. Denn durch rechte moralische und erkenntnismäßige Bemühung werde es möglich, dass sich mit der individuellen Lichtströmung des ätherisierten Blutes, vom Herzen zum Haupt aufsteigend, die terrestrisch-kosmische Strömung des ätherisierten Blutes des Christus Jesus verbindet, von der Erde aufsteigend und die Erdenatmosphäre immer stärker erfüllend. Diese Ätheratmosphäre, wie sie herrührt von dem Opferblut des Christus Jesus, bezeichnet Rudolf Steiner nun geradezu als eine „moralische Äther-Atmosphäre" und er sagt über sie, dass ihre Kräfte – gegenüber allen in der Welt immer zunehmenden Zerstörungskräften – „zusammensetzende positive Kräfte" sind. Dieser Zustand wiederum, in dem der Christus Jesus aufs Neue hervortritt, in einer immer zunehmenden „moralischen Äther-Atmosphäre", er sei schon von den alten orientalischen Mystikern erwartet worden.

Dann kommt jene Zeit über die Erde, wo das eintritt, was wie so vieles eigentlich nur in den grandiosen Definitionen von orientalischem Okkultismus, orientalischer Mystik enthalten ist, wo diese moralische Atmosphäre bis zu einem hohen Grade zugenommen haben wird. Von diesem Zeitpunkt spricht die orientalische Mystik seit vielen Jahrtausenden. Und namentlich stark spricht sie seit dem Auftreten des Buddha von jenem Zukunftsstandpunkt, wo die Erde getaucht sein wird in eine moralische Äther-Atmosphäre. Und wie eine große Zukunftshoffnung stand es immer schon seit der Zeit der alten Rishis vor der orientalischen Mystik, dass der Erde dieser Impuls kommen wird und dass er ein Wesensteil sein wird von Vishva-Karman, oder wie Zarathustra sagte, von Ahura Mazdao. So stand es jener Mystik bereits vor Augen, dass von der Wesenheit, die wir den Christus nennen, dieser moralische Impuls, diese moralische Erden-Atmosphäre ausgehen wird, und auf ihn, den Christus, setzte diese orientalische Mystik ihre Hoffnung. – Die Mittel der orientalischen Mystik reichten nicht aus, um sich dies vorzustellen, aber was als Gefolgschaft dieses Ereignisses auftritt, das konnten sie sich vorstellen. Sie konnten sich vorstellen, dass die in das Feuer, das Licht der Sonne eingetauchten reinen Akasha-Gestalten innerhalb von fünftausend Jahren nach der Erleuchtung des großen Buddha, als die Gefolgschaft dessen kommen werden, der durch morgenländische Mystik allein nicht zu erkennen ist. Eine wunderbare Vorstellung fürwahr: Es wird etwas kommen, was möglich machen wird, dass durch eine geläuterte moralische Atmosphäre der Erde, die Licht- und Feuersöhne, nicht in physisch verkörperter Gestalt, sondern als reine Akasha-Gestalten innerhalb der moralischen Atmosphäre der Erde herumwandeln werden.[145] [146]

Die „reinen Akasha-Gestalten", jene „Licht- und Feuersöhne" werden in der Folge noch als die „Agnishvattas" kenntlich gemacht, die nach dem *Vishnu Purana* als vorirdische Urahnen des Menschheitsgeschlechtes gelten.[147] – Wenn Rudolf Steiner, wie hier, betont, die „morgenländische Mystik allein" könne nicht zur vollen Erkenntnis dessen vordringen, den sie in der geschilderten, grandiosen Prophetie als „Wesensteil [...] von Vishva-Karman" erwartet, so bedeutet dies in dem gegebenen Zusammenhang so viel wie, dass die vorchristlichen, indischen Quellen das Christus-Mysterium noch nicht in dem Licht zu fassen vermochten, in welches es durch den Erdenwandel des Christus Jesus eingetreten war: in dem Licht von Passion, Kreuzestod und Auferstehung. Zugleich sind Steiners Darlegungen jedoch voller ehrfürchtiger Anerkennung jener vorchristlichen Weisheit.

Mit Blick auf das Ganze der Anthroposophie tritt klar hervor, dass für Rudolf Steiner die Einzigartigkeit und das alles Entscheidende für die weitere Entwicklung von Erde und Mensch in dem „Mysterium von Golgatha" begriffen ist, wie er es bei zahllosen Gelegenheiten zu betonen nicht müde wird. Gleichwohl stellt er das Wirken des Christus-Geistes, gerade in den Jahren seiner stärksten christologischen Produktivität, als ein wiederholentliches dar, indem er etwa von *Vorstufen zum Mysterium von Golgatha* spricht,[148] die in drei Stufen der Annäherung des Christus-Geistes an die Erde bestehen, und indem er prophetisch auch künftige Manifestationen schildert, die sich an das Wiedererscheinen im Ätherischen anschließen sollen.[149] Auch das Fortwirken des Christus-Geistes sieht Rudolf Steiner als Folge solcher rhythmischen Annäherungen, deren bedeutendste ganz unzweifelhaft diejenige ist, die zentral die Zeitenwende markiert. – Im Anschluss an diese Überlegungen sollen Worte Sri Aurobindos aus seinem Epos *Savitri* wiedergegeben werden, die das Mysterium von Golgatha in denkbar größtem Ernst berühren. Im Kontext von Sri Aurobindos Gesamtwerk müssen diesen Worten zwar andere Ausführungen wenigstens andeutend an die Seite gestellt werden, in denen er den Christus bzw. den Christus Jesus als einen in der Reihe der Avatare charakterisiert – und so etwa „Christus, Krishna, Buddha" in einem Zug nennt.[150] Gewiss hat man es also in manchem mit unterschiedlichen Gesichtswinkeln zu tun. Und Rudolf Steiner findet auch strenge Worte über die östliche Spiritualität: „Denn die östlichen Initiationen müssen notwendig das *Christusprinzip* als zentralen *kosmischen* Faktor der Evolution unberücksichtigt lassen."[151] Knapp sieben Jahre später heißt es – demgegenüber – in einem Vortrag, in welchem Rudolf Steiner auch die Entrückung des Grals in den Osten, in die „drei Indien" des Priesters Johannes behandelt – nun in viel milderem Duktus und ausgehend von einer Frage, die mit den oben erwähnten vorirdischen Vorstufen des Mysteriums von Golgatha zusammenhängt: „Sollten wir erwarten dürfen, dass – im Gegensatz zu dem, was man heute glaubt – die noch unbewusst wirkenden Christus-Kräfte in einer veränderten Form hinzukommen werden zu dem, was heute als das Licht im Abendlande erschienen ist, gemäß dem alten Wort: Ex oriente lux? Sollte das Licht mit Licht sich verbinden können? Dazu aber wird notwendig sein, dass wir vorbereitet sind, wir, die wir durch unser Karma gestellt sind auf den

Boden jener geographischen, jener Kulturströmungen, über die hingegangen ist der Zug des Christus, schon als er durchchristet hat den Jesus von Nazareth in überirdischen Regionen, um nach dem Orient zu ziehen. Blicken wir hinauf und ahnen wir, dass durch unsere Höhen der Zug des Christus schon in seinen vorirdischen Offenbarungen gegangen ist. Machen wir uns fähig, ihn so zu verstehen, dass wir das nicht missverstehen, was er vielleicht einmal zu uns sprechen kann, wenn es an der Zeit ist, dass andere Bekenntnisse der Erde von seinen Impulsen durchflossen sein werden!"[152] – Der Verfasser der vorliegenden Zeilen hat eben dies seit einer langen Reihe von Jahren als eine Aufgabe verstanden und hat erfahren, wie dieselbe in der Seele brennt: gemäß der obigen Worte Rudolf Steiners „vorbereitet" zu sein, sich „fähig" zu machen, auf „[...] dass wir das [die neuen Offenbarungen] nicht missverstehen". Ein neues Sprechen des Christus, in einer zuvor nicht gewohnt gewesenen Sprache; ein neues Christus-Licht – wohlgemerkt, nicht eine Lichtspiegelung aus vorchristlicher Zeit –, ein neues Licht, das sich, aus dem Osten kommend, dem Licht hier im Westen verbinden will: Darin sieht der Verfasser auch heute die stärksten Motive für einen solchen Dialog, wie er vielleicht durch eine Arbeit wie diese, *Veda und lebendiger Logos*, angeregt werden kann. Womöglich wird sich auf Dauer die synthetische Perspektive, hier eingenommen im Sinne von *Anthroposophie und Integralem Yoga im Dialog*, mit Blick beispielsweise auf die im alten Indien liegenden Ursprünge der Menschheitskultur; mit Blick auf das schöpferische Wort und sein Hervortreten in Ost und West; mit Blick auf ein spirituelles Entwicklungsdenken und auf die wahre Ichheit des Menschen; mit Blick schließlich auf das Göttliche: womöglich wird schon mittelfristig diese Perspektive sich als stärker erweisen denn der altgediente, bloß analytische Determinismus – und sich erweisen als der fruchtbarere Ansatz.

Sri Aurobindos Rede über die Herabkunft des Supramentalen stellt nicht eine Rekapitulation der alten, vorchristlichen Weisheit dar. Vielmehr versteht er den Integralen Yoga insgesamt als Ausdruck eines menschheits- und geistesgeschichtlichen Evolutionsgeschehens, das für den Menschen auf dem heutigen Entwicklungsstand von größter Bedeutung ist. – Über sein episch-dramatisches Hauptwerk *Savitri* und über Sri Aurobindo selbst vermerkte dessen spirituelle Lebensgefährtin, Mirra Alfassa, einmal: „*Savitri* ist sein ganzer Yoga der Transformation und dieser Yoga kommt jetzt zum ersten Mal ins Erdbewusstsein."[153] Und tatsächlich finden sich in diesem gewaltigen Epos Perspektiven aufgezeigt, die in Sri Aurobindos großen Ausarbeitungen seiner yogischen Philosophie allenfalls angedeutet sind. Hier finden sich Mitteilungen über den Christus Jesus, durch die er in erstaunlicher Weise an jene Worte des Jahres 1912 anknüpft, die im Eingangsteil des vorliegenden Abschnittes, „Herabkunft des Supramentalen und Wiederkunft Christi", zitiert wurden: „Es geht nicht um das persönliche Ananda sondern um das Herunterleiten des göttlichen Ananda – das Himmelreich des Christus, unser Satyayuga – auf die Erde."[154]

Das *Savitri*-Epos umfasst an die 24.000 Blankverszeilen und steht einzigartig da in der englischsprachigen Literatur Indiens. Sri Aurobindo arbeitete es wieder und wieder um, ein Prozess, der sich nach frühen Anfängen vor allem durch die 1930er und 1940er Jahre hinzog. Die Dichtung knüpft an eine Legende aus dem *Mahabharata* an, welche ein großes Gleichnis der ehelichen Liebe erzählt, die den Tod besiegt. Denn Savitri, die Königstochter, verbindet sich mit dem Prinzgemahl ihrer Wahl, Satyavan, wissend, dass ihnen von den Göttern nur zwölf Monate gemeinsamen Glücks auf Erden beschieden sind. Nach Ablauf dieser Frist nämlich müsse Satyavan sterben. Savitri aber ist nicht gewillt, den Tod ihres Geliebten hinzunehmen, so dass sie, als der Tag von Satyavans Sterben gekommen ist, in ein furchtbares, maßloses Ringen mit dem Todesgott Yama eintritt, um für ihren Geliebten die Unsterblichkeit zu erringen. Sri Aurobindos Epos zeigt auf, wie ihr dieses Ringen zu einer umfassenden Einweihung wird, welche sie an die Grenzen des Universums und zur Schau der höchsten Gottheit führen soll. – Als nun Savitris Mutter erstmals etwas ahnt von dem Unheil, das über das Paar und seine Ehe verhängt ist, wendet sie sich an den Rishi Narad, der ihr darauf das Sterben Satyavans weissagt. Und auf ihr verzweifeltes Drängen hin erläutert Narad der von Kummer gepeinigten Mutter, warum Schmerz, Leid und Übel in der Welt sein und dass auch die Welt-Erretter in das tiefste Zentrum des Leidens und des Todes eintreten müssen. So heißt es denn in Narads Rede über den Erlöser:

> Die Großen, die erschienen, um die leidensvolle Welt zu retten,
> sie zu befreien aus dem Schatten des Gesetzes und der Zeit,
> müssen sich beugen unter das Joch von Leid und Schmerz. […]
> Auf ihren Schultern müssen sie des Menschen Schicksalslasten tragen.
> Des Himmels Schätze bringen sie. Mit ihren Leiden zahlen sie den Preis.
> Oder sie zahlen für des Wissens Gabe mit dem eignen Leben.
> Der Gottes-Sohn, geboren als der Menschen-Sohn,
> hat jenen bittern Kelch geleert, der Gottheit Schuld auf sich genommen,
> die Schuld, die der Ewige dem gefallnen Menschenwesen schuldet,
> hat seinen Willen an den Tod gebunden, an ein Leben voller Kampf,
> das sich vergebens nach Ruhe und ewigem Frieden sehnt.
> Jetzt ist die Schuld bezahlt, getilgt die Rechnung unsres Ursprungs.
> Der Ewige erträgt das Leiden in der menschlichen Gestalt.

Er hat mit seinem Blut das Zeugnis der Erlösung unterschrieben:
Er hat die Tore seines unsterblichen Friedens aufgetan.[155]

Und:

Es ist vollbracht, dies schreckliche geheimnisvolle Opfer,
von Gottes Marterleib dahingegeben für die Welt.
Gethsemane und Golgatha heißen sein Los.
Er trägt das Kreuz, an das des Menschen Seele angenagelt ist. [...]
Mit blutender Stirne hat er den Weg des Heilands beschritten.[156]

Mit Blick auf das Fortwirken des „Welt-Erlösers" aber heißt es später:

Hart ist des Welt-Erlösers schwere Aufgabe.
Die Welt wird selbst zu seinem Gegner.
Die er erlösen will, sind seine Widersacher:
Verliebt ist diese Welt in ihre Unwissenheit,
ihre Finsternis wendet sich ab von dem Erlöserlicht.
Sie gibt das Kreuz in Zahlung für die Krone. [...]
Ein paar nur sind errettet, und der Rest ringt weiter und versagt:
Vorbei ging eine Sonne, Schatten finstrer Nacht fällt wieder auf die Erde.
Gewiss, es gibt die frohen Wege, die sich Gottes Sonne nahen.
Doch wenige nur sind es, die den sonnenhellen Pfad betreten.
Nur die in ihrer Seele rein sind, können im Licht wandeln.[157]

In der dann folgenden Passage erscheint der Erlöser wiederum – und nun womöglich, sukzessive, als der zehnte Avatar, der Avatar des Supramentalen, dessen Herabkunft hier in den Worten von „einer der Wahrheit bewussten Welt" angedeutet wird. Es sei daran erinnert, dass Sri Aurobindo das Supramentale oftmals auch als das „Wahrheits-Bewusstsein" der oberen Hemisphäre bezeichnete. Und mit Blick auf die Frage nach dem Verhältnis, in welchem für den indischen Geisteslehrer der Avatar, das Supramentale und der Christus zueinander stehen, sei überdies daran erinnert, dass Sri Aurobindo in eindringlichen Worten den Logos, das schöpferische Weltenwort, mit dem Supramentalen als dem lebendigen „unabdingbaren Wort der höchsten Wahrheit der Dinge und Wesen identifizierte".[158]

Eintreten muss er [der Welterlöser] in die Ewigkeit der Nacht
und Gottes Finsternis so gut verstehen, wie er seine Sonne kennt.
Für dieses alles muss er in die Grube niederfahren,

für dieses alles eindringen in jene schmerzensvollen Weiten.
Er selbst, der Weise, der Unendliche, der Unvergängliche
muss auch noch durch die Hölle gehen, um die Welt zu retten.
Ins ewige Licht soll er emportauchen
an jenen Grenzen, wo sich alle Welten treffen.
Dort an dem Rand der Gipfelhöhen der Natur
ist das verborgene Gesetz von jedem Ding erfüllt,
dort heilen alle Gegensätze ihre lange währende Entzweiung.
Dort treffen und umarmen sich ewige Gegensätzlichkeiten.
Dort wird der Schmerz zu der gewaltigen feurigen Freude.
Dort kehrt das Böse heim zu seinem guten Ursprung
und alle Sorgen liegen an den Brüsten der Wonne.
Sie hat gelernt, die frohen Tränen des Glückes zu weinen.
Nun ist ihr Blick erfüllt von einer sehnend-sinnenden Ekstase.
Dann soll das hiesige Gesetz des Leidens enden.
Die Erde soll zum Heim des Himmelslichtes neu geschaffen werden.
Ein Seher, Kind des Himmels, soll dann in der Brust der Menschen wohnen.
Der Strahl von dem Überbewussten soll der Menschen Augen treffen
und eine der Wahrheit bewusste Welt zur Erde niederkommen,
die mit des Geistes Strahl in die Materie eindringt
und dort das Schweigen aufdeckt zu unsterblichen Gedanken
und die das stumme Herz für das lebendige Wort weckt.
Dies Leben in der Sterblichkeit soll des Ewigen Wonne Heim sein.
Das Selbst des Körpers soll Unsterblichkeit genießen.
Dann soll des Welt-Erlösers großes Werk vollendet sein.[159] [160]

Diese Worte können den, der die *Offenbarung des Johannes* kennt, intensiv an deren kosmische Schlussbilder erinnern.[161] Und dies wohl nicht von ungefähr. – Die hier vorgenommenen Betrachtungen über *Veda und lebendigen Logos* finden damit zu ihrem Abschluss, was sich jedoch mit der in die Zukunft weisenden Hoffnung verbindet, dass unterwegs genügend Gründe dafür vorgetragen wurden, dass es nunmehr von beiden angesprochenen Seiten her als lohnend empfunden werden kann, das schon im Titel dieser Arbeit angesprochene Motiv *Anthroposophie und Integraler Yoga im Dialog* weiterzuverfolgen. Künftige Arbeiten und Begegnungen mögen größere Weiten, Tiefen und Höhen des hier Begonnenen ausmessen.

Und ich sah einen neuen Himmel und eine neue Erde; denn der erste Himmel und die erste Erde sind vergangen und das Meer ist nicht mehr. Und ich sah die heilige Stadt, das neue Jerusalem, aus dem Himmel herabkommen, bereitet wie eine geschmückte Braut für ihren Mann. Und ich hörte eine große Stimme von dem Thron her, die sprach: Siehe da, die Hütte Gottes bei den Menschen! Und er wird bei ihnen wohnen und sie werden sein Volk sein und er selbst, Gott mit ihnen, wird ihr Gott sein; und Gott wird abwischen alle Tränen von ihren Augen und der Tod wird nicht mehr sein, noch Leid von Geschrei noch Schmerz wird mehr sein; denn das Erste ist vergangen. Und der auf dem Thron saß, sprach: Siehe, ich mache alles neu! (Offb 21,1-5)

ANHANG 1

GURU – EIN ALTES KONZEPT IN HEUTIGER SICHT

In der westlichen Spiritualität und Esoterik, insbesondere in der Anthroposophie Rudolf Steiners, ist die Gestalt des Christian Rosenkreutz von außerordentlich großer Bedeutung. In ihm hat man einen der beiden Meister der Weisheit vor sich, die in gegenwärtiger Zeit die spirituelle Entwicklung des Westens maßgeblich inspirieren. Als eine Individualität sehr hohen Verwirklichungsgrades, seit dem späten Mittelalter in mehreren Inkarnationen auf Erden wirksam, war er in der Vergangenheit – ähnlich den östlichen Mahatmas, die die theosophische Bewegung inspirierten – der Tendenz ausgesetzt, dass die Menschen, die zu ihm aufblickten, ihn übereifrig als Wundertäter und Heiligen verehren würden. Dagegen waren stets Vorkehrungen getroffen worden, indem die Identität des Christian Rosenkreutz, solange er lebte und hundert Jahre über das Ende der jeweiligen Inkarnation hinaus nur dem allerengsten, eingeweihten Schülerkreis bekannt war. Für alle übrigen Zeitgenossen führte er in den meisten der Fälle ein äußerlich unscheinbares Leben.

Hätte ihn der Verehrungseifer der Menge getroffen, so hätte dies für Christian Rosenkreutz nur einen immensen Schmerz, ein regelrechtes Martyrium, bedeuten müssen. Rudolf Steiner führt diesbezüglich aus:

> Nun ist es auch von großer Bedeutung, zu wissen, dass in jedem Jahrhundert die rosenkreuzerische Inspiration so gegeben wird, dass niemals der Träger der Inspiration äußerlich bezeichnet wurde. Nur die höchsten Eingeweihten wussten es. Heute kann zum Beispiel äußerlich nur von solchen Geschehnissen gesprochen werden, welche hundert Jahre zurückliegen, denn das ist die Zeit, welche jeweils verflossen sein muss, bevor davon äußerlich gesprochen werden darf. Die Versuchung ist zu groß für die Menschen, einer solchen ins Persönliche gezogenen Autorität – was das Schlimmste ist, was es gibt – fanatische Heiligenverehrung entgegenzubringen. Es liegt dies eben zu nahe. Es ist diese Verschwiegenheit aber nicht nur eine Notwendigkeit gegen die äuße-

ren Anfechtungen des Ehrgeizes und des Hochmutes, deren man sich
ja vielleicht noch erwehren könnte, sondern auch vor allem gegen die
okkulten astralen Attacken, die fortwährend auf eine solche Individualität gerichtet sein würden. Deshalb ist die Bedingung, dass erst hundert
Jahre nach einem solchen Faktum davon gesprochen werden darf, eine
notwendige.[1]

Obwohl also ein Christian Rosenkreutz wirksam ist, eine seiner bekanntesten
Inkarnationen ist in dem Grafen Saint Germain (1696-1784) zu sehen, ist er
als dieser Meister der Weisheit dem Sucher dennoch nicht erkenntlich. Eine
echte Devotion sollte dies allerdings nie ausschließen. Vielmehr spricht Rudolf
Steiner auch über die „[…] richtige Devotion gegenüber Christian Rosen-
kreutz".[2] [3] Wie dem auch sei, es sollte der Schüler des höheren Wissens doch
neue, selbständigere Wege beschreiten lernen. Die entsprechende Wende im
Verhältnis eines Schülers zu dem, der sein Lehrer ist, hat sich im christlichen
Abendland im späten Mittelalter eingestellt. Als sprechendes Beispiel nennt
Rudolf Steiner diesbezüglich Meister Eckhart (ca. 1260-1328), der seine Mystik
ausgebildet hat, ohne je im äußeren Leben auf einen spirituellen Lehrer, einen
Guru, angewiesen gewesen zu sein.

Solch eine gesunde Natur, wie Meister Eckhart es war – ebenso wie fast
alle die christlichen Mystiker des Mittelalters, welche einen […] Guru
nicht hatten –, schützte sich dadurch, dass er sich ganz durchdrang mit
dem Gefühl: Jetzt bist du nicht mehr du selber, jetzt bist du ein anderer geworden; jetzt spricht, fühlt, will nicht mehr das, was du sprichst,
fühlst, willst; jetzt lasse dich ganz erfüllen mit dem Christus. – Er machte das Paulinische Wort wahr: „Nicht ich, sondern der Christus in mir."
Dann machte er diese Verwandlung durch. Er entselbstete sich sozusagen. Er gab sein Ich auf und ließ sich erfüllen von einem anderen
Ich. „Entwerden", der Gegensatz von „werden", ist ein schönes Wort
der christlichen Mystiker des Mittelalters. Wie man ein selbständiges
Ich „wird", so suchten diese Mystiker zu „entwerden", das heißt ihr
Ich ganz aufzugeben und sich ganz zu erfüllen mit einem anderen Ich.
Das waren die Mittel gegen die selbstsüchtigen Ansprüche des Ich, zu
welchen Mystiker griffen wie Meister Eckhart oder der Mystiker, der
der Schreiber der so genannten „Theologia Teutsch" ist, dass sie nicht
aus sich selber sprechen wollten, sondern dass sie einen höheren Menschen, einen Menschen, der den jetzigen Menschen innerlich beleben
und inspirieren kann, in sich sprechen lassen konnten. Daher das immer wiederkehrende Betonen dieser Mystiker, dass sie ihr Selbst ganz

hingeben wollten dem, was sie innerlich erlebten. So also sehen wir, als die neueren Zeiten herannahten, wie die christlichen Mystiker des Mittelalters, die schon entgegen lebten den Zeiten der modernen Menschheit, den äußeren Guru ersetzten durch einen inneren Guru, durch den Christus.[4][5]

Spricht er auch nicht von dem Christus sondern von dem *jagad-guru*, dem universalen Guru,[6] so räumt Sri Aurobindo doch dem „inneren Guru" einen vergleichbaren Stellenwert ein, womit sich erweist, dass er keineswegs die althergebrachten Konzepte tradierte sondern das zeitgemäße Ideal verfolgte. Er spricht von der Möglichkeit, den Ishvara, den Herrn also, den Purushottama der *Bhagavad Gita*, als Lehrer und Freund zu gewinnen. In seiner Gefängniszeit in Alipur (1908/09) hatte sich gerade dies für ihn ereignet. Und auch später, ganz gewiss in der Zeit vor 1920, scheint ihm dieses Lehrer-Schüler-Verhältnis als Vorbild für das Sadhana derer gedient zu haben, mit denen er die erste yogische Gemeinschaft in Pondicherry bildete. Offenkundig hat Sri Aurobindo in der Folge jedoch die zeitweilige Auffassung entwickelt, dass derartige Verwirklichungen nur für sehr wenige Sadhakas in Frage kommen und dass er von daher wohl auch die Rolle des äußeren Lehrers akzeptieren müsste. So heißt es in Sri Aurobindos *Synthese des Yoga*, nachdem er aufgezeigt hat, dass jedes Lehren ein Enthüllen dessen ist, was bereits in der Seele des Lernenden verborgen ruht:

Gewöhnlich wird diese Enthüllung durch das Wort bewirkt, das man hört, *shruta*. Das Wort kann zu uns aus dem Inneren kommen; es mag auch von außen her zu uns gelangen. In beiden Fällen ist es nur ein Vermittler, um das verborgene Wissen zur Auswirkung zu bringen. Das Wort im Innern kann die Äußerung der innersten Seele in uns sein, die immer für das Göttliche Wesen geöffnet ist. Es mag auch das Wort des geheimen universalen Lehrers sein, der in den Herzen aller seinen Sitz hat. Es gibt seltene Fälle, in denen man niemand anderen benötigt, da alles Übrige im Yoga dann Entfaltung unter dieser ständigen Einwirkung und Lenkung ist. Der Lotus des Wissens erschließt sich selbst von innen her durch die Macht der ihn bestrahlenden Lichtwirkungen, die von dem ausgehen, der im Lotus des Herzens wohnt. Wahrhaftig Große, aber wenige sind es, denen das Wissen aus dem Selbst im Innern in dieser Weise ausreicht und die nicht den beherrschenden Einfluss eines geschriebenen Buches oder lebenden Lehrers auf sich wirken zu lassen brauchen.[7]

Der Integrale Yoga setzt – neben der Hingabe an das höchste Göttliche – auf den energischen Einsatz der individuellen Intelligenz des Sadhaka und verfolgt die Richtung, diese Intelligenz schrittweise zu spiritualisieren. Aus diesem Grund ist der Jnana Yoga, der Yoga des integralen Wissens, eine der drei Hauptwurzeln des neuen Purna Yoga – oder: Integralen Yoga. Deswegen auch rät Sri Aurobindo beispielsweise entschieden davon ab – wie in den herkömmlichen Arten des Yoga üblich – die Lotusorgane der höheren Entwicklung von unten her aufsteigend zu erwecken. Er betont, dass sein neuer Yoga vom Bewusstsein her ansetzt[8] und dass das Sadhana, wenn den Lotusorganen denn überhaupt besondere Aufmerksamkeit gezollt werden soll, dieselben von oben her in absteigender Folge wachrufen soll. Dies spricht für eine konsequente, selbst verantwortete Bemühung, in deren Verlauf der „Lotus des Wissens", der im Herzen seinen Sitz hat, von oben her erweckt, sich öffnet und der innere Guru vernehmbar wird. – In der *Synthese des Yoga* schreibt Sri Aurobindo wiederum – gegen Ende seines Lebens, und zwar in der gründlich überarbeiteten Fassung von Teil I, „Der Yoga des Göttlichen Wirkens", welche er 1948 in Buchform[9] erscheinen ließ – ganz im Sinne seiner ursprünglichen Sicht, die dem inneren Guru – gegenüber jeder äußeren Form – unzweideutig den Vorrang gibt. Das höchste Wissen, das höchste *shastra*, oder die erhabensten Lehren des Integralen Yoga, so Sri Aurobindo, sind „der ewige Veda, der im Herzen jedes denkenden Wesens verborgen ist". Dem entspricht schließlich vollkommen dasjenige, was er auch über den „höchsten Lehrer" sagt:

Ist das höchste *shastra* des Integralen Yoga der ewige Veda, Gottes Wort im geheimen Grund des Herzens, so ist sein höchster Leiter und Lehrer der innere Lenker, der Welt-Lehrer, *jagad-guru*, verborgen in unserem Inneren. Er vertreibt unsere Finsternis durch das strahlende Licht seines Wissens. Dieses Licht wird in unserem Inneren zur immer größeren Herrlichkeit seiner eigenen Selbst-Offenbarung. Er enthüllt in uns immer mehr seine eigene Natur von Freiheit, Seligkeit, Liebe, Macht und unsterblichem Wesen. Er stellt als unser Ideal sein göttliches Vorbild über uns und verwandelt die niedere Existenz in einen Widerschein von dem, was sie in ihrer Kontemplation betrachtet.[10] [11]

ANHANG 2

MIRRA ALFASSA, DIE „MUTTER" – UND DIE ANFÄNGE AUROVILLES

Einige vorrangige biographische Aspekte mit Blick auf das Leben der Mirra Alfassa wurden schon im zweiten Kapitel dieser Schrift beleuchtet – dazu gehört neben dem, was sie mit Sri Aurobindo verbindet, nicht zuletzt auch ihre bedeutsame Begegnung mit dem „unbekannten Okkultisten" Aia Aziz oder Max Théon. Das Verhältnis zwischen diesen beiden Exponenten einer spezifischen europäischen Spiritualität auszuleuchten, wäre gerade auch im Sinne der anthroposophischen Geisteswissenschaft[*] von hohem Interesse, könnte aber den für die vorliegende Arbeit gesetzten Rahmen nur sprengen. Das spätere Wirken der Gründerin des ‚Sri Aurobindo Ashrams' hingegen – seit dem Tod Sri Aurobindos – gehört zweifellos in den Kreis der Betrachtungen; wie auch die fortgesetzte Wirksamkeit, die mit ihrer zweiten großen Gründung verknüpft ist: Auroville.

Nachdem Sri Aurobindo am 5. Dezember 1950 verstorben war – alles deutete auf ein Nierenversagen –, blieb er für mehr als vier Tage aufgebahrt, ein Umstand, sehr untypisch für das feucht-heiße, subtropische Klima Südindiens, aber möglich geworden, weil die zu erwartenden Zerfallserscheinungen ganz ausgeblieben waren. Sonst würden Verstorbene hier in aller Regel schon während des ersten Tages nach dem Tod eingeäschert. An die 60.000 Menschen erwiesen Sri Aurobindo in jenen Tagen die letzte Ehre, bis am 9. Dezember, gegen fünf Uhr nachmittags, im Innenhof des Hauptgebäudes des Ashrams – dem heutigen „Samadhi" – die Bestattung erfolgte. Mirra Alfassa berichtete später, dass sie sogleich nach Sri Aurobindos Hingang ein unmissverständliches Gewahrwerden seiner starken spirituellen Präsenz erfahren konnte. Und am dritten Tag, am 7. Dezember, hielt sie fest:

---

* bzw. im Sinne einer anthroposophisch ausgerichteten Geschichte der europäischen Esoterik

[...] heute Morgen hast Du mir die Zusicherung gegeben, dass Du bei uns bleiben willst, bis Dein Werk erfüllt sein wird, nicht nur als ein Bewusstsein, das leitet und erleuchtet, sondern auch als eine dynamische Gegenwart in Aktion. Du hast in unzweifelhaften Worten verheißen, dass Du mit allem, was Dir zugehörig ist, hier bleiben und die Erd-Atmosphäre nicht verlassen würdest, bis die Erde umgewandelt sein würde.[1]

Am 9. Dezember heißt es in ähnlichem Ton – und hier macht sich bemerkbar, dass womöglich, wegen der supramentalen Transformation, auch damit gerechnet wurde, dass Sri Aurobindo buchstäblich den Tod hätte überwinden können:

Der Mangel an Empfänglichkeit der Erde und der Menschen ist vor allem verantwortlich für die Entscheidung, die Sri Aurobindo hinsichtlich seines Körpers getroffen hat. Doch eines ist gewiss: Was auf dem physischen Plan geschah, berührt in keiner Weise die Wahrheit dessen, was er lehrte. Alles, was er sagte, ist vollkommen wahr und so bleibt es. Die Zeit und der Gang der Ereignisse werden es überreichlich belegen.[2]

Die Hoffnung auf die Überwindung der Saat des Todes, gestreut in die Zellen der menschlichen Körper, sollte Mirra Alfassa für den Rest ihres Lebens aufrecht erhalten. Sri Aurobindo habe ihr, wie sie gelegentlich zu verstehen gab, den Auftrag diese Verwirklichung zu erlangen klar erteilt.

Die Herabkunft des Supramentalen „für das Erdbewusstsein" sollte nicht nur die einzelnen Sadhakas in ihrem Innersten berühren, sondern die ganze irdische Wirklichkeit grundlegend verwandeln, und dazu gehören auch die Formen des menschlichen Zusammenlebens. Diese Vision verfolgte Mirra Alfassa nun konsequent bis zur Begründung der „Zukunftsstadt" Auroville im Jahr 1968. Eine wesentliche Wegmarke auf dem Weg dorthin verbindet sich mit dem Datum des 29. Februar 1956. Im Rahmen der im Ashram üblichen, abendlichen Mittwochs-Meditationen vollzog sich an diesem Tag ein spirituelles Geschehen, das Mirra für die Anwesenden schon kurz darauf in Worte fasste:

An diesem Abend war die Göttliche Gegenwart, konkret und materiell, unter euch anwesend. Ich hatte [in der Schau vor mir] eine Form lebendigen Goldes, größer als das Universum, und ich stand vor einem riesigen Tor aus massivem Gold, das zwischen der hiesigen Welt und dem Göttlichen errichtet war. – Als ich das Tor erblickte, wusste ich und ich war willens – in einem einzigen Bewusstseinsmoment –, dass „die Zeit gekommen war". Und nachdem ich mit beiden Händen einen mächtigen goldenen Hammer erhoben hatte, tat ich einen Schlag, einen einzigen Schlag gegen das Tor und es zersprang in Stücke. – Dann stürzten supramentales Licht, Kraft und Bewusstsein in einem ununterbrochenen Strom auf die Erde hernieder.[3]

Supramentales Licht, Kraft und Bewusstsein in ihrer Herabkunft „für das Erdbewusstsein" zu erschließen: dazu leistete man im Ashram schon seit Jahren wertvolle Vorarbeit. Es wurde jedoch eine noch weltoffenere Art und Weise zu arbeiten nötig. Die Menschheit des 20. Jahrhunderts sollte im Ganzen angesprochen und erreicht werden, der Integrale Yoga sollte seine gesamtgesellschaftlich transformative Potenz in aller Öffentlichkeit erweisen. Dieses Motiv erklärt sich nicht zuletzt auch vor dem Hintergrund von Ausführungen Sri Aurobindos, enthalten in der Aufsatzsammlung *The Ideal of Human Unity*, die er noch in seinem letzten Lebensjahr, 1950, vervollständigte und als Buch herausbrachte. In dessen vorletztem Kapitel, *The Religion of Humanity*, geht es ihm einmal mehr um die Ideale der Französischen Revolution – Freiheit, Gleichheit, Brüderlichkeit. Und es heißt da, dass diese Ideale seit dem 18. Jahrhundert allenfalls isoliert (hier Freiheit, da Gleichheit, dort Brüderlichkeit) und dann auch bloß in gänzlich äußerlichen Ansätzen verwirklicht wurden. Das Zusammenwirken von Freiheit und Gleichheit, so Sri Aurobindo,[4] könne aber nur gelingen, wenn es aus einer Brüderlichkeit ansetzt, die dann hervortritt, wenn die Herrschaft des Ego über den Einzelnen abgelöst wird durch die Entfaltung der wahren Seele im Menschen.[5] [6]

Noch zu Lebzeiten Sri Aurobindos, wohl in den frühen 1940er Jahren, begann Mirra Alfassa von einer künftigen Stadt zu sprechen, in der zunächst etwa zweitausend Menschen leben würden. Über Organisation und Ausführung wollte sie nicht befragt werden. Aber: „[...] ich kann euch nur sagen, dass alles bereits fertig ist, bis ins letzte Detail, und nur darauf wartet herabzukommen".[7] Jahrzehnte später konkretisierte sie ihre Vision in einem Text, der unter dem Titel *Ein Traum* bekannt wurde: „Es sollte irgendwo auf der Erde einen Platz geben, den keine Nation als ihr Eigentum beanspruchen kann, einen Platz, an dem alle gutwilligen Menschen, ehrlich in ihrem Bestreben, frei als Bürger der Welt leben können und einer einzigen Macht folgen, der höchsten Wahrheit. Ein Platz des Friedens, der Eintracht, der Harmonie, wo alle kämpferischen Instinkte des Menschen ausschließlich dazu benützt würden, die Ursachen seines Leidens und Elends zu bewältigen, seine Schwächen und sein Unwissen zu überwinden, über seine Grenzen und Unfähigkeiten zu triumphieren. Ein Platz, an dem die spirituellen Bedürfnisse und die Sorge um Fortschritt Vorrang hätten vor der Befriedigung von Verlangen und Leidenschaften, dem Suchen nach materiellem Vergnügen und Genuss. An diesem idealen Platz wäre Geld nicht mehr der unumschränkte Herrscher. Individueller Wert hätte größere Bedeutung als der Wert, der aus materiellem Reichtum und sozialer Stellung kommt. Arbeit würde nicht dazu dienen, seinen Lebensunterhalt zu erwerben. Sie wäre das Mittel um sich auszudrücken, um seine Fähigkeiten und Möglichkeiten zu entwickeln, während man gleichzeitig einen Dienst für die Gemeinschaft tut, die ihrerseits für die Lebensbedürfnisse und das Tätigkeitsfeld des einzelnen sorgen würde. An diesem idealen Platz wären Kinder in der Lage, integral heranzuwachsen und sich zu entwickeln, ohne die Verbindung mit ihrer Seele zu verlieren. Ausbildung würde nicht im Hinblick auf Prüfungen und Zeugnisse und Positionen erteilt, sondern um die vorhandenen Fähigkeiten zu bereichern und neue hervorzubringen. Kurz, es wäre ein Platz, an dem die Beziehungen zwischen den Menschen, die gewöhnlich fast ausschließlich auf Konkurrenz und Streit begründet sind, durch Beziehungen des Wetteiferns um das Bessertun ersetzt würden, des Wetteiferns um Zusammenarbeit und Beziehungen wahrer Brüderlichkeit."[8]

In diesem menschheitlichen Sinne ist auch der Freibrief der Stadt Auroville abgefasst, die so genannte „Charta", die von Mirra Alfassa am 28. Februar 1968 als Gründungsurkunde verlesen wurde, während junge Menschen aus 23 indischen Bundesstaaten und 124 Ländern der Welt Erde aus ihrer Heimat in einer symbolischen „Urne" versiegelten – versammelt waren etwa fünftausend Besucher:

1. Auroville gehört niemandem im Besonderen. Auroville gehört der ganzen Menschheit. Aber um in Auroville zu leben, muss man bereit sein, dem Göttlichen Bewusstsein zu dienen.
2. Auroville wird der Ort einer Erziehung ohne Ende, ständigen Fortschritts und einer Jugend sein, die niemals altert.
3. Auroville möchte die Brücke zwischen Vergangenheit und Zukunft sein. Durch Nutzung aller äußeren und inneren Entdeckungen wird Auroville kühn zukünftigen Verwirklichungen entgegenschreiten.
4. Auroville wird der Platz materieller und spiritueller Forschung für eine lebendige Verkörperung einer wirklichen menschlichen Einheit sein.[9]

Seit 1964 werden von Roger Anger, dem Pariser Architekten, mit dem Mirra Alfassa von Anfang an zusammenarbeitet, die ersten – noch planquadratischen – Entwürfe Aurovilles gezeichnet. Diese durchlaufen jedoch eine rasche Metamorphose und münden in den spiraligen so genannten „Galaxy"-Grundriss von 1967/68. Das zum Bau der Stadt ausersehene Land aber ist weitgehend verbrannte, rote Erde. In der dortigen Gegend wird die *Irumbai*-Legende erzählt, nach welcher vor Jahrhunderten, in einem der nahen Tamilendörfer, ein mächtiger Yogi in gemeiner Art lächerlich gemacht worden war. Dieser bestrafte darauf die Menschen des Landstrichs – nördlich des heutigen Pondicherry – durch den Bannfluch, dass das Land ganz austrocknen sollte, was dann auch eintrat. Alles Flehen war vergebens, keine Bitte um Verzeihung konnte etwas ausrichten. Aber der Yogi weissagte, dass nach Zeiten Leute aus sehr fernen Ländern kommen würden, um das Land wieder grün zu machen. – Ende 1965 ging es darum, das Zentrum der künftigen Stadt zu bestimmen. Roger Anger legte Mirra Alfassa dazu eine Landkarte der Gegend vor und sie wies – nach einer Weile der Konzentration – auf einen bestimmten Punkt der Karte, der keinerlei Besonderheiten aufwies. Als Roger Anger sich aber mit einem Jeep auf das ausgedörrte, unwegsame, wüste Plateau begeben hatte, wegen fehlender Sträucher und Bäume mit freiem Blick auf den Golf von Bengalen, fand er an dem von Mirra Alfassa bezeichneten Ort einen völlig vereinzelten, kräftigen Banyan-Baum stehen. Die Visionärin, als sie dies erfuhr, zeigte sich beglückt wegen der Anwesenheit des Baumes, zumal Banyan-Bäume in Indien als wunscherfüllende göttliche Bäume verehrt werden, und sie entschied, dass dies das Zentrum der Zukunftsstadt sein sollte. – Die Leute aus den fernen Ländern kamen wirklich, sie besiedelten seit 1967 die Wüstenei, forsteten in Zusammenarbeit mit den einheimischen Tamilen auf – weit über zwei Millionen Bäume – und errichteten in den zurückliegenden fünfundvierzig Jahren, auf einem Areal von 20-25 Quadratkilometern, Auroville. Die Bewohner der tamilischen Dörfer im Auroville-Gebiet bezeichnete Mirra Alfassa übrigens als die „ersten Aurovilianer". Bis heute leben dort gut zweitausend Menschen – und noch nicht jene 50.000, von denen in den 1960er Jahren die Rede war.

Dem heutigen Besucher kann unter den Bewohnern Aurovilles ein überaus starkes Verehrungsverhältnis, Sri Aurobindo, aber insbesondere auch Mirra Alfassa gegenüber, auffallen, die in aller Regel nur „die Mutter" genannt wird. Dies geht vereinzelt so weit, dass den Verehrern die volle Identifikation Mirra Alfassas mit der göttlichen Mutter nahe zu liegen scheint. Angesichts des großen theoretischen Werkes von Sri Aurobindos yogischer Philosophie hingegen und seiner klaren Forderung, dass der Integrale Yoga vor allem vom Denken her anzusetzen habe, ist zu bemerken, dass dieser Ansatz heute oft als zu intellektuell und überhaupt als zu anstrengend eingestuft wird. Für Auroville habe Mirra Alfassa die Priorität bewusst nicht bei dem Yoga der Erkenntnis sondern bei dem der Arbeit gesehen: Karma Yoga. Hier bleiben schwerwiegende Fragen offen, etwa, inwiefern so das zeitgemäße Bewusstsein des gegenwärtigen Menschen[10] adäquat angesprochen werden kann. Müsste nicht die Stimmung, alle miteinander wären „Kinder der Mutter", stets durch die energische Bewusstseinsarbeit ergänzt werden, um heute angemessen zu sein? Mirra Alfassa selbst hinterließ Andeutungen, dass sie sich an drei ägyptische Inkarnationen erinnerte und dass sie eine davon mit der „Prinzessin Teje" identifizierte, der Mutter des Amenhotep IV.,[11] der sich später Echnaton nennen und im sechsten Jahr seiner Regierung auf dem Wüstenfeld Tell el-Armarna eine neue Stadt, Achet-aton („Horizont des Aton"), errichten ließ. Trat bei Mirra das alte ägyptische Element wieder hervor?[12] N. B.: Sri Aurobindo gab seinerseits niemals Hinweise auf eigene frühere Inkarnationen.[13]

Wie auch immer, in unmittelbarer Nachbarschaft zu dem Banyan-Baum (eine Ficus-Art) sollte nun, von der Grundsteinlegung 1972 an, in sechsunddreißigjähriger Bauzeit das Matrimandir, das „Haus der Mutter" erbaut werden, von Mirra Alfassa als Ort der „Seele Aurovilles" bezeichnet und keinem anderen Zweck gewidmet als dem, dass hier – in der zwölfseitigen und mit zwölf Säulen ausgestatteten „Inner Chamber" des Matrimandir – den Menschen Aurovilles Stille, tiefe Meditation und Kontemplation ermöglicht werden sollten. Und es ist durchaus beeindruckend zu sehen, wie die Gründerin Aurovilles in nur einer Sitzung mit dem ihr vertrauten Satprem,[14] am 3. Januar 1970, diese „Inner Chamber" in einem einzigen Strom von Bildern und Konzepten, in Worten, die aufgezeichnet, erhalten geblieben und nachzulesen sind, entwirft. Und dass, was sie da entwirft, sich in dem heutigen Bau tatsächlich umgesetzt findet. An einer Stelle heißt es in dem besagten, längeren Gespräch vom 3. Januar: „Und die Leute können hereinkommen, um sich zu konzentrieren … (lachend) um zu lernen, wie man sich konzentriert. Keine festgelegten Meditationen, nichts von alledem, aber sie sollten sich in der Stille aufhalten, in der Stille und der Konzentration."[15]

Der Kugelbau des Matrimandir wird getragen von vier gewaltigen Betonpfeilern, die den vier Aspekten der göttlichen Mutter[16] entsprechen. Als am 17. November 1973 um fünf vor halb acht Uhr abends der vierte dieser Pfeiler im Zentrum Aurovilles vollendet wird, verströmt – in derselben Minute – Mirra Alfassa im Ashram, im nahen Pondicherry, ihren letzten Atemzug.

ANHANG 3

JOHANNES HOHLENBERG

Der Verfasser der vorliegenden Arbeit weiß nur von einer einzigen Persönlichkeit, die in ihrer konkreten Biographie beides vereinte, Schüler Sri Aurobindos und Schüler Rudolf Steiners gewesen zu sein, jeweils in der unmittelbaren, persönlichen Begegnung: Johannes Hohlenberg, dänischer Künstler, engagierter Publizist und verdienstvoller Schriftsteller – auch war er, von deren Begründung an, für acht Jahre Generalsekretär der ‚Anthroposophischen Gesellschaft in Dänemark' (1923-1931). Seine Schicksalslinie berührt in ganz eigener Art, aber eminent, die Thematik von *Veda und lebendiger Logos* und deswegen sollen hier einzelne Stationen seines Lebens und Wirkens in den Blick genommen werden.

Johannes Hohlenberg (1881-1960) entstammte einer kultivierten Kopenhagener Pastorenfamilie, genoss häuslich eine frühe musikalische Ausbildung, verfolgte als junger Mann jedoch zunächst das stärkere Interesse, das er für die bildende Kunst hegte. Das Studium der Künste führte ihn 1906 nach Paris, wo er bald Bekanntschaft mit Mirra Alfassa – damals hieß sie Mirra Morisset – und ihrem späteren Mann Paul Richard machen sollte. Mirra Alfassa führte in jenen Jahren einen Salon, in dem sich Künstler und spirituell Suchende verschiedenster Couleur ein Stelldichein gaben. Im Rückblick sprach sie einmal darüber, dass Johannes Hohlenberg in seiner Pariser Zeit nahezu „[...] jeden Abend kam, um mich zu sehen".[1] Der Beginn ihrer Bekanntschaft fiel in die Zeit von Mirra Alfassas intensivster Zusammenarbeit mit dem Okkultisten Max Théon bzw. Aia Aziz, den sie von Paris aus zweimal in seinem westalgerischen Domizil in der von den Sufis geprägten Stadt Tlemcen aufgesucht hatte, 1906 und 1907, um sich in seine Schulungsmethoden einweihen zu lassen. Auch Hohlenberg wird sich – zumindest theoretisch – ausgiebig mit den Lehren Théons befasst haben, wusste Mirra Alfassa doch über ihn mitzuteilen: „Er hatte den ganzen Stoff von Théon gelesen, wusste über alles gut Bescheid und nahm es ziemlich ernst."[2] Nachdem sie unter Théon selbst einschneidende Erfahrungen mit dem bewussten Heraustreten aus dem Körper gemacht hatte, war – nach ihrer Rückkehr nach Paris – auch Johannes Hohlenberg offenbar stark interessiert daran, sich von ihr in diese Praktiken einführen zu lassen. Jedenfalls äußerte sie sich so darüber: „Er hatte absolut insistiert. [...] So lehrte ich ihn, was zu tun ist. Und vor allem: ich war anwesend, er tat es in meiner Anwesenheit. Und [...] in dem Moment, da er seinen Körper verließ, geriet er in eine solche Panik! Er war kein Feigling, nein, er war durchaus mutig, aber es machte ihm eine solche Angst! Reine Panik. Da sagte ich denn: Nein, nein, nein!"[3]

Der intensive Kontakt Johannes Hohlenbergs zu dem Ehepaar Richard bestand zunächst für ungefähr fünf Jahre, bis Hohlenberg sich auf eine Reise nach Ägypten machte, wohin ihn sein Interesse an den Pyramiden zog. Sein Biograph: „Hohlenberg war von der rätselhaften und monumentalen Architektur der Pyramiden fasziniert, ein halbes Jahr lang betrieb er in Gizeh intensive Studien, die bald zu einer schriftlichen Verarbeitung reiften."[4] Dass eine starke Bindung nicht nur zu Paul Richard sondern auch zu Mirra bestanden haben muss, geht aus einer Postkarte vom 21. September 1911 hervor, in der sie sich von Cluses aus nach seinem Verbleiben erkundigt:

> Hier, in Erwartung eines Briefes, etwas, um Ihre Erinnerung an unsere schönen Abende in Paris und die ausgiebigen philosophischen Konversationen wachzurufen. ... Ich hoffe, damit auch Ihren Enthusiasmus und Ihre Hoffnungen aufzurufen. ... Vergessen Sie niemals, dass Sie diese immer in sich tragen und dass sie unterhalb Ihres äußeren Bewusstseins darauf warten, dass Sie sie auch im Äußeren aufleben lassen.
>
> Wir senden Ihnen unsere besten Gedanken, in aller Zuneigung
>
> M. P. Richard
>
> Seien Sie nicht so schweigsam. Wir würden uns sehr freuen, Neuigkeiten von Ihnen zu erfahren. In ein paar Tagen kehren wir nach Paris zurück.[5]

Man wird davon ausgehen dürfen, dass Johannes Hohlenberg bereits im Jahr 1910 Anteil an den Berichten Paul Richards aus Südindien nahm, der dort seine erste Begegnung mit Sri Aurobindo gehabt hatte. Wie früher erwähnt, hatten diese Nachrichten Mirra sogleich zu dem festen Vorhaben angeregt, möglichst bald auch selbst nach Pondicherry zu reisen.[6] Bereits bekannt ist auch, dass beide Richards diese Pläne dann erst 1914 verwirklichen konnten, was dort innerhalb weniger Monate zur Begründung der Monatsschrift *The*

Arya führte, die dann sechseinhalb Jahre lang erscheinen sollte. Noch 1914 erreichte Johannes Hohlenberg die Einladung Paul und Mirra Richards, ebenfalls nach Pondicherry zu kommen, um in der Redaktion der Zeitschrift mitzuarbeiten. Jedoch: „Dann kam der Krieg und so verschob sich meine Abreise um fast ein Jahr. Ich konnte erst im Frühjahr 1915 aufbrechen."[7] Zu diesem Zeitpunkt hatten die Richards Indien bereits wieder verlassen. „Dennoch reiste ich weiter und machte die Bekanntschaft mit Aurobindo."[8] Der Aufenthalt blieb nur auf etwas mehr als einen Monat beschränkt, da Hohlenberg wegen seiner regelmäßigen Kontakte zu Sri Aurobindo bald politisch verdächtigt und wieder nach Europa abgeschoben wurde – es waren Kriegszeiten. Innerhalb dieser wenigen Wochen fertigte er eine berühmte Photographie Sri Aurobindos an – im Profil stehend – sowie Skizzen zu einem Ölgemälde, das er später in Dänemark ausführen sollte. Außerdem gewährte Sri Aurobindo Hohlenberg allabendliche Treffen, während welcher zunächst gemeinsam meditiert wurde, woran sich intensive Unterweisungen in yogischer Philosophie anschlossen. Mirra Alfassa gab in späteren Jahren die Worte Sri Aurobindos über jene Zeit so wieder: „[…] damals kam auch ein dänischer Maler hierher, der mich zeichnete. Und am Ende jeder Meditation pflegte dieser zu sagen: ‚Lassen Sie uns nun über das Unsagbare sprechen'."[9] – Johannes Hohlenberg führte nach der Rückkehr in sein Heimatland nicht nur das Ölportrait aus. Schriftstellerisch sollte er nun auch die yogisch-philosophischen Abendgespräche mit Sri Aurobindo verarbeiten. Daraus entstand sein Erstlingswerk *Yoga i dens betydning for Europa*, das 1916 gleichzeitig in Kopenhagen und Christiania (Oslo) herauskam. Der dritten Auflage dieses Buches stellte Hohlenberg 1952 ein aufschlussreiches neues Vorwort voran, in dem er den Bezug der Schrift zu Sri Aurobindo herausstellte, dem er dieselbe übrigens auch gewidmet hatte. In dieser Form erschien das Buch dann 1954 schließlich ebenfalls in deutscher Übersetzung:

> Die Voraussetzungen zu diesem Buch wurden während meines Indien-Aufenthaltes im Jahre 1915 in täglichen Gesprächen mit einem Manne geschaffen, dem es auch zugeeignet ist: Sri Aurobindo Ghose. Er war damals etwa dreißig Jahre alt und als Denker und Mystiker bereits über ganz Indien bekannt.[10] [11]

Diese Schrift Hohlenbergs bietet einen frühen, aufschlussreichen Einblick in die Inhalte dessen, was Sri Aurobindo in jenen Jahren in der Artikelserie niederschrieb, die später in Buchform unter dem Titel *The Synthesis of Yoga* erschien.

Die für dieses Werk charakteristische Gliederung des Integralen Yoga nach Karma Yoga, Jnana Yoga, Bhakti Yoga und Purna Yoga findet sich in den entscheidenden Teilen der Arbeit Hohlenbergs unverkennbar wieder. (N. B.: Durch Vermittlung der Witwe, Eli Hohlenberg, kam das erwähnte Ölportrait viele Jahre später nach Pondicherry, in den ‚Sri Aurobindo Ashram‘, wie ihr Brief des Jahres 1978 an ein prominentes Ashram-Mitglied in Pondicherry bezeugt, an Jayantilal Parekh, der 1973 mit der Arbeit an den ‚Sri Aurobindo Ashram Archiven‘ begonnen hatte. – Eli Hohlenberg: „Ich hoffe, das Portrait und die Bleistiftskizzen werden Sie sicher erreichen, und ich wäre dankbar für gelegentlich einige Worte, mich darüber zu informieren."[12] – Das Portrait war von deutschen Freunden des Integralen Yoga bei Eli Hohlenberg käuflich erstanden, in Deutschland restauriert und später erst nach Pondicherry gebracht worden.)

Gegen Ende des Ersten Weltkrieges lernt Johannes Hohlenberg durch den Kopenhagener Geschäftsmann Carl Vett (1871-1956) die Anthroposophie kennen, mit dem gemeinsam er sich intensiv um den Impuls zur Dreigliederung des sozialen Organismus bemüht. 1920 wird er, anlässlich seines Besuches des ersten anthroposophischen Hochschulkurses über *Grenzen der Naturerkenntnis*,[13] in Dornach (Schweiz) Rudolf Steiner erstmals direkt begegnet sein – und er wird dessen Schüler. Als es 1923 zur Neuorganisation der internationalen anthroposophischen Arbeit kommt und in Dänemark eine anthroposophische ‚Landesgesellschaft‘ begründet wird, wählt man Johannes Hohlenberg zu deren erstem Generalsekretär. In dieser Eigenschaft nimmt er dann auch an der Weihnachtstagung 1923/24 zur Begründung der ‚Allgemeinen Anthroposophischen Gesellschaft‘ in Dornach teil. Als Redakteur und Herausgeber der anthroposophischen Zeitschrift *Vidar* (1926-1940) soll er sich in den 1930er Jahren – mit Blick auf das Verhältnis einiger Offizieller der ‚Anthroposophischen Gesellschaft‘ zum um sich greifenden Nationalsozialismus – als Kritiker mit spitzer Feder erweisen, was in der Folge dazu führt, dass er innerhalb dieser Gesellschaft alle Ämter niederlegt und sich ganz auf die publizistische Arbeit verlegt, ab 1933 auch in der norwegischen Kulturzeitschrift *Janus*. Geleitet von seinen sozialen Interessen wird er im anthroposophischen Umfeld so, neben anderem, zu einem der ersten Theoretiker des generellen Grundeinkommens – in der Zeitschrift *Janus* erscheinen von ihm dazu 1934 und 1937 zwei Aufsätze. Mit einem gewissen Abstand zur anthroposophischen Arbeit vertieft Hohlenberg sich nun in die Existentialphilosophie Søren Kierkegaards, über den er 1940 eine viel beachtete Monographie erscheinen lässt.[14] Nach dem Zweiten Weltkrieg bringt er eine neue Zeitschrift heraus, die in Kopenhagen unter dem

Namen *Øjeblikket* („Augenblick") erscheint (1947-1954).[15] Und wie er in den
letzten Nummern des *Vidar* in mehreren Folgen die ganze *Bhagavad Gita* in
dänischer Übersetzung veröffentlicht, so bringt er im letzten Jahrgang des *Øjeblikket* zwei Essays von Sri Aurobindo und einen Auszug aus dessen Werk *Das
Göttliche Leben* zum Abdruck – offenkundig in seiner Übertragung ins Däni-
sche.[16] Beides darf zeichenhaft verstanden werden, im Sinne eines bewussten
Rückgriffs auf die Anfänge seiner schriftstellerischen Laufbahn. Finden sich
auch während gut zwanzig Jahren keine Hinweise auf die östliche Spiritualität,
so drückt sich in den späten Referenzen auf die *Bhagavad Gita* und das Werk Sri
Aurobindos, in der spät ausgesprochenen Widmung seines Yoga-Buches doch
offenbar aus, dass die zwar kurze, aber intensive Begegnung des Jahres 1915
eine stärkere Wirkung hervorgerufen hatte als bislang vermutet wurde.

Der spätere Generalsekretär der ‚Anthroposophischen Gesellschaft in Dänemark', Oskar Borgman Hansen, emeritierter Inhaber des Philosophischen
Lehrstuhls an der Universität Aarhus, erinnerte sich an ein Gespräch, das er mit
Johannes Hohlenberg führen konnte. Darin hatte dieser von einer Begegnung
mit Rudolf Steiner Mitteilung gemacht, in deren Verlauf es auch um Hohlenbergs spirituelle Entwicklung in der Zeit vor dem Kennenlernen der Anthroposophie gegangen war. Borgman Hansen teilte mit, dass Johannes Hohlenberg
sich, bevor er gegen Ende des Ersten Weltkrieges der Anthroposophie begegnet war, bereits in einer Art von okkulter Schulung befunden hatte. In dem
besagten Gespräch habe er Rudolf Steiner gefragt, ob er nun, da er die Anthroposophie gefunden habe, seine frühere Praxis aufgeben müsste. Rudolf Steiner
habe ihm darauf geantwortet, so Borgman Hansen, dass dies nicht erforderlich
sei.[17] – Daraus ergibt sich klar, dass der Begründer der Anthroposophie nicht
nur über Hohlenbergs frühere Praxis und deren Quelle gut im Bilde gewesen
sein muss, sondern auch, dass er in dieser Spiritualität – derjenigen Sri Aurobindos – nichts gesehen haben kann, was der anthroposophischen Orientierung
Hohlenbergs im Wege stehen würde.

Den vagen Reflex eines gegenseitigen Von-einander-Wissens zwischen Rudolf Steiner und Sri Aurobindo kann man womöglich auch in der Biographie
und im Werk des indischen Geisteslehrers ausmachen. Im April 1920 schrieb
Sri Aurobindo einen langen Brief in der bengalischen Heimatsprache, gerichtet
an seinen Bruder Barin, der damals gerade erst aus der politischen Haft entlassen worden war. In diesem Brief gab er einen Überblick über seine innere
Entwicklung seit der eigenen Inhaftierung in Alipur. Er ging darin aber auch
auf „Indiens Schwäche" ein, und betonte, dass er deren Ursache weder in Unterwerfung und Armut noch in einem Mangel an Spiritualität sehe. Vielmehr

sei in Indien überall eine „Verminderung der Kraft des Denkens, die Verbreitung von Unwissenheit" zu beklagen. Und dies „an der Geburtsstätte der Erkenntnis". In Europa sei dies anders, denn dort bestehe eine große Kultur und Disziplin des Denkens und des Strebens nach Erkenntnis. Die Revolutionen und Katastrophen in Europa verstehe er nicht als Vorboten eines Untergangs, sondern als „die ersten Stadien einer neuen Schöpfung".[18]

Jedoch besteht eine fatale Einschränkung dieser Macht des Denkens in Europa. Sobald sie [Europa] das Feld der Spiritualität betritt, hört ihre Denkkraft auf zu wirken. Da sieht Europa alles als Rätsel an, als nebulöse Metaphysik und yogische Halluzination – ‚Es reibt sich die Augen wie im Rauch und kann nichts klar erkennen'.[19]

Dabei müsse es nicht bleiben. Sri Aurobindo: „Gegenwärtig wird in Europa allerdings eine nicht geringe Anstrengung unternommen, um auch diese Einschränkung zu überwinden."[20] [21] – Könnte Sri Aurobindo damit nicht auch gerade Rudolf Steiner gemeint haben? Spirituelle und esoterische Bewegungen gab es zwar auch schon im Europa des frühen 20. Jahrhunderts in großer Zahl. Einzig aber in der anthroposophischen Geisteswissenschaft Rudolf Steiners wurde und wird dem Denken und dem Streben nach Erkenntnis eine derartig unmissverständliche und unverwechselbare Vorrangstellung eingeräumt, wie es dem weit blickenden Briefschreiber in Pondicherry angesichts der besagten „nicht geringen Anstrengung" vorzuschweben schien. Ein Wissen Sri Aurobindos um die enormen Erkenntnisleistungen Rudolf Steiners scheint übrigens ohne Weiteres erklärlich, wollte man nur annehmen, dass Johannes Hohlenberg mit dem großen Yogi brieflich noch für eine Weile in Verbindung blieb – auch über den Zeitpunkt hinaus, da der Däne – etwa drei Jahre, nachdem er Pondicherry verlassen hatte – die mitteleuropäische Anthroposophie entdeckte.

ANMERKUNGEN

EINFÜHRUNG

1   Vgl. das Jahresprogramm des Integralen Forums Berlin für das Jahr 2010. Integrales Forum Berlin, Rosenthalerstraße 36, 10178 Berlin.

2   Vgl. dazu das erkenntnistheoretische und philosophische Frühwerk Rudolf Steiners; z. B.: Rudolf Steiner, *Grundlinien einer Erkenntnistheorie der Goetheschen Weltanschauung, mit besonderer Rücksicht auf Schiller.* Dornach 2003; ders., *Wahrheit und Wissenschaft.* Dornach 1980; ders., *Die Philosophie der Freiheit.* Dornach 1995.

3   Als spiritueller Lehrer und Autor ist Aurobindo Ghose (der bürgerliche Name) allgemein als Sri Aurobindo bekannt. In dieser Arbeit ist denn auch durchgängig von Sri Aurobindo die Rede.

4   Ähnlich wie zweieinhalb Jahrhunderte vor ihm schon Gottfried Wilhelm Leibniz verstand im 20. Jahrhundert beispielsweise Aldous Huxley die „immerwährende Philosophie" als die „konvergierende religiöse Weisheit aller Kulturen". – Vgl. Aldous Huxley, *Die ewige Philosophie.* München 1987. – Die Idee einer solchen ewigen Philosophie widerspricht nur scheinbar dem Konzept der evolutiven Spiritualität, da diese das Ewige als solches keineswegs bestreitet. Ein Evolutionskonzept ohne Ewigkeitsbezug hätte vielmehr stets mit immanentem Sinnverlust zu kämpfen.

5   Sanatana Dharma (Sanskrit = Skr.) bedeutet so viel wie ewige Wahrheit. Der Ausdruck steht für die Selbstbezeichnung der indischen Hochreligion, die in der westlichen Welt allgemein als der „Hinduismus" bezeichnet wird. – Im weiteren Verlauf dieser Arbeit wird sich zeigen, dass Sri Aurobindo die überlieferte Religion Indiens mit ihrer Vielzahl von Schulen und Kulten gegenüber Früherem als eine degenerierte Form ansah und für den eigentlichen, wahren Sanatana Dharma eine große, integrale Zukunft voraussah.

6   Die vor allem im Kontext des Integralen Yoga verwendeten Sanskrit-Termini werden in dieser Arbeit in der Regel in vereinfachter Schreibung wiedergegeben. Allenfalls in Zitaten kommen die sonst auch üblichen diakritischen Zeichen zur Anwendung. – Vgl. auch das dem Buch beigefügte Glossar.

7   Deswegen werden die vorliegenden Betrachtungen nicht ohne weiter ausholende Rückblicke in die menschheitliche Vergangenheit auskommen. Was

sich von heute an als künftige Entwicklung anbahnt, lässt sich dann umso besser mit dem ihm zukommenden Gewicht darstellen.

8 Bekannt ist Goethes Wort: „Wer nicht von dreitausend Jahren | Sich weiß Rechenschaft zu geben, | Bleib im Dunkeln unerfahren, | Mag von Tag zu Tage leben." – Johann Wolfgang Goethe, *Werke – Erster Band*. Frankfurt am Main 1981. Darin: „West-östlicher Divan" – „Rendsch Nameh – Buch des Unmuts". – Im Zusammenhang mit der vorliegenden Untersuchung ist die perspektivische Erweiterung interessant, die Rudolf Steiner diesen Goetheschen dreitausend Jahren gegenüber vornimmt. In einem Vortrag des Jahres 1912 fasst er diesen Zeitraum unter die Namen David, Homer, Dante, Shakespeare und Goethe. Diese fünf würden für alles stehen, was die drei abendländischen Jahrtausende ausmacht. Mit der Wende vom 18. zum 19. Jahrhundert aber sei in Europa, nicht allein durch die Übertragung der *Veden* etwa oder der *Bhagavad Gita* in europäische Sprachen sondern auch in einer subtileren Hinsicht über jene drei Jahrtausende hinausgehend, der „innere Orient" aufgegangen. – Vgl. Rudolf Steiner, *Das Markus-Evangelium*. Dornach 1985. Vortrag, 15. September 1912.

9 Rudolf Steiner, *Anthroposophische Leitsätze*. Der Erkenntnisweg der Anthroposophie – Das Michael-Mysterium. Dornach 1976. – 1. Leitsatz.

10 Sri Aurobindo, *Die Synthese des Yoga*. Gladenbach 2000. Kap. „Das Wesen des Supramentals".

11 Ebenda.

12 Der *Rig Veda* ist eine der ältesten religiösen Urkunden der Menschheit. Veda (Skr.) bedeutet zugleich: Wissen, spirituelle Erkenntnis. Von den vier *Veden* ist der *Rig Veda* der älteste. Er ist in zehn Liederkreisen (Mandalas) niedergelegt, umfasst 1028 Hymnen an die alten vedischen Gottheiten und besteht aus insgesamt 10 580 Versen (Rigs, bzw. Riks). Als Samhita wird die reine Sammlung dieser Hymnen bezeichnet. – Vgl. Martin Mittwede, *Spirituelles Wörterbuch*. *Sanskrit – Deutsch*. Dietzenbach 1999.

13 Sadhaka (Skr.) bedeutet so viel wie Schüler, Aspirant, Gottsucher. Seine spirituelle Praxis wird als das Sadhana (Skr.) bezeichnet.

14 Das angefügte Glossar mag dabei eine gewisse Hilfestellung bieten.

15 Verständnis wird ebenfalls dafür erbeten, dass in der vorliegenden Arbeit in bestimmte Themengebiete der Anthroposophie, des Integralen Yoga behutsam eingeführt wird. Dies ist aus Rücksicht auf jene Leser, die jeweils vom gegenüber liegenden Ufer gleichsam auf die in Rede stehenden Bereiche hinblicken. Auch dies ist als wechselseitig geltend zu verstehen.

KAPITEL I

1 Rudolf Steiner, *Ägyptische Mythen und Mysterien*. Dornach 1992. Vortrag, 2. September 1908.

2   Da es sich bei der vorliegenden Schrift nicht um eine fachwissenschaftliche Arbeit handelt, werden Zitate in ihr aus stilistischen Gründen, wo nötig, an die neue deutsche Rechtschreibung oder auch hinsichtlich der Schreibung von Buchtiteln oder Zeitschriftennamen (stets kursiv) angepasst.

3   Ders., *Welt, Erde und Mensch.* Dornach 1983. Vortrag, 13. August 1908. – Gemäß der geisteswissenschaftlichen Erkenntnis der sieben nachatlantischen Kulturen und der dieselben bestimmenden kosmischen Rhythmen ist für diese Kultur der Zeitraum von 7227 v. Chr. bis 5067 v. Chr. anzusetzen. Die nachatlantischen Kulturepochen datieren bei einer jeweiligen Dauer von 2160 Jahren approximativ wie folgt: 1.) uralt-indisch: 7227-5067 v. Chr.; 2.) urpersisch: 5067-2907 v. Chr.; 3.) ägyptisch-chaldäisch: 2907-747 v. Chr.; 4.) griechisch-lateinisch: 747 v. Chr. - 1413 n. Chr.; 5.) neuzeitlich: 1413-3573.

4   Sri Aurobindo, *Das Geheimnis des Veda.* Gladenbach 1997. Kap. „Vedische Theorie – ein Überblick". – In einer Fußnote ergänzt er bezüglich des „älteren lyrischen Evangeliums": „Der Veda selbst spricht ständig von ‚alten' und ‚modernen' Rishis (*purvebhih ... nutanaih*), wobei die ersteren zeitlich fern genug sind, um als eine Art Halbgötter betrachtet zu werden, als die ersten Begründer des Wissens." (Ebenda.)

5   Genau genommen muss man hier von der Samhita (Sammlung) des *Rig Veda* sprechen. Die Samhita des *Rig Veda* ist die eigentliche Sammlung, die älteste Textschicht der rig-vedischen Hymnen. Zum *Rig Veda* als solchem sind ferner auch jüngere, auf ihn bezogene *Brahmanas, Aranyakas* und *Upanishaden* zu zählen.

6   Es wird in jüngerer Zeit diskutiert, dass die heute noch lebendigen so genannten Munda-Sprachen, zu denen die meisten schriftlosen Sprachen der stammesgesellschaftlichen Adivasi zählen, älter als die dravidischen Sprachen sind. Demnach wären Völkerschaften des dravidischen Sprachenkreises – wie es die Indoeuropäer vedischen Typs später taten – zu einer Zeit in den südasiatischen Subkontinent eingewandert, als die Adivasi dort längst schon heimisch waren.

7   Vgl. Hermann Kulke, Dietmar Rothermund, *Geschichte Indiens. Von der Induskultur bis heute.* München 1998; Michael Witzel, *Das alte Indien.* München 2003; Harald Haarmann, *Die Indoeuropäer. Herkunft, Sprachen, Kulturen.* München 2010.

8   Vgl. David Frawley, *The Myth of the Aryan Invasion.* Delhi 2005. Kap. "Harappan Civilization". Sowie: B. B. Lal (i.e. Braj Basi Lal), *The Earliest Civilization of South Asia.* Delhi 1997. "Chapter V".

9   Vgl. Hermann Kulke, Dietmar Rothermund, *Geschichte Indiens. Von der Induskultur bis heute.* Op. cit. Kap. I, „Die frühen Kulturen im Nordwesten".

10   Vgl. Harald Haarmann, *Die Indoeuropäer. Herkunft, Sprachen, Kulturen.* Op. cit. Kap. 5, Abschnitt „Die Indo-Iranische Makrogruppierung".

11   Egbert Richter-Ushanas, *Der Herr der Tiere. Dreizehn Aufsätze zur Symbolik der Indus-Schrift und zur vergleichenden Kulturgeschichte.* Nordhausen 2010. Kap. „Die Symbolik der Indus-Schrift im Vergleich zum Rig-Veda".

12 Im *Rig Veda* werden Brahmanen und Kshatriyas nur einmal, in dem späten *Purusha-Hymnus* im Sinne von Klassen- bzw. Kastenbezeichnungen genannt. Andererseits spricht der *Rig Veda* oftmals auch die Gottheiten als Kshatriyas oder Brahmanen an.

13 Dies steht natürlich in vollem Gegensatz zu der fatalen Umdeutung dieses Terminus (Skr.: arya; Avest.: airija = der Edle) in der Folge von Nationalismus und Nationalsozialismus im 19. und 20. Jahrhundert.

14 Der Ausdruck ‚Arya' ist in dieser Arbeit jedenfalls stets frei von jeder irgendwie rassistischen Konnotation zu lesen.

15 Koenraad Elst, *Update on the Aryan Invasion Debate.* New Delhi 1999. (Ü. d. d. A. = Übersetzung durch den Autor)

16 David H. Osborn (Ed.), *Science of the Sacred. Ancient Perspectives for Modern Science.* Rangapatna/Karnaka 2009. (Ü. d. d. A.)

17 David Frawley, *The Rig Veda and the History of India.* New Delhi 2003. – Chap. "Establishing a Time Line". (Ü. d. d. A.)

18 Dieser Manu ist nach indischer Zählung der siebente von vierzehn Manus, der Manu der gegenwärtigen Weltzeit. Im Mythos von der Errettung durch den gehörnten Fisch Matsya, die Fisch-Inkarnation Vishnus, (enthalten z. B. im Matsya Purana) erscheint er als der König Satyavrata. Er ist derselbe, der als Sohn des Sonnengottes Vivasvan auch den Namen Manu Vaivashvata trägt.

19 Durch die Vergletscherung riesiger kontinentaler Gebiete (Eisdecken mit einer Mächtigkeit von bis zu 3.000 Metern) und die damit einhergehende Bindung von Wassermassen im festen Zustand war während der Weichsel-Kaltzeit (deren Hochglazial: ca. 22.000-14.000 v. Chr.), so nimmt man heute an, der Meeresspiegel gegenüber dem gegenwärtigen Niveau um mehr als 120 Meter abgesenkt. Weite Küstenregionen und Inselgruppen, die während jener Zeit trocken lagen (z. B. die größte Fläche der heutigen Nordsee), wurden nach dem Abschmelzen der Gletschermassen in Folge des erneut steigenden Meeresspiegels wieder überflutet. – Vgl. Jürgen Ehlers, *Das Eiszeitalter.* Heidelberg 2011. Kap. 13, „Nord- und Ostsee in der Eiszeit".

20 Es ist bemerkenswert, wie nahe diese Ergebnisse Frawleys der Angabe Rudolf Steiners kommen, die so genannte „uralt-indische" Kulturepoche habe nach kosmischen Rhythmen um das Jahr 7227 v. Chr. begonnen (vgl. Anm. 3).

21 1872/73 machte Sir Alexander Cunningham (1814-1893) erste Ausgrabungen, die zur Entdeckung der bronzezeitlichen Stadt Harappa (ca. 2600-1800 v. Chr.) führten. 1922 stieß eine Gruppe um Sir John Marshall (1876-1958) auf die Grundmauern der anderen Indus-Stadt Mohenjo-Daro, die zeitgleich mit Harappa bestand. Erst infolge dieses zweiten Fundes zeigte sich, dass man es mit den Überresten einer einstmals weit ausgedehnten Kultur zu tun hatte.

22 Sri Aurobindo, *Die Synthese des Yoga.* Op. cit. Kap. „Auf dem Weg zur supramentalen Zeitschau". – Die Termini „psychisches Selbst" und „supramental", charakteristisch für den Integralen Yoga, sollen weiter unten

erhellt werden. Im Zitat wird Sri Aurobindos Schreibung *akasa lipi* gegenüber Akasha Lipi beibehalten.

23 Sri Aurobindo spricht von der *trikaldrishti*, der Schau der drei Zeiten. Das supramentale Bewusstsein, so Sri Aurobindo, „besitzt seine Grundlage in einer totalen Schau der drei Zeiten, die es als eine einzige, unteilbare Bewegung schaut, auch wenn sie sich in ihrer Aufeinanderfolge von Stufen, Perioden und Zyklen entfaltet". Und weiter: „Das supramentale Bewusstsein wird [...] das Wissen von den drei Zeiten besitzen, *trikaldrsti*, das man in alten Zeiten für das höchste Kennzeichen der Seher und *Rishi* hielt." – Ebenda (vgl. Anm. 22).

24 Für seine reichen eigenen Erfahrungen mit dem Lesen in der Akasha Lipi sprechen Sri Aurobindos Schulungs-Aufzeichnungen, die im Jahr 2001 erstmals in Buchform publiziert wurden, unter dem Titel *Record of Yoga*. In diesem 1500 Seiten starken yogischen Tagebuch bezieht er sich in mehr als fünfzig Einträgen auf die *trikaldrishti* und ihre praxisorientierte Erforschung. Aus den Notizen gewinnt man jedoch den Eindruck, dass der Zukunftsaspekt der *trikaldrishti* Sri Aurobindo viel stärker beschäftigte als ihr Vergangenheitsaspekt. – Vgl. Sri Aurobindo, *Record of Yoga*. Pondicherry 2001.

25 Rudolf Steiner, *Aus der Akasha-Chronik*. Dornach 1975. Vorwort.

26 Eine profunde Sammlung ausgewählter Texte Rudolf Steiners zum Thema Akasha-Chronik, versehen mit ausführlichen Kommentaren, hat Andreas Neider vorgelegt. – Vgl. Rudolf Steiner (Andreas Neider, Hg.), *Lesen in der Akasha-Chronik*. Dornach 2008.

27 Vgl. Rudolf Steiner, *Über die astrale Welt und das Devachan*. Dornach 1999. Vortrag, 28. Januar 1904. – In diesem Vortrag wird die siebenfache Ordnung des Devachan beschrieben. Vier Sphären desselben gehören dem unteren Devachan an, davon die Akasha-Sphäre als die vierte, im Übergangsbereich zu den drei höheren im oberen Devachan.

28 Vgl. ders., *Die Geheimwissenschaft im Umriss*. Dornach 1989. Kap. „Die Weltentwicklung und der Mensch". – Hier bezeichnet Rudolf Steiner das Akasha-Substrat auch als die „geistige Grundlage der Welt".

29 Sri Aurobindo, *Synthese des Yoga*. Op. cit. Kap. "Der supramentale Zentral-Sinn".

30 In der *Chandogya Upanishad* wird die Frage gestellt: „Welches ist die Essenz dieser Welt?" und die Antwort wird gegeben: „Akasha. – All diese Wesen gehen aus dem Akasha hervor und werden schließlich in Akasha eingehen; denn allein Akasha ist größer als alle diese und Akasha ist zu allen Zeiten die Stütze." – Zitiert nach: Swami Swadhananda (Transl.), *Chandogya Upanishad*. Chennai 2010. Kap. I-IX-1. (Ü. d. d. A.)

31 Eine knappe Zusammenfassung von Rudolf Steiners Sicht auf diese kosmische Entwicklung hat der Autor dieser Arbeit in einer früheren Schrift vorgelegt. – Vgl. Klaus J. Bracker, *Grals-Initiation. Anthroposophische Esoterik und die künftige Jesus-Offenbarung*. Stuttgart 2009. Kap. I in den Abschnitten „Weltentwicklung in der Erkenntnis des Grals" und „Zukunft der Welt".

32   Im Sinne der Überlieferung sind unter den „sieben Planeten" die fünf mit bloßem Auge sichtbaren Planeten sowie Sonne und Mond zu verstehen.

33   Rudolf Steiner, *Ägyptische Mythen und Mysterien*. Dornach 1992. Vortrag, 5. September 1908.

34   Über diese geistig-kosmischen Geheimnisse der sieben Rishis heißt es bei Rudolf Steiner, dass sie ganz dem entsprechen, was er selbst in der anthroposophischen Geisteswissenschaft über die Entwicklung des Kosmos dargelegt hat. – Er sagt: „Und diese Beschreibung finden wir zuerst wieder in der uralt heiligen Religion der Inder, in dem, was man nannte den ‚Veda' oder auf Deutsch das ‚Wort'." – Rudolf Steiner, *Ägyptische Mythen und Mysterien*. Op. cit.

35   „Veda" wird zwar in erster Linie mit „Wissen" übersetzt. „Veda" und „Vak" (die „Vak", die Stimme, das „Wort") wurden in Indien jedoch seit langem schon nahezu synonym verwendet. Raimundo Panikkar schreibt dazu in seiner Anthologie des Veda: „Seit den Zeiten der Brahmanas wird der Gesamtkorpus der Veden mit dem Namen *vāc*, das Wort, bezeichnet, d. h. als Offenbarung." – Raimundo Panikkar, *Vedic Experience. Mantramanjari*. Delhi 2006. – Kap. „The Word". (Ü. d. d. A.)

36   Rudolf Steiner, *Die Mission einzelner Volksseelen*. Dornach 1974. Vortrag, 14. Juni 1910.

37   Vgl. Kap. III in dem Abschnitt „Vak – das Wort des Höchsten". – Die Gegenüberstellung Purusha und Prakriti bezieht sich in der yogischen Philosophie auf das immer transzendente, rein geistige Selbst, das oberhalb der Schöpfung ewig in sich ruht (Purusha) und die Welt der Schöpfung, deren Ursubstanz in ihren drei Grundzuständen Tamas, Rajas und Sattva bis in sehr hohe übersinnliche Bereiche hinaufreicht (Prakriti), die dem Purusha aber immer untergeordnet ist. Der Ausdruck Maha-Purusha (großes Selbst, große Seele) bezeichnet insbesondere Vishnu; der Ausdruck Mula-Prakriti die allerfrüheste, subtilste und zugleich umfassendste Keimstufe der Prakriti.

38   Es handelt sich um eine zukünftige Kulturzeit, die nach kosmischen Rhythmen für den Zeitraum 5733-7893 n. Chr. in Aussicht steht (vgl. Anm. 3). Die „Spiegelungsachse", die den sieben Kulturzeiten ihre Mitte gibt, ist durch die qualitative Mitte der vierten Kulturzeit gegeben. Sie fällt mit dem Mysterium von Tod und Auferstehung des Christus Jesus von Nazareth zusammen.

39   Vgl. Klaus J. Bracker, *Grals-Initiation*. Op. cit. Kap. V im Abschnitt „Nördliche und südliche Mysterienströmung".

40   Sri Aurobindo, *Das Geheimnis des Veda*. Op. cit. Kap. „Brihaspati, Macht der Seele".

41   Ebenda. Kap. „Der siebenköpfige Gedanke, Swar und die Dashagwas". – Die sieben Sterne, die den Großen Wagen bilden, sind Teil des größeren Sternbildes des Großen Bären. Für die Inder steht der Große Wagen in

Verbindung mit dem Polarstern – Ausdruck des Zusammenhanges der sieben Rishis mit dem Manu Vaivashvata.

42 Ebenda. Kap. „Die Angirasa Rishis".

43 Brihaspati ist der Geber, der Herr des universellen schöpferischen Wortes. In der nachvedischen Zeit metamorphosierte er in den Gott Brahma.

44 Sri Aurobindo, *Das Geheimnis des Veda*. Op. cit.. Kap. „Die Herden der Morgendämmerung".

45 Ebenda. Kap. „Die sieben Flüsse".

46 Die unterschiedliche Schreibung *vāc* und *vāk* wird an dieser Stelle hingenommen. Im vedischen Sanskrit kommen beide Formen vor; *vāc* (sprich: *waatsch*) bildet den Wortstamm, *vāk* (sprich: *waak*) den Nominativ Singular wie auch den Vokativ Singular in Anrufungen.

47 Aus anthroposophischer Sicht verfasste Heimo Rau anlässlich von Sri Aurobindos 100. Geburtstag einen Aufsatz, in dem er das Lebensbild des Philosophen und Yogi nachzeichnete: Heimo Rau, *,Supramentale' Bewusstseinsentfaltung. Zum hundertsten Geburtstag von Shri Aurobindo*. In: *Die Drei. Die anthroposophische Kulturzeitschrift*. Jg. Nr. 42; Heft Dezember 1972. – Eine Würdigung Sri Aurobindos und des Integralen Yoga leistete im anthroposophischen Zusammenhang auch Dr. Julius Reubke in einem sozialwissenschaftlichen Vortrag am Goetheanum, Dornach: Julius Reubke, *Tagore – Gandhi – Aurobindo. Ein Dreigestirn im Aufgang des 20. Jahrhunderts*. Vortrag, 9. Oktober 2004; anlässlich der Tagung „Begegnung der Kulturen: Indien – Die Aufgabe Indiens im Weltorganismus. Ein geistiges Erbe zwischen Illusion und Wirklichkeit". Archiv der Sektion für Sozialwissenschaften an der Freien Hochschule für Geisteswissenschaft, Dornach.

48 Vgl. dazu: Rudolf Steiner, *Mein Lebensgang*. Stuttgart 1975; Christoph Lindenberg, *Rudolf Steiner. Eine Biographie*. (2 Bd.) Stuttgart 1997; Peter Selg, *Rudolf Steiner. 1861-1925. Lebens- und Werkgeschichte*. (3 Bd.). Arlesheim 2012; Rudolf Meyer, *Wer war Rudolf Steiner?*. Stuttgart 1961; Johannes Hemleben, *Rudolf Steiner*. Reinbek bei Hamburg 1963; Gerhard Wehr, *Rudolf Steiner. Wirklichkeit, Erkenntnis und Kulturimpuls*. Freiburg i. Br. 1982.

KAPITEL II

1 Im Sanskrit geht der Name Aravinda, bzw. in anderer Schreibung: Aurobindo, zurück auf eine Bezeichnung für den Lotos. Der Vater gibt ihm den Namen aufgrund einer „plötzlichen Eingebung", wie Sri Aurobindo später seinem Schüler Dilip Kumar Roy anvertrauen wird. – Vgl. Dilip K. Roy, *Sri Aurobindo Came to Me*. Pondicherry 1952.

2 Für die allgemeinen biographischen Angaben, soweit nicht eigens gekennzeichnet, vgl.: Sri Aurobindo, *Über sich selbst*. Gladenbach 1994; Satprem, *Sri Aurobindo – oder Das Abenteuer des Bewusstseins*. Gladenbach 1998; Peter Heehs,

The Lives of Sri Aurobindo. New York 2008; Wilfried Huchzermeyer, *Sri Auro-bindo. Leben und Werk*. Karlsruhe 2010; Otto Wolff, *Sri Aurobindo*. Reinbek bei Hamburg 1995.

3   Peter Heehs, *The Lives of Sri Aurobindo*. Op. cit. Kapitel: "Encountering India: Baroda 1893-1906". (Ü. d. d. A.)

4   Vgl. Satprem, *Sri Aurobindo – oder Das Abenteuer des Bewusstseins*. Op. cit.. Darin das 3. Kapitel „Das Ende des Intellekts".

5   Sri Aurobindo unterscheidet spirituelle Erfahrungen aufgrund von Remi-niszenzen aus früheren Leben klar von Wahrnehmungen der spezifischen geistigen Atmosphäre eines Ortes oder einer Gegend. So berichtet er über seine Ankunft in Indien im Februar 1893: „Dann war da diese Erfahrung, als ich nach Indien kam: Sobald ich meinen Fuß auf den Apollo Bandar setzte, fühlte ich, wie eine unermessliche Weite und eine gewaltige Stille über mich kam. […] Es war eine Art unendlicher Weite und Stille, die alles erfüllte und durchdrang und die ich nicht wahrnahm, solange ich noch an Bord des Dampfschiffes war. Das ist die Atmosphäre eines Ortes." Ambalal B. Purani, *Evening Talks With Sri Aurobindo. Third Series*. Pondicherry 1966. Gespräch 5. Februar 1939. (Ü. d. d. A.)

6   Die „ewige Wahrheit" oder: die „ewige Religion", wie schon früher erwähnt, die Selbstbezeichnung des Hinduismus; für Aurobindo ist Sanatana Dharma jedoch etwas weit Umfassenderes als der traditionelle Hinduismus, nämlich eine Spiritualität, die im Tiefsten jeder wahren Religion innewohnt.

7   Svaraj heißt so viel wie „Herrschaft über sich selbst". Aufschlussreich ist die-ser Terminus, unter dem die bengalische Befreiungsbewegung agierte und wie ihn bald darauf auch Mahatma Gandhi in ähnlicher Konnotation einset-zen sollte, weil er außerdem auch eine zweite, okkulte Bedeutung hat, die vor allem in der theosophisch geprägten Literatur eine Rolle spielt. Svaraj steht dort für den siebenten, den synthetischen Strahl im Sinne der sieben solaren Logoi bzw. für Brahma.

8   Trotz einzelner Annäherungsversuche Mahatma Gandhis in späteren Jahren kam es zwischen den beiden „großen Seelen" (Skr., Mahatma bzw. Maha-Atma heißt: „große Seele") nie zu einer direkten Begegnung.

9   Sri Aurobindo, *Bande Mataram. Political Writings and Speeches 1890-1908*. Pondi-cherry 2002.

10   Guru Leles Forderung, Aurobindo solle sich hinsetzen und darauf achten, alle von außen an ihn herandringenden Gedanken (d. i. alle Gedanken) nicht ins Bewusstsein eintreten zu lassen, korrespondiert mit dem Beginn von Pa-tanjalis Yoga-Sutras. Dort heißt es: *„yogas citta-vritti-nirodah."* – „Yoga ist die Unterdrückung der Funktionen (vritti) der Denksubstanz (citta)." Siehe: Swa-mi Vivekananda, *Raja-Yoga*. Freiburg i. Br. 1990. Darin: „Die Yoga-Sutras des Patanjali". – Dass die Gedanken als von außen kommend zu erleben sind, die man einfach vorüberziehen lassen bzw. nicht eintreten soll, entspricht

dabei allerdings eher buddhistischen Ansätzen, vor allem, wie sie sich als Vipassana-Methode im südlichen Buddhismus und als Zazen in Japan etabliert haben. Diese Art der passiven Meditation hat zum Ziel nicht eigentlich eine „Unterdrückung" der Gedanken, sondern eine nicht-bewertende, nicht-anhaftende Achtsamkeit, die es ermöglicht, dieselben wie auch überhaupt jede Sensation und jegliches Phänomen einfach ziehen zu lassen. Man macht sich keinerlei Geistobjekt zu Eigen, denn solches zu tun gehört zu den eminenten Leidverursachungen. So kann kein Gedanke die innere „Gedankenfabrik" in Gang setzen, von der auch Sri Aurobindo gesprochen hat. – Der Hinweis auf Vipassana gehört hierher, da Sri Aurobindo seine Erfahrung von 1908 selbst vor einen buddhistischen Deutungshorizont stellte, indem er von der Verwirklichung des Nirvana sprach. Auch sprach Guru Lele selbst ja nicht im klassischen Sinn von der Unterdrückung der Gedanken sondern davon, sie nicht eintreten zu lassen, was seinen Ansatz in der Tat dem buddhistischen der Vipassana-Praxis annähert. – Grundlegend für die verschiedenen Formen, Vipassana (Pali: das Gewahren der Unbeständigkeit alles Seins) zu praktizieren: vgl. Buddha (Paul Dahlke, Hg.), *Die Lehre des Erhabenen*. München 1979. Darin: „Maha-Satipatthana-Suttanta". – Im tibetischen Tantrayana-Buddhismus wurde die Praxis von Vipashyana (derselbe Terminus in Sanskrit: die Unterscheidung zwischen der Seinsunbeständigkeit und der Wahren Wirklichkeit von Shunyata, der grundlegenden Leerheit alles Seins) und Shamatha (der Ruhe-Meditation) systematisiert. Ausführungen über Vipashyana und Shamatha helfen, jeden dieser beiden „Flügel" der Meditation in ihrer wechselseitigen Bezogenheit und Unterschiedenheit besser zu verstehen. – Vgl. dazu z. B.: Geshe S. Gyaltsen Rinpoche Amipa, *Geistesschulung im tibetischen Buddhismus*. Basel 2004. Kapitel „Konzentration und Weisheit".

11   Sri Aurobindo, *Sri Aurobindo on Himself and The Mother*. Pondicherry 1953. Zit. nach: Sri Aurobindo (Otto Wolff, Hg.), *Der Integrale Yoga*. Hamburg 1989.

12   Ebenda.

13   In etwa ähnlich der Vokabel „kinematographisch" kann Sri Aurobindos Ausdruck „kinomatisch" (so in der Übersetzung durch Otto Wolff) vielleicht als „filmartig" gelesen werden. – An anderer Stelle spricht Sri Aurobindo in Wolffs Übersetzung über das Schauen der Welt „als ein filmartiges Spiel leerer Formen in der unpersonalen Universalität des absoluten Brahman". – Vgl. Sri Aurobindo, *On Himself*. Pondicherry 1988. Zit. nach: Otto Wolff, *Sri Aurobindo*. Op. cit.

14   Sri Aurobindo, *On Himself*. Op. cit.. Zit. nach: Otto Wolff, *Sri Aurobindo*. Op. cit.

15   Vgl. dazu ausführlich Klaus J. Bracker, *Grals-Initiation*. Op. cit. Kap IV in dem Abschnitt „Lebens-Umschwung als Wiedergeburt".

16   Zur Stützung der Idee, über das Nirvana hinausgehen bzw. besser: Erfahrungen von etwas von jenseits des Nirvana haben zu können, sei verwiesen auf

den großen japanischen Religionsphilosophen Keiji Nishitani (1900-1990), der sein Philosophieren als Mitglied der berühmten Kyoto-Schule entschieden auf die Praxis des Zen und den entsprechenden mahayanischen Buddha Dharma abstellte. Als bedeutender Kenner des modernen Existenzialismus kam er – etwa über Meister Eckhart – nachhaltig auch mit christlichem Denken in Berührung. Nishitani spricht in Anlehnung an das *Matthäus-Evangelium* von der vollkommenen Liebe Gottes, von seiner Agape, die sich dem Bösen wie dem Guten gleichermaßen zuwendet, und er sieht darin eine Verwandtschaft mit der buddhistischen „nicht unterscheidenden Liebe jenseits von Feind und Freund". Aus der göttlichen Vollkommenheit dieser Liebe hervorgehend habe sich Jesus Christus seiner selbst entäußert, um dann als die personale Liebe Gottes Mensch zu werden und Knechtsgestalt anzunehmen, wie Paulus es im 2. Abschnitt des *Philipper-Briefes* ausdrückt. Der Ursprung dieser Selbst-Entäußerung oder Selbst-Entleerung Christi, das Von-sich-selbst-leer-geworden-Sein, seine Kenosis, liegt für Nishitani von Ewigkeit her in Gott begründet und ist „[...] immer schon in der Vollkommenheit Gottes enthalten". Und dies, so Nishitani, werde in der buddhistischen Terminologie *anatman* (nicht selbst seiend oder: ohne Selbst) genannt. So gesehen sei die Werke wirkende Liebe Christi personal, während die vollkommene Agape Gottes diese personale Liebe erst aus sich hervorgehen lässt, ihr voraus geht und für sich genommen *anatman* sei, also transpersonal oder impersonal, ebenso wie die buddhistische, shunyatische, „nicht unterscheidende Liebe jenseits von Feind und Freund". Allerdings – in der entscheidenden Differenz zu der anatmischen *shunyata* (im japanischen Buddhismus eher das absolute Nichts, Mu), die die buddhistische Daseinsanalyse bloß vorfindet, ist das Sich-Entäußern oder Sich-Entleeren Gottes ein aktiver Vollzug. Jemand müsse, so Keiji Nishitani, diesen Akt von Ewigkeit her vollzogen haben. Wer, wenn nicht die göttliche Person, bzw. eine der drei göttlichen Personen? Der japanische Philosoph kann an dieser Stelle nicht anders verstanden werden, als dass für ihn hier, durch seine fragende Begegnung mit dem Christentum, das denkerisch durchdrungene, in der Zen-Erfahrung der Leerheit bzw. des absoluten Nichts erfahrene impersonale Transzendente/Immanente „porös" oder durchlässig wird für eine bisher ungeahnte, von jenseits der *shunyata*, von jenseits des Mu, hereinbrechende, transzendente Personalität. Vor dem Hintergrund dieser Denkerfahrungen nannte Nishitani sich „einen werdend gewordenen Buddhisten" und „werdenden (nicht gewordenen) Christen". – Vgl. Keiji Nishitani, *Was ist Religion?* Frankfurt am Main 1982. Kapitel: „Das Personale und das Impersonale in der Religion".

17 Vgl. auch Klaus J. Bracker, *Das Jahr 1909. Die Wiederkunft Christi im Ätherischen und die Spiritualität des Orients.* In: *Anthroposophie. Vierteljahrsschrift zur anthroposophischen Arbeit in Deutschland.* 63. Jg., Nr. 248, Heft II/2009.

18 ‚Dharma Rakshini Sabha' – eine Organisation von eher lokaler oder regionaler Bedeutung.

19 Sri Aurobindo, *Uttarpara Speech*. Pondicherry 1999 (Ü. d. d. A.).

20 Es ist hier zu berücksichtigen, dass in den Krishna- oder Vishnu-orientierten Schulen des Sanatana Dharma Shri Krishna als die höchste Persönlichkeit Gottes verstanden wird – jenseits auch von dem *brahman* der Advaita Vedantins.

21 Der Namensteil „Sri" im Falle Sri Aurobindos und der Ehrentitel „Shri" im Fall von Shri Krishna sind sprachlich prinzipiell identisch. Der Ehrentitel soll anzeigen, dass dessen Träger Heiligkeit und höhere Erkenntnis zugeschrieben wird. Der Sanskrit-Buchstabe श, „Sha" (in wissenschaftlicher Umschrift: ś) wird in dieser Arbeit in aller Regel mit „sh" wiedergegeben. In dem Namenzug „Sri Aurobindo" hat sich jedoch international die Schreibung ohne „h" und ohne diakritisches Zeichen durchgesetzt, weswegen sie auch hier so übernommen wird. Man spreche stets: Schrii Aurobíndo.

22 Sri Aurobindo, *Uttarpara Speech*. Op. cit. (Ü. d. d. A.).

23 Vasudeva und Narayana: beides Beinamen Shri Krihnas; Vasudeva bezeichnet ihn als den Sohn und Erben seines königlichen Vaters, dem alle Reichtümer zustehen; Narayana bezeichnet ihn als das ungeborene Urwesen aller Schöpfung, von dem alles ausgeht – die Menschen wie das ganze Universum.

24 Sri Aurobindo, *Uttarpara Speech*. Op. cit. (Ü. d. d. A.).

25 Ebenda.

26 Ebenda.

27 Skr., „Adesha" hat ein sehr weites Bedeutungsfeld; *dish* – entsprechend dem Wortstamm – meint so viel wie Himmelsrichtung, das verwandte *desha* Land oder Gegend. Das Präfix *a* weist hier auf eine Sinnverstärkung, eine Intensivierung des Sinns nach innen zu, als ein Empfangen oder Erhalten von etwas. Als Verb kann *adesh* z. B. heißen: hinweisen auf etwas, bestimmen, auffordern, unterrichten, (einen Auftrag) erteilen. Im Kontext von Aurobindos Uttarpara-Rede erscheint für „Adesha geben" somit „eine Bestimmung geben" und „auffordern, in eine bestimmte Richtung zu gehen" als angemessen.

28 Sri Aurobindo, *Uttarpara Speech*. Op. cit. (Ü. d. d. A.).

29 Ebenda.

30 Sri Aurobindo, *Karmayogin. Political Writings and Speeches. 1909-1910*. Pondicherry 1997. Darin „The Ideal of the Karmayogin". 19. Juni 1909. – Zitiert nach Peter Heehs, *The Lives of Sri Aurobindo*. Op. cit. Kapitel „In Jail and After: Bengal 1908-1910". (Ü. d. d. A.)

31 Peter Heehs, *The Lives of Sri Aurobindo*. Op. cit. Kapitel „In Jail and After: Bengal 1908-1910".

32 In einem Interview im *Hindu*. Madras, 4. Januar 1915. – Bedenkt man, dass der drei Jahre ältere Mohandas Karamchand Gandhi fünf Tage nach diesem

Interview, am 9. Januar 1915, in Bombay eintreffen soll, um endgültig in seine indische Heimat zurückzukehren und die politische Auseinandersetzung aufzunehmen, von Tagore als „Mahatma" ausgerufen, mutet dann Sri Aurobindos öffentliche Erklärung seines fortgesetzten Rückzuges, seiner fortgesetzten Loslösung von der politischen Aktion hier und Mahatma Gandhis Begrüßung durch Tagore dort nicht an wie die Übergabe der unsichtbaren Fackel der indischen Unabhängigkeitsbewegung – quer über den südasiatischen Subkontinent – oder zumindest wie ein abgestimmtes Freimachen des Platzes für den anderen? – Hier soll auch ein später datierendes Wort Tagores über Sri Aurobindo noch angefügt werden: „Der französische Dampfer, auf dem ich reiste, traf in Pondicherry ein und ich traf Aurobindo. Gleich auf den ersten Blick konnte ich erkennen, dass er die Seele gesucht und gefunden hatte und dass er durch diesen langen Prozess der Erkenntnis in sich eine stille Kraft der Inspiration angesammelt hat. Sein Antlitz leuchtete von einem inneren Licht. [...] Ich sagte ihm: ‚Sie haben das *Wort*, und wir warten darauf, es von Ihnen zu empfangen. Indien wird durch Ihre Stimme zur Welt sprechen: ‚Hört auf mich'.'" *The Modern Review*. Juli 1928. Zitiert nach: Wilfried Huchzermeyer, *Sri Aurobindo. Leben und Werk*. Op. cit. Abschnitt „Zitate über Sri Aurobindo und sein Wirken". – Schon 1907 hatte Tagore in Bengali gedichtet: „Rabindranath, o Aurobindo, verbeugt sich vor dir! | O Freund, meines Landes Freund, o inkarnierte Stimme von Indiens Seele – frei! | Der König ist ein Schatten – Bestrafung nur ein Atemzug; | Wo ist die Tyrannei des Verkehrten, und wo ist Tod?" – Zitiert nach Peter Heehs, *The Lives of Sri Aurobindo*. Op. cit. Kap. „Into the Fray: Calcutta, 1906-1908". (Aus dem Englischen ü. d. d. A.)

33   In den ersten Jahren – zuerst hielt man sich wegen der politischen Verfolgung regelrecht „under cover" – wurde mehrmals die Unterkunft gewechselt, wobei der Komfort sich eher verschlechterte. Gekocht wurde reihum – häufig nach bengalischem Brauch Fisch mit Curryreis, weil das am kostengünstigsten war, an Mobiliar hatte man ein Paar Stühle, einen Schreibtisch sowie die Koffer, aus denen man lebte. Es gab Zeiten, da mussten Bettelbriefe um ein paar Rupien zum Überleben geschrieben werden.

34   Tatsächlich erging am Tag seiner Ankunft in Pondicherry, am 4. April 1910, in Bengalen ein abermaliger Haftbefehl gegen ihn.

35   Sri Aurobindo, *Sri Aurobindo: A Life-Sketch*. Pondicherry 1985. Aurobindo schreibt hier über sich selbst wiederum in der dritten Person. – Zitiert nach: Peter Heehs, *The Lives of Sri Aurobindo*. Op. cit. Kapitel „A Laboratory Experiment: Pondicherry 1910-1915" (Ü. d. d. A.).

36   Vgl. Peter Heehs, *The Lives of Sri Aurobindo*. Op. cit. Kap. „A Laboratory Experiment: Pondicherry, 1910-1915".

37   Alexandra David-Néel (1868-1969) besuchte Sri Aurobindo in Pondicherry im November 1911. Dieser Besuch gehörte zu den ersten Abschnitten ihrer

vierzehnjährigen Asienreise, die sie vor allem auch in die Himalaya-Länder und nach Tibet führen sollte, wo sie als Nonne eine buddhistische Ordination erhielt.

38 Aia Aziz alias Max Théon wurde vermutlich als Ludwig-Maximilian Bimstein, Sohn eines Warschauer Rabbiners, geboren, der selbst den kabbalistischen Traditionen der so genannten Frankisten verbunden war.

39 Theodora und Eckhard Karnasch (Hg.), *Sri Aurobindo und Die Mutter. English – Deutsch.* Essen 2004.

40 Der „Arya" oder „Aryan", etymologisch gleichbedeutend mit „Arier" (dt.), ist für Sri Aurobindo nicht – wie später im Nationalsozialismus – ein Träger spezifischer „Rassenmerkmale". Vielmehr ist der „Arya" für ihn jemand, der „[…] eine besondere Art der Selbst-Kultur angenommen hat, eine Art innerer und äußerer Praxis, Idealismus, Aspiration". – Vgl. Peter Heehs, *The Lives of Sri Aurobindo.* Op. cit. Kapitel „A Laboratory Experiment: Pondicherry 1910-1915". – Vgl. Kap. I im 2. Abschnitt.

41 Sri Aurobindo, *Das Göttliche Leben. Erstes Buch.* Gladenbach 2002; ders, *Das Göttliche Leben. Zweites Buch (Teile 1 und 2).* Gladenbach 1991; ders., *Das Ideal einer geeinten Menschheit.* Gladenbach 2000; ders., *Zyklus der menschlichen Entwicklung.* München 1982; ders., *Essays über die Gita.* Gladenbach 1992; ders., *Die Synthese des Yoga.* Op. cit.; ders., *Das Geheimnis des Veda.* Op. cit.; ders., *Die Grundlagen der indischen Kultur und die Renaissance in Indien.* Gladenbach 2008.

42 Bearbeitungen und Erweiterungen der Aufsatzreihen aus *The Arya* gehen zum Teil recht weit. Wichtige Konzepte, wie z. B. das so genannte Übermentale (seit 1927), stellt Sri Aurobindo erst in späteren Jahren heraus. Das Hauptwerk Das *Göttliche Leben* wurde von ihm jahrzehntelang immer wieder überarbeitet.

43 Weitere Aufsätze und kürzere Aufsatzreihen, die in *The Arya* erschienen, liegen heute in Band 13 der in Pondicherry herausgegebenen Gesamtausgabe der Werke Sri Aurobindos vor. – Vgl. Sri Aurobindo, *Essays in Philosophy and Yoga.* Pondicherry 1998. Darin: „Part Three – Writings from The Arya (1914-1921)".

44 Aus Sicht des anthroposophischen Schulungsweges ist dies besonders bedeutsam, da nach Ausführungen Rudolf Steiners seit dem 20. Jahrhundert die Aufgabe der höheren Entwicklung gerade auch darin besteht, die auseinander strebenden Seelenkräfte des Denkens, Fühlens und Wollens durch die spirituelle Intensivierung der individuellen Ich-Präsenz erneut zu integrieren und zusammenzuhalten. Dem Denken entspricht der Jnana Yoga, dem Fühlen der Bhakti Yoga, dem Wollen der Karma Yoga. Der Yoga der Selbst-Vollendung steht demnach für die Erweckung, Entfaltung und Erstarkung des höheren Selbst.

45 Vgl. Sri Aurobindo, *Autobiographical Notes – and Other Writings of Historical Interest.* Pondicherry 2006. Darin: „Early Letters on Yoga and the Spiritual Life, 1911 – 1928".

46   Vgl. Peter Heehs, *The Lives of Sri Aurobindo*. Op. cit. Kapitel „The Ascent to Supermind: Pondicherry, 1915-1926)

47   Mirra Alfassa (The Mother), *Questions and Answers. 1950-1951*. Pondicherry 2003. Gespräch 17. März 1951 (Ü. d. d. A.).

48   Peter Heehs, *The Lives of Sri Aurobindo*. Op. cit. Kapitel „The Ascent to Supermind: Pondicherry 1915-1926".

49   Sri Aurobindo, *On Himself*. Op. cit. Zit. nach: Otto Wolff, *Sri Aurobindo*. Op. cit.

50   In dieser Arbeit wird die Übersetzung der Termini „the Supramental" („Supermind"), „the Supermental" („Overmind") und „the Mental" („Mind") etc. mit „das Supramentale", „das Übermentale" und „das Mentale" anderen, häufig anzutreffenden Übersetzungen vorgezogen. Vorliegende deutsche Übersetzungen werden in Zitaten selbstverständlich übernommen. Die hier bevorzugte Übersetzung haben z. B. Theodora und Eckhard Karnasch vorgeschlagen. Übersetzungen wie „das Übermental" oder „das Supramental" legen womöglich zu dingliche Assoziationen nahe. – Vgl. Theodora u. Eckhard Karnasch (Hg.), *Sri Aurobindo und Die Mutter*. Pondicherry / Essen 2004.

51   Die verantwortliche Leitung für die Ashram-Organisation trägt seit 1955 der gemeinnützige ‚Sri Aurobindo Ashram Trust', geleitet von einer Gruppe von fünf so genannten „Trustees". Gegenwärtig hat der Ashram in Puducherry (früher: Pondicherry) ungefähr 1200 Mitglieder, der ‚Ashram Trust' gibt jedoch an, dass die erweiterte Ashram-Gemeinschaft mit den 400 Schülern des ‚Centre of Education' und etwa ebenso vielen ständigen Gästen in unmittelbarer Ashram-Nähe insgesamt ca. 2000 Menschen zählen. Heute gehören über Puducherry verteilt mehr als 400 Häuser zum ‚Ashram'. Im Innenhof des Hauptgebäudes des ‚Ashrams', in der Rue de la Marine, befindet sich der ‚Samadhi', ein großer weiß-marmorner Schrein als die letzte Ruhestätte Sri Aurobindos und Mirra Alfassas. – Im Februar 1956 wurde in der indischen Hauptstadt der bedeutende ‚Delhi Branch' des ‚Sri Aurobindo Ashrams' ins Leben gerufen.

52   Vgl. dazu: Wilfried Huchzermeyer, *Sri Aurobindo. Leben und Werk*. Op. cit. Kap. „Pondicherry (1915-1926)".

53   Ambalal B. Purani, *The Life of Sri Aurobindo*. Pondicherry 2006. Kap. "Pondicherry: 1910-1926". Zit. nach: Wilfried Huchzermeyer, *Sri Aurobindo. Leben und Werk*. Op. cit.

54   Hier ist eine Parallele aus Erinnerungen an Rudolf Steiner sehr erhellend. Der bedeutende anthroposophische Arzt Willem Zeylmans van Emmichoven (1893-1961) schilderte sein Erleben in Gesprächen, die er mit Rudolf Steiner führen konnte. Darin heißt es: „Ich fühlte mich freier als je, wie aufgenommen in eine andere Welt, in der nur das Wesentliche zählt; in der das, was man sonst für wesentlich hält, als unwesentlich wegfällt. Das ergab ein wunderbares Empfinden, ein Gefühl von Glück und Freiheit. Dass man räumlich

nebeneinander, nicht sich gegenüber saß, und er einen nicht die ganze Zeit ansah, unterstützte das Gefühl der Freiheit. Er sah eigentlich fast immer vor sich hin, nur ganz plötzlich bei entscheidenden Momenten drehte er sich um, und dann kam einem die ganze Sonnenkraft der Augen entgegen. Es gab Augenblicke, wo er, ohne sich unhöflich zu zeigen, doch innerlich nichts hörte, sondern offenbar hinhörte auf etwas anderes in meiner Seele." Aus: Maria Josepha Krück von Poturzyn (Hg.), *Wir erlebten Rudolf Steiner. Erinnerungen seiner Schüler.* Stuttgart 1967. Zit. nach Peter Selg, *Rudolf Steiner. 1861-1925. Lebens- und Werkgeschichte.* Bd. 1.-3. Op. cit.. Bd. 1 (1861-1914) Kap. 7, „Spirituelle Gemeinschaftsbildung".

55 Die Wortfügung *sachchidananda* ist die zusammengezogene Schreibung von Sat—Chit—Ananda, steht also für das göttliche Sein, das göttliche Bewusstsein und die göttliche Seligkeit.

56 Vgl. Sri Aurobindo, *Das göttliche Leben. Erstes Buch.* Op. cit. Kap. "Die göttliche Maya".

57 Sri Aurobindo, *Record of Yoga.* Pondicherry 2001. "Part Four. Materials Written by Sri Aurobindo Related Directly to *Record of Yoga*" (Ü. d. d. A.). – Die zitierte Passage ist Teil eines Diagramms zu der "Stufenleiter des Bewusstseins", das aus dem Jahr 1931 datiert. – Vgl. auch: Sri Aurobindo, *Die Stunde Gottes.* Pondicherry 1997.

58 Die Sonnengottheit Vishvakarman bietet dafür ein Beispiel. Rudolf Steiner charakterisiert ihn als führende göttlich-geistige Wesenheit des Sonnensystems, als jene Wesenheit, die im iranischen Zend Avesta als Ahura Mazdao angesprochen wird und die als kosmische Christus-Wesenheit in die Menschwerdung des Logos mit eingeht. Vishvakarman, traditionell als ein Aspekt des Sonnengottes Surya und als der große Handwerker („der universelle Architekt") unter den Devas verstanden, stand in späten vedischen Zeiten tatsächlich vermehrt für die höchste Gottheit.

59 Im vedischen Kontext werden die Verhältnisse dadurch noch komplizierter, dass hier auch die Rishis oftmals als gleichrangig mit Devas erscheinen, d. h. die Grenze zwischen menschlichem Geschöpf und göttlich-geistiger Wesenheit verwischt. Der Grund hierfür ist darin zu suchen, dass gerade die vedischen Rishis in ihrer Wirksamkeit, so Rudolf Steiner, Träger höherer geistiger Wesenheiten waren. – Vgl. Rudolf Steiner, *Die geistige Führung des Menschen und der Menschheit.* Dornach 1987. Vortrag, 7. Juni 1911.

60 Sri Aurobindo, *Das göttliche Leben. Erstes Buch.* Op. cit. Kap. „Supramental, Mental und Übermental-Maya".

61 Dies belegt, dass der Integrale Yoga auch den Jnana Yoga, den Yoga der Erkenntnis in sich integriert. Eine maßgebliche Entwicklungslinie im Verlauf des Sadhana könnte man die „Spiritualisierung des Intellekts" nennen – vergleichbar dem, was Rudolf Steiner mit seiner Anthroposophie unter dieser Bezeichnung anstrebte.

62   Sri Aurobindo, *Das göttliche Leben. Erstes Buch.* Op. cit. Kap. „Supramental, Mental und Übermental-Maya".

63   Ebenda.

64   Vgl. ders., *Die Isha-Upanishad.* Planegg 1988.

65   Ders., *Das göttliche Leben. Erstes Buch.* Op. cit. Kap. „Supramental, Mental und Übermental-Maya".

66   „Sein-Bewusstsein-Seligkeit" steht hier für den Sanskrit-Terminus *sachchidananda.* Vgl. Anm. 55.

67   Ders., *Das göttliche Leben. Erstes Buch.* Op. cit. Kap. „Supramental, Mental und Übermental-Maya".

68   Hier erscheint es geboten, zum Vergleich Darlegungen Rudolf Steiners aus dessen anthroposophischer Geisteswissenschaft anzufügen, die zum einen die geistige Nähe deutlich werden lassen, die ihn und Sri Aurobindo verbindet, die zum anderen aber auch ermöglicht, ihre Konzepte aufeinander zu beziehen – wenn auch eine lineare „Übersetzung" integral-yogischer Begriffe in anthroposophische nicht beabsichtigt ist. – Rudolf Steiner spricht über das „Geisterland" als die dritte der drei Welten (Welt der physischen Körperlichkeit, Seelenwelt, geistige Welt) und über die im Geisterland auffindbaren Urbilder für alles in den niederen Welten Vorhandene: „Denn die Urbilder in ihrer wahren Gestalt sind ihren sinnlichen Nachbildern sehr unähnlich. Ebenso unähnlich sind sie aber auch ihren Schatten, den abstrakten Gedanken. – In der geistigen Welt ist alles in fortwährender beweglicher Tätigkeit, in unaufhörlichem Schaffen. Eine Ruhe, ein Verweilen an einem Orte, wie sie in der physischen Welt vorhanden sind, gibt es dort nicht. Denn die Urbilder sind *schaffende Wesenheiten.* Sie sind die Werkmeister alles dessen, was in der physischen und seelischen Welt entsteht. Ihre Formen sind rasch wechselnd; und in jedem Urbild liegt die Möglichkeit, unzählige besondere Gestalten anzunehmen. Sie lassen gleichsam die besonderen Gestalten aus sich hervorsprießen; und kaum ist die eine erzeugt, so schickt sich das Urbild an, eine nächste aus sich hervorquellen zu lassen. Und die Urbilder stehen miteinander in mehr oder weniger verwandtschaftlicher Beziehung. Sie wirken nicht vereinzelt. Das eine bedarf der Hilfe des andern zu seinem Schaffen. Unzählige Urbilder wirken oft zusammen, damit diese oder jene Wesenheit in der seelischen oder physischen Welt entstehe." Rudolf Steiner, *Theosophie. Einführung in übersinnliche Welterkenntnis und Menschenbestimmung.* Dornach 1987. Kap. „Die drei Welten". – Dies erinnert schon lebhaft an die zuletzt zitierte Charakterisierung, die Sri Aurobindo hinsichtlich des Übermentalen bietet. In unmittelbarer Beziehung zu den niederen Welten stehen jedoch nur die drei unteren Regionen des Geisterlandes bzw. des früher schon erwähnten unteren Devachan-Plans. Die vierte Region ist von eigener Qualität, oberhalb von ihr schließt sich der obere Devachan-Plan an, der die fünfte, sechste und siebente Region des Geisterlandes umschließt. Über die vierte Region – wie

früher gezeigt, die Sphäre des reinen Akasha – heißt es bei Rudolf Steiner weiter: „Die Urbilder der *vierten* Region beziehen sich nicht unmittelbar auf die andern Welten. Sie sind in gewisser Beziehung Wesenheiten, welche die Urbilder der drei unteren Regionen beherrschen und deren Zusammentritt vermitteln. Sie sind daher beschäftigt mit dem Ordnen und Gruppieren dieser untergeordneten Urbilder. Von dieser Region geht demnach eine umfassendere Tätigkeit aus als von den unteren." Ebenda. – Das Mentale oder den mentalen Plan Sri Aurobindos kann man vielleicht in den drei unteren Regionen des Geisterlandes bei Rudolf Steiner wiederfinden. Bereits von der vierten Region an, von der Rudolf Steiner in obiger Passage spricht, ist eine große Nähe zur Charakterisierung der „ursprünglichen Maya" Sri Aurobindos, des Übermentalen, gegeben. Vollends trifft dies für die drei Regionen der höheren geistigen Welt zu: „Die *fünfte, sechste* und *siebente* Region unterscheiden sich wesentlich von den vorhergehenden. Denn die in ihnen befindlichen Wesenheiten liefern den Urbildern der unteren Regionen die *Antriebe* zu ihrer Tätigkeit. In ihnen findet man die Schöpferkräfte der Urbilder selbst. Wer zu diesen Regionen aufzusteigen vermag, der macht Bekanntschaft mit den ‚*Absichten*', die unserer Welt zugrunde liegen. Wie lebendige Keimpunkte liegen hier noch die Urbilder bereit, um die mannigfaltigsten Formen von Gedankenwesen anzunehmen. Werden diese Keimpunkte in die unteren Regionen geführt, dann quellen sie gleichsam auf und zeigen sich in den mannigfaltigsten Gestalten. Die Ideen, durch die der menschliche Geist in der physischen Welt schöpferisch auftritt, sind der Abglanz, der Schatten dieser Keimgedankenwesen der höheren geistigen Welt." Ebenda. – Hier scheinen jedoch auch bereits Qualitäten des supramentalen Vijnana mit hereinzuspielen. – Der Verfasser der vorliegenden Arbeit kann sich der Darstellung Udo Knippers nicht anschließen, der in den 1980er Jahren eine Studie zum Integralen Yoga und zur Anthroposophie vorgelegt hat. Knipper parallelisiert Sri Aurobindos mentalen Plan mit Rudolf Steiners Geisterland sowie das Übermentale mit allen bei Rudolf Steiner genannten Planen, die über das Geisterland, den Devachan-Plan, hinausgehen (Welt der Vorsehung, Nirvana-, Parinirvana-, Mahaparinirvana-Plan). Manches an der Darstellung Udo Knippers erweckt den Eindruck, dass er die beiden Schulen nicht dialogisch in Beziehung setzen, sondern einen rivalisierenden Konkurrenzansatz verfolgen möchte. – Vgl. Udo Knipper, *Anthroposophie im Lichte indischer Weisheit.* Gladenbach 1986. – In jüngerer Zeit wurde übrigens eine weitere vergleichende Studie, Anthroposophie und Integralen Yoga (und Auroville) betreffend, als Privatdruck vorgelegt, die weniger systematisch gehalten ist und stärker von der persönlichen Erlebnisperspektive ausgeht. Vgl. Karl-Heinz Falkenburger, *Auroville ist überall. Die Bestimmung des Menschen im Lichte von Rudolf Steiner und Sri Aurobindo. O. O. o. J.*

69   Sri Aurobindo, *Das göttliche Leben. Erstes Buch.* Op. cit. Kap. „Das Supramental als Schöpfer".

70   Erde, Luftraum und himmlischen Sonnenwelt. Sie stehen als *triloka*, die drei Welten, für den Plan der physischen Körperlichkeit, den Vitalplan und den Mentalplan.

71   Datta alias Dorothy Hodgson, eine Engländerin, die Mirra Alfassa in Frankreich kennen gelernt hatte, mit ihr in Japan war und gemeinsam mit ihr nach Pondicherry übergesiedelt war.

72   Ambalal B. Purani, *The Life of Sri Aurobindo.* Pondicherry 1958. Kap. "Pondicherry: 1910-1926" (Ü. d. d. A.). – Hier auch der zusammengefasste Bericht.

73   Sri Aurobindo, *On Himself.* Pondicherry 1972. Kap. "His Path and Other Paths" (Ü. d. d. A.).

74   Zum Begriff des Gurus bei Sri Aurobindo und bei Rudolf Steiner siehe auch Anhang 1, „Guru – ein altes Konzept in heutiger Sicht".

75   Vgl. Rudolf Steiner, *Das Johannes-Evangelium im Verhältnis zu den anderen Evangelien – besonders zu dem Lukas-Evangelium.* Dornach 1984. Vortrag, 24. Juni 1909.

76   Vgl. Klaus J. Bracker, *Grals-Initiation.* Op. cit.

77   Wilfried Huchzermeyer, *Sri Aurobindo. Leben und Werk.* Op. cit. Kap. „Pondicherry (1927-1938). Die zitierten Worte Mirra Alfassas entnahm Huchzermeyer dem Band: Mirra Alfassa (The Mother), *Questions and Answers. 1957-1958.* Pondicherry 1973, 2003.

78   Vgl. beispielsweise Sri Aurobindo, *Briefe über den Yoga.* Pondicherry 1983. (4 Bände mit knapp zweitausend Buchseiten)

79   Sri Aurobindo, *Savitri. Legende und Sinnbild.* Gladenbach 2006.

80   Ders., *Über sich selbst.* Op. cit. Kap. „Sadhana für das Erdbewusstsein", Eintrag 10. Februar 1935.

81   Auf das Supramentale wird in einem späteren Kapitel ausführlich eingegangen.

82   Sri Aurobindo, *Über sich selbst.* Op. cit. Kap. „Sadhana für das Erdbewusstsein". – Aus einem Brief vom 30. Mai 1936.

83   Nirodbaran, *Correspondence with Sri Aurobindo.* Lodi, CA. 1983 – Zitiert nach Wilfried Huchzermeyer, *Sri Aurobindo. Leben und Werk.* Op. cit. Kap. „Pondicherry (1927-1938).

84   Vgl. Peter Heehs, *The Lives of Sri Aurobindo.* Op. cit. Kap. „A Laboratory Experiment, Pondicherry 1910-1915", „The Ascent to Supermind, Pondicherry 1915-1926"; sowie: Wilfried Huchzermeyer, *Sri Aurobindo. Leben und Werk.* Op. cit. Kap. „Pondicherry (1910-1914)".

85   In der ersten Hälfte von Sri Aurobindos Biographie herrscht der Sieben-Jahres-Rhythmus vor: 7-jährig die Übersiedelung nach England; 21-jährig die Rückkehr nach Indien; 28-jährig der Eintritt in die politische Aktion; 35-jährig yogische Verwirklichung in der Begegnung mit Guru Lele (Nirvana und das Darüberhinausgehen), innerhalb dieses 6. Jahrsiebents die Alipur-

Erfahrung sowie die Übersiedelung nach Pondicherry; 42-jährig Begegnung mit Mirra Alfassa und der Impuls zu schreiben (*The Arya* 1914-1921). In der zweiten Lebenshälfte jedoch setzt mit dem Beginn des Schreibens ein markanter Zwölf-Jahres-Rhythmus, ein Jupiter-Rhythmus, ein: 1914 die Erstausgabe von *The Arya*; 1926 die Herabkunft des Übermentalen sowie der Beginn der strikten Zurückgezogenheit; 1938 der Unfall, der zur Folge hat, dass einige Sadhakas wieder regelmäßig Zutritt zu Sri Aurobindos Gemächern haben; 1938-1950 zugleich die letzten zwölf Lebensjahre, in denen Sri Aurobindo wieder mehr erkennbaren Anteil an den Weltgeschicken nimmt.

86   Stellvertretend für die reiche Literatur, die die Ashramiten aus der Lebenszeit Sri Aurobindos hinterließen, seien hier die Erinnerungen Nirodbarans an die Jahre 1938-1950 genannt: Nirodbaran, *Zwölf Jahre mit Sri Aurobindo*. Karlsruhe 2001.

87   Für das Nähere, diesen Zeitraum betreffend, sei auf die genannten Biographien verwiesen (siehe Anm. 2).

88   Sri Aurobindo, *Über sich selbst*. Op. cit. Kap. „Botschaften". – Die Radiobotschaft wird am 14. August 1947 in ganz Indien ausgestrahlt.

89   Theodora u. Eckhard Karnasch (Hg.), *Sri Aurobindo und Die Mutter*. Op. cit. Kap. „Die Offenbarung des Supramentalen".

KAPITEL III

1   Edouard Schuré (Übers.: Rudolf Steiner), *Das heilige Drama von Eleusis*. Dornach 1939.

2   Edouard Schuré (Übers.: Marie von Sivers), *Die Kinder des Lucifer. Schauspiel in fünf Aufzügen*. Leipzig 1905.

3   Rudolf Steiner, *Vier Mysteriendramen*. Dornach 1998. – Die ersten beiden der vier Dramen, *Die Pforte der Einweihung* und *Die Prüfung der Seele*, sind gegeben „durch Rudolf Steiner", das dritte und das vierte, *Der Hüter der Schwelle* und *Der Seelen Erwachen* hingegen „von Rudolf Steiner". Die vier Dramen werden in München uraufgeführt, aufeinander folgend jeweils in der dritten oder vierten Augustwoche in den Jahren 1910, 1911, 1912 und 1913.

4   Vgl. Rudolf Steiner, *Entwürfe, Fragmente und Paralipomena zu den vier Mysteriendramen*. Dornach 1985. Darin: „Vorbemerkung des Herausgebers".

5   Edouard Schuré, *Die großen Eingeweihten. Geheimlehren der Religionen*. Bern—München—Wien 1965 und 1976.

6   Ebenda. Aus Rudolf Steiners Vorwort zur 3. Auflage (1916) – An anderer Stelle sagt der Begründer der modernen anthroposophischen Schulung mit Blick auf den Weg, auf dem „der Mensch die Erkenntnisfähigkeiten entfaltet, die in ihm schlummern", dass Schurés Buch zum Auffinden desselben Weges „in der Gegenwart einer der besten Führer" sei. Denn es „spricht von den Taten der Erleuchteten, die aus der Geistesgeschichte der Menschheit zu erkennen sind,

und es führt von diesen Taten zurück in die Seelen der Erleuchteten selbst". – Ebenda. Aus Rudolf Steiners Vorwort zur 1. Auflage (1907).

7   Vgl. Klaus J. Bracker, *Grals-Initiation*. Op. cit. Kap. III im Abschnitt „Anthropos – Der ur-adamische Krishna-Jesus". – Hier wird die Avatarschaft Shri Krishnas aus anthroposophischer Sicht grundlegend behandelt.

8   Persien, geprägt von der Religion Zarathustras, ist hier erwähnt, weil es in den Darstellungen Rudolf Steiners stets bedeutsam behandelt wird. Schuré hat das alte Persien in *Die großen Eingeweihten* allerdings nicht durch ein eigenes Kapitel gewürdigt; es gibt nur einzelne Erwähnungen „Zoroasters".

9   Edouard Schuré, *Die großen Eingeweihten. Geheimlehren der Religionen*. Op. cit. Kap. „Krishna".

10   Vgl. Rudolf Steiner, *Das Markus-Evangelium*. Dornach 1985. Vortrag, 19. September 1912.

11   Horace H. Wilson (Hg.), *The Vishnu Purana. A System of Hindu Mythology and Tradition. Translated from the Original Sanscrit by H. H. Wilson*. London 1840. Buch V, Kap. II. – In Schurés oben genanntem Buch liegt unter der sich dort findenden Anm. 17 ein vergleichbarer Passus in der Übersetzung aus dem Französischen durch Marie von Sivers vor. Wegen inhaltlicher Abweichungen von Wilsons Übersetzung aus dem Sanskrit wurde hier dessen englische Fassung dieser Stelle ins Deutsche nachübersetzt. – Vgl. Edouard Schuré, *Die großen Eingeweihten. Geheimlehren der Religionen*. Op. cit. „Anmerkungen".

12   Zu „Purusha" und „Prakriti" (entsprechend „Maha-Purusha" und „Mula-Prakriti") vgl. im ersten Kapitel Anm. 37.

13   Die Praxis des Chantens, des Sprechgesangs in der Rezitation des Veda-Wortes, wird traditionell als *saman* bezeichnet, d. h. heiliger Gesang, oder auch als *kirtana*, in der Verbform mit der Bedeutung: feiern, preisen, erzählen, wiederholen.

14   *Rig Veda*, 3,62.10; zitiert nach: Hermann Beckh, *Das Sonnen-Mantram des Rigveda und seine Bedeutung für die Entwicklungsaufgabe des indischen Volkes*. In: *Die Drei. Zeitschrift für Anthroposophie in Wissenschaft, Kunst und sozialem Leben*. Jg. 1, Nr. 5/6, Stuttgart 1921.

15   Ebenda.

16   Vgl. ebenda. – Vgl. auch Hermann Beckh, *Indische Weisheit und Christentum*. (Schriftenreihe *Theologie und Kultus*. Heft 9) Stuttgart 1938. Kap. „Der indische Yoga und Christus".

17   Im Sanskrit bzw. in der Devanagari, der meistverwendeten Schriftform des Sanskrit, wird das gesprochene „o" durch die Zusammenziehung der Zeichen für „a" und „u" dargestellt.

18   *Pranava* heißt so viel wie „vibrierender Klang" und bedeutet zugleich die „mystische Silbe" oder die „heilige Silbe", in Indien unmissverständlich allein auf das OM bezogen.

19   Dies ist die Tradition der indischen Veda-Schulen, *veda pathshala*, die in den letzten Jahrzehnten allerdings mehr und mehr an Kraft zu verlieren scheint.

20   V. P. Limaye, R. D. Vadekar (Hg.), *Eighteen Principal Upanisads. Vol. 1*. Poona 1958. – Darin: "Chandogya-Upanisad" (I,1.2). (Ü. d. d. A., gestützt auf Sri Aurobindo, *Kena and Other Upanishads*. Pondicherry 2001)

21   Der Ausdruck der *Upanishad, udgitha*, wird im Vedanta gelegentlich so erklärt: *ut* ist der Himmel, *gi* die mittlere Region, der Luftraum, *tha* die Erde; dies entspricht wiederum dem obigen Bhur, Bhuvar, Svar.

22   Anand Nayak (Hg.), *Die Bhagavadgita. In der Übertragung von Sri Aurobindo*. Freiburg—Basel—Wien 1992. – Darin „Yoga der Offenbarung" (X,21, X,35 u. X,25).

23   Sri Aurobindo, *Kena and Other Upanishads*. Pondicherry 2001. Kap. "The Mandoukya Upanishad". (Aus dem Englischen nachübersetzt d. d. A.)

24   Das vierte Element des A·U·M wird in dem zunächst aus drei Bögen zusammengesetzten OM-Symbol durch den Punkt ausgedrückt, der, durch einen nach oben offenen Halbkreis gegenüber der übrigen Form abgesetzt, oberhalb des Zeichens schwebt. – Rudolf Steiner weist in seinem *Dramatischen Kurs* darauf hin, dass es im OM einen wesentlichen Verlauf vom „A" über das vermittelnde „O" zum „U" gibt. Dabei ist mit dem „A" die Tendenz einzuschlafen verbunden, mit dem „U" die Tendenz aufzuwachen, mit dem „O" jedoch die Tendenz, sich im Feld zwischen Einschlafen und Aufwachen bewusst zu erhalten. Genau dies ist notwendig, wenn man den Bewusstseinsaufstieg durch die vier Stufen vollziehen will, die die Upanishad beschreibt. – Vgl. Rudolf Steiner, *Sprachgestaltung und Dramatische Kunst. Dramatischer Kurs*. Dornach 1981. Vortrag, 5. September 1924.

25   Vgl. Rudolf Steiner, *Wie erlangt man Erkenntnisse der höheren Welten?* Dornach 1982. Kap. „Die Erlangung der Kontinuität des Bewusstseins".

26   In seiner Schulungsschrift *Wie erlangt man Erkenntnisse der höheren Welten?* führt Rudolf Steiner die Darstellung des kontinuierlichen Bewusstseins nur bis zur dritten Stufe, zur Inklusion des Tiefschlafbewusstseins. Aus seiner unvollständig gebliebenen Autobiographie geht jedoch hervor, dass er im Verlauf seiner Initiation auch die vierte Stufe verwirklichte. – Vgl. Rudolf Steiner, *Mein Lebensgang*. Op. cit.. Kap. XXII.

27   In jüngerer Zeit berichtet auch Ken Wilber in seinem spirituellen Tagebuch des Jahres 1997 von den eigenen Erfahrungen mit der Kontinuität des Bewusstseins. Er spricht von „Subjektpermanenz" bzw. „konstantem Bewusstsein". – Vgl. Ken Wilber, *Einfach „Das"*. Frankfurt am Main 2001. Z. B. Einträge „Sonntag, 9. März", „Sonntag, 23. März" und „Montag, 24. März".

28   Vgl. Sri Aurobindo, *Die Stunde Gottes*. Op. cit. Kap. „OM TAT SAT".

29   Vgl. Rudolf Steiner, *Das Hereinwirken geistiger Wesenheiten in den Menschen*. Dornach 1974. Vortrag, 4. Juni 1908.

30   Rudolf Steiner, *Aus den Inhalten der esoterischen Stunden. I – 1904-1909*. Dornach 1995. Esoterische Stunde 20. Januar 1907. – Hinsichtlich dieses Textes ist zu berücksichtigen, dass es sich nicht um eine unmittelbare Mitschrift der

betreffenden esoterischen Stunde, sondern um die Nachschrift einer Teilnehmerin handelt.

31 Vgl. ebenda. Esoterische Stunde, 18. Dezember 1906.

32 Vgl. Rudolf Steiner, *Menschenwerden, Weltenseele und Weltengeist.* Dornach 1987. Vortrag, 15. Juli 1987. – Hier wird die Thematik auch in Richtung der höheren Erkenntnisstufen Imagination, Inspiration und Intuition weiter verfolgt.

33 Sri Aurobindo, *Kena and Other Upanishads.* Op. cit. Kap. "The Mandoukya Upanishad" (für beide Zitate; aus dem Englischen nachübersetzt d. d. A.)

34 *Shatapatha Brahmana,* I, 4,5.12 – Zit. nach: Raimundo Panikkar, *The Vedic Experience – Mantramanjari.* Op. cit.. Kap. "The Word" (Aus dem Englischen nachübersetzt d. d. A.)

35 Das Attribut „scheingeistig" soll hier nicht besagen, dass die durch die luziferischen Wesen an den Menschen herangetragenen Weisheiten nicht ursprünglich der Gesamtheit von Wahrheit und Weisheit im Kosmos entnommen sind. Sie werden vielmehr deswegen problematisch, weil sie aus der wahren Intention der Geistigkeit des Universums, das Ganze von materieller und spiritueller Evolution zu umfassen und zu durchdringen, herausgelöst wurden. Sie werden auf diesem Wege unwahr.

36 Welchen Stellenwert die ahrimanischen und luziferischen Wesen in der Evolution des Kosmos haben, behandelt Rudolf Steiner unter vielfältigen Gesichtspunkten, so grundlegend in seinem Hauptwerk, der *Geheimwissenschaft.* – Vgl. Rudolf Steiner, *Die Geheimwissenschaft im Umriss.* Op. cit. Kap. „Die Weltentwicklung und der Mensch".

37 Rudolf Steiner, *Kunst- und Lebensfragen im Lichte der Geisteswissenschaft.* Dornach 2000. Vortrag, 18. Juli 1915.

38 Ders., *Soziales Verständnis aus geisteswissenschaftlicher Erkenntnis.* Dornach 1989. Vortrag, 15. November 1919.

39 Vgl. ebenda.

40 Bezüglich der beiden zuletzt erwähnten Vorträge Rudolf Steiners, jeweils vor Mitgliedern der ‚Anthroposophischen Gesellschaft', ist wichtig festzuhalten, dass der erste etwa ein Jahr nach Beginn des Ersten Weltkrieges und der zweite wenige Tage nach dem 1. Jahrestag der Kapitulation des Deutschlands gehalten wurden. Das darin angesprochene Motiv der sprachlichen Differenzierung kann nicht losgelöst von den dazumal nicht nur in Europa virulenten Nationalitätenkonflikten gesehen werden. Die Aktualität dieses Motivs kann auch mit Blick auf die Gegenwart nicht abgestritten werden.

41 Vgl. Sri Aurobindo, *The Renaissance in India and Other Essays on Indian Culture.* Pondicherry 1997. Kap. "Indian Literature".

42 Sri Aurobindo, *Das Geheimnis des Veda.* Op. cit. Kap. „Die philologische Methode des Veda".

43 Zu der Wendung „alte Psychologie des Wortes" sei hier angemerkt, dass „psychologisch" bei Sri Aurobindo immer zu verstehen ist im Sinne von: auf

das Seelisch-Geistige bezogen. Seine „psychologische" Interpretation des Veda soll eine solche sein, die dessen seelisch-geistige Dimension klar und deutlich herausstellt.

44 Siehe dazu Kapitel I im einführenden Abschnitt.

45 Rudolf Steiner, *Die Mission einzelner Volksseelen.* Op. cit.. Vortrag, 8. Juni 1910.

46 Unter „Tantra" versteht man im Westen heute oft besondere Techniken zur Sublimierung und Spiritualisierung der erweckten Libido zwischen Mann und Frau. Dies ist tatsächlich aber nur einer von zahlreichen Zweigen des Tantra und vielleicht für manche derjenige, der den größten Sensationswert hat. „Tantra" heißt in der ältesten Wortschicht so viel wie „Gewebe, Kontinuum, Zusammenhang" und es ist, was nicht immer gesehen wird, ebenfalls von vedischer Herkunft. So bedeutet *tan* im Kontext der rig-vedischen Opferordnung u. a. „ein Gewebe ausspannen" und das verwandte Nomen *tán*: „Dauer, Fortdauer, Fortbestehen, ununterbrochene Folge". Hier besteht eine Verbindung zu dem, was weiter oben (Abschnitt „OM – der *pranava*") über die wechselseitigen Prozesse in der vedischen Praxis gesagt wurde, die das „Gewebe vedischer Wirklichkeit" ausmachen. Kette gleichsam und Schuss sind in der einheitlichen tantrischen Weltauffassung Paare wie Transzendenz und Immanenz, Shiva und Shakti, göttliches Wort und menschliches Wort, Makrokosmos und Mikrokosmos etc.. In ihrem Weben und Verwobensein miteinander machen sie das – auch in der Zeiterstreckung kontinuierliche – Gewebe der Wirklichkeit aus. – Vgl. für die Wurzeln *tan* und *tán*: Hermann Grassmann, *Wörterbuch zum Rig-Veda.* Delhi 1999.

47 Sri Aurobindo, *Die Dichtung der Zukunft.* Karlsruhe 1990. Kap. „Das Wort und der Geist".

48 Vgl. dazu den letzten Abschnitt dieses Kapitels, „Ephesos und die Eurythmie".

49 Vgl. André Padoux, *Vac – The Concept of the Word in Selected Hindu-Tantras.* Delhi 1992. Kap. "Tantrism – The Texts of Kashmirian Shaivism".

50 Rig Veda, I,164.45; zitiert nach: Nishtha Müller, *Betrachtungen zur Einführung in die Veden. Teil VI: Vak, die Göttin des Wortes und Mutter der Veden.* In: *Yoga aktuell. Magazin für Yoga, spirituellen Lifestyle und Gesundheit.* Nr. 56, 03/2009 – Auch hier ist *turiyam* mit „die vierte (Ebene)" übersetzt. Dies ergibt sich, wenn die Zählung auf der höchsten Rangstufe einsetzt.

51 Sri Aurobindo, *The Future Poetry.* Pondicherry 1997. Kap. "The Word and the Spirit". – Die Übersetzung folgt hier nur teilweise derjenigen der o.g. deutschen Ausgabe, die Wilfried Huchzermeyer anfertigte.

52 Sri Aurobindo, *Die Dichtung der Zukunft.* Op. cit. Kap. „Das Wort und der Geist".

53 Rudolf Steiner, *Perspektiven der Menschheitsentwickelung.* Dornach 1979. Vortrag, 24. April 1921. – „Astralleib" bezeichnet die Seelenleiblichkeit, die der Mensch mit den Tierwesen gemein hat.

54 Hermann Beckh hält mit Blick auf den Soma fest: „Dieser Soma aber enthält die belebenden Kräfte des Weltalls, er umfasst von den kosmischen Sternenkräften bis zu den Ätherkräften der Pflanzenwelt – der aus dem Milchsaft einer bestimmten Pflanze gebraute irdische Soma war das kultische Abbild des himmlischen Soma – alles, was nicht irdischer, sondern überirdisch-kosmischer Natur ist. Diese Somakräfte werden dann im Menschen zu Priesterkräften des schauenden Bewusstseins. Nichts hat der Soma zu tun mit niederen hellseherischen Kräften eines herabgedämpften Bewusstseins – ihr Bild ist dem Inder der niedere Rauschtrunk, die Sura (die etwa unserem Alkohol entspricht); – der Soma ist vielmehr der Erwecker und zugleich das Bild der höheren, edlen Begeisterung und Ekstase, des wirklichen höheren Bewusstseins." – Hermann Beckh, *Indische Weisheit und Christentum*. Op. cit. Kap. „Michael und die indische Vorzeit".

55 Ders., *Das Künstlerische in seiner Weltmission*. Dornach 2002. Vortrag, 8. Juni 1923.

56 Sri Aurobindo, *Das Geheimnis des Veda*. Op. cit. Kap. „Soma, der Herr der Wonne und der Unsterblichkeit".

57 Brahmanaspati ist ein anderer Name für den bekannteren Brihaspati. Zu ihm heißt es im *Glossary to Records of Yoga*: „Ein vedischer Gott, der ‚Meister des schöpferischen Wortes', der universelle Deva als die ‚sich selbst zum Ausdruck bringende Seele', Geber des höchsten Wortes, durch den die ‚Manifestation der verschiedenen Welten-Plane im bewussten Menschenwesen' bewirkt wird, die ‚in der Manifestation des Supramentalen, der Wahrheit und des Ananda' kulminiert." – Sri Aurobindo, *Record of Yoga*. Appendixband: *Glossary to Records of Yoga*. Op. cit. (Ü. d. d. A.).

58 In Kapitel IV wird grundsätzlich die Frage nach dem Ich behandelt. Hier ist nur festzuhalten, dass das Ich eine geistige Entität ausmacht, die ihre Befreiung gerade durch die aktive Überwindung bzw. Integrierung der niederen Ego-Qualitäten erfährt. Ich und Ego sind somit keineswegs gleichzusetzen.

59 Sri Aurobindo, *Das Geheimnis des Veda*. Op. cit. Kap. „Indra und die Gedankenkräfte".

60 *Taittiriya Brahmana* 3,10,8. Enthalten im *Krishna Yajur Veda*. – Zitiert nach David Frawley, *A Vedic Consecration to the Spiritual Heart*. (http://vedanet.com/) Der *Krishna Yajur Veda* (Krishna hier: der Schwarze) gilt – im Gegensatz zu dem solaren *Shukla Yajur Veda* (Shukla: der Weiße) – als lunar ausgerichtet. Er hat in Südindien die weitere Verbreitung. Der *Shukla Yajur Veda* wird der Sonne zugeordnet und hat in Nordindien die größere Bedeutung.

61 *Rig Veda* X,125.7,8. – Zit. nach Raimundo Panikkar, *The Vedic Experience. Mantramanjari*. Op. cit. Kap. „The Word".

62 Raimundo Panikkar, *The Vedic Experience. Mantramanjari*. Op. cit. Kap. „The Word". (Ü. d. d. A.)

63 Sri Aurobindo, *Das Geheimnis des Veda*. Op. cit. Kap. „Indra und die Gedankenkräfte".

64 Brahma (m.), der Schöpfergott, muss stets von dem *brahman* (n.), dem höchsten, unwandelbaren, absoluten und göttlichen Urgrund des Seins, unterschieden werden. Im klassischen Sanatana Dharma wird Brahma immer dem *brahman* subordiniert.

65 *Kathaka Samkalana* des *Yajur Veda*, 12,5. – Zitiert nach: André Padoux, *Vac – The Concept of the Word in Selected Hindu-Tantras*. Op. cit. Kap. „Early Speculations about the Significance and the Powers of the Word". (Ü. d. d. A.)

66 Prajapati, identisch mit dem Vishvakarman, begegnete bereits zu Beginn des vorigen Abschnittes „Vak – das Wort der Rishis". Prajapati und Vak werden in dem zuletzt zitierten Passus, schon in vedischem, nicht erst im tantrischen Kontext, in einem offenkundig sexuellen Bild gesehen.

67 Vgl. Anm. 37 zu Kap. I.

68 Und doch ist diese Aditi-Qualität – alles durchdringend und alle Bildungen tragend – der menschlichen Erfahrungswelt in der intimsten Weise nahe und spirituell zugänglich.

69 Sri Aurobindo, *Das Geheimnis des Veda*. Op. cit. Kap. „Die sieben Flüsse". – Vgl. auch Kap. I in dem Abschnitt „Spirituelle Zugänge zur vedischen Welt".

70 Bei dem Wort von der wahren Ichheit des Menschen ist immer zu berücksichtigen, dass diese im anthroposophischen Kontext ebenso von niederem und empirischem Ego zu unterscheiden ist wie auf dem Feld des Integralen Yoga der *chaitya purusha* bzw. das „psychic being" vom Ego zu unterscheiden sind.

71 Vgl. Kap. I in dem Abschnitt „Spirituelle Zugänge zur vedischen Welt".

72 Vgl. ders., *Die Geheimwissenschaft im Umriss*. Op. cit. Kap. „Die Weltentwicklung und der Mensch". – Vgl. auch Kap. I, Anm. 31.

73 Vgl. ders., *Der Mensch im Lichte von Okkultismus, Theosophie und Philosophie*. Dornach 1973. Vortrag, 12. Juni 1912.

74 Dies widerspricht nur scheinbar dem Umstand, dass Shri Krishna, etwa im Zusammenhang mit den Ereignissen des 24. November 1926 (vgl. Kap. II, Abschnitt „Das Übermentale"), als eine übermentale Wesenheit charakterisiert wird. Denn die übermentale, mula-prakritische Darstellung Shri Krishnas innerhalb der ursprünglichen Maya ist seine kosmische Manifestation. Die Offenbarung seines *svabhava*, seines Aus-sich-selbst-Seins-und-Werdens, gehört dennoch dem Supramentalen, wenn nicht gar dem Bereich des *sachchidananda* an.

75 Rudolf Steiner, *Die Mission einzelner Volksseelen*. Op. cit. Vortrag, 14. Juni 1910. – Abweichend von dem vorliegenden Vortragstext lautet in unserem Zitat die Schreibung für den Plural von „Dynamis" (die Kraft, die Macht), entsprechend den gängigen Transkriptionsregeln: „Dynameis".

76 Ders., *Eurythmie als sichtbare Sprache*. Dornach 1968. Vortrag, 26. August 1923.

77 Die andere Gruppe der Sprachlaute, die Konsonanten, offenbart – im Sinne Rudolf Steiners – nicht das Innere des Menschen, seine Geistseele, sondern diese sind die wirkkräftigen Repräsentanten der kosmischen Außenwelt. Innerhalb der sprachlichen Elemente offenbaren sie „die Welt". Und diese konstituiert sich nach geisteswissenschaftlicher Erkenntnis durch die kosmischen Bildekräfte, die in zwölffältiger Ordnung aus den Bildern des Tierkreises in das Sonnensystem und auf die Erde einstrahlen. Deswegen sind auch – entsprechend den zwölf Sternbildern des Tierkreises – die Konsonanten zwölffach geordnet.

78 Das Verhältnis der Vokale zu den Konsonanten hat immer schon auch die Vertreter des shivaitischen kashmirischen Tantrismus interessiert. Das folgende Zitat aus dem Buch über *Vac* von André Padoux fasst Darlegungen aus dem *Malinivijayottaratantra* zusammen, einem Herzstück jener Tradition, in dem die Geheimnisse der Sprache erforscht werden. Die Schwierigkeit allerdings besteht, dass im Tantrismus verschiedenste Klassifikationen der 50 Buchstaben des Sanskrit-Alphabets vorkommen, von denen hier eine vorgestellt wird. „Die erste, zweifache, Einteilung – Same (*bija*) und Schoß (*yoni*) – ist die grundlegende, denn sie entspricht derjenigen in Shiva und Shakti: die Schöpfung tritt durch beider Verbindung ins Sein. Die Vokale (*svara*), Aspekte Shivas, sind die Samen oder Keime. Die Konsonanten (*vyanjana*) sind die Energie, der Schoß; demnach werden sie als von geringerer Bedeutung angesehen als die Vokale, die ihnen vorausgehen und sie ins Dasein bringen. […] Hinsichtlich der *tattvas* werden die Vokale dem Shiva-*tattva* zugeordnet, während die Konsonanten der Energie entsprechen und all dem, was sie enthalten, nämlich zu allen übrigen *tattvas* von der *shakti* bis hinunter zur Erde." André Padoux, *Vac – The Concept of the Word in Selected Hindu-Tantras*. Op. cit. Kap. „Manifestation of Sound". (Ü. d. d. A.) – Aufschlussreich ist dies, wenn man bedenkt, dass die 36 Tattvas die Bildekräfte des Universum darstellen. Shiva fungiert im kashmirischen Tantrismus übrigens als der Höchste, jenseits aller Dualität, vergleichbar Shri Krishna als dem Purushottama in der *Bhagavad Gita*.

79 Vgl. Thomas Lehmann, *Sanskrit für Anfänger. Ein Lehr- und Übungsbuch. Bd. 1: Grammatik*. Heidelberg 2007. Lektion 1.2 „Das Vokalsystem". – Die Reihenfolge der sieben langen Vokale entspricht hier derjenigen des Sanskrit-Alphabets. „E" und „O" werden zwar als reine Vokale erfahren, im Sanskrit aber „aus sprachhistorischen Gründen zu den zusammengesetzten Vokalen gezählt" (Thomas Lehmann, ebenda).

80 Sri Aurobindo, *Kena and Other Upanishads*. Op. cit.. Kap. "Kena Upanishad: Commentary –II: The Question: What Godhead" (Ü. d. d. A.)

81 David Frawley, *Agni and the Fire of Self-Inquiry*. In: *The Mountain Path Journal*. Tiruvannamalai / Tamil Nadu 2003. – Der Ausdruck *adhyatma* bedeutet „innerlich" im Sinne von „zum ewigen Selbst gehörig".

82 Sri Aurobindo, *Kena and Other Upanishads*. Op. cit. Kap. "Kena Upanishad: Commentary – V: The Supreme Word" (Ü. d. d. A.)

83 Die Fortsetzung dieser Passage lautet: „Das WORT hat seine Samen-Laute [oder: Keim-Klänge] – wie die ewige Silbe des Veda, A-U-M und die Samen-Laute der Tantriker –, die in sich die Prinzipien der Wesen und Dinge tragen; es hat seine Gestaltungen, die hinter der offenbarenden und inspirierten Sprache stehen, die zu den höchsten Fähigkeiten des Menschen zählt; es hat seine Rhythmen – denn es beruht nicht auf einer ungeordneten Vibration, sondern bewegt sich nach großen kosmischen Maßen – und diesen Rhythmen entsprechen Gesetz, Anordnung, Harmonie sowie die Vorgänge in der Welt, die es erschafft. Das Leben selbst ist ein Rhythmus Gottes." – Sri Aurobindo, ebenda.

84 Rudolf Steiner, *Menschheitsentwickelung und Christus-Erkenntnis*. Dornach 1981. Vortrag, 28. Juni 1907.

85 Vor anthroposophischem Hintergrund haben zur Logos-Idee bei Heraklit und dessen Nachfolgern vornehmlich Wilhelm Kelber, Karl-Martin Dietz und Frank Teichmann wegweisende Arbeiten vorgelegt – mit jeweils religionsgeschichtlichem, philosophischem und Mysterien-kundlichem Akzent. – Vgl. Wilhelm Kelber, *Die Logoslehre*. Stuttgart 1958; Karl-Martin Dietz, *Metamorphosen des Geistes. Band III: Heraklit von Ephesus und die Entwicklung der Individualität*. Stuttgart 1990; Frank Teichmann, *Die griechischen Mysterien*. Stuttgart 2007.

86 Aufgrund der genannten Eigenschaften wird eine nähere Beziehung der Artemis zu Demeter vermutet, werden von manchen auch die Artemis-Mysterien mit den eleusinischen assoziiert.

87 Hier sieht Wilhelm Kelber eine klare Übereinstimmung mit Rudolf Steiners geisteswissenschaftlicher Schau des Werdens der bisherigen vier Planetenzustände durch Wärme, Luft, Wasser und Erde. Vgl. Wilhelm Kelber, *Die Logoslehre*. Op. cit. Kap. „Heraklit".

88 Karl-Martin Dietz, *Metamorphosen des Geistes. Band III: Heraklit von Ephesus und die Entwicklung der Individualität*. Op. cit. Kap. „Das Werk Heraklits".

89 Heraklit, *Über die Natur*. Fragment 1; zitiert nach Wilhelm Kelber, *Die Logoslehre*. Op. cit. Kap. „Heraklit".

90 Heraklit, *Über die Natur*. Fragment 30; zitiert nach Karl-Martin Dietz, *Metamorphosen des Geistes. Band III: Heraklit von Ephesus und die Entwicklung der Individualität*. Op. cit. Kap. „Das Werk Heraklits".

91 Heraklit, *Über die Natur*. Fragment 64; zitiert nach Karl-Martin Dietz, ebenda.

92 Heraklit, *Über die Natur*. Fragment 64a; zitiert nach Karl-Martin Dietz, ebenda.

93 Heraklit, *Über die Natur*. Fragment 46 (abweichende Zählung); zitiert nach William Harris, *Heraclitus: The Complete Fragments: Translation and Commentary and The Greek Text*. Middlebury/VT 1994. (Aus dem Englischen ü. d. d. A.).

94 Heraklit, *Über die Natur.* Fragment 65; zitiert nach Karl- Martin Dietz, *Metamorphosen des Geistes. Band III: Heraklit von Ephesus und die Entwicklung der Individualität.* Op. cit. Kap. „Das Werk Heraklits".

95 Heraklit, *Über die Natur.* Fragment 2; ebenda.

96 Heraklit, *Über die Natur.* Fragment 45; zitiert nach Frank Teichmann, *Die griechischen Mysterien.* Op. cit. Kap. „Heraklit von Ephesos".

97 Vgl. Karl-Martin Dietz, *Metamorphosen des Geistes. Band III: Heraklit von Ephesus und die Entwicklung der Individualität.* Op. cit. Kap. „Das Werk Heraklits".

98 Rudolf Steiner, *Das Christentum als mystische Tatsache.* Dornach 1976. Kap. „Die griechischen Weisen vor Plato im Lichte der Mysterienweisheit".

99 Ebenda.

100 Eusebius von Caesarea, *Praeparatio evangelica.* XV,14. – Zitiert nach: Wilhelm Kelber, *Die Logoslehre.* Op. cit. – Kap. „Der Ausbau der Logoslehre in der Stoa".

101 Vgl. auch Anm. 78 und Anm. 83 (letztere Anmerkung mit einem Wortlaut Sri Aurobindos). – Die Auffassung Kelbers von der möglichen Einzigartigkeit des stoischen Begriffs der *logoi spermatikoi* verträgt sich ebenfalls nicht gut mit der Bedeutung der Laute und Buchstaben in der jüdischen Kabbala. Die Kabbala baut geradezu auf der Idee auf, dass Gott die Welt durch sein Wort erschuf und dass Worte und Laute bzw. Buchstaben die Grundelemente der Schöpfung ausmachen, ja, dass jeder Laut oder Buchstabe einen „Kanal" für je eine spezifische schöpferische Energie des göttlichen Manifestationswillens darstellt.

102 Vgl. Johannes Hirschberger, *Geschichte der Philosophie. Band I: Altertum und Mittelalter.* Freiburg i. Br. 1981. Kap. „Neuplatonismus: Philosophie und Religion"; hier der Eintrag „Philon von Alexandrien". Sowie: Wilhelm Kelber, *Die Logoslehre.* Op. cit. Kap. „Die Logoslehre im Judentum".

103 In der Neuzeit wurde der Logos vielfach einseitig geistig bzw. abstrakt interpretiert. Der konkrete Aspekt seines Ausgesprochen- und Vernommenwerdens trat demgegenüber immer weiter zurück. Niemand Geringerer als Martin Heidegger hat diesen Umstand kritisch hinterfragt („*logos* wird ‚übersetzt', d. h. immer ausgelegt als Vernunft, Urteil, Begriff, Definition, Grund, Verhältnis [...]") und er hebt erneut den konkreten, sinnlichen Aspekt des Logos hervor, indem er ausführt, der *logos* sei *phone* – stimmliche Verlautbarung. – Vgl. Martin Heidegger, *Sein und Zeit.* Tübingen 1967. Zweites Kapitel § 7, B – „Der Begriff des Logos".

104 *Das Evangelium nach Johannes*, Kap. 13, Vers 23. – Bibelstellen werden durch die üblichen Kürzel im laufenden Text gekennzeichnet. Verwendet wird, wenn nicht anders vermerkt: *Die Bibel – nach der Übersetzung Martin Luthers.* Stuttgart 1985.

105 Rudolf Steiner, *Das Christentum als mystische Tatsache.* Op. cit. Kap. „Das Lazaruswunder".

106 Der Hinweis auf die geistige Forschung, aus der Rudolf Steiner – ähnlich auch Sri Aurobindo – schöpft, kann vom Leser so aufgenommen werden,

dass er die entsprechenden Aussagen zumindest als Arbeitshypothesen gelten lässt, deren Plausibilität sich aus der Einbettung in den Gesamtzusammenhang des Dargestellten ergibt. Im I. Kapitel dieser Schrift wurde anhand der Frage nach der Datierung der proto-indischen, vedischen Zivilisation das Verhältnis der geistigen Forschung zu den Ergebnissen der vorherrschenden fachwissenschaftlichen Richtungen exemplarisch beleuchtet. – Jüngere neutestamentliche Arbeiten diskutieren immerhin – gegenüber der im 20. Jahrhundert verbreiteten Annahme, das *Johannes-Evangelium* habe mehrere verschiedene Autoren – wieder verstärkt die These, dass das *Johannes-Evangelium* und die *Johannes-Briefe* einen einzigen begnadeten Verfasser haben müssen (vgl. z. B. Martin Hengel, *Die johanneische Frage. Ein Lösungsversuch.* Tübingen 1993; Klaus Berger, *Im Anfang war Johannes. Datierung und Theologie des vierten Evangeliums.* Stuttgart 1997).

107 Vgl. Gerd-Klaus Kaltenbrunner, *Dionysius vom Areopag. Das Unergründliche, die Engel und das Eine.* Zug/Schweiz 1996. Kap. „Die schwarze Schönheit als Sonnenfrau".

108 Vgl. Eusebius von Cäserea, *Kirchengeschichte (Historia Ecclesiastica).* München 1932. Drittes Buch, 23. und 31. Kapitel. – Eusebius bezieht sich hier insbesondere auf Irenäus von Lyon (ca. 135-202 n. Chr.) und den Bischof Polykrates von Ephesos (125-196 n. Chr.).

109 Vgl. Gerd-Klaus Kaltenbrunner, *Johannes ist sein Name. Priesterkönig, Gralshüter, Traumgestalt.* Zug/Schweiz 1993. Kap. „Vom Jünger, den Jesus liebte, zur mystischen Dynastie der Johanniden".

110 Clemens von Alexandrien, *Teppiche: Wissenschaftliche Darlegungen entsprechend der wahren Philosophie (Stromateis).* München 1936-1938. Erstes Buch, I. Kapitel.

111 Diese Übersetzung wurde der Ausgabe entnommen: *Die Bibel. Die heilige Schrift des Alten und Neuen Bundes. Deutsche Ausgabe mit den Erläuterungen der Jerusalemer Bibel.* Freiburg / Basel / Wien 1983.

112 Johannes Scotus Eriugena, *The Voice of the Eagle. Homily on the Prologue to the Gospel of St. John.* Hudson / NY 1990.

113 Vgl. dazu aus anthroposophischer Sicht: Friedrich Rittelmeyer, *Ich bin. Reden und Aufsätze über die sieben „Ich bin"-Worte des Johannesevangeliums.* Stuttgart 1951.

114 Diese Andeutungen berühren die Grundlagen des wechselseitigen christlichen Opfer-Verständnisses, was am deutlichsten in den Worten über „Brot" und „Wein" hervortritt. – Im Rahmen dieser Betrachtungen ist dies insbesondere mit dem zu vergleichen, was oben über die dem vedischen Wort-Weben innewohnende Wechselseitigkeit, das darin lebendige Leben, gesagt wurde. – Vgl. den Abschnitt „OM – der *pranava*".

115 Vgl. die einleitende Passage des vierten Abschnittes dieses Kapitels, „Der Logos".

116 Rudolf Steiner, *Mysteriengestaltungen.* Dornach 1998. Vortrag, 2. Dezember 1923.

117 Hier darf an David Frawleys zitierte Auskunft über die Vak erinnert werden, die als eine von Agnis „drei hauptsächlichen innerlichen (*adhyatma*) Formen" den Menschen in drei Wesensschichten beseelt – angesiedelt zwischen Prana (Lebenskraft) und Buddhi (Intelligenz). – Vgl. oben, das betreffende Zitat im dritten Abschnitt dieses Kapitels, „Vak – das Wort des Höchsten" (belegt in Anm. 81).

118 Rudolf Steiner, *Mysteriengestaltungen.* Op. cit. Vortrag, 2. Dezember 1923.

119 Ebenda. – Die irreführende Schreibung „Maja" in der verwendeten Buchausgabe der betreffenden Vorträge wurde durch die allgemein übliche „Maya" ersetzt.

120 Ebenda.

121 Zu dieser bedeutenden Zusammenarbeit vgl. J. Emanuel Zeylmans van Emmichoven, *Wer war Ita Wegman. Eine Dokumentation. Bände 1-3.* Heidelberg 1990 und 1992; ders., *Die Erkraftung des Herzens. Eine Mysterienschulung der Gegenwart.* Arlesheim 2009; Peter Selg, *Ich bleibe bei Ihnen. Rudolf Steiner und Ita Wegman.* Stuttgart 2007.

122 Zu dem Brand des Goetheanum-Baus vgl.: Klaus J. Bracker, *Grals-Initiation. Anthroposophische Esoterik und die künftige Jesus-Offenbarung.* Op. cit. Kap. I im Abschnitt „Grundsteinlegung für das ‚Haus der Sprache'".

123 Sri Aurobindo, *Essays in Philosophy and Yoga.* Op. cit. Darin: "Heraclitus". (Ü. d. d. A.)

124 Ebenda.

125 Rudolf Steiner, *Das Johannes-Evangelium.* Dornach 1981. Vortrag, 18. Mai 1908.

126 Margarita Woloschin, *Die grüne Schlange. Lebenserinnerungen.* Stuttgart 1997. – Drittes Buch. Kap. „Der Lehrling".

127 Die spätere Lory Maier-Smits. – Vgl. Rudolf Steiner, *Die Entstehung und Entwickelung der Eurythmie.* Dornach 1965. Magdalene Siegloch, *Lory Maier-Smits.* Dornach 1993.

128 Rudolf Steiner, *Eurythmie. Die Offenbarung der sprechenden Seele.* Dornach 1980. Ansprache, 2. Juni 1918.

129 Ders., *Eurythmie als sichtbare Sprache.* Op. cit. Vortrag, 25. Juni 1924. – Die Schreibung „Jogaphilosophie", „Jogaüben" und „Jogaübungen" wurde an die international gebräuchliche Schreibung angepasst: „Yogaphilosophie", „Yogaüben" und „Yogaübungen".

130 Vgl. Sri Aurobindo, *Glossary to the Record of Yoga.* Op. cit. Einträge zu "vayu" und "Vayu". – Aus Vayu wurde der spätere *prana*.

131 Vgl. Rudolf Steiner, *Eurythmie. Die Offenbarung der sprechenden Seele.* Op. cit. Ansprache, 18. Februar 1923.

132 Die Eurythmie und das Indische haben – den Darlegungen Rudolf Steiners zufolge – sehr charakteristische Beziehungen gemeinsam einmal zu dem Ätherleib und dann zu jenem erst zukünftig bedeutsamen Wesensglied des Menschen, das als Lebensgeist bezeichnet wird, im Sanskrit: die Buddhi. Eu-

rythmie hat die Bewegungen und Gestaltungskräfte des Ätherleibes gleichsam zum Ausgangsmaterial, als Kunstform aber ist sie auf den Lebensgeist bezogen, wie Dichtung und Sprachkunst auf das Geistselbst, die Musik auf das Ich usw.. – Vgl. zu Letzterem etwa: Rudolf Steiner, *Kunst im Lichte der Mysterienweisheit*. Dornach 1980. Vortrag, 29. Dezember 1914. – Dies scheint den „spiegelnden" Bezug zu beleuchten, der zwischen der uralt-indischen Kulturepoche und ihrer zukünftigen Metamorphose in der siebenten nachatlantischen Kulturepoche besteht (davon war schon kurz in Kap. I die Rede; siehe dort Anm. 38). Die uralt-indische Kultur diente vornehmlich der Ausgestaltung des menschlichen Ätherleibes, während es in der siebenten Kulturzeit um ein erstes Arbeiten an dem Wesensglied des Lebensgeistes gehen wird, der einmal die vollkommene Umwandlung des Äther- oder Lebensleibes darstellen soll. – Vgl. dazu: Ders., *Das esoterische Christentum und die geistige Führung der Menschheit*. Dornach 1977. Vortrag, 9. Januar 1912. – Umso mehr erklärt sich aus solchem Vergleich die besondere Stellung der ephesischen Mysterien, die zum einen das Uralt-Indische in sich konzentrieren, um Europa in seiner Morgenröte dessen Essenz darzubieten, die zum anderen den Keim bereit halten, aus dem im 20. Jahrhundert die Eurythmie entstehen kann.

133   Rudolf Steiner, *Mysterienstätten des Mittelalters. Rosenkreuzertum als modernes Einweihungsprinzip*. Dornach 1980. Vortrag, 22. April 1924.

134   In der irdischen Inkarnation geht der Eurythmist mit der anderen Lautfolge „I-A-O" um, die das gute Ineinander-Wirken der verschiedenen Wesensglieder befördert. Hier lebt er eigentlich in der Horizontalität der beiden Zeitaspekte – in der Dynamik zwischen Vergangenheit und Zukunft. In seiner wahren Ichheit bildet er die Vertikale, die das physische Jetzt mit der Sphäre der Ewigkeit verbindet, der er entstammt. Dies enthält den Hinweis, dass das „A" des Ätherleibes (*pranamayakosha*) die Vergangenheit repräsentiert, das „O" des Astralleibes (*manomayakosha*) jedoch die Zukunft. Das „I" steht als Ausdruck der individuellen, unversehrten Geistseele (*chaitya purusha*) für die besagte Vertikale.

135   Zur ephesischen Artemis und ihrer Verbindung mit der Eurythmie lieferten Thomas Göbel und Martin-Ingbert Heigl wichtige Beiträge. Beachtung verdient auch Werner Barfods Arbeit zum eurythmischen „I-A-O". – Vgl. Thomas Göbel, *Eurythmie als erlebte, gestaltete und wirksame Gebärde*. Dornach 1999. Kapitel „Die Eurythmie als Erkenntnisaufgabe oder vom offenbaren Geheimnis des ‚F' zur Ganzheit der Blaselaute". Martin-Ingbert Heigl, *Artemis – Eurythmie, Sprachgestaltung und Philosophie der Freiheit*. Norderstedt 2007. Werner Barfod, *I A O und die eurythmischen Meditationen*. Dornach 1999.

136   Eine Aufgabe für die Zukunft kann darin gesehen werden, sich in Gruppen mit den belebenden und durchseelten Bewegungsmitteln, die die Eurythmie für Darstellung und Ausdruck bereithält, der Hymnen des Veda, im alten vedischen Sanskrit, anzunehmen. Die Ergebnisse würden, wenn sich dazu

Eurythmie und vedisches Wissen auf fachlichem Niveau begegnen würden, umso eindrücklicher ausfallen.

137   Ebenda.

138   Friedrich Hölderlin, *Werke und Briefe*. Frankfurt/M. 1969.

KAPITEL IV

1   Vgl. das zweite Kapitel, dort den einleitenden Abschnitt.

2   Stattdessen berief man nach Darwins ablehnendem Bescheid den Philosophen Thomas H. Huxley, einen berühmten Freund Darwins und energischen Befürworter von dessen Evolutionstheorie („Darwin's bulldog") als Rektor an die University of Aberdeen.

3   Vgl. Ambalal B. Purani, zitiert nach Peter Heehs, *The Lives of Sri Aurobindo*. Op. cit. Kapitel: "Early Years in India".

4   1890-1897 arbeitete Rudolf Steiner am Weimarer Goethe- und Schiller-Archiv. Er war Mitherausgeber der Naturwissenschaftlichen Schriften Goethes, erschienen zwischen 1884 und 1896. – Vgl. Rudolf Steiner, *Einleitungen zu Goethes Naturwissenschaftlichen Schriften*. Dornach 1987; ders. *Grundlinien einer Erkenntnistheorie der Goetheschen Weltanschauung, mit besonderer Rücksicht auf Schiller*. (1886) Op. cit..

5   Die am häufigsten benannte Unterscheidung zwischen dem Gott der jüdisch-christlichen Tradition, der die Welt und alles in ihr erschuf, und dem Demiurgen Platos liegt darin, dass Letzterer einen Urstoff vorfand, aus welchem er die Geschöpfe formte, während Ersterer die Schöpfung aus dem Nichts hervorrief.

6   „Entwicklung" und „Evolution" meinten ursprünglich annähernd das gleiche. Die Termini sind einmal mehr mitteleuropäisch, einmal mehr angelsächsisch geprägt.

7   Jean-Baptiste de Lamarck (1744-1829), der u.a. mit seiner *Philosophie Zoologique*, Paris 1809, einen der frühesten Versuche einer systematischen (materialistisch geprägten) Evolutionstheorie vorlegte, soll nicht unerwähnt bleiben. In der vorliegenden Untersuchung wird seine Leistung jedoch nicht eigens thematisiert, da hier hinsichtlich der Voraussetzungen, von denen Sri Aurobindo und Rudolf Steiner ausgingen, Charles Darwin und Johann Wolfgang Goethe im Fokus stehen. Nur der Hinweis sei gegeben, dass neuerdings – trotz einiger abfälliger Bemerkungen Darwins über de Lamarck – ein größerer Einfluss des Franzosen auf den Briten vermutet wird, als es lange Zeit angenommen wurde.

8   Den Begriff *survival of the fittest* übernahm Darwin bemerkenswerter Weise von dem Philosophen Herbert Spencer (1820-1903), der ihn 1864 prägte, um damit gesellschaftliche Wirksamkeiten grundlegender Art zu bezeichnen. – Vgl. Gerald Hartung (Hg.), *Eduard Zeller. Philosophie- und Wissenschaftsgeschichte im 19. Jahrhundert*. Berlin / New York 2010. Darin: Oliver Primavesi, „Aris-

toteles oder Empedokles? Charles Darwin und Eduard Zeller über einen antiken Ansatz zur Evolutionstheorie".

9   Christoph Hueck, *Evolution im Doppelstrom der Zeit. Die Erweiterung der naturwissenschaftlichen Entwicklungslehre durch die Selbstanschauung des Erkennens.* Dornach 2012. Kap. "Alle Gestalten sind ähnlich…"

10   Richard Owen war es auch, der für eine weitgehend ausgestorbene Gruppe von Vertebraten die Bezeichnung "Dinosaurier" prägte.

11   Johann Wolfgang Goethe, *Italienische Reise.* Zit. nach: Rudolf Steiner (Hg.), *J. W. Goethe. Naturwissenschaftliche Schriften. Erster Band.* Dornach 1975.

12   Vgl. Rudolf Steiner, "Die Entstehung der Metamorphosenlehre". In: Rudolf Steiner (Hg.), *J. W. Goethe. Naturwissenschaftliche Schriften. Erster Band.* Op. cit.

13   Johann Wolfgang Goethe, *Die Metamorphose der Pflanzen.* In: Rudolf Steiner (Hg.), *J. W. Goethe. Naturwissenschaftliche Schriften. Erster Band.* Op. cit.

14   Ebenda. – Darin: Johann Wolfgang Goethe, "Zur Morphologie. Der Inhalt bevorwortet". (Vorwort u.a. zu *Die Metamorphose der Pflanzen*).

15   Ders., *Zur Morphologie. Die Absicht eingeleitet.* (Einleitung u.a. zu *Die Metamorphose der Pflanzen*). Zit. nach: Wolfgang H. Arnold, *Entwicklung. Interdisziplinäre Aspekte zur Evolutionsfrage.* Stuttgart 1989. – Darin: Frank Teichmann, "Die Entstehung des Entwicklungsgedankens in der Goethezeit".

16   Ernst Haeckel schrieb am 10. August 1864 in einem Brief an Charles Darwin, dass Goethe sich in seinen Aufsätzen *Zur Morphologie* als Vorläufer der Deszendenztheorie erwiesen habe, und, er sähe mit großer Freude, dass die großen deutschen Philosophen und Denker (gemeint die Idealisten) " […] dieselbe *a priori* als die *einzig mögliche Art*, die Entstehung der Arten zu begreifen", betrachteten. Siehe: http://www.darwinproject.ac.uk/entry-4586#back-mark-4586.f9

17   Vgl. Marcus Andries, *Schellings Entwicklungsbegriff. Wandlungen und Konstanten in seiner Naturphilosophie.* Dissertationsschrift, Tübingen 2010. Darin insbesondere Kapitel 8, "Die Entstehung von Neuem – Prinzipien und Typus der Entwicklung in Schellings früher Naturphilosophie".

18   Friedrich Wilhelm Schelling, *Die Weltalter.* (Fragment 1811). Zit. nach: Wolfgang H. Arnold, *Entwicklung. Interdisziplinäre Aspekte zur Evolutionsfrage.* Op. cit. – Darin: Frank Teichmann, "Die Entstehung des Entwicklungsgedankens in der Goethezeit".

19   Ebenda.

20   Oder, vice versa: um sich in dieselben Bewegungen bewusstseinsmäßig eingliedern zu können.

21   Die so genannte "synthetische Evolutionstheorie", die die heutigen Standards setzt, integriert in die Darwinsche Grundkonzeption neuere Erkenntnisse u. a. aus Genetik, Paläontologie und Populationsbiologie.

22   Vgl. Rudolf Steiner, *Welt- und Lebensanschauungen im neunzehnten Jahrhundert.* Zwei Teile in 1 Band, Berlin 1900-1901. – Diese Schrift unterzog Rudolf

Steiner einer Überarbeitung und so brachte er sie 1914 unter dem Titel *Die Rätsel der Philosophie. In ihrer Geschichte als Umriss dargestellt* neu heraus (Berlin 1914).

23 Vgl. etwa: Ernst Haeckel, *Generelle Morphologie der Organismen.* Berlin 1866; ders., *Natürliche Schöpfungsgeschichte.* Berlin 1868; ders., *Die Welträthsel. Gemeinverständliche Studien über monistische Philosophie.* Bonn 1899. – Ernst Haeckel ist übrigens der Urheber der so genannten „biogenetischen Grundregel", die besagt, dass die embryonale Entwicklung eines Einzelwesens (Ontogenese) eine Rekapitulation der Stammesgeschichte (Phylogenese) darstellt.

24 Rudolf Steiner, *Mein Lebensgang.* Op. cit.. Kap. XXXII.

25 Sri Aurobindo, *The Supramental Manifestation.* Pondicherry 1972. – Darin: "Involution and Evolution". (Ü. d. d. A.)

26 Es gilt niemand anderes als der Philosoph Thomas H. Huxley, jener früher erwähnte Befürworter Darwins, als der Begründer des Epiphänomenalismus. Vgl. Anm. 2.

27 Schon 1902 hatte Peter Kropotkin (1842-1921), der Vordenker des kommunistischen Anarchismus, in seiner Schrift *Mutual Aid: A Factor of Evolution* gegen Darwins „Kampf ums Dasein" Position bezogen. – Vgl. Peter Kropotkin, *Gegenseitige Hilfe in der Entwickelung.* Leipzig 1904. – Rudolf Steiner hat sich über Kropotkins Ansatz der „gegenseitigen Hilfe" außerordentlich lobend geäußert. – Vgl. Rudolf Steiner, *Die Welträtsel und die Anthroposophie.* Dornach 1983. Vortrag, 12. Oktober 1905. – Etwas von der Vision Sri Aurobindos scheint neuerdings auch in der Arbeit des Medizintheoretikers Joachim Bauer über das „kooperative Gen" aufzuleuchten. Ausgehend von den Ergebnissen der modernen Genforschung kommt er ebenfalls zu dem Schluss, dass nicht der Kampf ums Dasein die Evolution bestimmt, sondern dass die Lebewesen sogar in ihren Genen untereinander kommunizieren, kooperieren und evolutiv kreativ sind. – Vgl. Joachim Bauer, *Das kooperative Gen. Abschied vom Darwinismus.* Hamburg 2008.

28 Sri Aurobindo, *The Supramental Manifestation.* Op. cit. – Darin: „Evolution" (Ü. d. d. A.).

29 Dabei spielt für Sri Aurobindo eine Variante desselben Dualismus auch mit Blick auf die Spiritualität des Sanatana Dharma zum einen und die Zivilisation des Westens zum anderen eine große Rolle, indem Europa und Amerika vor allem Interesse für die materielle Welt der Prakriti aufbringen und Indien vornehmlich auf die höchste Geistigkeit des Purusha ausgerichtet ist. Seine Ambition ist es demnach, auch Ost und West einander anzunähern.

30 Die Naturreiche verkörpern die verschiedenen Grade der Bewusstheit: das Mineralische ist durch ein weitgehendes Minimum an Bewusstheit gekennzeichnet, das Pflanzliche durch eine Bewusstheit, die dem Tiefschlaf des Menschen entspricht, das Tierische durch eine solche, die dem Traumbewusstsein entspricht. Erst im Menschen wird die Bewusstheit tagwach,

selbst-reflexiv und verinnerlicht sich zu dem, was Sri Aurobindo als „soul" oder als „psychic being" anspricht, zur eigentlichen Seele.

31   Vgl. beispielsweise Ken Wilber, *Das Atman-Projekt. Der Mensch in transpersonaler Sicht.* Paderborn 1990. – Kap. 18, „Involution". – Dort ist zu lesen: „Die Geschichte der Involution ist einfach die Beschreibung des Prozesses, mittels dessen die höheren Arten des Seins in den niederen verloren gegangen sind – wie es kam, dass sie in die niederen Stufen des Seins eingehüllt und eingefaltet wurden." – Es ist fraglich, ob Wilber in späteren Werken von dieser Sichtweise abgerückt ist. So spricht etwa in seiner großen Arbeit *Eros, Kosmos, Logos* seine Rede von Holons, Ebenen, von Eros und Thanatos sowie vom Emergieren der Holons auf jeweils höheren Ebenen – evolutionär aufsteigend – kaum dafür. Auch hier findet sich kein Hinweis auf evolutive Wirkungen, die aus übergeordneten Sphären auf den Evolutionsprozess, gleich auf welcher Ebene, einstrahlen. – Vgl. Ken Wilber, *Eros, Kosmos, Logos – Eine Vision an der Schwelle zum nächsten Jahrtausend.* Frankfurt am Main 1996.

32   „Aber all unsere spirituelle und seelische Erfahrung beweist uns positiv und liefert uns das zuständige und in seinen Hauptprinzipien unveränderliche Zeugnis, dass höhere Welten, freiere Ebenen des Seins existieren." – „Wir finden, dass diese höheren Welten tatsächlich jeden Augenblick auf unsere eigene Wesens-Ebene einwirken und mit ihr in Kommunikation stehen, obwohl diese Einwirkung natürlich unserem gewöhnlichen wachen oder äußeren Bewusstsein nicht gegenwärtig ist, da dieses zum größten Teil auf die Aufnahme und Verwendung der Kontakte der physischen Welt beschränkt ist." – „Diese Welten folgen in ihrer ursprünglichen Schöpfung nicht der Ordnung des physischen Universums nach, sondern sie gehen ihr voraus, sie sind früher, wenn auch nicht in der Zeit, so doch in ihrer Aufeinanderfolge von Ursache und Wirkung. Denn gerade, wenn es eine aufsteigende ebenso wie eine absteigende Stufenfolge gibt, muss die aufsteigende Stufenfolge in ihrer ursprünglichen Natur eine Voraussetzung haben, die das evolutionäre Hervortreten in der Materie ermöglicht." – Sri Aurobindo, *Das göttliche Leben. Zweites Buch. Teil 2.* Op. cit. – Kap. XXI „Die Ordnung der Welten".

33   Sri Aurobindo, *Das göttliche Leben. Erstes Buch.* Op. cit. – Kap. XIV, „Das Supramental als Schöpfer".

34   Ders., *The Supramental Manifestation.* Op. cit. – Darin: „Involution and Evolution" (Ü. d. d. A.).

35   Ders., *The Live Divine.* Op. cit. Darin: Book Two. Part II, Chapter XXIV, „The Evolution of the Spiritual Man" (Ü. d. d. A.).

36   Vgl. ders., *Das göttliche Leben. Zweites Buch. Teil 2.* Op. cit. „Kap. „Die Entwicklung des spirituellen Menschen". – Die Übersetzung der zitierten Passage in dieser deutschen Ausgabe, durch Heinz Kappes, erschien gegenüber dem englischen Original stellenweise unklar. Deswegen erfolgte hier eine Neuübersetzung.

37 „Schöpferische Bewusstseins-Kraft": hier findet sich im Original: „creative Consciousness-Force". Sri Aurobindo pflegt durch die Großschreibung von Nomen die göttlich-geistige Natur dessen hervorzuheben, was er mit denselben ausdrücken möchte. Hier: die Maya, die Shakti. In *The Life Divine* heißt es an anderer Stelle, man könne nicht nur geistige Erfahrungen im Sinne des stillen Zeugen machen, sondern auch an der Dynamik des Geistigen, an seinem Wirken teilhaben. Und: „[...] wir finden, dass diese Bewusstseins-Kraft, Maya, Shakti, selbst die [wirkende] Macht des Seins ist, des Selbst-Existenten, des Ishvara." Sri Aurobindo, *The Life Divine*. Op. cit. Darin: Book Two. Part I, Chapter II, „Brahman, Purusha, Ishwara – Maya, Prakriti, Shakti". Ergänzung in eckigen Klammern durch den Autor. – „Ishvara" ist der „Herr", der „Herr des Universums", von Sri Aurobindo mit Krishna bzw. Vishnu identifiziert. – Vgl. zu Brahman und Maya, bzw. Purusha und Prakriti, in der vorliegenden Arbeit: Kap. I in dem Abschnitt „Spirituelle Zugänge zur vedischen Welt", Kap. III in dem Abschnitt „Vak – das Wort des Höchsten" und Kap. V in dem Abschnitt „Das Göttliche – in der Sicht Sri Aurobindos".

38 Sri Aurobindo, *The Supramental Manifestation*. Op. cit. – Darin: „Involution and Evolution" (Ü. d. d. A.).

39 Hier sei daran erinnert, dass die literarische Produktion in *The Arya* (1914-1921) in der später publizierten Buchform u. a. die großen Hauptwerke Sri Aurobindos ausmacht. – Vgl. Kap. II im Abschnitt „Pondicherry – Mirra, *The Arya* und der Ashram".

40 Vgl. Sri Aurobindo, *Record of Yoga*. Op. cit. Darin: „Notes on Images Seen in March 1914 – The Evolutionary Scale".

41 Da hier der Vergleich mit den Schilderungen der anthroposophischen Geisteswissenschaft interessiert, ist festzuhalten, dass nach dem über Agni Ausgeführten eindeutig klar ist, dass auch für Sri Aurobindo diese Weltschöpfung primär aus der Wärme, dem Feuer hervorgeht. Agni wird im Integralen Yoga charakterisiert als die Flamme der göttlichen Stärke, verbunden mit dem göttlichen Wissen. Über Agni als Gott heißt es, er ist „das göttliche Bewusstsein, das sich selbst als universale Energie zum Ausdruck bringt". Und: Agnis „[...] Geburts- und Heimstätte – denn er wird überall geboren und wohnt allen Dingen inne – ist die Wahrheit, die Unendlichkeit, die unermessliche kosmische Intelligenz, in welcher Wissen und Stärke eines sind". – Vgl. Sri Aurobindo, *Record of Yoga*. Appendixband: *Glossary to Records of Yoga*. Op. cit. (Ü. d. d. A.).

42 Sri Aurobindo, *Record of Yoga*. Op. cit. Darin: „Notes on Images Seen in March 1914 – The Evolutionary Scale". (Ü. d. d. A.).

43 Rudolf Steiner nennt die vorherige Manifestation des heutigen Planeten Erde zwar „Alter Mond", er spricht aber auch von einem spezifischen Zusammenhang zwischen jenem Alten Mond und dem heutigen Mars, dahin gehend, dass die heutige Marsbahn die Sphäre markiert, die zunächst von der Entwicklung des Alten Mondes eingenommen worden war. Später habe der

Alte Mond eine damalige Sonne auf der heutigen Marsbahn umkreist. – Vgl. Rudolf Steiner, *Geistige Hierarchien und ihre Widerspiegelung in der physischen Welt. Tierkreis, Planeten, Kosmos.* Dornach 1991. Vortrag, 14. April 1909. – Vgl. auch die Darstellung der kosmischen Entwicklung nach Steiner in diesem Kapitel, Abschnitt "Kosmische Evolution – II"

44 Sri Aurobindo, *Record of Yoga.* Op. cit. Darin: „Notes on Images Seen in March 1914 – The Evolutionary Scale". (Ü. d. d. A.).

45 Hier sei ein „Übersetzungsversuch" gestattet: Die Bewusstseinshülle, *manahkosha*, entspricht sowohl dem Astralleib bei Rudolf Steiner als auch dem sich daraus entwickelnden geistigen Wesensglied des Geistselbstes, das er auch „Manas" nennt. Die Erkenntnishülle, *vijnanakosha*, entspricht dem Lebensgeist bei Rudolf Steiner, den er auch als „Buddhi" bezeichnet. Sie steht für eine hohe intuitive Intelligenz, die den Intellekt des heutigen Menschen bei Weitem überragt. Die Wonne- oder Seligkeitshülle, *anandakosha*, ist dem Geistesmenschen zuzuordnen. Sie entspricht – im Sinne der *Katha Upanishad* – dem *mahan atman*, dem „Großen Selbst", das gemäß der Upanishad von dem Unmanifesten, *avyakta*, und schließlich – oberhalb des Unmanifesten – von dem Purusha übertroffen wird. – Es ist fraglich, ob die „dynamische" und die „essenzielle" Ebene, die Sri Aurobindo im vorliegenden Zitat nennt, den beiden Größen des Unmanifesten und des Purusha entsprechen. – Zwischen Buddhi und Manas wird traditionell „Ahankara" angesetzt, der „Ich-Macher". Für Sri Aurobindo wohnt dem Inneren der menschlichen Natur, genauer des Mentalen, *manahkosha*, die Seele des Menschen inne, das „innere Wesen" bzw. das „seelische Wesen", *psychic being.* Auf diesen Zusammenhang soll die Betrachtung noch im vorliegenden Kapitel zurückkommen.

46 Sri Aurobindo, *Record of Yoga.* Op. cit. Darin: „Notes on Images Seen in March 1914 – The Evolutionary Scale" (Ü. d. d. A.). – Mit *bhuvarloka* ist die zur Erde gehörige Lebenswelt gemeint, in etwa die „elementarische" Welt. Vgl. die Ausführungen zum Gayatri Mantra und zu dessen Eingangsformel: „OM – *bhur* – *bhuvah* – *svah*"; Kap. III in dem Abschnitt „OM – der Pranava".

47 Sri Aurobindo, *Record of Yoga.* Op. cit. Darin: „Notes on Images Seen in March 1914 – The Evolutionary Scale" (Übersetzung und Ergänzungen in eckigen Klammern durch den Autor).

48 Ebenda (Übersetzung und Ergänzungen in eckigen Klammern durch den Autor).

49 Hier die Fortsetzung des Textes: „[…] sie werden genannt Pashu, Vanara, Pishacha, Pramatha, Rakshasa, Asura, Deva, Sadhyadeva, Siddhadeva und Satyadeva. Die letzten drei sind unter anderen Namen bekannt, die jetzt nicht wiedergegeben werden müssen. Pashu ist das Mentale, das sich ganz auf Nahrung und materielle Existenz konzentriert; Vanara ist das Mentale, das sich auf die Lebensprozesse konzentriert; Pishacha – das auf die Sinne und das mit ihnen verbundene niedere Bewusstsein konzentrierte Mentale; Pra-

matha – das auf das Herz, auf emotionale und ästhetische Eindrücke und das ihnen entsprechende niedere Bewusstsein konzentrierte Mentale; Rakshasa ist das Mentale, das sich auf das eigentliche rationale Denken konzentriert und alles Vorherige in dasselbe integriert; Asura – das auf die Buddhi zentrierte Mentale, das in sich Rakshasa dazu bringt, dem allgemeinen Mentalen und den niederen Bewusstseinsstufen zu dienen; Deva – das in *vijnana*, der intuitiven Intelligenz, zentrierte Mentale, sich selbst überschreitend, aber: Deva oder Devasura bringt im Asura *vijnana* dazu, der Buddhi zu dienen. Die nachfolgenden [Stufen] erheben das Mentale schrittweise zu Ananda, Tapas und Sat und sind jeweils der höchste Rakshasa, der höchste Asura, der höchste Deva." Ebenda (Übersetzung und Ergänzung in eckigen Klammern durch den Autor). – Asura und Rakshasa begegnen bei Sri Aurobindo auch als Wesenheiten dämonischer Natur. Hier sind sie in ihrer ursprünglichen, reinen und guten Form gemeint.

50 Rudolf Steiner, „Über das Wesen und die Bedeutung von Goethes Schriften über organische Bildung". In: Rudolf Steiner (Hg.), *J. W. Goethe. Naturwissenschaftliche Schriften. Erster Band.* Op. cit.

51 Kanzler Friedrich von Müller, *Unterhaltungen mit Goethe. 7. Mai 1830.* – Zit. nach: Ernst Lautenbach, *Lexikon Goethe Zitate. Auslese für das 21. Jahrhundert.* München 2004.

52 Rudolf Steiner, *Die Philosophie der Freiheit.* Op. cit. Kap. „Die Konsequenzen des Monismus".

53 Ders., *Mein Lebensgang.* Op. cit. Kap. III.

54 Ders., *Die Geheimwissenschaft im Umriss.* Op. cit.. Kap. „Die Weltentwickelung und der Mensch".

55 Die hier folgende Ausführung rekurriert insbesondere auf Rudolf Steiners grundlegende Darstellungen in seinem Hauptwerk *Die Geheimwissenschaft im Umriss.* – Vgl. ebenda, Kap. „Die Weltentwickelung und der Mensch". – Das in der vorliegenden Arbeit Angedeutete kann allerdings nicht mehr sein als eine sehr knappe, vereinfachende Skizze, der gegenüber Rudolf Steiners Schilderungen der betreffenden Vorgänge der frühen Evolution – in der *Die Geheimwissenschaft im Umriss* – von einer erstaunlichen Genauigkeit und Detailliertheit sind.

56 Das Einwirken der „Geister der Form" (Exousiai). – Zu den hier und weiter oben genannten sehr hohen und hohen Geistwesen: Die Entwicklung des Alten Saturn bestimmten und impulsierten maßgeblich die Wesenheiten der ersten Hierarchie, die Rudolf Steiner als die „Geister des Willens" anspricht (traditionell: Throne); die Entwicklung der Alten Sonne die zur zweiten Hierarchie zählenden „Geister der Weisheit" (Kyriotetes); die des Alten Mondes die zur zweiten Hierarchie zählenden „Geister der Bewegung" (Dynameis); die Entwicklung der gegenwärtigen Erde bestimmen und impulsieren (s. o.) die ebenfalls zur zweiten Hierarchie gehörigen „Geister der Form" (Exou-

siai). Rudolf Steiner hat in seiner genannten Schrift *Die Geheimwissenschaft im Umriss* sowie in zahlreichen Vorträgen vor Mitgliedern der ‚Theosophischen' bzw. ‚Anthroposophischen Gesellschaft' eine grandiose Hierarchienlehre entwickelt. – Kyriotetes und Dynameis wurden in der vorliegenden Arbeit bereits in Kap. I und III behandelt (vgl. Kap. I, Abschnitt „Spirituelle Zugänge zur vedischen Welt"; und Kap. III, Abschnitt „Vak – das Wort des Höchsten"). – Vgl. des Weiteren Anm. 149.

57 Rudolf Steiner, *Die Geheimwissenschaft im Umriss*. Op. cit. Kap. „Die Weltentwicklung und der Mensch".

58 Sri Aurobindo, *Kena and Other Upanishads*. Op. cit. Kap. "Kena Upanishad: Commentary – V: The Supreme Word" (Ü. d. d. A.).

59 Vgl. Nayak, Anand (Hg.): *Die Bhagavadgita. In der Übertragung von Sri Aurobindo*. Op. cit.

60 Vgl. Klaus J. Bracker, *Grals-Initiation*. Op. cit. Kap. III im Abschnitt „Anthropos – Der ur-adamische Krishna-Jesus". – In dem Abschnitt „Avatar und höheres Selbst – der Christus Jesus" wird dort die Bildidee des Avatars bei Rudolf Steiner weiter verfolgt, der insbesondere Shri Krishna im Blick hat (ohne unbedingt immer den Terminus „Avatar" zu verwenden). Es sei hier zudem daran erinnert, dass Rudolf Steiner die Begründung der ‚Anthroposophischen Gesellschaft' (1912/13) mit einer Vortragsreihe über die *Bhagavad Gita*, d. h. über Krishna, verband. – Vgl. Rudolf Steiner, *Die Bhagavad Gita und die Paulusbriefe*. Dornach 1982.

61 Für weitere Informationen siehe: The Bhagavata Purana Research Project, University of Oxford. Oxford Centre for Hindu Studies, 15 Magdalen Street, Oxford OX1 3AE, U.K. – Internetadresse: http://ochs.org.uk/research/bhagavata-purana-research-project

62 Sri Aurobindo, *Letters On Yoga. Part One*. Birth Centenary Library. Pondicherry 1970. – Darin: "Section Seven. The Purpose of Avatarhood" (Ü. d. d. A.). Die Briefe, wiedergegeben in *Letters on Yoga*, wurden überwiegend in den 1930er Jahren geschrieben. Der zitierte Brief ließ sich nicht genauer datieren.

63 „Vital-rajasisch" und „mental-sattvisch": diese Termini beziehen sich auf das schon früher reflektierte Sankhya-Konzept der drei Gunas – Tamas (hier nicht genannt), Rajas und Sattva. Sri Aurobindo möchte darauf hinweisen, dass der vital-emotionale Menschentyp mehr der Guna-Qualität Rajas entspricht (das Feurige, Leidenschaftliche), der mental bestimmte Mensch jedoch mehr der Qualität Sattva (das Ruhige, Abgeklärte). – Unter einem „Nirguna Avatar" muss man sich eine Manifestation vorstellen, die die höchste göttliche Wirklichkeit – *nirguna brahman*: ohne Form, ohne Qualität, ohne Eigenschaften – innerhalb der geschaffenen Welt repräsentieren kann.

64 Wenn es im folgenden Text heißt: „Die heiligen Bücher der Veden und die Rosenkreuzer-Chronik sprechen von zehn solchen Avataras [...]", dann ist der Begriff „Veden" im weitesten Sinne zu nehmen, indem man das *Bhag-*

avata Purana der Literatur des Vedanta zurechnet (im Sinne der Schule des so genannten Dvaitadvaita Vedanta (Zweiheit-Nichtzweiheit) nach Chaitanya (1486-1533). – Vedanta (Skr.) heißt: das Ende der Veden.

65 Rudolf Steiner, *Über die astrale Welt und das Devachan.* Op. cit.. Private Lehrstunde, Sommer 1903, „Der Sonnenlogos. Die zehn Avatare".

66 In diesem Textabschnitt steht „Dangma" (Tib.) für eine „gereinigte Seele", jemanden, der über das geöffnete Auge der höheren Schau verfügt. Im Sanskrit entspricht ihm der Mahatma oder der Jivanmukti.

67 „Die Wirbelknochen, aus denen sich nacheinander die Fische, Amphibien, Vögel und Säugetiere entwickelt haben, waren im Vorahn nur in der ersten Anlage vorhanden [...]" müsste heißen: „Die Wirbelknochen, *mit* denen sich nacheinander die Fische, Amphibien, Vögel und Säugetiere entwickelt haben, waren im Vorahn nur in der ersten Anlage vorhanden [...]". – Bei dem zitierten Text ist insbesondere zu berücksichtigen, dass es sich dabei und in ähnlichen Fällen um Nachschriften von Rudolf Steiners Äußerungen handelt, deren Wortlaut er vor einer Veröffentlichung nicht mehr überprüfte.

68 Hinsichtlich der Beziehung des Rosenkreuzertums zu der indischen Überlieferung, die Avatare betreffend – und in Verknüpfung mit Fragen der Evolution – finden sich nur indirekte Indizien mehr esoterischer Natur. Der 1784 gestorbene Graf Saint-Germain, in dem Rudolf Steiner den Meister Christian Rosenkreutz erkannte (d. h. einen Mahatma) hatte im Jahr 1790 – sechs Jahre nach seinem Tod – in Wien Begegnungen mit rosenkreuzerisch gestimmten Alchemisten. Zu diesen soll er gesprochen haben, er werde Europa gegen Ende des 18. Jahrhunderts verlassen, um zu ruhen. Er werde sich dazu in die Gegend des Himalaya zurückziehen. Fünfundachtzig Jahre später werde man ihn dann in Europa wieder antreffen. – Vgl. dazu: Rudolf Steiner, *Die Tempellegende und die Goldene Legende.* Dornach 1979. Vortrag, 16. Dezember 1904 (wie auch die Anmerkungen zu demselben Vortrag, die die Herausgeber anfügten). – Seinem vertrauten Freund und esoterischen Schüler Edouard Schuré hatte Rudolf Steiner überdies persönlich, in schriftlicher Form, anvertraut, dass Christian Rosenkreutz die von ihm verantwortete Esoterik erst in die Öffentlichkeit gestellt sehen wollte (was in der Folge durch Rudolf Steiner vollzogen wurde), wenn die äußere Naturwissenschaft zur Lösung dreier Erkenntnisprobleme bereit sei: „1) Die Entdeckung der Spektralanalyse, wodurch die materielle Konstitution des Kosmos an den Tag kam. – 2) Die Einführung der materiellen Evolution in die Wissenschaft vom Organischen. – 3) Die Erkenntnis der Tatsache eines anderen als des gewöhnlichen Bewusstseinszustandes durch die Anerkennung des Hypnotismus und der Suggestion." – Rudolf Steiner, Marie Steiner-von Sivers, *Briefwechsel und Dokumente. 1901-1925.* Dornach 1967. Darin: „Aufzeichnungen Rudolf Steiners, geschrieben für Edouard Schuré in Barr im Elsass, September 1907". – In bloß angedeuteter Art werden also mit der Zeit der Vakanz von Christian Ro-

senkreutz im Europa des 19. Jahrhunderts dessen Gang in den indisch-tibetischen Raum sowie das Thema der Evolution der Lebewesen in Beziehung gesetzt. Die hier behandelte *Rosenkreuzer-Chronik* wiederum scheint dieselbe Beziehung charakteristisch zu beleuchten.

69 Rudolf Steiner, *Über die astrale Welt und das Devachan.* Op. cit. Private Lehrstunde, Sommer 1903, „Der Sonnenlogos. Die zehn Avatare".

70 Die zehn Avatare werden von Rudolf Steiner in dieser Lehrstunde wie folgt aufgezählt:
1. Fisch – 2. Schildkröte – 3. Eber – 4. Menschenlöwe – 5. Zwerg – 6. der kriegerische Paraschurama – 7. Rama, der Idealkönig – 8. Krishna – 9. Buddha – 10. der da kommen wird: Kalki. – Es sind nicht alle in dem betreffenden Band der Rudolf Steiner Gesamtausgabe wiedergegebenen Sanskritnamen korrekt. Im *Bhagavat Purana* heißen sie: 1. Matsya – 2. Kurma – 3. Varaha – 4. Narasimha – 5. Vamana – 6. Parashurama – 7. Rama – 8. Krishna – 9. Buddha – 10. Kalki.

71 Den Individuen, die diese zentrale Linie repräsentieren, eignen auch insofern die am meisten plastischen organischen Bildungen, als sie innerhalb der irdischen Verhältnisse am wenigsten spezialisiert sind. Das weitgehende Freibleiben von organischer Spezialisation zeichnet auch den heutigen Menschen gegenüber allen Wirbeltieren aus. Dies kann der Blick auf die menschliche Hand im Vergleich zu allen tierischen Hufen, Pfoten, Tatzen, Pranken, Krallen usw. lehren, die jeweils Ausdruck festgelegter Spezialisierungen sind. Der Mensch hingegen bleibt mit seinen Händen überaus bildsam und lernfähig.

72 Ein sprechendes Beispiel für solche Bildung der Menschenform aus einer weichen, bildsamen „Mitte" ist die so genannte Paedomorphose oder Fetalisation, z. B. in der Reihe der Primaten. Sie zeigt, dass die juvenilen Züge – etwa des Gesichtsschädels: zurückgehaltene, zarte Kinnbildung und hoch gewölbter Stirnschädel – der Entwicklung der Spezies als Zukunftsmerkmale gleichsam vorangehen und dass sich dieselben stets in der menschlichen Form am vollendetsten darstellen. Während die Primaten die Alterungsformen gewissermaßen fixieren und weiter vererben, weist der Homo sapiens in seiner Bildung eine fortgesetzte Verjüngungstendenz auf.

73 Die Stadt und das Königreich Shambhala sind eine Größe, die im Allgemeinen mehr dem tibetischen Tantrayana-Buddhismus zuzuordnen ist, vor allem der Tradition des Kalachakra Tantra. Das Kali Yuga ist das Finstere oder Eherne Zeitalter, das Satya Yuga das nachfolgende Zeitalter der Wahrheit oder auch: das neue Goldene Zeitalter.

74 Krita Yuga: etwa das Zeitalter der größten Vollkommenheit.

75 Vgl. Stephen Knapp, *The Vedic Prophecies: A New Look into the Future. The Eastern Answers to the Mysteries of Life.* Charleston/SC 2011. Kap. „The Next Avatara of God: Lord Kalki and the End of Kali-Yuga".

76 Emil Bock übersetzt diese Stelle, auf eine Anregung durch Rudolf Steiner hin, so: „Und der Reiter, der auf ihm saß, er ist es, der Glauben und Erkenntnis wahrmacht." – Vgl. *Das Neue Testament. In der Übersetzung von Emil Bock.* Stuttgart 1980. Darin „Die Offenbarung des Johannes".

77 Sri Aurobindo, *Essays über die Gita.* Op. cit. Erste Folge, Kap. XVI: „Der Werdegang der Avatarschaft".

78 Sri Aurobindos Einstufung des Christus als Avatar ist werkgeschichtlich nicht eindeutig. So schrieb er in einem Brief an einen Sadhaka: „Christus verwirklichte sich als Sohn, der eins ist mit dem Vater – deswegen muss er ein *amsh-avatara* sein, eine teilweise Verkörperung." – Sri Aurobindo, *Letters On Yoga. Part One.* Op. cit. – Darin: "Section Seven. The Purpose of Avatarhood" (Ü. d. d. A.). – Die Sohnschaft Christi, im christlichen Kontext geradezu ein vorrangiges Merkmal seiner vollkommenen Göttlichkeit, wird von Sri Aurobindo hier in entgegengesetzter Art gedeutet. In den oben zitierten und referierten Passagen aus den *Essays über die Gita* hingegen ist von dieser Abgrenzung nicht die Rede. Auch im Werk Rudolf Steiners übrigens unterliegen Begriff und Verständnis des Christus starken Veränderungen, worauf die Betrachtung zurückkommen soll. Christologie und die yogisch-philosophischen Lehrdarlegungen über das höchste Göttliche, Inkarnation und Herabkunft bilden das Thema des fünften Kapitels dieser Schrift.

79 Ders., *Savitri. Legende und Sinnbild.* Op. cit. Buch VI, Canto 2: „Der Weg des Schicksals und das Problem des Leidens".

80 Ders. , *Essays über die Gita.* Op. cit. Erste Folge, Kap. XVI: „Der Werdegang der Avatarschaft".

81 Diese Worte, die Moses aus dem brennenden Dornbusch vernahm – hebräisch: „ehyeh asher ehyeh" –, wurden gemäß der Septuaginta lange Zeit als „Ich bin der ich bin" übersetzt. Das „Ich werde sein" kann gedeutet werden im Sinne der dynamischen Identität des Seins und des Hervorbringens des Seins in und durch Gott. Und solches Hervorbringen wäre zugleich das Hervorbringen des Ich-Seins des Menschen. Man kann aus der Antwort an Moses, „ehyeh asher ehyeh", auch eine eigentliche Verweigerung Gottes ablesen seinen Namen zu nennen. Dies entspräche dann dem, dass nur Er Seinen eigenen Namen kennt. Aus der Selbstbezeichnung Gottes, „ehyeh asher ehyeh", wurde der Name „Jahve" = „Er ist". Nimmt man das Sein in seiner Identität mit dem Hervorbringen des Seins, dann kann das „Er ist" – im Sinne des Sprechens in der ersten Person – auch als „Ich bin" gefasst werden.

82 Emil Bock, *Apokalypse. Betrachtungen über die Offenbarung des Johannes.* Stuttgart 1952. Kap. „Der weiße Reiter und die tausend Jahre. Das neunzehnte und das zwanzigste Kapitel".

83 Ebenda.

84 Zu dem zweiten und dritten Namen des weißen Reiters und Emil Bocks Deutung vgl. auch: Rudolf Steiner, *Vorträge und Kurse über christlich-religiöses Wirken, V. Apokalypse und Priesterwirken.* Dornach 2001. Vortrag, 14. September 1924.

85 Das Folgende fasst wieder Darlegungen Rudolf Steiners aus seiner *Geheimwissenschaft im Umriss* zusammen. – Vgl. ders., *Die Geheimwissenschaft im Umriss*. Op. cit. Kap. „Die Weltentwickelung und der Mensch".

86 Ders., *Die Geheimwissenschaft im Umriss*. Op. cit. Kap. „Die Weltentwickelung und der Mensch".

87 Ebenda.

88 Den Astralleib bezeichnet Rudolf Steiner vereinzelt auch als „Bewusstseinsleib". – Vgl. etwa Rudolf Steiner, *Das christliche Mysterium*. Dornach 1998. Vortrag, 17. März 1907. – Dies und die angedeutete Differenzierung nach verschiedenen Seelengliedern ist für die hier unternommene Untersuchung aufschlussreich, da das „Mentale" bei Sri Aurobindo diesem „Bewusstseinsleib" und seinen subtileren Gliederungen entspricht.

89 Zu den Kulturepochen vgl. Kap. I im einführenden Abschnitt. Dort – unter Anm. 3 – finden sich auch die Datierungen derselben. Die gegenwärtige Kulturepoche der Bewusstseinsseele begann 1413 n. Chr. und wird sich approximativ bis ins Jahr 3573 erstrecken.

90 Diese Tatsache ist von fundamentaler Bedeutung z. B. für die anthroposophische Pädagogik der Waldorfschulen. Diese neue „Erziehungskunst", als die Rudolf Steiner sie bezeichnete, versteht sich insbesondere als Entwicklungshelferin der Ich-Wesenheit auf ihrem Weg zur vollen individuellen Darstellung, welche in der Regel um das 21. Lebensjahr erreicht wird. Die enge Verbindung zwischen gesunder Willensentwicklung – durch das sinnvolle Tätigsein des jungen Menschen – und gesunder Inkarnation des Ich bildet den Hintergrund für den hohen Stellenwert, den die künstlerisch-praktischen und handwerklichen Fächer in der anthroposophischen Erziehungskunst genießen.

91 „Das Ich ist eigentlich so, wie es der Mensch als Mensch hat, ganz und gar willensartiger Natur. Es entwickelt sich aber so, dass, wie ich angedeutet habe, zunächst während des Lebens zwischen Geburt und Tod die Impulse des Wollens in die Handlungen des Menschen übergehen, aber nicht vollständig; es bleiben Dinge zurück. Und was da zurückbleibt von Willensartigem, das geht in das werdende Karma über." Denn man müsse „[...] sich nur vollständig bewusst sein, dass das Ich eigentlich völlig erst in den Handlungen lebt, eigentlich erst erwacht an dem Handeln des Menschen". – Rudolf Steiner, *Anthroposophie als Kosmosophie. Erster Teil.* Dornach 1981. Vortrag, 2. Oktober 1921.

92 „Das Ich ist erst das Baby." – Rudolf Steiner, *Heilpädagogischer Kurs.* Dornach 1979. Vortrag, 7. Juli 1924.

93 Rudolf Steiner, *Die Geheimwissenschaft im Umriss*. Op. cit. Kap. „Wesen der Menschheit".

94 Ders., *Theosophie. Einführung in übersinnliche Welterkenntnis und Menschenbestimmung.* Op. cit.. Kap. „Wesen der Menschheit".

95   Leser der deutschen Übersetzungen der Werke Sri Aurobindos, insbesondere derjenigen, die Heinz Kappes verfasste, haben hinsichtlich des Vergleichs mit Konzepten Rudolf Steiners eine terminologische Schwierigkeit zu berücksichtigen. Denn, wenn Sri Aurobindo von dem niederen Ich (engl. „ego") spricht, übersetzt Kappes das englische „ego" fast durchwegs undifferenziert mit „Ich". Ist solcher, nicht präzise, Sprachgebrauch erst einmal eingeübt, kann dies das Verständnis dessen, was z. B. bei Rudolf Steiner mit dem „Ich" gemeint ist, um einiges beeinträchtigen. Ähnlich kann dieser Sprachgebrauch für denjenigen, der von der größeren Kenntnis des Werkes Rudolf Steiners ausgeht, das Rezipieren der deutschen Übersetzungen der Werke Sri Aurobindos erheblich erschweren.

96   Vgl. in diesem Kapitel den Abschnitt „Kosmische Evolution – I".

97   Vgl. damit Rudolf Steiners zuvor erwähnte Rede von dem Ich als dem „Baby". – Vgl. auch das Grimmsche Märchen „Das junggeglühte Männlein", das nicht zuletzt vor dem Hintergrund der Evolutionsfrage von besonderem Interesse ist. – Brüder Grimm, *Kinder- und Hausmärchen*. Düsseldorf / Zürich 1999.

98   Ein bedeutendes mythologisches Bild für diesen spirituellen Sachverhalt, das übrigens eindrucksvoll zwischen östlicher und westlicher Spiritualität vermitteln kann, ist das des Vogels Phönix, der sich periodisch auf einem Feueraltar verbrennt, um aus der Asche neugeboren wieder zu erstehen. Rudolf Steiner spricht im Zusammenhang mit den ägyptischen Mysterien von dem „[…] Vogel Phönix, der sich im Feuer verzehrt und dann aus der Asche wieder empor steigt". Und: „Er ist das Symbol der Seele." Die Seele wiederum habe die Aufgabe, dass sie „[…] gleichsam den Geist wieder aus der Natur erlösen soll". – Vgl. Rudolf Steiner, *Das Christentum und die Mysterien des Altertums 1. Ein Grundkurs in Geisteswissenschaft*. Bad Liebenzell 2005. Vortrag, 1. März 1902.

99   Zit. nach: Nirodbaran, *Talks with Sri Aurobindo. Vol. 1*. Pondicherry 2001. Gespräch am 23. Januar 1939 (Ü. d. d. A.).

100   Sri Aurobindo, *The Future Poetry and Letters on Poetry, Literature and Art*. Pondicherry 1970. Darin: "Source of poetic Inspiration and Vision – Mystic and Spiritual Poetry" (Ü. d. d. A.).

101   Ders., *Das Göttliche Leben. Zweites Buch (Teil 2)*. Op. cit. Kap. „Die dreifache Umwandlung".

102   Ebenda.

103   Der Übersetzer von *The Life Divine* ins Deutsche, Heinz Kappes, setzte an dieser Stelle ein: „das vitale Ich". Im englischen Original Sri Aurobindos hingegen ist die Rede von „the vital ego".

104   Dass die Oberflächenpersönlichkeit das *psychic being* oftmals so sehr verhüllt, kann unter den Schülern des Integralen Yoga die Haltung und Einschätzung fördern, dass es seiner Freisetzung noch harren muss. Zahlreiche Schüler der

Anthroposophie scheinen ein viel selbstverständlicheres Verhältnis zu dem ihnen innewohnenden Ich zu haben.

105 Sri Aurobindo, *Das Göttliche Leben. Zweites Buch (Teil 2)*. Op. cit. Kap. „Die dreifache Umwandlung".

106 „Zwischen der *psychicisation* und der *spiritualisation* besteht ein Unterschied. Das Spirituelle ist das, was von oberhalb herabkommt, das Psychische ist der Wandel, der von innen kommt – durch die psychische Vorherrschaft über Mentales, Vitales und Physisches." – Sri Aurobindo, *Letters On Yoga. Part Four*. Birth Centenary Library. Pondicherry 1970. – Darin: "Section One. The Triple Transformation. Psychic – Spiritual – Supramental" (Ü. d. d. A.).

107 Sri Aurobindo, *Das Göttliche Leben. Erstes Buch*. Op. cit. Kap. „Die doppelte Seele im Menschen".

108 Abweichend von der Übersetzung durch Heinz Kappes wurde hier im Sinne der gängigen vereinfachten Umschrift „chaitya purusha" an Stelle von „caitya purusha" gesetzt. – Der Ausdruck *chaitya* (Skr.) wird mit „individuelle Seele" übersetzt.

109 Sri Aurobindo, *Die Synthese des Yoga*. Op. cit. Kap. „Das Aufsteigen des Opfers – I". Dort auch das vorige Zitat (mit einer Ergänzung in eckigen Klammern durch den Autor).

110 Diese traditionellen Yoga-Wege werden von Sri Aurobindo nicht formal übernommen und als solche einfach in ein neues System eingebaut. Vielmehr nimmt er nur die essenziellen Haltungen auf, die den hergebrachten Formen lebendig zugrunde liegen, synthetisiert sie und führt sie in ein größeres Ganze ein. Dass sie außerhalb des Integralen Yoga unabhängig voneinander und neben einander her bestehen, ist für ihn Ausdruck einer zurückliegenden, dekadenten Entwicklung, die er in eine heilsame zu wenden antritt. – Ist in dieser Arbeit allgemein von „Yoga", von „yogischen" Qualitäten usw. die Rede, so ist, falls nicht ausdrücklich etwas anderes in den Blick genommen wird, stets der Integrale Yoga Sri Aurobindos gemeint.

111 Vgl. Kap. II im Abschnitt „Pondicherry – Mirra, *The Arya* und der Ashram".

112 Sri Aurobindo, *Die Synthese des Yoga*. Op. cit. Kap. „Das Aufsteigen des Opfers – II".

113 Ebenda.

114 Vgl. Madhav P. Pandit (ed.), *Dictionary of Sri Aurobindo's Yoga*. Pondicherry 1992. Eintrag „Love".

115 Rudolf Steiner, *Esoterische Betrachtungen karmischer Zusammenhänge. Dritter Band*. Dornach 1982. Vortrag, 4. August 1924.

116 Ebenda.

117 Sri Aurobindo spricht vorzugsweise von „rebirth". Der Ausdruck „reincarnation" rufe unstimmige Assoziationen hervor. Vereinzelt verwendet er ihn aber dennoch. In den Übersetzungen ins Deutsche findet man vorwiegend „Wiedergeburt"; dem schließt sich diese Arbeit terminologisch an, wenn es

um den Integralen Yoga geht. – Im anthroposophischen Kontext sind „Wiederverkörperung" und „Reinkarnation" gebräuchlich. „Wiedergeburt" meint bei Rudolf Steiner eine gewisse hohe Stufe auf dem Einweihungsweg.

118 Sri Aurobindo, *Das Göttliche Leben. Zweites Buch. Teil 2.* Op. cit. Kap. „Die Philosophie der Wiedergeburt". – Die nachstehende Darstellung folgt den sich darin findenden Überlegungen.

119 „Buddha Dharma" ist die Selbstbezeichnung des Buddhismus; „Mayavadins" sind die Anhänger des „Mayavada" als des Erkenntnisweges, der in der gesamten kosmischen Manifestation nichts als eine Maya, die große Illusion, sehen will. Als Mayavada bezeichnet man den radikalen Advaita Vedanta z. B. Shankaracharyas (ca. 788-820).

120 Zum buddhistischen Konzept von Wiedergeburt – aus anthroposophischer Sicht – vgl. Klaus J. Bracker, *Wiederverkörperung und die innere Natur des Menschen. Sankhya – Buddhismus – Anthroposophie.* Schaffhausen 1995. – Darin auch eine Behandlung der Frage nach dem Ich, die eine andere Perspektive einnimmt als die in dieser Arbeit gewählte.

121 Sri Aurobindo, *Das Göttliche Leben. Zweites Buch. Teil 2.* Op. cit. Kap. XX „Die Philosophie der Wiedergeburt".

122 Ebenda.

123 Ebenda.

124 Ebenda.

125 Ebenda.

126 Ders., *Das Göttliche Leben. Zweites Buch. Teil 2.* Op. cit. Kap. XXII „Wiedergeburt und andere Welten. Karma, Seele und Unsterblichkeit."

127 Ebenda.

128 Ebenda.

129 Ebenda.

130 Vgl. Rudolf Steiner, *Lucifer-Gnosis. 1903-1908. Grundlegende Aufsätze zur Anthroposophie und Berichte.* Dornach 1987. Darin: „Wie Karma wirkt" (Dezember 1903). – Das Folgende zeichnet knapp die dortigen Ausführungen nach.

131 Ebenda.

132 Vgl. damit, was – im Sinne der Anthroposophie Rudolf Steiners – über Ich-Veranlagung und Erinnerung in sehr frühen Erdenzeiten weiter oben in diesem Kapitel geschildert wurde. – Abschnitt „Ichheit und seelisches Wesen".

133 Bezeichnend ist, dass Rudolf Steiner in diesem Zusammenhang einmal mehr auf Ernst Haeckel verweist.

134 Rudolf Steiner, *Lucifer-Gnosis. 1903-1908. Grundlegende Aufsätze zur Anthroposophie und Berichte.* Op. cit. Darin: „Wie Karma wirkt" (Dezember 1903).

135 Ebenda.

136 Ebenda.

137 Vgl. etwa Rudolf Steiner, *Theosophie. Einführung in übersinnliche Welterkenntnis und Menschenbestimmung.* Op. cit. Kap. „Wiederverkörperung des Geistes und

Schicksal (Reinkarnation und Karma)". – Der weitere Gang der Darstellung folgt wieder dem oben genannten Aufsatz.

138   An zahlreichen Stellen gibt Rudolf Steiner den Hinweis, dass die nachtod-liche Aufarbeitung jener astralischen „Reste" des früheren Lebens in etwa ein Drittel der gelebten Lebensspanne ausmacht. Währte das Leben z. B. 75 Jahre, so wird diese Zeit im Kamaloka annähernd 25 Jahre – nach irdischen Verhältnissen bemessen – in Anspruch nehmen.

139   Rudolf Steiner, *Lucifer-Gnosis. 1903-1908. Grundlegende Aufsätze zur Anthroposo-phie und Berichte.* Op. cit. Darin: „Wie Karma wirkt" (Dezember 1903).

140   Ebenda.

141   Bezüglich des „freien Menschengeistes" verweist Rudolf Steiner an dieser Stelle auf seine *Philosophie der Freiheit.* – Vgl. ders., *Die Philosophie der Freiheit.* Op. cit.

142   Ders., *Lucifer-Gnosis. 1903-1908. Grundlegende Aufsätze zur Anthroposophie und Berichte.* Op. cit. Darin: „Wie Karma wirkt" (Dezember 1903).

143   Ders., *Die Geheimwissenschaft im Umriss.* Op. cit. Kap. „Gegenwart und Zukunft der Welt- und Menschheits-Entwickelung".

144   Zu den Fragen um Wiedergeburt und Karma vgl. außer dem mehrfach zi-tierten Hauptwerk *Das Göttliche Leben* insbesondere die Aufsatzsammlung: Sri Aurobindo, *Die Frage der Wiedergeburt.* Gauting 1997.

145   Zu Reinkarnation und Karma und dem Durchgang durch das Dasein zwi-schen Tod und neuer Geburt vgl. außer den bereits angeführten Arbeiten auch die Vortragszyklen (Auswahl): Rudolf Steiner, *Die Offenbarungen des Kar-ma.* Dornach 1992; ders., *Okkulte Untersuchungen über das Leben zwischen Tod und neuer Geburt.* Dornach 2003; ders., *Inneres Wesen des Menschen und Leben zwischen Tod und neuer Geburt.* Dornach 1997; ders., *Der übersinnliche Mensch, anthroposo-phisch erfasst.* Dornach 1999.

146   Vergleichbar hat man es auch bei C. G. Jungs „Archetypen" mit einer Mehr-zahl von differenten Entitäten (im weitesten Sinne) und nicht mit einer einzi-gen überseienden Größe zu tun, aus der alles Übrige emaniert.

147   Zu diesem Absatz über Gottheiten oder Devas als *typal beings* usw. vgl.: Madhav P. Pandit (ed.), *Dictionary of Sri Aurobindo's Yoga.* Op. cit. Ein-trag „Gods". – Zu den nicht-evolutiven Wesenheiten gehören neben den Devas auch die Asuras, verschiedentlich als „feindselige" Wesen beschrie-ben.

148   Rudolf Steiner, *Esoterische Betrachtungen karmischer Zusammenhänge. Sechster Band.* Dornach 1986. Vortrag, 19. Juli 1924.

149   In Anlehnung an die christliche Tradition und insbesondere an die esoteri-sche Schule des Paulus-Schülers Dionysius Areopagita spricht Rudolf Steiner von drei Hierarchien, jeweils in drei Chöre eingeteilt. Zur dritten Hierarchie zählen die Chöre der Engel, Erzengel und Urbeginne; zur zweiten die Geister der Form, die Geister der Bewegung, die Geister der Weisheit; zur ersten die

Geister des Willens, die Geister der Harmonie und schließlich die Geister der Liebe, die den höchsten Rang einnehmen (die alten Bezeichnungen nach dem Griechischen und Hebräischen, lauten in derselben Reihenfolge: III: Angeloi, Archangeloi, Archai; II: Exousiai, Dynameis, Kyriotetes; I: Throne, Cherubim, Seraphim). – Hinter dem kosmischen Walten dieser drei Hierarchien hat man gemäß Rudolf Steiner die Trinität zu denken, den Vater, den Sohn, den Heiligen Geist.

150 Einzelzitate nach: Rudolf Steiner, *Esoterische Betrachtungen karmischer Zusammenhänge. Dritter Band.* Op. cit.. Vortrag, 4. Juli 1924.

KAPITEL V

1 So hielt Rudolf Steiner allein zwischen dem 5. und dem 28. September 1924, in den letzten Wochen vor der Erkrankung, die zum Tode führen sollte, noch vier Vortragszyklen weitgehend parallel ab: zehn Vorträge und eine Ansprache im Rahmen der *Esoterischen Betrachtungen karmischer Zusammenhänge* (Band IV. Dornach 1991); neunzehn Vorträge über *Sprachgestaltung und Dramatische Kunst* (Dornach 1981); elf Vorträge über das *Zusammenwirken von Ärzten und Seelsorgern* (Dornach 1994); achtzehn Vorträge über *Apokalypse und Priesterwirken* (Dornach 2001). Hinzu kamen in demselben Zeitraum noch fünf Vorträge vor den Arbeitern am Goetheanumbau über *Die Schöpfung der Welt und des Menschen.*

2 Vgl. Rudolf Steiner, *Mein Lebensgang.* Stuttgart 1975 (erschienen ursprünglich in 70 Lieferungen in *Das Goetheanum. Internationale Wochenschrift für Anthroposophie und Dreigliederung.* Dornach, 9. Dezember 1923 bis 5. April 1925); ders., *Anthroposophische Leitsätze. Der Erkenntnisweg der Anthroposophie – Das Michael-Mysterium.* Op. cit. (erschienen ebenfalls in fortlaufender Folge in *Das Goetheanum. Internationale Wochenschrift für Anthroposophie und Dreigliederung.* Dornach, 17. Februar 1924 bis 12. April 1925); ders. und Ita Wegman, *Grundlegendes für eine Erweiterung der Heilkunst nach geisteswissenschaftlichen Erkenntnissen.* Dornach 1991.

3 Vgl. vor allem ders., *Esoterische Betrachtungen karmischer Zusammenhänge. Bd. III, IV, VI.* Dornach 1991, Dornach 1991, Dornach 1992.

4 Vgl. ders., *Grundlinien einer Erkenntnistheorie der Goetheschen Weltanschauung, mit besonderer Rücksicht auf Schiller.* (1886) Op. cit.; ders., *Wahrheit und Wissenschaft.* Op. cit.; ders., *Die Philosophie der Freiheit.* Op. cit..

5 Dies gelang in weit ausgreifender Darstellung, in durchdringender Analyse und auf tief überzeugende Art in der Ende 2012 vorgelegten dreibändigen Steiner-Biographie Peter Selgs. – Vgl. Peter Selg, *Rudolf Steiner. 1861-1925. Lebens- und Werkgeschichte. Bd. 1-3.* Op. cit.. Siehe zur hier interessierenden Frage insbesondere: Bd. 1 (1861-1914).

6 Vgl. beispielsweise ders., *Wie erlangt man Erkenntnisse der höheren Welten?* Op. cit..

7   Die Frage ist, ob das erwähnte Zusammengehen dieser Strömungen (und noch anderer mit ihnen) noch gegen das Ende des 20. Jahrhunderts erfolgen sollte oder ob die den Strömungen zugehörigen Seelen sich erst gegen Ende des 20. Jahrhunderts verkörpern würden. In dem letzteren Fall könnte die wirksame Zusammenarbeit erst im frühen 21. Jahrhundert einsetzen. Womöglich zogen die Finsternis und das Übel des 20. Jahrhunderts entgegen der ursprünglichen „Prophetie" entsprechende Änderungen in der karmischen Linienführung nach sich.

8   Vgl. Platon, *Sämtliche Werke. 1.* Hamburg 1991. Darin: „Briefe. Siebenter Brief" (341 c-d).

9   Zu dem geistesgeschichtlichen und spirituellen Umfeld der platonischen Strömung vgl. beispielsweise Michael Frensch, *Wie öffnet sich das Große Portal. Betrachtungen zum Portail Royal der Kathedrale Notre Dame de Chartres.* Schaffhausen 2000.

10 Vgl. Günter Röschert, *Metaphysik der Weltentwicklung. Rudolf Steiners Geheimwissenschaft im Umriss.* Stuttgart 2011.

11 Ebenda, Kap. „Metaphysik der Weltentwicklung".

12 Im Indischen steht die vedische Gottheit Indra, der Drachenbezwinger, in voller Korrespondenz zu Michael. Indra – Agni und Surya sind seine Brüder – ist verbunden mit der Kraft der höheren erleuchteten Intelligenz im Universum (*buddhi*), die er aus der weiten Sonnenwelt (*svar*) mittels seines Speers und seines Blitze schleudernden Donnerkeils (*vajra*) in die irdische Welt hineinsendet; in die Welt, die eben auch die Welt des durch den Dämon in den Felsen der Unbewusstheit gefangen gehaltenen Lichts ist, das befreit werden muss. Das aufschlussreiche Detail, dass die erleuchtete Intelligenz (*buddhi*) insbesondere in der höheren Sphäre der Sonnenwelt beheimatet ist, interessanter Weise nämlich in der Monden-Sphäre der Sonnenwelt (*chandraloka*), scheint sich in dem Umstand widerzuspiegeln, dass Ita Wegman in ihrer Einleitung zu der Sammlung *Aus Michaels Wirken* die noch wenig verstandene Mondenströmung Michaels in auffälliger Nähe zum Indischen und insbesondere zu Indra behandelt. – Sri Aurobindo hebt übrigens hervor, dass die erleuchtete Intelligenz, die Indra vermittelt, in der menschlichen Natur nur leibfrei, unabhängig von dem mit dem Nervensystem verbundenen Verstandesbewusstsein wirken kann. – Vgl. Nora von Baditz, *Aus Michaels Wirken.* Stuttgart 1988. Einleitung von Ita Wegman; Klaus J. Bracker, *Grals-Initiation.* Op. cit. Kap. III im Abschnitt „Anthropos – Der ur-adamische Krishna-Jesus"; Sri Aurobindo, *Das Geheimnis des Veda.* Op. cit. Kap. „Indra, Spender des Lichts".

13 Rudolf Steiner, *Anthroposophische Leitsätze. Der Erkenntnisweg der Anthroposophie – Das Michael-Mysterium.* Op. cit. Kap. „Menschheitszukunft und Michael-Tätigkeit".

14 Rudolf Steiner, Ebenda. Kap. „Wo ist der Mensch als denkendes und sich erinnerndes Wesen?".

15 Die „rhythmische Welt" entspricht der unmittelbar an den physischen Plan angrenzenden Sphäre der geistigen Welt und wird auch als die „elementarische" oder die „sublunarische Welt" bezeichnet.

16 Rudolf Steiner, *Philosophie und Anthroposophie. 1904-1918*. Dornach 1965. Vortrag, 16. Oktober 1916: „Das menschliche Leben vom Gesichtspunkt der Geisteswissenschaft (Anthroposophie)".

17 Ebenda.

18 Ders., *Die Philosophie des Thomas von Aquin*. Dornach 1993. Vortrag, 24. Mai 1920.

19 Ebenda.

20 Vgl. Klaus J. Bracker, *Grals-Initiation*. Op. cit. Kap. IV im Abschnitt „Lebens-Umschwung als Wiedergeburt".

21 Rudolf Steiner (Hg.), *J. W. Goethe – Naturwissenschaftliche Schriften. Fünfter Band (Deutsche National-Litteratur, hg. durch Joseph Kürschner)*. Dornach 1982. Darin: „Sprüche in Prosa" (10. Abteilung).

22 Ders., *Anthroposophische Leitsätze. Der Erkenntnisweg der Anthroposophie – Das Michael-Mysterium*. Op. cit. Kap. „Michaels Aufgabe in der Ahriman-Sphäre".

23 Ebenda. Kap. „Michaels Erfahrungen und Erlebnisse während der Erfüllung seiner kosmischen Mission".

24 Ebenda. Kap. „Menschheitszukunft und Michael-Tätigkeit".

25 Ebenda.

26 Ebenda.

27 Vgl. Rudolf Steiners Hinweis auf die „vierte Hierarchie": „Der Mensch, als der zehnte in der ganzen Reihe." – Ders., *Grundelemente der Esoterik*. Dornach 1976. Vortrag, 8. Oktober 1905.

28 Das Immanente (zu lat. *immanere*: darinnen bleiben) bezeichnet im Gegensatz zu dem Transzendenten all das, was innerhalb des Daseins, des Weltganzen verbleibt und der Vernunfterkenntnis zugänglich ist. Dem immanenten Bereich gehören streng genommen auch die kosmischen Hierarchien an. Das Transzendente hingegen ist im Anschluss an Platon das „Darüber-Hinaus" oder das Jenseitige, ganz Verborgene, nachdem Platon „das Gute" selbst „das Sein" noch übersteigen lässt (die Seinstranszendenz des Guten als eine absolute Transzendenz). Transzendenz und Immanenz bilden ein Begriffspaar, das Rudolf Steiner in dieser Form allerdings kaum verwendete.

29 Rudolf Steiner, *Anthroposophische Leitsätze. Der Erkenntnisweg der Anthroposophie – Das Michael-Mysterium*. Op. cit. Kap. „Die Weltgedanken im Wirken Michaels und im Wirken Ahrimans".

30 Ebenda. Kap. „Menschheitszukunft und Michael-Tätigkeit".

31 Ebenda. Kap. „Das Michael-Christus-Erlebnis des Menschen".

32 Ebenda. Kap. „Michaels Mission im Weltenalter der Menschen-Freiheit".

33 Dieser Hinweis wäre in seinen Konsequenzen für das übliche anthroposophische Verständnis der kosmischen Herkunft des Menschen zu untersuchen,

demzufolge der Mensch in einem Prozess entsteht, der sich vom ersten Werden des Physischen auf dem Alten Saturn bis zu der Ich-Veranlagung im Verlauf der Erdenentwicklung erstreckt, verursacht durch das geistig-kosmische Wirken hierarchischer Wesen – von den Thronen bis herunter zu den Exousiai. Denn der angedeutete Uranfang des Menschen – in Gott – scheint eine vorkosmische Wirklichkeit zu meinen.

34 Rudolf Steiner, *Anthroposophische Leitsätze. Der Erkenntnisweg der Anthroposophie – Das Michael-Mysterium.* Op. cit. Kap. „Michaels Mission im Weltenalter der Menschen-Freiheit".

35 Vgl. Rudolf Steiner, *Die Philosophie der Freiheit.* Op. cit. Kap. „Die Konsequenzen des Monismus".

36 Rudolf Steiner hat die Frage nach Transzendenz und Immanenz auch in seiner *Geheimwissenschaft im Umriss* nicht eingehend bewegt, wie Günter Röschert in seiner oben genannten Schrift detailliert aufzeigt. Allenfalls den Saum dieser Frage berührt Steiner dort im Anschluss an seine Schilderung der ersten Entwicklung auf dem Alten Saturn. So heißt es: „Mit diesem Hinweis auf die ersten Entwickelungszustände des Saturn wird auch ein Licht geworfen auf alles weitere Fragen nach einem ‚Woher' dieser Zustände. Rein verstandesmäßig ist es natürlich durchaus möglich, jedem Ursprunge gegenüber wieder nach einem ‚Ursprung dieses Ursprunges' zu fragen. Allein den Tatsachen gegenüber geht dieses nicht an." – Und: „Den großen Weltfragen gegenüber ist man sich nicht so leicht klar darüber. Bei wirklich genauem Zusehen wird man aber doch merken, dass alles Fragen nach dem ‚Woher' endigen muss bei den oben geschilderten Saturnzuständen. Denn man ist auf ein Gebiet gekommen, wo die Wesen und Vorgänge nicht mehr durch das sich rechtfertigen, aus dem sie entstammen, sondern durch sich selbst." – Rudolf Steiner, *Die Geheimwissenschaft im Umriss.* Op. cit. Kap. „Die Weltentwicklung und der Mensch".

37 Ders., *Bewusstsein, Leben, Form. Grundprinzipien der geisteswissenschaftlichen Kosmologie.* Dornach 2001. Lehrstunde, 2. Juli 1904.

38 Ebenda. Vortrag, 10. November 1904.

39 Ebenda, Private Lehrstunde, undatiert, vermutlich 1904: „Über die Logoi". – „Die Kraft des Lebens steht unter der Leitung Michaels." Bezüglich dieser Figur und der anschließenden ist erneut auf den provisorischen Charakter der betreffenden Nachschriften zu verweisen, die Rudolf Steiner vor ihrer Veröffentlichung nicht mehr durchgesehen hat.

40 Vgl. ders., *Die Weihnachtstagung zur Begründung der Allgemeinen Anthroposophischen Gesellschaft. 1923-1924.* Dornach 1963.

41 Der katholische Religionspädagoge Carlo Willmann hat in einer bemerkenswerten Dissertationsschrift die durchgängig trinitarische Struktur der anthroposophischen Pädagogik der Waldorfschulen herausgearbeitet. – Vgl. Carlo Willmann, *Waldorfpädagogik. Theologische und religionspädagogische Befunde.* Köln / Weimar / Wien 1998.

42   Vgl. Peter Selg, *Das Vaterunser in der Darstellung Rudolf Steiners*. Stuttgart 2012.

43   Rudolf Steiner in: *Beiträge zur Rudolf Steiner Gesamtausgabe. Veröffentlichungen aus dem Archiv der Rudolf Steiner-Nachlassverwaltung, Dornach*. Heft Nr. 110: *Die Erneuerung des religiösen Lebens*. Dornach 1993. Darin: „Fragenbeantwortungen".

44   Vgl. ders. und Ita Wegman, *Grundlegendes für eine Erweiterung der Heilkunst nach geisteswissenschaftlichen Erkenntnissen*. Op. cit.

45   Vgl. Peter Selg, *Das Vaterunser in der Darstellung Rudolf Steiners*. Op. cit. Kap. I.

46   Rudolf Steiner hat verschiedentlich darauf hingewiesen, dass in okkulter Hinsicht der neue Tag jeweils um 18 Uhr beginnt.

47   J. Emanuel Zeylmans van Emmichoven, *Wer war Ita Wegman*. Band 4. *Die Erkraftung des Herzens*. Arlesheim 2009. Kap. „Ita Wegmans Schulung September - Dezember 1923".

48   Rudolf Steiner, *Erfahrungen des Übersinnlichen. Die drei Wege der Seele zu Christus*. Dornach 1994. Vortrag, 17. Dezember 1912. – Darin auch diese Worte: „Die Liebe ist für die Welt dasjenige, was die Sonne für das äußere Leben ist. Es würden keine Seelen mehr gedeihen können, wenn die Liebe weg wäre von der Welt. Die Liebe ist die moralische Sonne der Welt."

49   Ders., *Wahrspruchworte*. Dornach 1978. – Darin: „Credo – Der Einzelne und das All".

50   Vgl. Kap. II, dort vor allem auch Anm. 5.

51   Sri Aurobindo, *Sri Aurobindo on Himself and The Mother*. Op. cit.. Zit. nach: Sri Aurobindo, *Der Integrale Yoga*. (Hg. Otto Wolff). Op. cit. – Darin auch Sri Aurobindos Ausführungen über seine Erfahrungen, die in dem vorliegenden Kap. V nur referiert werden. Die ausführlichen Zitate selbst finden sich in Kap. II, in dessen erstem Abschnitt.

52   Der Vater der achten Avatar-Manifestation, des Krishna-Kindes also, hieß Vasudeva. Indem Krishna sich selbst Vasudeva nennt (eigentlich Vāsudeva, was das Abstammungsverhältnis anzeigt), gibt er zu verstehen, dass er auch mit jener Manifestation die irdisch-menschliche Existenzform gewählt hatte.

53   Nach Vorarbeiten werden die grundlegenden Werke der yogischen Philosophie Sri Aurobindos in den Jahren 1914-1921 niedergeschrieben. – Vgl. Kap. II in dem Abschnitt „Pondicherry – Mirra, *The Arya* und der Ashram"; insbesondere Anm. 41.

54   Anand Nayak (Hg.), *Die Bhagavadgita. In der Übertragung von Sri Aurobindo*. Op. cit. – Darin „Yoga des Höchsten Geistes (Purushottama)" (XV,16-18). – Die Schreibung „des *brahman*" wurde an die sonst von Sri Aurobindo verwendete angeglichen.

55   Im originalen Sanskrit bezeichnet die *Gita* den wandelbaren und den unwandelbaren Purusha als *kshara* und *akshara*.

56   Was hier mit den „drei Welten" gemeint ist (*bhur* – *bhuvar* – *svar*), wurde im dritten Kapitel dieser Arbeit im Zusammenhang mit dem Gayatri Mantra erörtert. – Vgl. Kap. III, Abschnitt „OM – der Pranava".

57 Maßgeblich wirkte in diesem Sinne als einer der Ersten der bengalische Swami Vivekananda (1863-1902), der als der bedeutendste Schüler des verwirklichten Meisters Ramakrishna Paramahamsa (1836-1886) gilt, welcher seinerseits – aufgrund seiner Erleuchtungserfahrung – nach einer Synthese der Weltreligionen, insbesondere des Hinduismus, des Christentums und des Islam strebte. Swami Vivekananda erlangte im Westen durch seinen viel umjubelten Auftritt im Rahmen des 1893 in Chicago durchgeführten ‚Weltparlaments der Religionen' große Bekanntheit. Heute wird er unumwunden als die Hauptfigur jenes Chicagoer Kongresses anerkannt.

58 Der Adi Shankaracharya, oder einfacher: Shankara, und seine Lehre sowie die Antwort auf diesen Advaita Vedanta, die Jahrhunderte nach ihm der südindische Meister Ramanuja (ca. 1050-1137) formulierte, wurden vom Verfasser der vorliegenden Arbeit bereits in dessen früherer Schrift *Grals-Initiation* thematisiert. – Vgl. Klaus J. Bracker, *Grals-Initiation*. Op. cit. Kap. V im Abschnitt „Fichte und die östliche Spiritualität".

59 Deswegen werden die Advaita Vedantins, die Anhänger Shankaracharyas, auch als Mayavadins bezeichnet.

60 Zur Begegnung des Anthroposophen Hans-Hasso von Veltheim-Ostrau mit Sri Ramana Maharshi, in der das für Sri Aurobindo wie für Rudolf Steiner bedeutsame Jahr 1909 eine weitere spirituelle Ausleuchtung erfährt, vgl.: Klaus J. Bracker, *Das Jahr 1909. Die Wiederkunft Christi im Ätherischen und die Spiritualität des Orients*. Op. cit..

61 Wie seine Rede über den Buddhismus ist auch Sri Aurobindos Darstellung des Advaita Vedanta vor dem Hintergrund eigener Erfahrungen zu sehen. Eine Expedition mit dem Maharaja von Baroda nach Kaschmir führte ihn im Frühsommer 1903 u. a. auf die Felsenanhöhe des Takht-i-Sulaiman in der Nähe Srinagars. Als er die Umgebung des dortigen Shankaracharya-Tempels erkundete, erfuhr er unversehens eine „formlose Einsamkeit", deren Erlebnis er Jahre später in diese Worte fasste: „All had become one strange Unnameable, | An unborn sole Reality world-nude, | Topless and fathomless, for ever still." – Im Rückblick sagte er darüber, er habe da Einblick in das Absolute, *brahman*, gewonnen. – Zit. nach: Peter Heehs, *The Lifes of Sri Aurobindo*. Op. cit. Kap. „Encountering India: Baroda 1893-1906".

62 Sri Aurobindo, *Das Göttliche Leben. Erstes Buch*. Op. cit. – Kap. III, „Die beiden Verneinungen. 2. Die Zurückweisung des Asketen". – Darin auch die vorangegangenen Kurzzitate.

63 Ebenda. – Zusatz in eckigen Klammern d. d. A.

64 Sri Aurobindo, *Die Synthese des Yoga*. Op. cit. – Kap. II/11 „Die Seinsweisen des Selbst". – Darin auch das vorangegangene Kurzzitat.

65 Ebenda.

66 Ebenda.

67 Ebenda. – „Persönlichkeit" wurde hier verwendet anstelle von „Personalität" in der Übersetzung durch Heinz Kappes.

68 Hier stellt sich allerdings die Frage, ob Sri Aurobindo die christliche Tradition der apophatischen Rede von Gott, die so genannte negative Theologie, unbekannt war. Denn diese besagt, dass eine jegliche positive Zuschreibung von noch so erhabenen Qualitäten an die Wesenheit Gottes ihn in seiner vollkommen transzendenten Wirklichkeit niemals erreichen kann. Dionysius Areopagita, Meister Eckhart und Nikolaus von Kues zählen zu den bekanntesten Vertretern apophatischen Denkens über Gott. Diesen Denkern gegenüber muss das Argument Sri Aurobindos, das sich auf den hl. Franz von Assisi und Johannes Calvin bezieht, verblassen.

69 Zu der hinduistischen Schulrichtung des Sankhya vgl. Klaus J. Bracker, *Wiederverkörperung und die innere Natur des Menschen. Sankhya – Buddhismus – Anthroposophie.* Schaffhausen 1995.

70 Sri Aurobindo, *Die Synthese des Yoga.* Op. cit. – Kap. II/11 „Die Seinsweisen des Selbst".

71 „der Ursprung aller Personalität" ist die Übersetzung von Heinz Kappes für Sri Aurobindos englischen Originalwortlaut „the source of all personality".

72 Sri Aurobindo, *Die Synthese des Yoga.* Op. cit. – Kap. II/11 „Die Seinsweisen des Selbst".

73 „[...] in unserer Natur und Personalität": hier würde sich eigentlich die Übersetzung von „personality" als „Persönlichkeit" – im Sinne der wandelbaren Persönlichkeit in der Welt der Relativität – eher empfehlen. – Es wurde übrigens die Schreibung *„ista-devata"* an die vereinfachten Transkriptions-Standards angepasst, was Heinz Kappes versäumte: *„ishta-devata".*

74 Sri Aurobindo, *Die Synthese des Yoga.* Op. cit. – Kap. II/11 „Die Seinsweisen des Selbst".

75 Ders., *Das Göttliche Leben. Erstes Buch.* Op. cit. – Kap. XI „Seins-Seligkeit: Das Problem".

76 Ebenda.

77 Damit verweist er zurück in die Zeit der mittleren und der jüngeren Upanishaden.

78 Sri Aurobindo, *Die Synthese des Yoga.* Op. cit. – Kap. III/5 „Die Göttliche Personalität". – Die Schreibungen der deutschen Übersetzung, *„caitanya purusha"* und *„Sri Krishna",* wurden den Standards angepasst: *„chaitanya purusha"* und *„Shri Krishna".*

79 Ebenda.

80 In direktem Bezug auf jene Stelle aus dem XV. Gesang der *Bhagavad Gita,* von der die vorliegende Betrachtung ausging, fasst Sri Aurobindo seine Schau an anderem Ort auch noch einmal in diese Worte: „Dies ist also die integrale Wahrheit, die höchste und umfassendste Erkenntnis. Das Göttliche Wesen ist supra-kosmisch, ewiger Parabrahman, der mit seinem zeit- und raumlosen

Sein die ganze kosmische Manifestation seines Wesens und seiner Natur in Raum und Zeit fördert und erhält. Er ist der erhabene Geist, der die Gestaltungen und Bewegungen des Weltalls durchseelt, der Paramatman. Er ist die überirdische Person, aus der alles Selbst und alle Natur, alles Wesen und alles Werden in diesem und in jedem anderen Weltall vom Selbst erzeugt und mit der Kraft des Selbsts erfüllt sind, der Purushottama." – Sri Aurobindo, *Essays über die Gita.* Op. cit. Zweite Folge, Kap. VI „Werke, Ergebenheit und Wissen".

81 Vgl. Kap. I im Abschnitt „Spirituelle Zugänge zur vedischen Welt" (insbesondere auch Anm. 37) und Kap. III im Abschnitt „Vak – das Wort des Höchsten".

82 Der Advaita Vedanta nennt die fünf Hüllen der menschlichen Organisation bezeichnender Weise *maya-koshas,* Hüllen des Erscheinens: *anna-maya-kosha* – die Nahrungshülle; *prana-maya-kosha* – die Hülle der Atmung und der Lebenskraft; *mano-maya-kosha* – die Hülle des mentalen Bewusstseins; *vijnana-maya-kosha* – die Hülle der höheren Intelligenz und Weisheit; *ananda-maya-kosha* – die Glückseligkeitshülle.

83 Vgl. Sri Aurobindo, *Das Göttliche Leben. Zweites Buch (Teil 1).* Op. cit. – Kap. II „Brahman, Purusha, Ishvara – Maya, Prakriti, Shakti".

84 Sri Aurobindo, *Das Göttliche Leben. Zweites Buch (Teil 1).* Op. cit. – Kap. II „Brahman, Purusha, Ishvara – Maya, Prakriti, Shakti".

85 Ebenda.

86 Ebenda.

87 Ebenda.

88 Ebenda.

89 Ebenda.

90 *para-prakriti* steht für die höchste Prakriti; *chit-shakti* für die schöpferische Bewusstseins-Kraft.

91 Abweichend von Heinz Kappes' Übersetzung, jedoch in Übereinstimmung mit dem englischen Originaltext: *maya, para-prakriti, chit-shakti.*

92 Sri Aurobindo, *Das Göttliche Leben. Zweites Buch (Teil 1).* Op. cit. – Kap. II „Brahman, Purusha, Ishvara – Maya, Prakriti, Shakti".

93 Ebenda.

94 Vgl. Kap. II im Abschnitt „Das Übermentale".

95 Gemäß den drei Seelengliedern Wollen, Fühlen, Denken und der Instanz des menschlichen Ich.

96 Dies ist zugleich ein Beispiel dafür, wie innerhalb des Hinduismus populäre Gottheiten, die Göttinnen Kali, Lakshmi und Sarasvati nämlich, gemäß dem Integralen Yoga zu verstehen sind – als unterschiedliche Wesensaspekte einer ursprünglicheren, umfassenden göttlichen Wesenheit: der *shakti* in diesem Falle.

97 Sri Aurobindo (Shri Aurobindo), *Die Mutter.* Zürich 1945. Kap. VI. – Die Schreibung „supermental" wurde an die heute allgemein übliche „supramental" angeglichen.

98   Ohne, dass in der hier zitierten Schrift, *Die Mutter*, Mirra Alfassa namentlich
      erwähnt würde, besteht doch ein offenkundiger und nicht allein zeitlicher
      Zusammenhang zwischen dem Erscheinen dieses kleinen Buches und dem
      Hinweis Sri Aurobindos, dass Mirra Alfassa, etwa seitdem ihr die Leitung des
      Ashrams anvertraut wurde, als „Mutter" bzw. „die Mutter" anzusprechen sei.
      – Vgl. Peter Heehs, *The Lives of Sri Aurobindo*. Op. cit. Part V, Chapter „An
      Active Retirement: *Pondicherry, 1927-1930*".

99   Sri Aurobindo, *The Yoga and Its Objects*. Pondicherry 2002. (Ü. d. d. A.)

100   Die Zählung der Weltalter geht aus von dem Kali Yuga, dem „Zeitalter der
      Kali", als der Göttin der Zeit und der Zerstörung (Kali, „die Dunkle", „die
      Schwarze"), die sie mit sich bringt (das „Finstere Zeitalter", auch „das Ei-
      serne" genannt); dann folgt das Dvapara Yuga, „das Zweite Zeitalter" (auch
      „das Bronzene"); das Treta Yuga ist „das Dritte Zeitalter" (auch „das Sil-
      berne"); Satya Yuga schließlich ist „das Zeitalter der Wahrheit" (auch „das
      Goldene") – für das Satya Yuga steht auch das Krita Yuga, „das Zeitalter der
      Vollendung und Vollkommenheit".

101   Sri Aurobindo, *The Yoga and Its Objects*. Op. cit.. (Ü. d. d. A.)

102   Hier stehen „das Kali" und „das Satya" als Ellipsen für „das Kali Yuga" und
      „das Satya Yuga".

103   Vgl. Kap. II in dem Abschnitt „Alipur".

104   Sri Aurobindo, *The Yoga and Its Objects*. Op. cit.. (Ü. d. d. A.)

105   Es ist dem Verfasser durchaus bewusst, dass Rudolf Steiner den „Tod"
      Krishnas als ein zweites Datum behandelt, das er für das Ende dritten nach-
      atlantischen Zeitraums ansetzt (also näherungsweise für das Jahr 750 v. Chr.).
      Diesbezüglich sind indische Berechnungen von Interesse, nach denen das
      Kali Yuga erst mit dem Jahr 701 v. Chr. begann. – Vgl. Anm. 106.

106   Die indische Tradition spricht übereinstimmend von ungefähr dem Jahr 3100 v.
      Chr. als dem Beginn des Kali Yuga. Die gängigen Angaben hinsichtlich dessen
      Dauer fassen allerdings ganz andere Zeiträume als die 5000 Jahre bis 1899 in
      den Blick: das Satya Yuga dauere 1.728.000 Menschenjahre, das Treta Yuga
      1.296.000 Menschenjahre, das Dvapara Yuga 864.000 Menschenjahre, das Kali
      Yuga schließlich 432.000 Menschenjahre (man beachte die Relation 4 : 3 : 2 :
      1). – Nun hat aber der Guru des im Westen berühmt gewordenen Yogi Para-
      mahamsa Yogananda, Sri Yukteshwar, versucht nachzuweisen, dass die Anga-
      ben solcher riesigen Zeiträume auf gravierenden Fehlern in der Berechnung
      derselben beruhen, die den indischen Sternenkundigen bereits vor über zwei-
      einhalb Jahrtausenden unterliefen. Sein Versuch besteht darin, die vier Yugas
      (je ein absteigendes und ein aufsteigendes) auf das platonische Weltenjahr zu
      beziehen. Im Unterschied zu den von Rudolf Steiner her geläufigen 25.920
      Jahren berechnet Sri Yukteshwar zwar nur 24.000 Jahre, es geht jedoch um eine
      vergleichbare Größenordnung. Die oben genannte Relation behält er bei – und
      so kommt er auf 2 x 4.800 Jahre (jeweils absteigend und aufsteigend), 2 x 3.600
      Jahre, 2 x 2.400 Jahre und 2 x 1.200 Jahre. Für ihn begann das Kali Yuga im

Jahr 701 v. Chr. und endete es 1699. Nach einer 200-jährigen „Dämmerung" habe das eigentliche neue Dvapara Yuga 1899 begonnen. – Damit bestätigt er nahezu exakt die Angaben Rudolf Steiners wie auch diejenigen Sri Aurobindos, der selbst jedoch keine genaue Jahreszahl genannt hat. – Vgl. Sri Yukteswar, *Die Heilige Wissenschaft*. Bern / München / Wien 1997. „Einführung". – Vgl. auch Klaus J. Bracker, *Die Yugas. Aspekte zu ihrem Verständnis*. In: *Novalis. Zeitschrift für spirituelles Denken*. Schaffhausen 2001. Nr. 5/6 2001.

107   Rudolf Steiner, *Das Ereignis der Christus-Erscheinung in der ätherischen Welt*. Dornach 1992. Vortrag, 10. Mai 1910.

108   Vgl. Thomas Meyer, *Rudolf Steiner eröffnet in Stockholm die Vorträge über die Wiederkunft Christi im Ätherischen*. In: *Der Europäer. Monatsschrift auf der Grundlage der Geisteswissenschaft Rudolf Steiners*. Jg. 14, Nr. 2/3. Basel 2009.

109   Rudolf Steiner zit. nach: Rudolf Steiner Archiv (Hg.), *Archivmagazin. Beiträge zur Rudolf Steiner Gesamtausgabe*. Nr. 1 | Juni 2012. Darin: Roland Halfen, „Notizen von Marie von Sivers zum Vortrag Rudolf Steiners in Stockholm am 12. Januar 1910 über das Wiedererscheinen des Christus im Ätherischen".

110   Die Angabe „3000 v. Chr." ist gegenüber der weiter oben wiedergegebenen („3101 v. Chr.") wahrscheinlich abrundend zu verstehen.

111   Das Bibel-Zitat, „Ich bin bei euch alle Tage …", findet sich als das beschließende Christuswort im *Matthäus-Evangelium* (Mt 28,20).

112   Vgl. Anm. 109.

113   Vgl. Rudolf Steiner, *Der Christus-Impuls und die Entwickelung des Ich-Bewußtseins*. Dornach 1982; ders., *Das Ereignis der Christus-Erscheinung in der ätherischen Welt*. Op. cit.

114   Ders., *Das Ereignis der Christus-Erscheinung in der ätherischen Welt*. Op. cit. Vortrag, 25. Januar 1910.

115   Vgl. dazu die ausführlichen Darstellungen in: Klaus J. Bracker, *Grals-Initiation*. Op. cit. Insbesondere Kap. II, „Das Sonnenkreuz des Jahres 1909".

116   R. Steiner, *Die Bhagavad Gita und die Paulusbriefe*. Op. cit. Vortrag 1. Januar 1913.

117   Ders., *Das Ereignis der Christus-Erscheinung in der ätherischen Welt*. Op. cit. Vortrag, 25. Januar 1910.

118   Ders., *Bausteine zu einer Erkenntnis des Mysteriums von Golgatha*. Dornach 1996. Vortrag, 6. Februar 1917.

119   Ebenda.

120   Der obige Hinweis aus dem Jahr 1917 zielt außerdem, in verhalten andeutender Art, auf das Jahr 1879, das Jahr, da der Erzengel Michael Zeitgeist wurde. Denn entsprechend der erwähnten Analogie zu dem Leben des Jesus von Nazareth, das 30 Jahre währt, bis ausgehend von der Jordantaufe das dreijährige öffentliche Wirken des Christus Jesus einsetzt, scheint es auch hinsichtlich des „größten Geheimnisses unseres Zeitalters" eine insgesamt 30-jährige Vorbereitungszeit gegeben zu haben (1879-1909), auf welche drei-ein-drittel

Jahre folgen, die besonders auf den Christus Jesus zentriert sind, der von nun an in seiner ätherischen Erscheinung zu erwarten ist (Juni 1909 bis September 1912). Diese drei Jahre bilden werkgeschichtlich die hohe Zeit im Sinne von Rudolf Steiners geisteswissenschaftlicher Christologie (man bedenke allein die großen Vortragszyklen dieser drei Jahre über jedes der vier Evangelien des *Neuen Testaments*). Diese drei Jahre werden besiegelt gleichsam zum einen durch die Publikation des *Anthroposophischen Seelenkalenders (1912/13)*, der in 52 Wochensprüchen einen gänzlich neuartigen Zugang der Menschenseele zum Wirken des Weltenwortes (des Christus) in den naturhaften Vorgängen – durch die vier Jahreszeiten hindurch – eröffnet; zum anderen durch die Entstehung der neuen Bewegungskunst – Eurythmie (vgl. zu letzterer Kap. III in dem Abschnitt „Ephesos und die Eurythmie").

121 Sri Aurobindo hat in einem Brief als ein wichtiges Datum für das beginnende Wirken der supramentalen Herabkunft den 4. Mai 1967 genannt. – Vgl. Michael Klostermann, *Auroville. Stadt des Zukunftsmenschen*. Frankfurt a. M. 1976. Kap. V, Abschnitt 3, „1962-1967".

122 Vgl. Sri Aurobindo, *Letters of Sri Aurobindo on The Mother*. Bombay 1951. Section One, "Who is The Mother?".

123 Vgl. Nirodbaran, *Zwölf Jahre mit Sri Aurobindo*. Op. cit.. Schlusswort, „Er ist hier".

124 Sri Aurobindo, *Die Synthese des Yoga*. Op. cit. Kap. „Das Prinzip des Integralen Yoga".

125 Vgl. Jyoti and Prem Sobel (Ed.), *The Hierarchy of Minds. The Mind Levels*. Pondicherry 2011.

126 Sri Aurobindo, *Essays Divine and Human*. Pondicherry 1997. Part Two. Section Three, "Integral Yoga" (Ü. d. d. A.).

127 Ebenda.

128 Ebenda.

129 Ebenda.

130 In dem zitierten Aufsatz geht es übrigens auch um die menschliche Individualität, und so heißt es über den Integralen Yoga: „Sein Anliegen ist es nicht, dass man sich in irgendeinem unsagbaren Etwas ohne jede Eigenschaft vollkommen verlieren soll, sondern, das Ego zugunsten der eigenen wahren göttlichen Person aufzugeben, die mit dem Universellen und Unendlichen eins ist." – Ders., ebenda.

131 Sri Aurobindo, *Die Offenbarung des Supramentalen*. Abschnitt „Das Supramentale und das Lichtmentale". – Zit. nach: Michael Klostermann, *Auroville. Stadt des Zukunftsmenschen*. Frankfurt a. M. 1976. Kap. „Das Jahr 1970".

132 Vgl. Kap. II im Abschnitt „Das Übermentale".

133 Sri Aurobindo, *Die Offenbarung des Supramentalen*. Abschnitt „Das Supramentale und das Lichtmentale". – Zit. nach: Michael Klostermann, *Auroville. Stadt des Zukunftsmenschen*. Op. cit.. Kap. „Das Jahr 1970".

134 Rudolf Steiner, *Das esoterische Christentum und die geistige Führung der Menschheit*. Op. cit.. Vortrag, 17. September 1911.

135 Ebenda.

136 Sri Aurobindo würde wahrscheinlich vom *subtle bhu* sprechen, als einer Sphäre, einem *loka*, auf welche der Geist seine Manifestation gründet als „[…] auf ein subtileres, plastischeres und bewussteres Prinzip der Materie". – Sri Aurobindo, *Record of Yoga*. Appendixband: *Glossary to Records of Yoga*. Op. cit. Eintrag: "subtle bhu"(Ü. d. d. A.).

137 Rudolf Steiner, *Das esoterische Christentum und die geistige Führung der Menschheit*. Op. cit.. Vortrag, 19. September 1911.

138 Ebenda.

139 Ebenda.

140 Ebenda.

141 Ebenda.

142 Die Schreibung „Shambhala" wird hier in Angleichung an die internationalen Standards verwendet, auch in den nachfolgenden Zitaten – abweichend von der Handhabung der Herausgeber der Rudolf Steiner Gesamtausgabe.

143 Rudolf Steiner, *Das Ereignis der Christus-Erscheinung in der ätherischen Welt*. Op. cit.. Vortrag, 6. März 1910.

144 „Shambhala" war bereits in Kap. IV dieser Schrift, gerade mit Blick auf die puranischen Schriften und den künftigen Kalki Avatar, thematisiert worden. – Vgl. Kap. IV im Abschnitt „Avatar und Evolution"; insbesondere Anm. 73.

145 Rudolf Steiner, *Das esoterische Christentum und die geistige Führung der Menschheit*. Op. cit.. Vortrag, 1. Oktober 1911.

146 Für Rudolf Steiner stehen übrigens für künftige Jahrtausende noch weitere Manifestationen des wiederkehrenden Christus Jesus zu erwarten: Heute handelt es sich genauer gefasst um das Erscheinen des Christus Jesus in ätherischer Gestalt – auf dem Astralplan. In zwei bis drei Jahrtausenden wird es sich um das Erscheinen in einer astralen Gestalt handeln – in der niederen Devachanwelt; nochmals Jahrtausende später jedoch um ein Erscheinen „[…] als das vergeistigte Ich-Selbst […] im oberen Devachan". – Rudolf Steiner, *Das esoterische Christentum und die geistige Führung der Menschheit*. Op. cit.. Vortrag, 4. November 1911.

147 Vgl. Horace H. Wilson (Hg.), *The Vishnu Purana. A System of Hindu Mythology and Tradition. Translated from the Original Sanscrit by H. H. Wilson*. Op. cit.. Buch I, Kap. X; Buch II, Kap. XII.

148 Vgl. Rudolf Steiner, *Vorstufen zum Mysterium von Golgatha*. Dornach 1990. Zehn Vorträge.

149 Vgl. Anm. 146.

150 Sri Aurobindo, *Essays über die Gita*. Op. cit. Kap. XVI, „Der Werdegang der Avatarschaft".

151 Rudolf Steiner/Marie Steiner-von Sivers, *Briefwechsel und Dokumente. 1901-1925*. Dornach 1967. Darin: „Zur Einführung. Aufzeichnungen Rudolf Steiners, geschrieben für Edouard Schuré in Barr im Elsass, September 1907".

152   Rudolf Steiner, *Christus und die geistige Welt. Von der Suche nach dem heiligen Gral.*
       Dornach 1977. Vortrag, 2. Januar 1914.

153   Mirra Alfassa. – Zit. nach: Mangesh Nadkarni, *Savitri. Eine kurze Einführung.*
       Vier Vorträge. Pondicherry 2004. Kap. „Die Offenbarung".

154   Sri Aurobindo, *The Yoga and Its Objects.* Op. cit – Vgl. Anm. 99.

155   Ders., *Savitri. Legende und Sinnbild.* Op. cit.. Buch VI, Canto 2: „Der Weg des
       Schicksals und das Problem des Leidens".

156   Ebenda.

157   Ebenda.

158   Vgl. Kap. III in dem Abschnitt „Vak – das Wort des Höchsten".

159   Sri Aurobindo, *Savitri. Legende und Sinnbild.* Op. cit.. Buch VI, Canto 2.

160   Wie hier in *Savitri,* so heißt es in den *Essays über die Gita* in entsprechen-
       dem Sinne: „Der Rationalist weiß nicht, was er sagt, wenn er etwa dem
       Christus zuruft: ‚Du bist Gottes Sohn, so steig herab vom Kreuz!' oder
       wenn er verständig darauf hinweist, dass der Avatar nicht göttlich war,
       weil er starb, dazu an einer Krankheit, ‚wie ein Hund stirbt'. Er hat den
       Kern der ganzen Sache verfehlt. Gerade der Avatar der Leiden und
       Schmerzen muss zuerst kommen, bevor der Avatar der göttlichen Freude
       kommen kann." – Sri Aurobindo, *Essays über die Gita.* Op. cit. Kap. XVI,
       „Der Werdegang der Avatarschaft". – Die Worte über das Sterben, „wie
       ein Hund stirbt", beziehen sich hier auf den ebenfalls als Avatar verstan-
       denen Gautama Buddha.

161   Zu einem ähnlichen Ergebnis kam bereits zu Beginn der 1980er Jahre eine
       Studie über den Integralen Yoga und das esoterische Christentum. – Vgl.
       Rainer Püschel, *Selbst-Transformation. Integraler Yoga nach Sri Aurobindo und esote-*
       risches Christentum. Gladenbach 1981

ANHANG 1

1   Rudolf Steiner, *Das esoterische Christentum und die geistige Führung der Menschheit.*
       Op. cit.. Vortrag, 27. September 1911.

2   Ebenda. Vortrag, 28. September 1911.

3   Zu Christian Rosenkreutz aus anthroposophischer Sicht vgl. Paul Regen-
       streif (Hg.), *Christian Rosenkreutz und seine Mission.* Freiburg i. Br. 1980; Karl
       Heyer, *Geschichtsimpulse des Rosenkreuzertums. Aus dem Jahrhundert der Französi-*
       schen Revolution. Basel 2004; Peter Selg, *Rudolf Steiner und Christian Rosenkreutz.*
       Arlesheim 2010. – Die Arbeit Regenstreifs stellt eine hilfreiche Sichtung der
       zahlreichen Äußerungen Rudolf Steiners über Christian Rosenkreutz dar.

4   Rudolf Steiner, *Makrokosmos und Mikrokosmos.* Dornach 1988. Vortrag, 25.
       März 1910.

5   Hier ist immerhin in Erwägung zu ziehen, dass der andere, etwas jüngere,
       dem Meister Eckhart kongeniale Mystiker des Spätmittelalters, Johannes

Tauler, auch nach Auskünften Rudolf Steiners sehr wohl einen persönlichen Lehrer, Meister oder Guru hatte. Dies war der „unbekannte Gottesfreund vom Oberland", der Tauler den inneren Weg zu seinem Seelen-Umschwung, seiner Erweckung bzw. Wiedergeburt bahnte. – Vgl. Rudolf Steiner, *Die Mystik im Aufgange des neuzeitlichen Geisteslebens und ihr Verhältnis zur modernen Weltanschauung.* Dornach 1977; Kapitel „Gottesfreundschaft". – Vgl. ebenfalls: Klaus J. Bracker, *Grals-Initiation. Anthroposophische Esoterik und die künftige Jesus-Offenbarung.* Op. cit. Kap. „Seelen-Umschwung".

6   Der Ausdruck *jagad-guru* ist auch zu übersetzen mit „Welt-Lehrer".

7   Sri Aurobindo, *Synthese des Yoga.* Op. cit. Kap. "Die vier Hilfen".

8   Ausdruck dieses Ansatzes ist selbstredend die Tatsache des umfänglichen schriftlichen Nachlasses Sri Aurobindos. Mag auch die intellektuelle Arbeit einzelnen Sadhakas als eine Bürde erscheinen, als etwas, das den spontanen Zugang zum Yoga erschweren könnte, so bietet doch die Möglichkeit, sie auf sich zu nehmen, im selben Zuge die Gewähr für den ungleich höheren Freiheitsgrad, der diesen Yoga älteren Formen des Yoga gegenüber kennzeichnet. Ganz ähnlich verhält es sich mit der Anthroposophie Rudolf Steiners. Denn z. B. der für die Anthroposophie charakteristische siebenstufige Pfad der rosenkreuzerischen Einweihung setzt ein mit der Erfordernis des ernsthaften Studiums, auf dem alles Weitere aufbaut.

9   Sri Aurobindo, *The Synthesis of Yoga. Part I: "The Yoga of Divine Works".* Madras 1948.

10   Sri Aurobindo, *Synthese des Yoga.* Op. cit. Kap. "Die vier Hilfen".

11   Hermann Beckh macht über das von Sri Aurobindo erwähnte geheime Zentrum des Herzens Mitteilungen, die sich ebenfalls auf den Welt-Lehrer beziehen und in denen er dessen Christus-Nähe hervorhebt: „Zwischen der zwölfblättrigen und der zehnblättrigen Lotusblume befindet sich die achtblättrige Lotusblume, die auch von Dr. Steiner ein paar Mal erwähnt wird. [...] Im Indischen hat sie als die eigentliche tiefere Herzenslotusblume eine selbständige Stellung neben der zwölfblättrigen Lotusblume, auch ist sie nicht, wie die anderen, mit dem elementarischen Rückgrat, sondern wirklich mit dem Herzen verknüpft. Ihre Darstellung ist verschiedenartig [...]. Ein ‚Juweleneiland' – wie die imaginative Sprache der Inder, auf Bewusstseinsgeheimnisse damit deutend, sich ausdrückt – oder ‚Juwelenthron', auf dem der ‚Weltlehrer' erschaut wird, ist mit dieser Lotusblume verbunden, bei der wir uns noch mehr als sonst im Indischen in der Nähe der Christusgeheimnisse befinden." – Hermann Beckh, *Der übersinnliche Organismus im indischen Yoga (Lotusblumen, Kundalini) im Lichte der Erkenntnis der ätherischen Bildekräfte. In: Gäa Sophia. Jahrbuch der naturwissenschaftlichen Sektion der Freien Hochschule für Geisteswissenschaft am Goetheanum Dornach. Band III.* Dornach 1929.

1 Mirra Alfassa, *Words of the Mother. I.* Collected Works of the Mother. Volume 13. Pondicherry 2004. Part One. Chapter: "Mahasamadhi" (Ü. d. d. A.).

2 Ebenda.

3 Mirra Alfassa (Satprem, Ed.), *Mother's Agenda. 1951-1960.* Volume I. Paris 1978. – Mère, 29 février 1956, *l'Agenda de Mère, Volume 1, 1951-1960,* Edition & Copyright Institut de Recherches Evolutives, Lion/Mer, France. – Eintrag, 29. Februar 1956 (Ü. d. d. A.).

4 Vgl. Sri Aurobindo, *The Human Cycle.* Pondicherry 1997. – Darin: *The Ideal of Human Unity.* Chap. XXXIV, "The Religion of Humanity". – Darin heißt es beispielsweise: „Freiheit, Gleichheit, Brüderlichkeit sind drei Gottheiten der Seele; sie können durch das äußere Getriebe der Gesellschaft nicht verwirklicht werden und auch nicht durch den Menschen, so lange er bloß als Individuum und in seinem gemeinen Ego lebt." Ebenda (Ü. d. d. A.).

5 Rudolf Steiner beantwortete das Problem der zunächst bestehenden Abstraktheit der Forderung „Freiheit, Gleichheit, Brüderlichkeit", indem er aufzeigte, dass Freiheit insbesondere für das geistige Leben der Menschen Geltung haben müsse, Gleichheit für die Regelung aller rechtlichen Belange, Brüderlichkeit für alles wirtschaftliche Miteinander. Er sprach diesbezüglich von der „Dreigliederung des sozialen Organismus". – Vgl. Rudolf Steiner, *Die Kernpunkte der sozialen Frage.* Dornach 1976; ders., *Aufsätze über die Dreigliederung des sozialen Organismus und zur Zeitlage 1915-1921.* Dornach 1982.

6 In Auroville ist in jüngster Zeit vereinzelt ein gewisses Interesse an Rudolf Steiners Ideen zur sozialen Dreigliederung zu beobachten, die als kompatibel mit Sri Aurobindos Ausführungen angesehen werden.

7 Zit. nach: Michael Klostermann, *Auroville. Stadt des Zukunftsmenschen.* Op. cit. Kap. „Die Vision Aurovilles bis zur Gründung am 28. Februar 1968", Abschnitt „Die neue Stadt".

8 Ebenda. „Vorwort"

9 Ebenda. Kap. „Die Vision Aurovilles bis zur Gründung am 28. Februar 1968" im Abschnitt „Der Gründungstag, Merkmale des Aurovillegebiets, Klima". – Auroville wird bereits seit 1966 durch die UNESCO unterstützt.

10 im Sinne der anthroposophischen Geisteswissenschaft: die Bewusstseinsseele mit der ihr eigenen Ausrichtung auf Freiheit und individuelle, auf Denken und Selbsterkenntnis gestützte Selbstbestimmung.

11 Vgl. Anurag Banerjee, *The former Incarnations of Sri Aurobindo and the Mother.* http://archives.mirroroftomorrow.org/blog/_archives/2009/4/20/4158483.html .

12 Der Indienreisende Daniel J. van Bemmelen, ein einflussreicher niederländischer Anthroposoph, vermerkte nach einem Besuch des Ashrams in Pondicherry und des eben erst gegründeten Auroville, 1969, mit skeptischem Ton über dass Verhältnis zwischen Sri Aurobindo und Mirra Alfassa: „[...]

aber meinem Eindruck nach ist Aurobindo gänzlich unter ihre Macht gekommen". – Daniel J. van Bemmelen, *Reisverslag uit India. II.* In: *Mededelingen van de Antroposofische Vereniging in Nederland.* Jg. 24 (1969) Nr. 3 (Ü. d. d. A.). – Diese kritische Einschätzung hat van Bemmelen allerdings nicht näher erläutert.

13   Vgl. Anurag Banerjee, *The former Incarnations of Sri Aurobindo and the Mother.* Op. cit.

14   eigentlich: Bernard Enginger (1923-2007).

15   Aus *Mother's Agenda* zit. nach: Michael Klostermann, *Auroville. Stadt des Zukunftsmenschen.* Op. cit. Kap. „Das werdende Auroville" im Abschnitt „Das Jahr 1970".

16   Vgl. Kapitel V im Abschnitt „Das Göttliche – in der Sicht Sri Aurobindos".

ANHANG 3

1   Zit. nach: Sujata Nahar, *Mother's Chronicles. Book Three. Mirra – The Occultist.* Paris 1989. – Kap. 25: "Hohlenberg".

2   Ebenda.

3   Ebenda.

4   Bodo von Plato (Hg.), *Anthroposophie im 20. Jahrhundert. Ein Kulturimpuls in biografischen Porträts.* Dornach 2003. Darin: Terje Christensen, Artikel „Hohlenberg, Johannes".

5   Zit. nach: Sujata Nahar, *Mother's Chronicles. Book Three. Mirra – The Occultist.* Op. cit.. Kap. 25: "Hohlenberg". – Die Formulierung "[...] etwas, um Ihre Erinnerung [...] wachzurufen [...]" bezieht sich auf ein Portrait Paul Richards auf der Vorderseite der Postkarte. – „M. P. Richard" steht für Mirra und Paul Richard.

6   Vgl. Kap. II in dem Abschnitt „Pondicherry – Mirra, *The Arya* und der Ashram". – Hier auch Näheres zu dem Folgenden.

7   Johannes Hohlenberg, *Letter written to Judith Tyberg. July 21, 1948.* – Aus dem Archiv-Material Terje Christensens, des norwegischen Biographen Johannes Hohlenbergs, dem Verfasser freundlich zur Verfügung gestellt.

8   Ebenda.

9   Zit. nach: Sujata Nahar, *Mother's Chronicles. Book Three. Mirra – The Occultist.* Op. cit.. Kap. 25: "Hohlenberg".

10   Johannes Hohlenberg, *Der atmende Gott. Yoga und der europäische Mensch.* Hamburg 1954. „Vorwort zur dritten Auflage". – Tatsächlich war Sri Aurobindo damals 42 Jahre alt gewesen.

11   Im Jahr 1920 machte in Schweden Selma Lagerlöf wichtige yogische Erfahrungen, angeregt durch Hohlenbergs Buch, das bald auch auf Schwedisch erschienen war.

12   Eli Hohlenberg, *Brief an Jayantilal Parekh. 1. September 1978.* – Aus dem Archiv-Material Terje Christensens.

13   Rudolf Steiner, *Grenzen der Naturerkenntnis.* Dornach 1981. Vorträge, 27. September bis 3. Oktober 1920. – An den eigentlichen Hochschulkurs schlossen zwei Vorträge an, 2. und 3. Oktober 1920, in denen Rudolf Steiner zum einen auf die Bedeutung orientalischer Mantren, zum anderen auf den traditionellen Yoga einging. Es stellt sich die Frage, ob Rudolf Steiner damit gezielt auf Johannes Hohlenbergs Erfahrungen in Südindien eingehen wollte.

14   Johannes Hohlenberg, *Søren Kierkegaard. Eine philosophische Biographie.* Basel 2011.

15   Vgl. zur Vita: Bodo von Plato (Hg.), *Anthroposophie im 20. Jahrhundert. Ein Kulturimpuls in biografischen Porträts.* Op. cit.. Darin: Terje Christensen, Artikel „Hohlenberg, Johannes".

16   „Naturen og Udviklingslæren" in: *Øjeblikket,* 7. aargang nr. 1, 1. Januar 1954; im englischsprachigen Original: Auszug aus „Man and the Evolution". Enthalten in: Sri Aurobindo, *The Life Divine.* Op. cit.; „Overmenneskets Idé" in: *Øjeblikket,* 7. aargang nr. 2, 1. April 1954; im englischsprachigen Original: „The Superman"; enthalten in: Sri Aurobindo, *Essays in Philosophy and Yoga.* Op. cit.; „Om Menneskets Frie Villie"; in: *Øjeblikket,* 7. aargang nr. 3, 1. Juli 1954; im englischsprachigen Original: „All-Will and Free-Will"; enthalten in: Sri Aurobindo, *Essays in Philosophy and Yoga.* Op. cit..

17   Briefliche Mitteilung Oskar Borgman Hansens an den Autor, Skagen, 15. Juli 2012.

18   Wilfried Huchzermeyer, *Sri Aurobindo. Leben und Werk.* Op. cit.. Kap. 11, „Pondicherry (1915-1926), darin der Abschnitt „Sri Aurobindos Brief an Barin". – Hier auch die vorherigen Einzelzitate.

19   Sri Aurobindo, *Bengali Writings – Translated Into English.* Pondicherry 1991. Chap. X, 2, "A Letter to Barin" (Ü. d. d. A.).

20   Ebenda

21   Mit Sri Aurobindos Votum über die Bedeutung des Denkens und Erkennens für die spirituelle Entwicklung verträgt sich hervorragend, was der Anthroposoph, Waldorflehrer sowie Begründer und erste Leiter des Max Mueller Bhavan (Goethe)-Instituts in Bombay, Heimo Rau, über den Inder schrieb: „So sieht Sri Aurobindo in der Entwicklung des denkenden Bewusstseins den Weg des Menschen zum Geist und zur Fortentwicklung in die Zukunft. Er stimmt darin mit Rudolf Steiner überein, der den Schulungsweg des Denkens zur Erkenntnis höherer Welten als den Weg bezeichnet und dargestellt hat, der dem augenblicklichen Bewusstseinszustand des Menschen entspricht. Aurobindo hat das Erbe Indiens aufgenommen und es für den modernen denkenden Menschen metamorphosiert." – Heimo Rau, *Indiens Erbe – Illusion und Wirklichkeit heute.* Stuttgart 1982. Kap. „Indiens Erbe – Illusion und Wirklichkeit".

GLOSSAR

Sanskritausdrücke, Termini aus der spirituellen Tradition, aus Anthroposophie und Integralem Yoga in exemplarischer Auswahl

Adityas
vedische Gottheiten hohen Ranges; nach dem *Satapatha Brahmana* die zwölf Söhne der Aditi, der Gottheit der Morgenröte und des unbegrenzten, unendlichen Raumes, die den Bereich des Akasha repräsentiert (vgl. → Akasha-Chronik).

Agni
das Feuer, der → Deva des Feuers. Kosmisch die Sonne am Himmel, der Blitz im Luftraum, das sichtbare Feuer auf der Erde. Ihm sind über zweihundert Hymnen des → Rig Veda gewidmet. Gemäß Sri Aurobindo wohnt er geheimnisvoll dem Inneren der Materie inne, zugleich beherrscht er die Konzentration des Bewusstseins und des Willens. Seine Heimat ist die weite Wahrheitswelt, wo Wissen und Wille eins sind. Agni ist dem seelischen Wesen zutiefst verwandt und wird auch als Gott des → *psychic being* bezeichnet.

Ahriman
bzw. ahrimanische Wesen; gemäß der geistigen Forschung Rudolf Steiners Widersachermächte, die die reguläre Entwicklung des Menschen zu korrumpieren trachten, indem sie dazu verführen, vorauseilend künftige Entwicklungszustände und eine zu starke Verbindung mit der irdisch-materiellen Wirklichkeit anzustreben; Ahriman ist im altiranischen Mythos der finstere Widerpart der solaren Gottheit Ahura Mazdao.

Akasha-Chronik
bei Rudolf Steiner die Weltenchronik, festgehalten in der Grenzsphäre zwischen unterem und obe-

rem Devachan, d. h. dort, wo einerseits geistig Geformtes (Rupa) und andererseits Formloses (Arupa) aneinander grenzen. In dieser Sphäre ist Akasha beheimatet, empfänglich und durchlässig für formale Einprägungen und für Bildimpulse aus der Formlosigkeit. Sri Aurobindo spricht ebenfalls von der Akasha-Schrift: *akasha lipi*.

Alaya vijnana   der buddhistische Terminus des Yogachara-Systems bezeichnet das so genannte Speicherbewusstsein, die höchste von acht Bewusstseinsstufen, die gegenüber den übrigen sieben dadurch gekennzeichnet ist, dass sie keinerlei Veränderung oder Entwicklung unterliegt; mit der → Akasha-Chronik bzw. *akasha lipi* vergleichbar.

Astralleib   nach dem → Ätherleib das nächsthöhere übersinnliche Glied der menschlichen Gesamtorganisation; auch Empfindungs- oder Bewusstseinsleib genannt. Die Grundlage für die Durchseelung tierischer und menschlicher Organismen.

Äther, Ätherleib   der Äther oder das Ätherische ist in der Anthroposophie das belebende übersinnliche Prinzip, das Pflanzen, Tiere und Menschen leben lässt. Es gibt auch kosmische Äther-Qualitäten. Unterschieden werden, den vier Elementen entsprechend, vier Ätherarten: Wärme-, Licht-, Klang- und Lebensäther. Vergleichbar dem → Prana. Der Ätherleib (auch: Lebensleib oder Bildekräfteleib) ist die übersinnliche Organisation, die alle Lebensprozesse eines Organismus bewirkt und aufrecht erhält.

Atman   das wahre Wesen, das wahre Selbst des individuellen Menschen, aber zugleich weit über die Begrenzungen der Einzelpersönlichkeit erhaben; der *atman* ist seiner Natur nach befähigt die Einheit mit dem → *brahman* zu erfahren; in der Anthroposophie wird der *atman* als das höchste der sieben Wesensglieder, zugleich als die vollkommen vergeistigte Umwandlungsstufe des physischen Leibes (als des niedersten Wesensgliedes) verstanden.

Avatar	eine göttliche Manifestation wie in den zehn klassischen, puranischen Avataren, z. B. im Löwen-Menschen, in Rama, Krishna oder in dem → Kalki Avatar.
Bewusstseinsseele	das im Zuge der Ich-Entwicklung zunehmend selbstbewusst ergriffene Seelische, das sich über das Begehren, über Sympathie und Antipathie, über Verstand und Gemüt so weit erhoben hat, dass es der bewusstseinshellen Berührung mit dem Geistigen (im Geistselbst oder → Manas) fähig geworden ist; wirkt aufs Innigste mit dem Ich zusammen.
Bhakti, Bhakti Yoga	im Integralen Yoga: die Devotion; Liebe, anbetende Verehrung und das Verlangen der Seele, das sich ganz auf den Höchsten ausrichtet. Bhakti Yoga in *Synthese des Yoga* = der „Yoga der Göttlichen Liebe".
Bhumi	Erde, Welt, Ort der Manifestation.
Brahman	im Vedanta die göttliche Wirklichkeit, das Eine, außerhalb dessen nichts existiert; das Absolute, die allgegenwärtige Wirklichkeit, in der alles Relative existiert als seine (des *brahman*) Formen oder Bewegungen; seine Natur ist *sachchidananda*: unendliches Sein (*sat*), unendliches Bewusstsein (*chit*) und unendliche Seligkeit (*ananda*).
Chaitya Purusha	die individuelle Seele des Menschen; Synonym für → *psychic being*; nicht zu verwechseln mit *chaitanya purusha*, der das Bewusstsein des göttlichen → Purusha bezeichnet.
Deva	im Sinne des Integralen Yoga eine kosmische Gottheit, die den Wirksamkeiten kosmischer Prinzipien vorsteht; der Deva ist demnach ein dynamisches Wesen, manifestiert in → Prakriti, um die Arbeiten auf dem Plan verrichten zu können, dem es angehört; die Bezeichnung kann aber auch für das höchste Göttliche verwendet werden.
Ego	die niedere Ichheit; entstanden durch die einseitige Fokussierung des selbst-reflexiven Bewusstseins

insbesondere auf das Vitale, bzw. auf die Astralität und das hier angesiedelte Geflecht aus Instinkt, Trieb und Begierde, oder auf die „Begehrensseele"; Quellpunkt egoistischer Muster wie Habsucht, Neid, Eifersucht usw.; bewirkt die nachhaltige Verhüllung und Verdunkelung des lichthaften inneren Wesens, der wahren Ichheit bzw. des → *psychic being*.

Elementargeister oder: Elementarwesen; übersinnliche Wesenheiten der zunächst an die physische Welt angrenzenden Sphäre der geistigen Welt (des Astralplans), die insbesondere die vier klassischen Elemente – Erde, Wasser, Luft und Feuer – beleben und durchseelen; gemäß der auf Paracelsus zurückgehenden Überlieferung spricht auch Rudolf Steiner von: Gnomen, Undinen, Sylphen und Salamandern.

Eurythmie sichtbare Sprache und sichtbarer Gesang; sichtbar gemacht durch Bewegungen, Körperstellungen, Gesten und Gebärden, die mittels des physischen Körpers als Instrument die innere Natur und Gesetzmäßigkeit des → Ätherleibes (d. h. die Wortnatur des Menschen) zur Anschauung bringen.

Gayatri Mantra in Indien bis heute eines der wichtigsten Mantrams, entnommen dem Rig Veda (3,62).

Goetheanismus von Rudolf Steiner infolge seiner Auseinandersetzung insbesondere mit den naturwissenschaftlichen Schriften Johann Wolfgang Goethes geprägter Terminus, der sich auf eine strenge Phänomenologie und „anschauende Urteilskraft" im Naturbetrachten sowie auf organologische Gesetzmäßigkeiten wie die der Metamorphose stützt.

Gunas die drei Gunas als die drei Grundeigenschaften der → Prakriti: *tamas, rajas, sattva; tamas* repräsentiert Trägheit und lichtarme Schwere, die Gottferne, *rajas* das eigentlich dynamische Prinzip, Aufbau und Abbau, die energische, leidenschaftliche Auseinandersetzung, *sattva* die lichtvolle, bewusstseinshelle

Abgeklärtheit der intensiven Hinwendung an das Göttliche.

Hierarchien bei Rudolf Steiner vor allem die drei Hierarchien geistiger Wesenheiten, die mit den verschiedenen Sphären der geistigen Welt in Verbindung stehen. In Übereinstimmung mit der christlichen Tradition (Dionysius Areopagita) werden in der Anthroposophie unterschieden: Engel, Erzengel, Urbeginne (3. Hierarchie); Exousiai, Dynameis, Kyriotetes (2. Hierarchie); Throne, Cherubim und Seraphim (1. Hierarchie). Dem Menschen sind die Engel am nächsten; die Seraphim der Anschauung Gottes.

Idealismus vor allem die deutsche idealistische Philosophie in ihren drei Hauptvertretern Johann Gottlieb Fichte, Georg Wilhelm Friedrich Hegel und Friedrich Wilhelm Joseph Schelling, die für den jungen Rudolf Steiner wegweisend waren.

Indra in den Veden der König der → Devas. Er sendet Blitz, Donner und Regen. Mit seinem Donnerkeil besiegt er das Böse. Ähnlich → Michael bekämpft er das drachenartige Element. Sri Aurobindo zufolge dominiert er die Kraft des manasischen Geistes, des Mentalen.

Ishvara der „Herr" des Alls, das höchste Wesen, der → Purushottama der *Bhagavad Gita*; er manifestiert sich in der Zeit und erhält das Universum; ihm eignet ein All-Bewusstsein, in welchem er der Wahrheit aller Dinge und Wesen gewahr ist, die er vermittels seiner All-Weisheit und gemäß den ihnen innewohnenden Gesetzen ins Dasein ruft; er ist überkosmisch wie auch innerkosmisch; er ist das höchste und universale → *brahman*, das erhabene Selbst, das Absolute.

Jiva die individuelle Seele; im Integralen Yoga eine partielle Manifestation des → Ishvara; bietet zugleich den Schauplatz, auf dem sich → Purusha und → Prakriti begegnen und in ihrer kosmischen Wirksamkeit darstellen.

Jnana Yoga im Integralen Yoga der Weg der Erkenntnis. Auf diesem Weg soll das → Mentale stufenweise erleuchtet und höheren Verwirklichungen wie dem „intuitiven Mentalen" und dem „Licht-Mentalen" entgegen geführt werden. In *Synthese des Yoga* = der „Yoga des Integralen Wissens".

Kali Yuga das finstere Zeitalter; im Allgemeinen heißt es, dieses begann im Jahr 3101 v. Chr., das mit dem Datum zusammenfällt, da → Krishna sich aus seiner körperlichen Manifestation zurückzog; Rudolf Steiner zufolge endete das Kali Yuga mit dem Jahr 1899 n. Chr.. Sri Aurobindo äußerte sich ähnlich.

Kalki Avatar der zehnte der zehn puranischen → Avatare.

Karma Yoga im Integralen Yoga – in großer Nähe zu den Lehren der *Bhagavad Gita* – der Yoga der Tat. In *Synthese des Yoga* = der „Yoga des Göttlichen Wirkens".

Krishna der achte der zehn puranischen Avatare; die zentrale Gestalt der Bhagavad Gita, in der er den Pandu-Fürsten Arjuna, welcher den → Indra zum göttlichen Vater hat, umfassend in den Yoga einweiht; Rudolf Steiner identifiziert Krishna mit der „unschuldigen Schwesterseele" des Adam, als dessen mehr himmlischen Wesensanteil, der vor dem Sündenfall bewahrt blieb und erst in dem nathanischen Jesus wieder in einer vollen Inkarnation auftrat.

Krita Yuga etwa: das Zeitalter der höchsten Vollkommenheit; gleichbedeutend mit dem → Satya Yuga.

Logos das göttliche Wort, das die Welt ausspricht, sie durchtönt und durch seine Wirkkraft die Einzelwesen erschafft und ausgestaltet; im Westen in eins gesetzt mit dem Sohn Gottes, der zweiten Person der → Trinität, in dem Christus Jesus Mensch geworden.

Luzifer bzw. luziferische Wesen; gemäß der geistigen Forschung Rudolf Steiners Widersachermächte, die die reguläre Entwicklung des Menschen

zu korrumpieren trachten, indem sie dazu verführen, frühere Entwicklungszustände und die
Loslösung aus der irdischen Wirklichkeit anzustreben.

Manas bei Sri Aurobindo das → Mentale; bei Rudolf
Steiner das Geistselbst, das erste eigentlich geistige
Glied in der menschlichen Wesensgliederordnung,
zu Teilen durch die Läuterung und Umwandlung
des → Astralleibes gewonnen.

Mandala Kreis, Bogen, Umfang; in dieser Arbeit insbesondere als Ausdruck für einen der zehn Liederkreise
des → Rig Veda.

Manu steht einem kosmischen Zeitalter, einem → Manvantara vor. Der letzte Manu inspirierte, so Rudolf
Steiner, die sieben → Rishis zur Begründung der
uralt-indischen Kultur. Die menschliche Seele gilt
als ein „Sohn des Manu" (Manuputra).

Manvantara bei Rudolf Steiner die kosmisch-evolutive Manifestation eines so genannten → Planetenzustandes;
zieht sich eine solche planetarische Manifestation
wieder in die rein geistige Latenz zurück, so ist die
Rede von einem → Pralaya.

Mental das Mentale umfasst die gegebene Bewusstseins-
organisation des Menschen. In seinen feineren
Gliederungen dient es dem → *psychic being* zum
individuellen Erwachen. Höhere Stufen des Mentalen sind das „höhere Mentale", das „erleuchtete Mentale" und das „intuitive Mentale". Diese
Stufen leiten über zu dem „übermentalen Logos",
zum eigentlichen „Übermentalen" und zu dem
„Licht-Mentalen", das den Übergang zu dem „Supramentalen" bildet. Dem Mentalen entspricht bei
Sri Aurobindo im Allgemeinen → Manas.

Michael der Erzengel Michael; unter den sieben Erzengeln
ist er der Sonne zugeordnet; gemäß Rudolf Steiner
wirkt er gegenwärtig als Zeitgeist aus der Sphäre
der Archai (19.-23. Jh. n. Chr.); er steht ähnlich →
Indra im Kampf mit den Drachenmächten; An-

throposophie versteht sich als insbesondere inspiriert durch Michael.

Mitra   vedische Gottheit, der „Freund aller Wesen" ; einer der → Adityas.

Monismus   geht von der Einheit und Einheitlichkeit des Weltganzen aus; Rudolf Steiner wollte den Monismus z. B. in seiner *Philosophie der Freiheit* im Sinne der Einheit fassen, die alle faktische und potenzielle Erkenntnis umschließt; und in letzterer zu leben war ihm in dieser Schrift identisch mit dem „Leben in Gott".

nachatlantische Kultur   Rudolf Steiner unterscheidet sieben nachatlantische Kulturen, die auf die Katastrophe der großen Flut, in der die alte Atlantis zugrunde ging, folgten: die uralt-indische, die urpersische, die ägyptisch-chaldäische, die griechisch-lateinische, die jetzige europäische sowie zwei künftige Kulturepochen; jede dieser Epochen erstreckt sich nach einem kosmischen Rhythmus (dem Platonischen Weltenjahr) über einen Zeitraum von etwa 2160 Jahren; für den Beginn der vierten Kulturepoche (der griechisch-lateinischen) setzt er das Jahr 747 v. Chr. an, für den Beginn der derzeitigen Epoche das Jahr 1413.

Planetenzustand   gemäß der anthroposophischen Sicht gehen der gegenwärtigen Stufe „Erde" drei Planetenzustände voraus: „Alter Saturn" (Wärme), „Alte Sonne" (Wärme, Luft und Licht), „Alter Mond" (Wärme, Luft und Lichtäther, Wasser und Klangäther).

Prajapati   „Herr der Geschöpfe"; als zu dem göttlichen → Purusha stehen zu ihm alle Geschöpfe als seine Manifestationen. Er ist → Agni untergeordnet, → Manu aber bzw. die Manus gehen aus ihm hervor.

Prakriti   die aktive Kraft der Natur, gegliedert in die drei → Gunas, die durch ihre Bewegung schafft und erhält und die, indem sie in Ruhe übergeht, die Erscheinung des Kosmos auflöst; die universelle Energie, die in ihrer Aktivität auf allen Seinsebenen den →

Purusha erfreut; Prakriti und → Purusha bilden im Yoga ein feststehendes Begriffspaar.

Pralaya bei Rudolf Steiner der rein geistige Latenzzustand, in den sich planetarische Manifestationen (→ Manvantaras) nach abgeschlossener Entwicklung zurückziehen.

Prana wörtlich: der Atem, der ein- und ausströmt. Die essenzielle Lebenskraft, die fünffältig den gesamten Körper durchströmt.

Psychic Being für Sri Aurobindo die individuelle Seele des Menschen; ausgehend von dem *psychic being* soll die dreifache Transformation des Menschen einsetzen, indem sukzessive → das Mentale, das Vitale und das Physische im Sinne der *psychicisation* nachhaltig durchseelt werden.

Purusha der Mensch, die Person, die Seele, der Geist, das Selbst (*atman*) als Hervorbringer, Zeuge, Unterstützer, Herr, der sich an den Formen und Werken der Natur, → Prakriti, erfreut; das bewusste Wesen, universell oder individuell, das die Aktivität der Natur auf jedwedem ihrer Plane wahrnimmt; Purusha und → Prakriti bilden im Yoga ein feststehendes Begriffspaar.

Purushottama das höchste Wesen, als das Krishna sich in der *Bhagavad Gita* (XV,18) selbst zu erkennen gibt; vgl. den Eintrag zu → Ishvara.

Rig Veda der älteste der vier Veden, gilt als die göttliche Uroffenbarung; er umfasst in zehn Liederkreisen (→ Mandalas) 1028 Hymnen an die vedischen Gottheiten.

Rik Vers, einer der über 10.000 Verse des → Rig Veda.

Rishi der Dichterseher der frühen vedischen Zivilisation, Verfasser vedischer Hymnen; insbesondere die sieben heiligen Rishis leiteten durch ihre Verbindung mit den Gottheiten jene uralte Kultur.

Sadhaka Schüler, Aspirant, Gottsucher; derjenige, der das → Sadhana praktiziert.

Sadhana	spirituelle Disziplin, die Praxis des → Yoga; wörtlich: das Instrument, das Mittel. In dieser Arbeit wird das Neutrum von „Sadhana" verwendet. Die deutschsprachigen Freunde des Integralen Yoga bevorzugen die feminine Form. Beides ist sprachlich zulässig.
Sanatana Dharma	die ewige Wahrheit; die Selbstbezeichnung des Hinduismus, gegenüber der Vielzahl der Sekten und Kulte der bleibende ursprüngliche, transzendente Hintergrund des Hinduismus.
Sannyasin	ein Asket, der in völliger Entsagung und Besitzlosigkeit lebt und einzig auf die Erlangung von *moksha* ausgerichtet ist, auf die Befreiung von Karma, Geburt, Tod und Wiedergeburt.
Sanskrit	von *samskrita*, verfeinert, veredelt, kultiviert; als Sprache die verfeinerte Sprachform, die weniger die materielle und mehr die geistige Wirklichkeit ausdrücken soll; die Sprache der geheiligten schriftlichen Überlieferung sowie der Priester und Gelehrten. Im Gegensatz zum Sanskrit steht das Prakrit, von *prakrita*, gewöhnlich, natürlich; unter Prakrit wird eine Reihe mittelindischer, gesprochener Sprachen subsumiert, darunter das Pali, die Sprache, in der der buddhistische Kanon abgefasst wurde, sowie das Ardhamagadhi, die Sprache, die der Buddha vermutlich tatsächlich gesprochen hat.
Saptarishis	die sieben heiligen → Rishis.
Satya Yuga	das Zeitalter der Wahrheit oder auch das „Goldene Zeitalter"; gemäß der puranischen Tradition folgt auf das derzeitige (oder kürzlich abgelaufene) → Kali Yuga ein neues Satya Yuga, das mit dem Hervortreten des → Kalki Avatars einsetzt. – Abweichend davon spricht im ausgehenden 19. Jh. der westbengalische Yogi und Guru Shri Yukteshwar davon, dass auf das Kali Yuga ein allmählicher Aufstieg über ein neues Dvapara Yuga, später ein künftiges Treta Yuga folgen wird; erst danach werde in Zukunft wieder ein Satya Yuga beginnen.

Triloka	die „drei Welten" – Bhur, Bhuvar, Svar. Sie gehören der „unteren Hemisphäre" an und sind gemäß Sri Aurobindo gleichzusetzen mit der physischen, vitalen und mentalen Welt. Bei Rudolf Steiner entsprechen ihnen die physische Welt, der Astralplan und der untere Devachan. Die Rezitation des → Gayatri Mantra wird für gewöhnlich durch ein OM und die Anrufung der „drei Welten" eröffnet.
Trinität	bezeichnet im Gegensatz etwa zur „Triade" dezidiert die göttliche Dreifaltigkeit der Christenheit: Vater, Sohn und heiligen Geist, die dreieinig verstanden werden – als drei Personen ein und desselben Wesens.
Urpflanze	eine Entdeckung Goethes; das archetypische Urbild der Blütenpflanze schlechthin, auf das jede besondere blühende Pflanzenart morphologisch zurückzuführen ist.
Varuna	vedische Gottheit, der „Herr der Weite"; einer der → Adityas. Erst nach-vedisch wurde er zur Gottheit der Meere und Ozeane.
Veda	das Wissen, das offenbarte Wort; die Veden bilden die älteste Schicht religiöser Literatur in Indien; unterschieden werden: → Rig Veda, Sama Veda, Yajur Veda und Atharva Veda. Im weiteren Sinne wird unter „Veda" auch die spätere vedantische Spiritualität der Upanishaden verstanden; der Integrale Yoga Sri Aurobindos kann als Versuch gewertet werden, den Veda zeitgemäß zu neuem Leben zu erwecken.
Vedanta	wörtlich: das Ende der Veden; fasst die Schulen vedischen Denkens in nach-vedischer Zeit zusammen und findet vor allem in den Upanishaden seinen Ausdruck; eines der sechs philosophischen Systeme des Hinduismus; Advaita Vedanta, als der Vedanta der Nicht-Zweiheit, bezeichnet eine von fünf Schulrichtungen des Vedanta und genießt in der westlichen Welt die größte Bekanntheit.

Vibhuti im Sinne der avatarischen Verwirklichung eine Teil-Manifestation, im Gegensatz zu dem vollkommenen → Avatar verantwortlich für kleinere Entwicklungsübergänge.

Yoga Vereinigung dessen, was im Verlauf der Weltentwicklung getrennt wurde – wie *atman* und *param brahman*; insbesondere die verschiedenen Methoden, dies zu erreichen. Der Integrale Yoga Sri Aurobindos synthetisiert insbesondere → *karma yoga*, den Yoga der Werke, → *jnana yoga*, den Yoga der Erkenntnis, und → *bhakti yoga*, den Yoga der liebenden Hingabe, zum *purna yoga* oder Yoga der Vollendung.

VERWENDETE LITERATUR

Werke Sri Aurobindos

Autobiographical Notes – and Other Writings of Historical Interest. Pondicherry 2006
Bande Mataram. Political Writings and Speeches 1890-1908. Pondicherry 2002
Bengali Writings – Translated into English. Pondicherry 1991
Briefe über den Yoga. (4 Bd.) Pondicherry 1983
Das Geheimnis des Veda. Gladenbach 1997
Das Göttliche Leben. Erstes Buch. Gladenbach 2002
Das Göttliche Leben. Zweites Buch (Teile 1 und 2). Gladenbach 1991
Das Ideal einer geeinten Menschheit. Gladenbach 2000
Die Dichtung der Zukunft. Karlsruhe 1990
Die Frage der Wiedergeburt. Gauting 1997
Die Grundlagen der indischen Kultur und die Renaissance in Indien. Gladenbach 2008
Die Isha-Upanishad. Planegg 1988
Die Mutter. Zürich 1945
Die Stunde Gottes. Pondicherry 1997
Die Synthese des Yoga. Gladenbach 2000
Essays Divine and Human. Pondicherry 1997
Essays in Philosophy and Yoga. Pondicherry 1998
Essays über die Gita. Gladenbach 1992
Glossary to Records of Yoga. Pondicherry 2001
Karmayogin. Political Writings and Speeches. 1909-1910. Pondicherry 1997
Kena and Other Upanishads. Pondicherry 2001
Letters of Sri Aurobindo on The Mother. Bombay 1951
On Himself. Pondicherry 1972
On Himself. Pondicherry 1988
Record of Yoga. Pondicherry 2001
Savitri. Legende und Sinnbild. Gladenbach 2006
Sri Aurobindo on Himself and The Mother. Pondicherry 1953
Sri Aurobindo: A Life-Sketch. Pondicherry 1985
The Future Poetry and Letters on Poetry, Literature and Art. Pondicherry 1970

The Future Poetry. Pondicherry 1997
The Human Cycle. Pondicherry 1997
The Renaissance in India and Other Essays on Indian Culture. Pondicherry 1997
The Supramental Manifestation. Pondicherry 1972
The Synthesis of Yoga. Part I: "The Yoga of Divine Works". Madras 1948
The Yoga and Its Objects. Pondicherry 2002
Über sich selbst. Gladenbach 1994
Uttarpara Speech. Pondicherry 1999
Zyklus der menschlichen Entwicklung. München 1982

Werke Rudolf Steiners

(GA = Bibl.-Nr. innerhalb der Gesamtausgabe der Werke Rudolf Steiners)

GA 1	*Einleitungen zu Goethes Naturwissenschaftlichen Schriften.* Dornach 1987
GA 2	*Grundlinien einer Erkenntnistheorie der Goetheschen Weltanschauung, mit besonderer Rücksicht auf Schiller.* Dornach 2003
GA 3	*Wahrheit und Wissenschaft.* Dornach 1980
GA 4	*Die Philosophie der Freiheit.* Dornach 1995
GA 7	*Die Mystik im Aufgange des neuzeitlichen Geisteslebens und ihr Verhältnis zur modernen Weltanschauung.* Dornach 1977
GA 8	*Das Christentum als mystische Tatsache.* Dornach 1976
GA 9	*Theosophie. Einführung in übersinnliche Welterkenntnis und Menschenbestimmung.* Dornach 1987
GA 10	*Wie erlangt man Erkenntnisse der höheren Welten?* Dornach 1982
GA 11	*Aus der Akasha-Chronik.* Dornach 1975
GA 13	*Die Geheimwissenschaft im Umriss.* Dornach 1989
GA 14	*Vier Mysteriendramen.* Dornach 1998
GA 15	*Die geistige Führung des Menschen und der Menschheit.* Dornach 1987
GA 18	*Die Rätsel der Philosophie. In ihrer Geschichte als Umriss dargestellt.* (Bd. 1 und 2) Dornach 1974
GA 23	*Die Kernpunkte der sozialen Frage.* Dornach 1976
GA 24	*Aufsätze über die Dreigliederung des sozialen Organismus und zur Zeitlage 1915-1921.* Dornach 1982
GA 26	*Anthroposophische Leitsätze. Der Erkenntnisweg der Anthroposophie – Das Michael-Mysterium.* Dornach 1976

GA 27   Rudolf Steiner, Ita Wegman, *Grundlegendes für eine Erweiterung der Heilkunst nach geisteswissenschaftlichen Erkenntnissen.* Dornach 1991

GA 28   *Mein Lebensgang.* Stuttgart 1975

GA 34   *Lucifer-Gnosis. 1903-1908. Grundlegende Aufsätze zur Anthroposophie und Berichte.* Dornach 1987

GA 35   *Philosophie und Anthroposophie. 1904-1918.* Dornach 1965

GA 44   *Entwürfe, Fragmente und Paralipomena zu den vier Mysteriendramen.* Dornach 1985

GA 74   *Die Philosophie des Thomas von Aquin.* Dornach 1993

GA 88   *Über die astrale Welt und das Devachan.* Dornach 1999

GA 89   *Bewusstsein, Leben, Form. Grundprinzipien der geisteswissenschaftlichen Kosmologie.* Dornach 2001

GA 93   *Die Tempellegende und die Goldene Legende.* Dornach 1979

GA 93a   *Grundelemente der Esoterik.* Dornach 1976

GA 100   *Menschheitsentwickelung und Christus-Erkenntnis.* Dornach 1981

GA 102   *Das Hereinwirken geistiger Wesenheiten in den Menschen.* Dornach 1974

GA 103   *Das Johannes-Evangelium.* Dornach 1981

GA 105   *Welt, Erde und Mensch.* Dornach 1983

GA 106   *Ägyptische Mythen und Mysterien.* Dornach 1992

GA 110   *Geistige Hierarchien und ihre Widerspiegelung in der physischen Welt. Tierkreis, Planeten, Kosmos.* Dornach 1991

GA 112   *Das Johannes-Evangelium im Verhältnis zu den anderen Evangelien – besonders zu dem Lukas-Evangelium.* Dornach 1984

GA 116   *Der Christus-Impuls und die Entwickelung des Ich-Bewusstseins.* Dornach 1982

GA 118   *Das Ereignis der Christus-Erscheinung in der ätherischen Welt.* Dornach 1992

GA 119   *Makrokosmos und Mikrokosmos.* Dornach 1988

GA 120   *Die Offenbarungen des Karma.* Dornach 1992

GA 121   *Die Mission einzelner Volksseelen.* Dornach 1974

GA 130   *Das esoterische Christentum und die geistige Führung der Menschheit.* Dornach 1977

GA 137   *Der Mensch im Lichte von Okkultismus, Theosophie und Philosophie.* Dornach 1973

GA 139   *Das Markus-Evangelium.* Dornach 1985

GA 140   *Okkulte Untersuchungen über das Leben zwischen Tod und neuer Geburt.* Dornach 2003

GA 142   *Die Bhagavad Gita und die Paulusbriefe.* Dornach 1982

GA 143   *Erfahrungen des Übersinnlichen. Die drei Wege der Seele zu Christus.*
          Dornach 1994

GA 149   *Christus und die geistige Welt. Von der Suche nach dem heiligen Gral.*
          Dornach 1977

GA 152   *Vorstufen zum Mysterium von Golgatha.* Dornach 1990

GA 153   *Inneres Wesen des Menschen und Leben zwischen Tod und neuer Geburt.*
          Dornach 1997

GA 162   *Kunst- und Lebensfragen im Lichte der Geisteswissenschaft.* Dornach
          2000

GA 175   *Bausteine zu einer Erkenntnis des Mysteriums von Golgatha.* Dornach
          1996

GA 191   *Soziales Verständnis aus geisteswissenschaftlicher Erkenntnis.* Dornach
          1989

GA 204   *Perspektiven der Menschheitsentwickelung.* Dornach 1979

GA 205   *Menschenwerden, Weltenseele und Weltengeist. Erster Teil.* Dornach
          1987

GA 207   *Anthroposophie als Kosmosophie. Erster Teil.* Dornach 1981

GA 231   *Der übersinnliche Mensch, anthroposophisch erfasst.* Dornach 1999

GA 232   *Mysteriengestaltungen.* Dornach 1998

GA 233a   *Mysterienstätten des Mittelalters. Rosenkreuzertum als modernes
          Einweihungsprinzip.* Dornach 1980

GA 237   *Esoterische Betrachtungen karmischer Zusammenhänge. Dritter Band.*
          Dornach 1982

GA 240   *Esoterische Betrachtungen karmischer Zusammenhänge. Sechster Band.*
          Dornach 1986

GA 260   *Die Weihnachtstagung zur Begründung der Allgemeinen
          Anthroposophischen Gesellschaft 1923-1924.* Dornach 1963

GA 262   Rudolf Steiner, Marie Steiner-von Sivers, *Briefwechsel und
          Dokumente 1901-1925.* Dornach 1967

GA 266/I *Aus den Inhalten der esoterischen Stunden. Band I – 1904-1909.*
          Dornach 1995

GA 275   *Kunst im Lichte der Mysterienweisheit.* Dornach 1980

GA 276   *Das Künstlerische in seiner Weltmission.* Dornach 2002

GA 277   *Eurythmie. Die Offenbarung der sprechenden Seele.* Dornach 1980

GA 277a   *Die Entstehung und Entwickelung der Eurythmie.* Dornach 1965

GA 279   *Eurythmie als sichtbare Sprache.* Dornach 1968

GA 282   *Sprachgestaltung und Dramatische Kunst. Dramatischer Kurs.* Dornach
          1981

GA 322   *Grenzen der Naturerkenntnis.* Dornach 1981

GA 346   *Vorträge und Kurse über christlich-religiöses Wirken, V. Apokalypse und Priesterwirken.* Dornach 2001

Außerhalb der GA:

Rudolf Steiner in: *Beiträge zur Rudolf Steiner Gesamtausgabe. Veröffentlichungen aus dem Archiv der Rudolf Steiner-Nachlassverwaltung, Dornach.* Heft Nr. 110: *Die Erneuerung des religiösen Lebens.* Dornach 1993
Rudolf Steiner: *Das Christentum und die Mysterien des Altertums 1. Ein Grundkurs in Geisteswissenschaft.* Bad Liebenzell 2005
Rudolf Steiner: *Welt- und Lebensanschauungen im neunzehnten Jahrhundert.* Zwei Teile in 1 Band, Berlin 1900-1901

Werke verschiedener Autoren

Alfassa, Mirra (Satprem, Ed.): *Mother's Agenda. 1951-1960.* Volume I. Paris 1978
Alfassa, Mirra (The Mother): *Questions and Answers. 1950-1951.* Pondicherry 2003
Alfassa, Mirra (The Mother): *Questions and Answers. 1957-1958.* Pondicherry 1973, 2003
Alfassa, Mirra: *Words of the Mother I.* Collected Works of the Mother. Volume 13. Pondicherry 2004
Andries, Marcus: *Schellings Entwicklungsbegriff. Wandlungen und Konstanten in seiner Naturphilosophie.* Dissertationsschrift, Tübingen 2010
Arnold, Wolfgang H.: *Entwicklung. Interdisziplinäre Aspekte zur Evolutionsfrage.* Stuttgart 1989
Baditz, Nora von: *Aus Michaels Wirken.* Stuttgart 1988
Barfod, Werner: *I A O und die eurythmischen Meditationen.* Dornach 1999
Beckh, Hermann: *Das Sonnen-Mantram des Rigveda und seine Bedeutung für die Entwicklungsaufgabe des indischen Volkes.* In. *Die Drei. Zeitschrift für Anthroposophie in Wissenschaft, Kunst und sozialem Leben.* Jg. 1, Nr. 5/6, Stuttgart 1921
Beckh, Hermann: *Der übersinnliche Organismus im indischen Yoga (Lotosblumen, Kundalini) im Lichte der Erkenntnis der ätherischen Bildekräfte.* In: *Gäa*

Sophia. Jahrbuch der naturwissenschaftlichen Sektion der Freien Hochschule für Geisteswissenschaft am Goetheanum Dornach. Band III. Dornach 1929

Beckh, Hermann: *Indische Weisheit und Christentum.* (Schriftenreihe Theologie und Kultus. Heft 9) Stuttgart 1938

Bemmelen, Daniel H. van: *Reisverslag uit India. II.* In: *Mededelingen van de Antroposofische Vereniging in Nederland.* Jg. 24 (1969) Nr. 3

Berger, Klaus: *Im Anfang war Johannes. Datierung und Theologie des vierten Evangeliums.* Stuttgart 1997

Bock, Emil: *Apokalypse. Betrachtungen über die Offenbarung des Johannes.* Stuttgart 1952

Bracker, Klaus J.: *Das Jahr 1909. Die Wiederkunft Christi im Ätherischen und die Spiritualität des Orients.* In: *Anthroposophie. Vierteljahresschrift zur anthroposophischen Arbeit in Deutschland.* 63. Jg., Nr. 248, Heft II/2009

Bracker, Klaus J.: *Die Yugas. Aspekte zu ihrem Verständnis.* In: *Novalis. Zeitschrift für spirituelles Denken.* Schaffhausen 2001

Bracker, Klaus J.: *Grals-Initiation. Anthroposophische Esoterik und die künftige Jesus-Offenbarung.* Stuttgart 2009

Bracker, Klaus J.: *Wiederverkörperung und die innere Natur des Menschen. Sankhya – Buddhismus – Anthroposophie.* Schaffhausen 1995

Buddha (Paul Dahlke, Hg.): *Die Lehre des Erhabenen.* München 1979

Clemens von Alexandrien: *Teppiche: Wissenschaftliche Darlegungen entsprechend der wahren Philosophie (Stromateis).* München 1936-1938

Dietz, Karl-Martin: *Metamorphosen des Geistes. Band III: Heraklit von Ephesus und die Entwicklung der Individualität.* Stuttgart 1990

Ehlers, Jürgen: *Das Eiszeitalter.* Heidelberg 2011

Elst, Koenraad: *Update on the Aryan Invasion Debate.* New Delhi 1999

Eusebius von Cäserea: *Kirchengeschichte (Historia Ecclesiastica).* München 1932

Falkenburger, Karl-Heinz: *Auroville ist überall. Die Bestimmung des Menschen im Lichte von Rudolf Steiner und Sri Aurobindo.* O. O. o. J.

Frawley, David: *Agni and the Fire of Self-Inquiry.* In: *The Mountain Path Journal.* Tiruvannamalai / Tamil Nadu 2003

Frawley, David: *The Myth of the Aryan Invasion.* Delhi 2005

Frawley, David: *The Rig Veda and the History of India.* New Delhi 2003

Frensch, Michael: *Wie öffnet sich das Große Portal. Betrachtungen zum Portail Royal der Kathedrale Notre Dame de Chartres.* Schaffhausen 2000

Göbel, Thomas: *Eurythmie als erlebte, gestaltete und wirksame Gebärde.* Dornach 1999

Goethe, Johann Wolfgang: *Werke – Erster Band.* Frankfurt am Main 1981

Grassmann, Hermann: *Wörterbuch zum Rig-Veda.* Delhi 1999

Grimm, Brüder: *Kinder- und Hausmärchen.* Düsseldorf / Zürich 1999

Haarmann, Harald: *Die Indoeuropäer. Herkunft, Sprachen, Kulturen.* München 2010.

Haeckel, Ernst: *Die Welträthsel. Gemeinverständliche Studien über monistische Philosophie.* Bonn 1899

Haeckel, Ernst: *Generelle Morphologie der Organismen.* Berlin 1866

Haeckel, Ernst: *Natürliche Schöpfungsgeschichte.* Berlin 1868

Harris, William: *Heraclitus: The Complete Fragments: Translation and Commentary and The Greek Text.* Middlebury/VT 1994

Hartung (Hg.), Gerald: *Eduard Zeller. Philosophie- und Wissenschaftsgeschichte im 19. Jahrhundert.* Berlin / New York 2010

Heehs, Peter: *The Lives of Sri Aurobindo.* New York 2008

Heidegger, Martin: *Sein und Zeit.* Tübingen 1967

Heigl, Martin-Ingbert: *Artemis – Eurythmie, Sprachgestaltung und Philosophie der Freiheit.* Norderstedt 2007

Heilige Schrift: *Das Neue Testament. In der Übersetzung von Emil Bock.* Stuttgart 1980

Heilige Schrift: *Die Bibel – nach der Übersetzung Martin Luthers.* Stuttgart 1985

Heilige Schrift: *Die Bibel. Die heilige Schrift des Alten und Neuen Bundes. Deutsche Ausgabe mit den Erläuterungen der Jerusalemer Bibel.* Freiburg / Basel / Wien 1983

Hemleben, Johannes: *Rudolf Steiner.* Reinbek bei Hamburg 1963

Hengel, Martin: *Die johanneische Frage. Ein Lösungsversuch.* Tübingen 1993

Heyer, Karl: *Geschichtsimpulse des Rosenkreuzertums. Aus dem Jahrhundert der Französischen Revolution.* Basel 2004

Hirschberger, Johannes: *Geschichte der Philosophie. Band I: Altertum und Mittelalter.* Freiburg i. Br. 1981

Hohlenberg, Johannes: *Der atmende Gott. Yoga und der europäische Mensch.* Hamburg 1954

Hohlenberg, Johannes: *Søren Kierkegaard. Eine philosophische Biographie.* Basel 2011

Hölderlin, Friedrich: *Werke und Briefe.* Frankfurt/M. 1969

Huchzermeyer, Wilfried: *Sri Aurobindo. Leben und Werk.* Karlsruhe 2010

Hueck, Christoph: *Evolution im Doppelstrom der Zeit. Die Erweiterung der naturwissenschaftlichen Entwicklungslehre durch die Selbstanschauung des Erkennens.* Dornach 2012

Huxley, Aldous: *Die ewige Philosophie.* München 1987

Kaltenbrunner, Gerd-Klaus: *Dionysius vom Areopag. Das Unergründliche, die Engel und das Eine.* Zug/Schweiz 1996

Kaltenbrunner, Gerd-Klaus: *Johannes ist sein Name. Priesterkönig, Gralshüter, Traumgestalt.* Zug/Schweiz 1993

Karnasch, Theodora und Eckhard (Hg.): *Sri Aurobindo und Die Mutter. English – Deutsch.* Essen 2004

Kelber, Wilhelm: *Die Logoslehre.* Stuttgart 1958

Klostermann, Michael: *Auroville. Stadt des Zukunftsmenschen.* Frankfurt a. M. 1976

Knapp, Stephen: *The Vedic Prophecies: A New Look into the Future. The Eastern Answers to the Mysteries of Life.* Charleston/SC 2011

Knipper, Udo: *Anthroposophie im Lichte indischer Weisheit.* Gladenbach 1986

Kropotkin, Peter: *Gegenseitige Hilfe in der Entwickelung.* Leipzig 1904

Krück von Poturzyn, Maria Josepha (Hg.): *Wir erlebten Rudolf Steiner. Erinnerungen seiner Schüler.* Stuttgart 1967

Kulke, Hermann/ Rothermund, Dietmar: *Geschichte Indiens. Von der Induskultur bis heute.* München 1998

Lal, B. B.: *The Earliest Civilization of South Asia.* Delhi 1997

Lautenbach, Ernst: *Lexikon Goethe Zitate. Auslese für das 21. Jahrhundert.* München 2004

Lehmann, Thomas: *Sanskrit für Anfänger. Ein Lehr- und Übungsbuch. Bd. 1: Grammatik.* Heidelberg 2007

Limaye, V. P./ Vadekar R. D. (Hg.): *Eighteen Principal Upanisads. Vol. 1.* Poona 1958

Lindenberg, Christoph: *Rudolf Steiner. Eine Biographie.* (2 Bd.) Stuttgart 1997

Meyer, Rudolf: *Wer war Rudolf Steiner?* Stuttgart 1961

Mittwede, Martin: *Spirituelles Wörterbuch. Sanskrit – Deutsch.* Dietzenbach 1999

Müller, Nishtha: *Betrachtungen zur Einführung in die Veden. Teil VI: Vak, die Göttin des Wortes und Mutter der Veden.* In: *Yoga aktuell. Magazin für Yoga, spirituellen Lifestyle und Gesundheit.* Nr. 56, 03/2009

Nadkarni, Mangesh: *Savitri. Eine kurze Einführung. Vier Vorträge.* Pondicherry 2004

Nahar, Sujata: *Mother's Chronicles. Book Three. Mirra – The Occultist.* Paris 1989

Nayak, Anand (Hg.): *Die Bhagavadgita. In der Übertragung von Sri Aurobindo.* Freiburg / Basel / Wien 1992

Nirodbaran: *Correspondence with Sri Aurobindo.* Lodi, CA. 1983

Nirodbaran: *Zwölf Jahre mit Sri Aurobindo.* Karlsruhe 2001

Nishitani, Keiji: *Was ist Religion?* Frankfurt am Main 1982

Osborn, David H. (Ed.): *Science of the Sacred. Ancient Perspectives for Modern Science.* Rangapatna/Karnaka 2009

Padoux, André: *Vac – The Concept of the Word in Selected Hindu-Tantras.* Delhi 1992

Pandit (ed.), Madhav P.: *Dictionary of Sri Aurobindo's Yoga.* Pondicherry 1992

Panikkar, Raimundo: *Vedic Experience. Mantramanjari.* Delhi 2006

Plato, Bodo von (Hg.): *Anthroposophie im 20. Jahrhundert. Ein Kulturimpuls in biografischen Porträts.* Dornach 2003

Platon: *Sämtliche Werke. 1.* Hamburg 1991

Purani: Ambalal B. *The Life of Sri Aurobindo.* Pondicherry 2006

Purani: Ambalal B.: *Evening Talks With Sri Aurobindo. Third Series.* Pondicherry 1966

Püschel, Rainer: *Selbst-Transformation. Integraler Yoga nach Sri Aurobindo und esoterisches Christentum.* Gladenbach 1981

Rau, Heimo: *„Supramentale' Bewusstseinsentfaltung. Zum hundertsten Geburtstag von Shri Aurobindo.* In: *Die Drei. Die anthroposophische Kulturzeitschrift.* Jg. Nr. 42; Heft Dezember 1972

Rau, Heimo: *Indiens Erbe – Illusion und Wirklichkeit heute.* Stuttgart 1982

Regenstreif, Paul (Hg.): *Christian Rosenkreutz und seine Mission.* Freiburg i. Br. 1980

Reubke, Julius: *Tagore – Gandhi – Aurobindo. Ein Dreigestirn im Aufgang des 20. Jahrhunderts.* Vortrag, 9. Oktober 2004. Privatdruck

Richter-Ushanas, Egbert: *Der Herr der Tiere. Dreizehn Aufsätze zur Symbolik der Indus-Schrift und zur vergleichenden Kulturgeschichte.* Nordhausen 2010

Rinpoche Amipa, Geshe S. Gyaltsen: *Geistesschulung im tibetischen Buddhismus.* Basel 2004

Rittelmeyer, Friedrich: *Ich bin. Reden und Aufsätze über die sieben „Ich bin"-Worte des Johannesevangeliums.* Stuttgart 1951

Röschert, Günter: *Metaphysik der Weltentwicklung. Rudolf Steiners Geheimwissenschaft im Umriss.* Stuttgart 2011

Roy, Dilip K.: *Sri Aurobindo Came to Me.* Pondicherry 1952

Rudolf Steiner Archiv (Hg.): *Archivmagazin. Beiträge zur Rudolf Steiner Gesamtausgabe.* Nr. 1, Juni 2012

Satprem: *Sri Aurobindo – oder Das Abenteuer des Bewusstseins.* Gladenbach 1998

Schuré, Edouard (Übers.: Marie von Sivers): *Die Kinder des Lucifer. Schauspiel in fünf Aufzügen.* Leipzig 1905

Schuré, Edouard (Übers.: Rudolf Steiner): *Das heilige Drama von Eleusis.* Dornach 1939

Schuré, Edouard: Die großen Eingeweihten. Geheimlehren der Religionen. Bern / München / Wien 1965 und 1976

Scotus Eriugena, John: *The Voice of the Eagle. Homily on the Prologue to the Gospel of St. John.* Hudson / NY 1990

Selg, Peter: *Das Vaterunser in der Darstellung Rudolf Steiners.* Stuttgart 2012

Selg, Peter: *Ich bleibe bei Ihnen. Rudolf Steiner und Ita Wegman.* Stuttgart 2007

Selg, Peter: *Rudolf Steiner und Christian Rosenkreutz.* Arlesheim 2010

Selg, Peter: *Rudolf Steiner 1861-1925. Lebens- und Werkgeschichte.* (3 Bd.).

Arlesheim 2012

Siegloch, Magdalene: *Lory Maier-Smits*. Dornach 1993

Sobel, Jyoti and Prem (Ed.): *The Hierarchy of Minds. The Mind Levels*. Pondicherry 2011

Sri Aurobindo (Otto Wolff, Hg.): *Der Integrale Yoga*. Hamburg 1989

Sri Yukteswar: *Die Heilige Wissenschaft*. Bern / München / Wien 1997

Steiner, Rudolf (Andreas Neider, Hg.): *Lesen in der Akasha-Chronik*. Dornach 2008

Swadhananda, Swami (Transl.): *Chhandogya Upanishad*. Chennai 2010

Teichmann, Frank: *Die griechischen Mysterien*. Stuttgart 2007

Thomas Meyer: *Rudolf Steiner eröffnet in Stockholm die Vorträge über die Wiederkunft Christi im Ätherischen*. In: *Der Europäer. Monatsschrift auf der Grundlage der Geisteswissenschaft Rudolf Steiners*. Jg. 14, Nr. 2/3. Basel 2009

Vivekananda, Swami: *Raja-Yoga*. Freiburg i. Br. 1990

Wehr, Gerhard: *Rudolf Steiner. Wirklichkeit, Erkenntnis und Kulturimpuls*. Freiburg i. Br. 1982

Wilber, Ken: *Das Atman-Projekt. Der Mensch in transpersonaler Sicht*. Paderborn 1990

Wilber, Ken: *Einfach „Das"*. Frankfurt am Main 2001

Wilber, Ken: *Eros, Kosmos, Logos – Eine Vision an der Schwelle zum nächsten Jahrtausend*. Frankfurt am Main 1996

Willmann, Carlo: *Waldorfpädagogik. Theologische und religionspädagogische Befunde*. Köln / Weimar / Wien 1998

Wilson, Horace H. (Hg.): *The Vishnu Purana. A System of Hindu Mythology and Tradition. Translated from the Original Sanscrit by H. H. Wilson*. London 1840

Witzel, Michael: *Das alte Indien*. München 2003

Wolff, Otto: *Sri Aurobindo*. Reinbek bei Hamburg 1995

Woloschin, Margarita: *Die grüne Schlange. Lebenserinnerungen*. Stuttgart 1997

Zeylmans van Emmichoven, J. Emanuel: *Die Erkraftung des Herzens. Eine Mysterienschulung der Gegenwart*. Arlesheim 2009

Zeylmans van Emmichoven, J. Emanuel: *Wer war Ita Wegman. Eine Dokumentation. Bände 1-3*. Heidelberg 1990 und 1992

PERSONEN- UND SACHVERZEICHNIS

Bildquellennachweis:

Titelbild links, Goetheanum, Dornach, Schweiz (Ausschnitt),
rechts, Matrimandir, Auroville, Indien (Ausschnitt): © Wikimedia

Seite 8: Rudolf Steiner, © Wikimedia
Sri Aurobindo, © Sri Aurobindo Ashram Trust, Pondicherry, India

Rückseite, Autorenporträt: © Verlag Freies Geistesleben, Stuttgart

Garry Lachman
Die Rudolf Steiner Story
Ein neuer Blick auf Leben und Werk eines spirituellen Pioniers
Aus dem Amerikanischen von Richard Everett

Info3-Verlag, 2008
ISBN 978-3-924391-40-9

www.info3.de

Wilfried Huchzermeyer
Sri Aurobindo
Leben und Werk

edition sawitri, 2010
ISBN 978-3-931172-29-9

www.edition-sawitri.de

Klaus J. Bracker
Grals-Initiation
Anthroposophische Esoterik und die künftige Jesus-Offenbarung

Verlag Freies Geistesleben, 2009
ISBN 978-3-7725-1909-3

www.geistesleben.de